ruch bei Tolmein und Flitsch. (Oktober 1917)

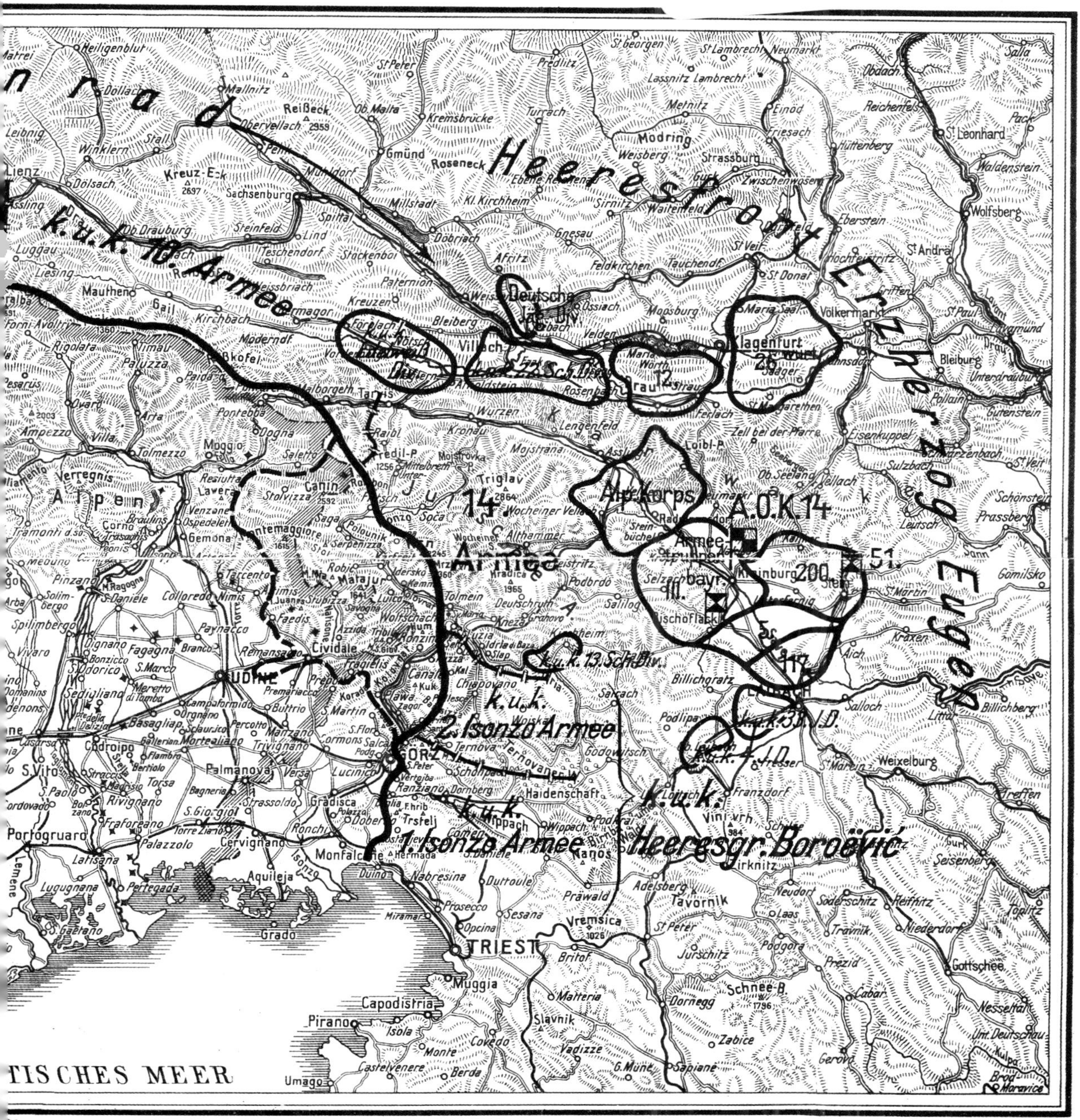

TISCHES MEER

00
20 30 40 km

erreichte Linie.
ngarische in liegender Schrift bezeichnet.

Roland Kaltenegger

Die Schlachten am Isonzo

Roland Kaltenegger

Die Schlachten am Isonzo

Österreich-Ungarns letzter
Sieg vor dem Untergang
der Donaumonarchie

Teil 2

1917–1918

FLECHSIG

Umwelthinweis:
Dieses Buch und der Umschlag wurden auf chlorfrei
gebleichtem Papier gedruckt.
Die Einschrumpffolie – zum Schutz vor Verschmutzung –
ist aus umweltverträglichem und recyclingfähigem PE-Material.

Für das vorliegende Werk wurde Bildmaterial aus unzähligen Nachlässen zusammengetragen. Dabei war es oft schwierig festzustellen, wer der Inhaber des Urheberrechts ist. Sollte bei der einen oder anderen Reproduktion unwissentlich das Coypright verletzt worden sein, so bitten Autor und Verlag, dieses Versäumnis zu entschuldigen.
Eine Haftung des Autors oder des Verlages und seiner Beauftragten für Personen-, Sach- und Vermögensschäden ist ausgeschlossen.

2. Auflage 2021

Flechsig Verlag
Internet: www.verlagshaus.com
Einbandgestaltung: Silberwald Agentur für visuelle Kommunikation, Rimpar
Gesamtherstellung: Himmer GmbH Druckerei und Verlag, Augsburg
www.himmer.de
ISBN 978-3-8035-0097-7

Inhalt

Vierter Teil

Kriegsjahr 1917

„Man muss im Krieg angesichts der hohen Nervenanspannung mit allen Untergebenen vorsichtig umgehen, denn der freudige Wille und die Selbstständigkeit der Unterführer sind immer der wirksamste Hebel. Man kann den Leuten keine Vorwürfe machen, wenn ihnen die Anleitungen fehlen. Der Offizier muss im Kriege überall Vorbild sein, er darf sich keine Vorrechte gestatten, die dem Soldaten versagt bleiben müssen."[1]

General Krafft von Dellmensingen

„Auch das moderne Gefecht hat seine großen Augenblicke. Man hört so oft die irrige Ansicht, dass der Infanteriekampf zu einer uninteressanten Massenschlächterei herabgesunken sei. Im Gegenteil, heute mehr denn je entscheidet der Einzelne. Das weiß jeder, der sie in ihrem Reich gesehen hat, die Fürsten des Grabens mit den harten, entschlossenen Gesichtern, tollkühn, so sehnig, geschmeidig vor- und zurückspringend, mit scharfen, blutdürstenden Augen, Helden, die kein Bericht nennt. Der Grabenkampf ist der blutigste, wildeste, brutalste von allen, doch auch er hat seine Männer gehabt, Männer, die ihrer Stunde gewachsen waren, unbekannte, verwegene Kämpfer."[2]

Ernst Jünger

1. Die allgemeine militärpolitische Lage

Welthistorische Entscheidungen waren nach dem Scheitern des deutschen Friedensangebotes vom 12. Dezember 1916 an die Alliierten sowohl an der Ost- als auch an der Westfront sowie zur See gefallen.

Die Antwort der Ententemächte England, Frankreich und Russland auf die unterbreitete Friedensbotschaft ging Anfang Januar 1917 in Berlin ein und lehnte nicht nur alle unterbreiteten Vorschläge des Deutschen Kaiserreiches ab, sondern sie schrieb zum ersten Mal auch die alleinige Kriegsschuld Deutschlands und Österreich-Ungarns fest.

„Wenige Tage darauf erhielt der amerikanische Präsident Wilson ebenfalls einen Bescheid auf seinen Friedensaufruf, der wenige Tage nach der deutschen Verlautbarung im Dezember herausgegangen war und vor allem die Bekanntgabe genauer Bedingungen für eventuelle Friedensverhandlungen gefordert hatte. Die Ansprüche der Ententemächte waren darin derart umfassend und rigoros, dass keine Regierung oder kein Politiker Deutschlands oder Österreich-Ungarns in der seinerzeitigen Situation darauf hätte eingehen können.“[3]

Da war im Kriegsjahr 1917 zunächst der Beginn des „uneingeschränkten“ U-Boot-Krieges. Die deutschen Unterseeboote sollten das Recht erhalten, in einem bestimmten Umkreis um England jedes Handelsschiff zu versenken, ohne zuvor aufzutauchen und die Besatzungen zu warnen. Das führte zwangsläufig zu hohen Verlusten.

Als unmittelbare Folge darauf kam es zum Abbruch der diplomatischen Beziehungen zwischen Washington und Berlin. US-Präsident Wilson „ließ dem amerikanischen Kongress eine Botschaft zugehen, in der er behauptete, dass die U-Bootwaffe außerhalb des Rechts stehe, ihre Anwendung ein Krieg gegen die Menschheit sei.“[4]

Am 6. April 1917 erfolgte die Kriegserklärung der USA an das Deutsche Kaiserreich und – mit Brasilien beginnend – die der meisten mittel- und südamerikanischen Staaten, die dem Beispiel der Yankees folgten, ja zu folgen hatten.

Daran schlossen sich die Kriegserklärungen der unter britischer und französischer Oberherrschaft stehenden Länder Asiens wie Siam, aber auch China an, sodass schließlich nahezu die gesamte bewohnte Welt gegen Deutschland und seine wenigen Verbündeten Krieg führte.

Mit dem provozierten Kriegseintritt der Vereinigten Staaten von Amerika, der zu einem Zeitpunkt geschah, an dem die Entente sich in einer tödlichen Gefahr befand, begann eine neue Epoche der Weltgeschichte. Denn die USA mobilisierten zuerst 1,7 Millionen gut ausgerüstete, genährte und ausgeruhte Soldaten gegen das ausgemergelte deutsche Heer und bestimmten somit wenig später im Wesentlichen die weiteren militärischen Abläufe auf dem Alten Kontinent, sodass sie Europa auf einen niedrigeren Rang verwiesen, denn pro Schiffsladung lieferten die Vereinigten

Staaten an die Entente 7.000 Tonnen Granaten und Patronen zur Niederringung Deutschlands und Österreich-Ungarns.

Mit der Potenz einer aufsteigenden Weltmacht und der Proklamation einer neuen Weltordnung bestimmten die Vereinigten Staaten von Amerika seitdem auf Kosten Europas – insbesondere Deutschlands und Großbritanniens, dessen Machtvakuum sie ausfüllten – die Geschicke der Welt. Obwohl es der britischen Diplomatie gelungen war, eine enge anglo-amerikanische Anti-Deutschland-Allianz zu schaffen – ein Schritt von welthistorischer Bedeutung! – musste sie letztlich ohnmächtig zusehen, wie die USA aus diesem Zweckbündnis heraus zum Erben der britischen Weltmacht wurden.

Die Rüstungslieferungen der Vereinigten Staaten an den Vierverband.

Der „Economist" gibt folgenden Überblick über die Ausfuhr der Vereinigten Staaten an Sprengstoffen und anderem Kriegsmaterial:

	1914	1915	1916
Patronen	6 567 122	25 408 079	55 103 904
Dynamit	1 213 600	1 509 050	4 173 175
Gewehr- und Geschützpulver . . .	289 893	66 922 807	263 423 149
Andere Sprengstoffe	966 972	95 129 957	392 875 078

Die Tabelle des Economists listet die Rüstungslieferungen der Vereinigten Staaten von Amerika an die Ententemächte auf.

Zweifellos steht fest, dass es der Entente ohne den Kriegseintritt der USA im Jahre 1917 nicht so leicht gelungen wäre, dem Deutschen Kaiserreich die Siegeslorbeeren über Russland einerseits und über Frankreich und England andererseits zu entreißen und in die Niederlage von 1918 umzuwandeln. Ja, die Siegeschancen wären auf Seiten der Mittelmächte gewesen, wenn es ihnen nur gelungen wäre, den Kriegseintritt Amerikas zu verhindern oder wenigstens zu verzögern.

Selbst Winston Churchill hat 1936 dem Redakteur des „New York Enquirer" geschrieben: „Amerikas Kriegseintritt 1917 war ein unseliger Schritt. Wäret Ihr zu Hause geblieben und Euren eigenen Geschäften nachgegangen, dann hätten wir im Frühjahr 1917 mit den Zentralmächten Frieden geschlossen."[5] In Russland war die bolschewistische Revolution, die den Zusammenbruch des Zarenreiches herbeiführte, als Folge des unglücklichen Kriegsverlaufes an der Ostfront ausgebrochen. Hinzu kamen die ungenügende Verkehrs- und Wirtschaftsorganisation, der Mangel in der Rüstungsindustrie, die nicht gelöste Verfassungsfrage, die alte Agrarkrise, die Hungersnot in den Städten und das Versagen der herrschenden Schicht, um nur die wesentlichsten Gründe für den Ausbruch der Oktoberrevolution zu nennen.

„Es ist eigenartig, dass der deutsche Nachrichtendienst 1917 weder den französischen moralischen Zusammenbruch im Frühjahr 1917, noch den russischen Zusammenbruch, noch den Zustand der Italiener erkannt und gemeldet hat", schrieb der Panzergeneral Hermann Balck voller Bitterkeit in seinen Erinnerungen. „Das völlige Versagen dieses Dienstes, von dem man wohl sprechen muss, hat uns eine Chance zum Siege nicht erkennen lassen. Bei besserer Arbeit wäre mancher Entschluss der deutschen OHL – ich denke vor allem an den U-Boot-Krieg – wohl anders ausgefallen."[6]

An der Westfront war es nach der Rückverlegung der deutschen Front im März 1917 in die Siegfriedstellung zu überaus schweren und verlustreichen Angriffen der Engländer und Franzosen gekommen. Da waren im April und Mai 1917 die erfolglosen Angriffe der Engländer bei Arras und die Doppelschlacht der Franzosen an der Aisne und in der Champagne. Demoralisiert meuterten ganze französische Regimenter und verweigerten die Befehle ihrer Generale, sodass General Nivelle von General Pétain, der sich besser mit den Sorgen und Nöten des einfachen Frontsoldaten verstand, abgelöst wurde.

Da war von Ende Juli bis Mitte November 1917 die große Schlacht in Flandern mit den verlustreichen englischen Angriffen zur Entlastung der in die Defensive gedrängten Franzosen voll entbrannt. Mitte Dezember stellten die Deutschen fest, dass nach viermonatiger Dauer mit sage und schreibe sechzehn Einzelschlachten die Angriffe der Engländer in Flandern gescheitert waren. Obwohl die Kriegsgegner in operativer Hinsicht nichts erreicht hatten, war der Blutzoll, den sowohl die Alliierten als auch die Deutschen im Kriegsjahr 1917 erbracht hatten, erschreckend hoch. Bei einer Zusammenstellung ergibt sich etwa folgende erschütternde Statistik:[7]

1. Frühjahrsschlacht bei Arras: 85.000 Mann, davon 18.000 Vermisste.
2. Doppelschlacht an der Aisne und in der Champagne: 163.000 Mann, davon 37.000 Vermisste.
3. Verlust des Wytschaetebogens: 25.000 Mann, davon 10.000 Vermisste.
4. Schlacht in Flandern: 217.000 Mann, davon 48.000 Vermisste.
5. Augustschlacht vor Verdun: 35.000 Mann, davon 11.000 Vermisste.
6. Verlust der Laffaux-Ecke: 18.000 Mann, davon 10.000 Vermisste.
7. Schlacht bei Cambrai ohne Gegenangriff: 27.000 Mann, davon 10.500 Vermisste.

Die Gesamtverluste des deutschen Westheeres hatten seit dem 1. Juli 1916 die unvorstellbare Höhe von 1.788.000 Mann erreicht, davon waren 501.000 Tote und Vermisste zu beklagen. Dem stand eine Beute von rund 100.000 Gefangenen gegenüber. Die gegnerischen Verluste hatten rund zwei Millionen Mann betragen, davon waren zwei Drittel Engländer.[8]

Aber noch immer hatte die Kriegsfurie sich nicht restlos ausgetobt. Da war zum Beispiel der Kriegseintritt Griechenlands auf Seiten der Entente, die Bildung einer neuen Front auf dem Balkan und dadurch bedingt die wachsende Erschöpfung Österreich-Ungarns, das nicht nur am Isonzo von einer mörderischen Schlacht in die andere taumelte, sondern auch innenpolitisch in schwere Turbulenzen geriet. Denn am 21. November 1916 verstarb sorgenbeladen der greise Kaiser Franz Joseph I., der letzte europäische Potentat alten Stils, der von 1848 bis zu seinem Tode im Schloss Schönbrunn regiert und somit die Geschicke seines Vielvölkerstaates bestimmt hatte.

Eine „dumpfe Ahnung befällt viele, dass etwas unwiederbringlich verloren gegangen ist, dass mit dem Tod des Kaisers ein Symbol seine Bedeutung verloren hat, in dem sich bisher alles widergespiegelt hatte, was den Begriff Österreich ausmachte", konstatierte Anton Graf Bossi Fedrigotti. „So mancher ahnt auch, dass eine Institution, deren Fortbestand bisher trotz aller inneren Zerwürfnisse als unantastbar gegolten hatte, zu zerbröckeln beginnt, bis sie sich eines Tages völlig auflösen wird. Noch trauert Wien! In vielen Häusern ist diese Trauer echt und auch fassungslos. Nicht allein das offizielle Wien trauert, auch auf der Gasse, in den Cafés, in den Greißlerläden, selbst in den Fabriken und Werkhallen, den dürftigen Arbeiterwohnungen der Vorstädte stecken die Menschen betroffen die Köpfe zusammen. Es ist, als horche Wien gespannt nach den Geschützsalven, die als letzter Salut dem toten allerhöchsten Kriegsherrn gelten, und es sind nur wenige, die zu ahnen scheinen, dass der Kanonendonner, den der Wind ab und zu von den Fronten bis zu den Kämmen des Wechsels und Semmerings herüberträgt, wenn auch erst nur undeutlich, doch allmählich mehr und mehr vernehmbar daran erinnert, welche Mächte von außen her am Werke sind, um das Donaureich Franz Josephs endgültig zu zerstören."[9]

Kaiser Franz Joseph I. erlebte während seiner jahrzehntelangen Regentschaft die militärische Niederlage gegen Frankreich im Jahre 1859 in der Schlacht bei Solferino und San Martino sowie die gegen Preußen im Jahre 1866 bei Königgrätz, die Österreichs Machtansprüche in Mitteleuropa entscheidend geschwächt haben. Darüber hinaus erlebte er sehr viel persönliches Leid: Sein Bruder Maximilian wurde 1867 in Querétaro als Kaiser von Mexiko erschossen. Sein einziger Sohn Kronprinz Erzherzog Rudolf von Habsburg Lothringen beging zusammen mit der erst siebzehnjährigen Baronesse Mary Vetsera am 30. Januar 1889 im Jagdschloss Mayerling bei Heiligblut Selbstmord. Noch im selben Jahr ließ der müde Kaiser das Jagdschloss in ein Kloster für die im Verborgenen und Bescheidenen lebenden Karmeliterinnen umbauen, die hier seitdem ununterbrochen für das Seelenheil der Menschen beten. Seine Gattin Elisabeth, Sissi genannt, wurde 1898 in Genf ermordet, ebenso wie der Thronfolger Franz Ferdinand und dessen Gattin in der bosnischen Hauptstadt. Dem greisen Monarchen folgt daher sein Großneffe, der knapp dreißigjährige Erzherzog Karl mitten im schweren Existenzkampf der österreichisch-ungarischen Doppelmonarchie. Eine der letzten Hiobsbotschaften, die Kaiser Franz Joseph I. noch erhielt, war der Kriegseintritt Rumäniens auf Seiten der Entente.

„Meine Aufgabe ist es, meine Völker vor ihren Politikern zu schützen", sagte der achtzigjährige Monarch zu dem US-Präsidenten Theodore Roosevelt, der seinerseits öffentlich bemerkte, dass der alte Kaiser der einzig interessante Politiker in ganz Europa sei. Der betagte Franz Joseph I. war zu diesem Zeitpunkt bereits längst zu einem Mythos geworden.

Die zentrifugalen Kräfte des angeschlagenen Vielvölkerstaates, die während des Krieges immer stärker geworden waren, schienen mit dem Tode des Kaisers außer Kontrolle zu geraten. Denn der neue Monarch, Kaiser Karl I. von Österreich und als Karl IV. Apostolischer König von Ungarn und Kroatien sowie als Karell III. König von Böhmen, „strebte", so General Ludendorff in seiner Beurteilung über den jungen Herrscher, „vieles an und gab vielen und in vielem nach. Der Kaiser war kein überzeugter Anhänger des Bündnisses, hielt indes an Deutschland fest. Er wollte Frieden, aber in dem Streben, ihn herbeizuführen, ging er in seinen Briefen an seinen Schwager Prinz Sixtus zu weit."[10]

In seinen Entscheidungen soll er als Zauderer von seiner zähen, starken und energiegeladenen Gattin Zita von Parma abhängig gewesen sein. Aus dem Hause Bourbon-Parma stammend, war sie aufgrund ihrer familiären Bindungen mehr dem romanischen Kulturkreis Italiens, Frankreichs, Spaniens und Portugals als dem deutschgermanischen zugewandt. Sie bewog ihren Mann, an seinen Schwager, den Prinzen Sixtus von Bourbon-Parma, heranzutreten und ihn um Vermittlung eines Sonderfriedens zu bitten, um die Habsburger Doppelmonarchie zu retten. Allerdings vergeblich, denn am Ende der sogenannten Sixtusaffäre stand zudem ein enttäuschter deutscher Bundesgenosse, weil Karl I. bei allem guten Willen nicht die Autorität und Kraft besaß, um sein Friedensstreben durchzusetzen. In dem ersten der beiden Briefe vom 31. März 1917 heißt es:[11]

„Ich bitte Dich, geheim und inoffiziell, Herrn Poincaré, dem Präsidenten der französischen Republik, zur Kenntnis zu bringen, dass ich mit allen Mitteln und unter Anwendung meines ganzen persönlichen Einflusses bei meinen Verbündeten die gerechten Rückforderungsansprüche Frankreichs mit Bezug auf Elsaß-Lothringen unterstützen werde."[12]

Kaiser Karl I., der besonderen Wert auf seine Stellung als Oberster Kriegsherr des k. u. k. Heeres und der k. u. k. Flotte legte, ernannte im Februar 1917 den General

Arthur Baron Arz von Straußenburg zum neuen Generalstabschef der bewaffneten Macht Österreich-Ungarns anstelle des entlassenen Feldmarschalls Conrad von Hötzendorf, der nun auf Drängen des Monarchen mit dem Heeresgruppenkommando an der Südtiroler Front betraut und zum Chef aller Garden ernannt wurde. Voller Bitterkeit reagierte die Truppe darauf, dass der junge Kaiser sich infolge sachlicher Differenzen sogleich von dem überaus populären Conrad getrennt hatte.

„Kaiser Karl zerstörte damit aber einen wohleingearbeiteten Apparat, dem eine reiche Erfahrung zur Verfügung stand. Dass er mich entfernte", so Hötzendorf, „war begreiflich, das gehört auf ein anderes Blatt, ich passte nicht in das neue Milieu, aber er entfernte auch den Chef der Operationsabteilung, Generalmajor Metzger, den ich als meinen Stellvertreter in allen Angelegenheiten orientiert hatte, damit er mich in jedem Moment ersetzen könne, er entfernte den Chef der russischen Gruppe, Oberst Christophori, den Chef der italienischen Gruppe, Oberstleutnant Schneller, den Chef der Balkangruppe, Major Prich, endlich den seit Kriegsbeginn hervorragend bewährten Generalstabschef des Oberquartiermeisters, Oberst Höfer, in dessen Händen die materielle Vorbereitung aller Operationen gelegen war, er ernannte ihn zum Ernährungsminister, ohne ihm aber die erforderlichen Machtmittel einzuräumen."[13]

Karls letztes Lebensjahr im Exil auf der Insel Madeira hatte etwas Mystisches an sich, das nach seinem Tod seine Herrschaft als einen Auftrag Gottes legitimierte. „Mein ganzes Bestreben ist immer, in allen Dingen den Willen Gottes möglichst klar zu erkennen und zu befolgen, und zwar auf das Vollkommenste", soll er noch auf dem Totenbett am 1. April 1922 bekannt haben.[14]

Und so würdigte die Heiligsprechungskongregation im Vatikan den letzten Kaiser der österreichisch-ungarischen Doppelmonarchie als einen „vorbildlichen Christen, Ehemann, Familienvater und Herrscher". Somit wurde der letzte österreichische Kaiser und ungarische König am 3. Oktober 2004 von Papst Johannes Paul II. als „eine höchst umstrittene Persönlichkeit" auf dem römischen Petersplatz selig gesprochen.[15]

„Wie ein Bergsteiger", so der Historiker Golo Mann, „der sich verstiegen hat, nahe dem Gipfel an einer steilen Wand hängt, nicht hinauf kann, aber auch nicht hinunter mag, weil auch der Abstieg gefährlich ist, und weil dann alle bisherige Mühe und Qual umsonst gewesen wäre – so kann Deutschland im Jahre 1917 weder Frieden machen noch siegen. Es kann nicht Frieden machen, weil es sich für den Sieger hält und auf der Karte ja auch als Sieger erscheint, mit all den Staaten, die es bezwungen, mit all den riesigen Gebieten, die es besetzt hat, dies und der propagandaschrille Hass der Gegner hindern es, den rechten Ton der Weisheit und Demut zu finden.

Es kann aber auch nicht wirklich siegen. Die feindliche Front im Westen ist undurchdringlich, die amerikanische Hilfe fließt reicher als je, und es ist der amerikanischen Seestrategie gelungen, einen entscheidenden Schlag gegen die deutschen Unterseeboote zu führen: die Minensperre zwischen Schottland und Norwegen, die ihnen den Ausbruch in den Ozean nahezu unmöglich machte.

Drüben aber, in den Trainingslagern, übt nun das friedensverwöhnte, kraftstrotzende, abenteuergierige junge Volk, werden die Divisionen aufgestellt, die dem Krieg in Europa ein Ende machen sollen. Das braucht Zeit, aber weniger Zeit, als die deutschen Armeepedanten annehmen. Alle wissen es, dass jetzt die Zeit schneller und schneller gegen Deutschland arbeitet."[16]

Und doch schien es, einen Augenblick wenigstens, als sei noch nicht alles verloren. Als könnte dem millionenfachen Soldatentod in letzter Minute die Sense aus der Hand geschlagen werden.

Als wäre es noch möglich, die Feuersbrunst des Krieges einzudämmen und zu ersticken. Als sei noch einmal der Friede zum Greifen nahe. Dieser eine und überaus kurze Augenblick der Hoffnung, des Hoffens einer Welt von gepeinigten und gedemütigten, von geschundenen und gemarterten Menschen, diese Hoffnung entzündete sich im August/September 1917 an der Friedensnote des Papstes Benedikt XV., die er an alle Krieg führenden Staaten mit der Aufforderung um einen ehrlichen und immerwährenden Verständigungsfrieden richtete.

Denn, so Kaiser Wilhelm II. in seinen Erinnerungen, „der Papst [sei] ganz verzweifelt über die Schlächterei und denke unablässig darüber nach, wie er dazu helfen könne, die europäische Kulturwelt von der Geißel des Krieges zu befreien. Jede Anregung in dieser Hinsicht würde dem Vatikan von hohem Wert sein."[17]

Benedikt XV., dessen Pontifikat mit den ersten Schlachten des Ersten Weltkrieges begann und mit seinem Tod am 22. Januar 1922 im Alter von 70 Jahren in Rom endete, ging als Friedenspapst in die Geschichte ein. Sein Pontifikat war vom Ersten Weltkrieg überschattet.

Er hatte in vielen Schreiben und Geheimverhandlungen sowie mit einer eigenen Friedensnote von Anfang an versucht, den Wahnsinn des Krieges zu beenden. Er musste aber schnell erkennen, dass die Krieg führenden Mächte keine päpstliche Einmischung duldeten. Daher erhob er erst wieder am 2. August 1917 seine Stimme in einer Friedensnote „an die Häupter der Krieg führenden Völker", in der er nach Ende des großen Tötens eine „gleichzeitige und gegenseitig kontrollierte Abrüstung" forderte.

Papst Benedikt XVI. erinnerte bereits bei seiner ersten Mittwochsaudienz daran und erklärte, den Spuren seines Vorgängers mit diesem Namen folgend sehe auch er seinen Dienst als Dienst am Frieden, diesem zerbrechlichen und wertvollen Geschenk Gottes, dass es zu schützen und auszubauen gelte. Die Friedensnote des Papstes Benedikt XV. beinhaltete im Jahre 1917 in weit vorausschauender Perspektive unter anderem die gleichzeitige und gegenseitige Abrüstung, Schiedsgerichte für politische Händel mit festen Satzungen und Sicherungen, den vollen und gegenseitigen Verzicht auf Kriegsentschädigungen und auf Ersatz der Kriegskosten, die Rückgabe der von Deutschland besetzten Gebiete Belgien, Nordfrankreich und der deutschen Kolonien, eine möglichst rasche Lösung der strittigen Gebietsfragen zwischen Deutschland und Frankreich sowie zwischen Österreich-Ungarn und Italien, die billige und gerechte Prüfung der armenischen und polnischen Frage sowie hinsichtlich des Lebensraumes im Osten und der Angelegenheiten der Balkanstaaten, die Freiheit und Gemeinsamkeit der Meere.

Die für den Waffengang verantwortlichen Staatsmänner hörten jedoch nicht auf den Ruf des Papstes und nahmen 1919 auch nur zur Kenntnis, dass dieser die Bestimmungen des Versailler Vertrages verurteilte. So blieb für Benedikt XV. die diplomatische Anerkennung des Heiligen Stuhles durch Großbritannien und Frankreich der einzige politische Erfolg seines Pontifikats. Sein humanitärer Einsatz aber, wie zum Beispiel die Vermittlung des Austausches von Verwundeten oder eines Suchdienstes für die Vermissten, bleibt immer mit seinem Namen verbunden.

Die führenden politischen Köpfe, die Kaiser, Könige und insbesondere die hohen Militärs beider Kriegsparteien, die noch eine Wendung des Krieges zu ihren Gunsten zu sehen glaubten, hatten den Stellvertreter Christi 1917 so weit von sich gewiesen, dass sie seinen Fingerzeig, der den Frieden bedeutet hätte, nicht mehr sahen oder sehen wollten. So sehr hatte sie der Krieg geblendet.

Die Bemühungen des Papstes waren gescheitert. Die Möglichkeit, jetzt, da noch nicht alles ganz verloren war, einen ehrenwerten Versöhnungsfrieden miteinander zu schließen – einen „Frieden ohne Sieg“, wie der US-Präsident Wilson selbst postuliert hatte –, war unwiderruflich vertan.

„Wer vor der Geschichte endgültig als der Hauptschuldige von 1914 verurteilt werden mag, seine Schuld wird immer kleiner sein als die jener, die 1917 nicht den möglichen Frieden gesucht, sondern ein dreijähriges Gemetzel zum eigentlichen Weltkrieg verlängert und verschärft haben.

Im Frühjahr 1917 gab es keine Panik mehr, keine hektische Verwirrung, keine Unklarheit über die Auswirkungen. Mars hatte bereits drei Jahre regiert, und die Menschheit kannte die Folgen. Die USA aber wurden jetzt, nach jahrelangen Vorbereitungen, mit eiskalter Berechnung in den Krieg getrieben. Wilson hatte Zeit zur Überlegung und verfügte über die Erfahrungen der anderen Krieg führenden Staaten.

Seine Verbrechen gegen den Frieden 1917 wiegen darum schwerer als die Kurzschlusshandlungen des Zaren, des Kaisers und der französischen und englischen Regierung im August 1914. Seine ideologische Verstiegenheit kann eine Schuld nicht mildern, deren Folgen für Europa und die USA und für die gesamte Menschheit grauenhaft wurden. Zahlreich sind die Belege, die beweisen, dass man 1917 im Gegensatz zu 1914 in Washington nach eiskaltem Kalkül den Kriegszustand erzwungen hat. Der spätere amerikanische Botschafter Choate hat am 7. April 1917 in einem Brief an Grey dieses frivole Spiel mit Friedensphrasen und Kriegsintrigen aufgedeckt:

‚Wie Sie wissen, bin ich von Anfang an der Meinung gewesen, dass wir einstweilen der Sache der Bundesgenossen besser dadurch dienen könnten, dass wir neutral blieben und alles lieferten, was wir an Waffen und Munition, ja auch an etlichen Mannschaften, wie ich glücklicherweise sagen darf, liefern könnten, dass aber nichtsdestoweniger unsere Pflicht sein würde, den Krieg beendigen zu helfen, auf dem rechten Wege, durch völlige Unterdrückung des preußischen Militarismus und den Sieg der Zivilisation, wenn wir das durch unseren Eintritt in den Krieg mit all unserer Macht und mit Hilfe unserer unerschöpflichen Hilfsquellen zu tun vermöchten. Die Stunde ist jetzt gekommen.'"[18]

Der Artillerieoffizier Valenci fertigte über die Kämpfe auf dem Gipfel des Monte San Gabriele einen Zeitzeugenbericht an.

2. Die 10. Isonzoschlacht

„Der Eintritt Amerikas in den Krieg war nicht geeignet, diese Schatten zu zerstreuen, wenn England und Frankreich versuchten, den Londoner Pakt zu ändern, um Italiens Kriegsziele zu beschneiden. Als man in Rom zu bemerken glaubte, dass die Westmächte mit Österreich geheime Besprechungen pflogen, um Karl den erbetenen Sonderfrieden auf Kosten Italiens zu gewähren, rührte Cadorna in Udine keine Hand zum Angriff."[19]

Daher eröffnete Italien das Feuer zur 10. Isonzoschlacht erst am 12. Mai 1917 nach einem halben Jahr der Waffenruhe. Innerhalb dieser sechs Monate hatte es fünfunddreißig französische und vierundsechzig britische Geschütze erhalten. In dieser bis Anfang Juni auf einer Breite von vierzig Kilometern tobenden Schlacht konnte keine der beiden Krieg führenden Parteien Geländegewinne erzielen. Nach einer gewaltigen Artillerievorbereitung an verschiedenen Frontabschnitten von Plava bis kurz vor der Adria griffen die Italiener an.

Die österreichisch-ungarische Front verteidigte sich erbittert und antwortete mit Gegenstößen am Karsthochplateau und in allen anderen Frontabschnitten wie auf dem heißumkämpften Monte Santo und am Monte San Gabriele. „So gelang es Cadorna trotz furchtbarer Opfer und Anstrengungen auch diesmal nicht, die österreichisch-ungarische Front zu durchbrechen und Triest nennenswert näher zu kommen. Immerhin eroberten die Italiener den Kuk und Jamiano."[20]

Die im ersten Teil der Schlacht mit einem Einsatz von sechsunddreißig Divisionen errungenen italienischen Erfolge konnten im zweiten Teil von den österreichisch-ungarischen Truppen mit höchster Erbitterung und letzter Kraftanstrengung wieder zurückerobert werden, weil Boroević zwischen Auzza und der Adria 126 Bataillone und 301 Geschütze einsetzen konnte.

Hinter seiner Front standen darüber hinaus die 24. Landsturminfanteriebrigade mit fünf Bataillonen bei Ternova, die 106. Landsturminfanteriedivision mit zwölf Bataillonen und acht Batterien südlich von Idria sowie vier Divisionen auf der Karsthochfläche.

Darüber hinaus kamen die Österreicher ganz unverhofft zu noch einem Erfolg, als sich zwischen 22.000 und 27.000 Italiener ohne besonderen Widerstand ergaben. Die Verluste an Toten und Verwundeten beliefen sich auf 160.000 Mann. Die 10. wie auch die 11. Isonzoschlacht kulminierten zu einem menschenverachtenden Höhepunkt.

Sie wurde insbesondere auf dem Monte San Gabriele, Monte Santo und auf der Hochfläche von Bainsizza ausgetragen. Die Italiener konzentrierten sich auf diese Ziele in der 10. Isonzoschlacht weil sie hofften, damit den Weg nach Triest freizukämpfen. Diese drei Berge gelten als die blutigsten Schlachtfelder am Isonzo. Über die

Hölle auf dem Gipfel des Monte San Gabriele hat der Artillerieleutnant der Reserve Paps Valenci, der später als Universitätstanzlehrer von München bekannt wurde, einen erschütternden Zeitzeugenbericht angefertigt:[21]

„Wir hatten unseren Artilleriebeobachtungsstand einige Meter unterhalb der Spitze des Monte Gabriele, genau auf der Kammlinie. Es war eine in die Karstfelsen eingegrabene Höhle mit zwei ausbetonierten Beobachtungsschlitzen zur Feindseite. Von hier aus lag das Vorfeld in einer Länge und Breite von etwa fünfzig Kilometern vor dem Beobachter – unter uns die zerstörte Stadt Görz und der Isonzo, bei guter Sicht konnten wir die Hochfläche von Doberdò (San Michele) und weiter südlich das glitzernde Meer bei Grado und die Küste bei Duino und Schloss Miramare sehen, mit dem Fernrohr bei schönem Wetter sogar den Markusturm von Venedig erkennen.

Trotz ihres ungeheuren Einsatzes von Menschen und Material konnten die Italiener in neun Isonzoschlachten nur ganz minimal an Boden gewinnen – nun sollte also für sie die zehnte Schlacht um den Monte Gabriele die Entscheidung bringen.

Am 12. Mai 1917 wurden wir um 05.00 Uhr früh durch ein bisher noch nie und nirgends erlebtes Trommelfeuer aller Kaliber in unseren Schlafkasematten aufgeschreckt – vom Beobachtungsstand sah man die Abschussfeuer von Hunderten italienischen Geschützen im Raume von Görz und Friaul, die ihre Granaten, Schrapnells und Minen auf unseren Monte Gabriele richteten. Der ganze Berg war in kurzer Zeit – obwohl wolkenloser Himmel – in Rauchschwaden gehüllt. Die schwersten Bomben und Minen explodierten auf unserem Beobachtungsstand, der aber, wie ein Wunder, standhielt. Dieses ungeheure Trommelfeuer, eine Hölle im wahrsten Sinne des Wortes, dauerte drei Tage und zwei Nächte.

Wir kauerten in unserem Felsenloch eng aneinandergedrängt, ohne Wasser und ohne Licht, zu essen hatten wir nur kalte Konserven und Zwieback. Alle Telefonleitungen waren natürlich nach wenigen Stunden völlig zerstört, und so lange wir in unserem Beobachtungsstand nicht vollkommen eingeschlossen waren, mussten wir mit einigen Telefonisten immer wieder bei diesem höllischen Trommelfeuer hinaus, um die Leitungen zu reparieren, denn nur telefonisch war eine Übermittlung der Zielangaben für die Batterie (eine schwere 21-cm-Mörserbatterie), die hinter dem Gabriele eingebaut war, möglich. Schließlich sind wir aber in unserem Beobachtungsstand durch riesige Felsblöcke vollkommen eingeschlossen, Eingangsloch und Notausgang (Fuchsloch) sind verschüttet, so bleiben uns nur die Beobachtungsschlitze für die Sicht zum Feind einigermaßen frei – dadurch bekommen wir etwas Luft und können das Vorfeld übersehen.

Die Hitze in unserem Loch ist fürchterlich, die Atmung infolge der aufgesetzten Gasmasken fast unerträglich, die Nerven versagen bei einigen meiner Leute, sie fangen teils an zu weinen, schreien und toben, wir haben alle das Gefühl, lebendig begraben zu sein. Damit das tödliche Giftgas, das wir den Berg herauf auf uns zukommen sahen, nicht in unsere Kaverne eindringen kann, verstopfen wir die Schlitze zeitweise mit Decken, da diese aber feucht sein müssen, jedoch kein Wasser vorhanden ist, werden diese mit Urin getränkt. Das Kerzenlicht geht bei jeder Explosion einer schweren Bombe oder Mine durch den Luftdruck aus, so hocken wir, meist in völliger Finsternis, dicht aneinandergedrängt, verschmutzt, verlaust und stinkend, Stunde um Stunde in diesem fürchterlichen Loch, ständig in tödlicher Angst, dass ein Volltreffer unseren Beobachtungsstand zerstört und der italienische Sturmangriff auf unsere Stellungen losbricht. Tausende von Ratten, groß wie Katzen, bevölkern den ganzen labyrinthartigen Berg, der von Gräben, Kavernen und Schützenlöchern durchzogen ist. Hinzu kommen große giftige Schlangen, die uns diese Hölle noch heißer machen, da sie mit uns eingeschlossen sind. An Schlaf ist überhaupt nicht zu denken, unser Artillerieabwehrfeuer beschränkt sich auf schwere feindliche Geschützstellungen, Sammelräume und Infanterielinien des Feindes.

Endlich, nach diesem höllischen Trommelfeuer der Italiener kam am dritten Tag um 15.00 Uhr bei wolkenlosem Himmel der heroische Sturmangriff der italienischen Infanterie auf unsere vollkommen zerschossenen vordersten Schützengräben. Unser Beobachtungsstand ist nur etwa zweihundert Meter von den Italienern entfernt, und so können wir, leider zwangsläufig tatenlos, dieses Inferno des italienischen Sturmangriffs aus nächster Nähe sehen und erleben. In dichten fünffachen Reihen stürmt der Feind mit dem Ruf ‚Avanti Savoya' mit aufgepflanztem Gewehr, mit Handgranaten und Flammenwerfern den Berg herauf auf unsere vordersten Gräben zu. Zunächst glaubten wir, dass keinerlei eigene Abwehr mehr vorhanden ist, immer näher kamen die Italiener den steilen Berghang herauf auf uns zu – da, plötzlich knattert eines unserer Maschinengewehre, dann mehrere, dann Hunderte, dazu schießt unsere Artillerie wohlgezielt mit Granaten und Schrapnells in die stürmenden Italiener.

Unsere tapfere Infanterie mit ihren Maschinengewehren und Flammenwerfern leistet ‚ganze Arbeit'. Wir sehen, wie die italienischen Angreifer zu Hunderten erschossen werden, andere werfen ihre Gewehre fort, heben die Arme hoch und ergeben sich, viele laufen zurück in ihre eigenen Gräben, wieder andere, die diesen Sturmangriff überleben, springen in unsere Gräben und sind Gefangene.

In den zerschossenen Drahtverhauen und spanischen Reitern hängen massenhaft Tote und Verwundete – vor unserem Beobachtungsstand türmen sich die Toten und schreien die Verwundeten – für sie gibt es keine Hilfe, allmählich verstummen sie für immer!

Noch zwei weitere Angriffswellen der Italiener werden von unserer Infanterie buchstäblich niedergemäht [...] die zehnte Isonzoschlacht ist für die Italiener verloren – in einer Stunde ist diese gewaltige Schlacht zu unseren Gunsten – allerdings mit k.u.k.Gruppenkommando Oberst HADASZCZOK.

Feldpost 641 , am 30.Mai 1917.

ANLAGE der KAVERNEN :

Jede Kaverne soll eine Ueberlagerung von 5–6 m gewachsenen Fels haben. Bei grösseren Kavernen sind zwei Eingänge,mindestens zwei Zugangswege herzustellen und die Eingänge durch Holzbaumwände(Balkenvorhänge aus Rundhölzern zu schliessen.

Das günstigste Profil ist 2.20 m hoch,2.00 – 2.50 m breit,die Breite vermindert sich bei verwitterten Gestein.

Bei obigem Profil kann man pro laufenden Meter 8 Mann stehend rechnen. Empfehlenswert sind Klappbänke an den inneren Längsseiten weiteres Kästchen für Gasmasken u.Munitionsnischen.

ARBEITSVERGANG:

Die Achse der Kaverne ist am grössten verspannt,es ist daher zuerst di Mitte der auszuarbeitenden Tunnelröhre mit dem brisanten Sprengmittel (Dynamit) unter Anwendung kleiner Bohrlöcher zu beseitigen.Die Reihenfolge der Absprengung siehe folgend:

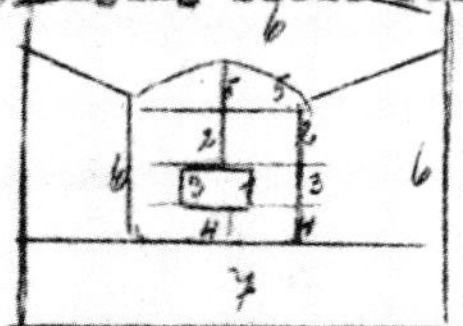

Reihenfolge der Sprengungen bei 1 beginnend bis 7.
1 Dynamit ev.1/3 Dynamit 2/3 Chlorat,
2 Chlorat.
3 – 7 Chlorat u.Dynamon, Dynamon allein.

ARBEITSDETAILS:

Das Bohrloch ist unter einem Winkel von 45 Grad anzusetzen,bei sehr festem Stein ist der Winkel kleiner zu wählen,ebenso beim Einbruchsschuss und in der Mitte des Profiles.

Alle Bohrlöcher zugleich absprengen,nur dem Einbruchsschuss gibt man eine kleinere Zündschnur,so dass er als erster abgetan wird.

Die Durchschnittliche Bohrtiefe soll 70 cm bei Sprengung mit Dynamit oder flüssiger Luft betragen.Bei Chlorat oder Dynamonsprengung ist die best Sprengwirkung bei einer Tiefe von 25 – 30 cm. Falls Dynamit vorhanden,empfiehlt es sich, 1/3 Dynamitpatrone ,die Sprenkapsel enthalten muss mit je 12 oberhalb um unterhalb fest anliegender Chlorat-oder Dynamonpatrone zur Sprengung zu bringen.

Ist nur Chlorat und Dynamon vorhanden so soll die Chloratpatrone von je 1/2 oberhalb und unterhalb liegender Dynamonpatrone begrenzt sein.

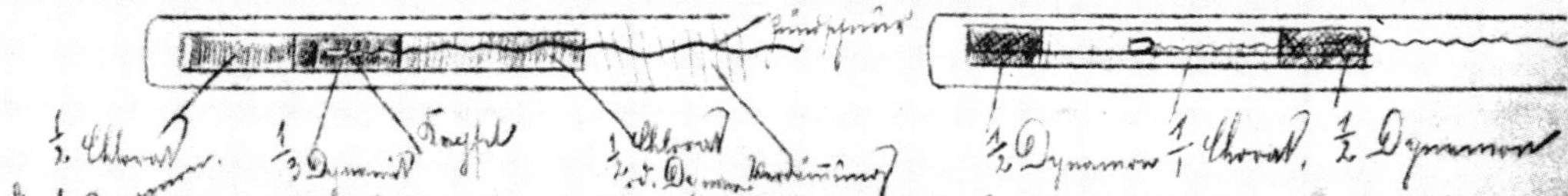

Wenn genug Sprengkapseln vorhanden,zwei (nebeneinander gesteckt) verwenden. Niemals in einem abgesprengten Bohrloch (Büchse) weiterbohren. Besonders wichtig für den Erfolg ist sorgfältige Verdämmung (Ton,Erde,Sand, alte Fusslappen,Stoffreste,Zeitungen).

Der Bohrmeissel muss immer scharf u.hart sein,Schneidewinkel ca 70 Gr Schneide bogenförmig.Meisel oft versetzen (drehen).In abwärts geneigte Bohrlöcher Wasser schütten und Raumlöffel(Staubkratzen) oft gebrauchen.

Bei zunehmender Bohrlochtiefe soll sich die Meisselbreite vermindern (32 mm – 28 mm bezw.26 mm).

Clorat kann auch ohne Kapsel gesprengt werden.Anleitung siehe Gruppenkomdobef.Nº 360 Adjt.vom 7.Dez.1916.

Für die Richtigkeit: SAGERER m.p.Lt.

Feldpost des k. u. k. Gruppenkommandos Oberst Hadaszczok, die die Funktionsweise und den Aufbau der Kavernen eindrücklich demonstriert.

enorm hohen Verlusten – entschieden. Der Monte Gabriele und der Monte Santo bleiben in österreichischer Hand.

Die ganze Front und der Berg haben sich einigermaßen beruhigt, man hört nur noch das nervenzerreißende Schreien und Jammern der Verwundeten. Bei einbrechender Dunkelheit an diesem 14. Mai 1917 beleuchten aufsteigende Leuchtraketen das gespenstische Schlachtfeld, Parlamentäre kommen aus den italienischen Gräben mit weißen Fahnen, verschwinden in unseren Gräben: Es wird gegenseitig zur Bergung der Toten und Verwundeten eine Kampfpause von zwei Stunden vereinbart – zu kurz, um dieses Werk zu vollbringen, denn noch während der elften und der zwölften Isonzoschlachten bleiben die Opfer, Italiener und Österreicher, unbestattet liegen. Wir selbst wurden von unserer Batteriemannschaft in der folgenden Nacht ausgegraben und waren daher, wie durch ein Wunder, gerettet.

Unsere eigenen Verluste waren groß: Mein Batteriekommandant und Freund ist durch einen Volltreffer in der Kaverne gefallen, mehrere Telefonisten und neun Leute der Batteriemannschaft ‚auf dem Felde der Ehre' gefallen.

Diese beiden Berge Monte Gabriele und Monte Santo waren in allen zwölf Isonzoschlachten das ersehnte Ziel der Italiener – diese beiden breit hingelagerten Karstrücken sind in diesen zwölf Schlachten um sechzehn Meter niedriger geworden und kosteten den Italienern rund 100.000 Mann – die Österreicher verloren 56.000 Mann an Toten und Verwundeten."

In einem Strom von Blut endete die 10. Isonzoschlacht, die der italienischen Heeresleitung wieder nicht den erhofften operativen Erfolg mit dem Durchbruch nach Triest gebracht hatte. Die großen Reitermassen, die die italienische Heeresleitung bereitgestellt hatte, um nach englischem Muster nach einem „erfolgten Durchbruch" die Vernichtung des „flüchtenden Gegners" durch Kavallerie zu vollenden, mussten unverrichteter Dinge wieder abgezogen werden.

Lediglich der Gewinn der Kukhöhe schuf günstige Voraussetzungen für ein Fortsetzen des Angriffes auf der Hochfläche von Bainsizza-Heiligengeist. Die enorm hohen Verluste der Italiener waren in erster Linie auf die verheerende Wirkung der ausgezeichneten österreichischen Artillerie zurückzuführen, „die diesmal über ausreichende Munitionsmengen verfügten. Der Abwehrerfolg kostete der österreichisch-ungarischen 5. Armee allerdings auch 7.300 Tote, 45.000 Verwundete und 23.400 Gefangene."[22]

Beide Kriegsgegner lagen sich am Isonzo nach der zehnten Schlacht wie schwer angeschlagene Boxer erschöpft gegenüber. „Die Felsenburg der Hermada tauchte unversehrt aus dem Wirbel der zehnten Isonzoschlacht, aber Jamiano und der Kuk waren verloren. Die österreichische Linie lief an der bestürmten Karstfront vom Cap Duino über Medeazza, Selo, Konstanjevica nach Krki, Biglia zum Monte Santo und erreichte erst bei Canale wieder den Isonzo. Die Italiener standen jetzt auf beiden Karsthochflächen festgewurzelt und hielten Görz in sicherer Hut. Cadorna hatte neue schwere Opfer gebracht [...] und rüstete zuversichtlich, methodisch, pedantisch auf die elfte Schlacht."[23]

Die gegnerischen Truppen waren durch den fürchterlichen Kampf außerordentlich mitgenommen, ganze Heeresteile aufgerieben, das Material der Geschütze stark abgenutzt worden. Die Vorräte an Munition hatten sich rapide verringert. Eine Weiterführung der Offensive in der bisherigen Kampfweise erwies sich als unmöglich. So flaute denn die Gefechtstätigkeit allmählich ab. Das Artilleriefeuer wurde spürbar schwächer und die Unternehmen der Infanterie beschränkten sich auf kleine Vorstöße, die nur örtlichen taktischen Zwecken dienten.

Die Armee Boroević stand aber fest und unerschütterlich in ihren aufgewühlten, durch das Granatwerferfeuer umgepflügten Stellungen. Der k. u. k. Heerführer war fest entschlossen, jedem neuen Ansturm der Italiener die Stirn zu bieten und ihn so abzuweisen, wie er es bereits mit zehn blutigen Schlachten am Isonzo getan hatte. Nach Abschluss dieser Schlacht nahmen Anfang August 1917 die Nadelstiche der italienischen Luftstreitkräfte, die den Luftraum über dem Kriegsschauplatz eindeutig beherrschten, zu. „In der Nacht vom 2. auf den 3. August bombardierten sechsunddreißig Flugzeuge der Italiener den k. u. k. Kriegshafen Pula, der auch ein Stützpunkt für die deutschen Unterseeboote war, und am folgenden Tag griffen neunundzwanzig Flugzeuge das Arsenal im Hafen an."[24]

Diese Angriffe kommandierte kein geringerer als der Dichter Gabriele d'Annunzio, ein glühender Frauenheld und einer der eifrigsten Verfechter des Kriegseintritts Italiens gegen Österreich-Ungarn und die Mittelmächte, der nach dem Ersten Weltkrieg zum Ideologen des Faschismus aufstieg und 1919 mit Freiwilligen die Hafenstadt Fiume (Rijeka) auf der Halbinsel Istrien besetzte, sodass beides 1924 zu Italien kam.

Im Gegensatz zum Korporal der Bersaglieri-Elitetruppe und späteren Faschistenführer Benito Mussolini, „der es persönlich nicht eilig hatte, wieder im Heer zu dienen, obwohl er den Krieg sehr befürwortete"[25], trat d'Annunzio als Freiwilliger in die italienische Luftwaffe ein. Als er über Triest und Trient Flugzettel abwarf, wurde von Österreich-Ungarn auf seinen Kopf eine Belohnung von 20.000 Kronen ausgesetzt.

3. Die 11. Isonzoschlacht

Im Juli und August 1917 stand das italienische Heer unter dem General Luigi Graf Cadorna mit der Masse seiner Streitkräfte in folgender Gliederung am Isonzo:[26]

1. Armee:	Generalleutnant Giraldi mit sieben Divisionen, 977 Geschützen (davon 275 schwere), von der Schweizer Grenze bis nördlich von Arsiero.
6. Armee:	Generalleutnant Etna mit acht Divisionen, 608 Geschützen (davon 187 schwere) anschließend bis zum Cima d'Asta.
4. Armee:	Generalleutnant Nicolis di Robilant mit vier Divisionen, 569 Geschützen (davon 181 schwere) anschließend bis zum Quellgebiet des Paive einschließlich.
Karnische Gruppe:	Generalleutnant Tassoni mit zwei Divisionen, 387 Geschützen (davon 189 schwere) anschließend bis Flitsch ausschließlich.
2. Armee:	Generalleutnant Capello (einschließlich bisheriger Gruppe Görz) mit 21 Divisionen, einer Kavalleriedivision, 2.047 Geschützen (davon 1.146 schwere) anschließend bis zur Wippach, Schwerpunkt am Südflügel.
3. Armee	Generalleutnant Herzog von Aosta mit 17 Divisionen, 1.166 Geschützen (davon 661 schwere) anschließend bis zum Meere.
Heeresreserven:	vier Divisionen, drei Kavalleriedivisionen, zwölf Bersaglieri-Radfahrbataillone.

Nach allen bisherigen Erfahrungen suchte der italienische General einen operativen Erfolg durch den Einsatz allerstärkster Angriffsmittel sicherzustellen. Von insgesamt 887 Bataillonen sollten 600 Bataillone, die in einundfünfzig Divisionen zusammengefasst waren, den Angriff führen. „Ein Drittel der italienischen Streitmacht, eine Million Streiter und 4.000 Geschütze waren zur Durchfechtung der Schlacht bestimmt. Cadorna suchte die Entscheidung im Norden. Capello sollte von Selo, wo Boroevićs Front wieder auf das Ostufer des Isonzo zurücksprang, bis Descla über den Fluss hinweg angreifen, bei Auzza und Canale Brücken schlagen und dem am Monte Santo kämpfenden Gegner auf diese Weise in die Flanke fallen. Der Plan konnte nur gelingen, wenn Überraschung im Spiele lag."[27]

Die k. u. k. Südwestfront unter Feldmarschall Erzherzog Eugen war nach wie vor auf reine Abwehr eingestellt. Die elfte Offensive der Italiener wurde von der k. u. k. Armee gegen die Gesamtfront der Isonzoarmee – die bisherige österreichisch-ungarische 5. Armee – des Generalobersten Boroević von Bojna mit Ausnahme ihres nördlichsten Divisionsabschnittes erwartet. An ihr standen von Tolmein bis zur

Wippach sieben Divisionen in vorderer Linie, eine dahinter. Der nur halb so breite Abschnitt südlich der Wippach, der den Weg nach Triest deckte, lag mit sechs Divisionen in vorderster Stellung und dreien dahinter. Er war wesentlich stärker besetzt. Schließlich verfügte das Heeresfrontkommando noch über eine Division als Reserve in Laibach. Im Einzelnen sah die Gliederung der k. u. k. Südwestfront im August 1917 folgendermaßen aus:[28]

Heeresgruppe des Feldmarschalls Freiherr Conrad von Hötzendorf:

Rayons I. und II., österreichisch-ungarische 11. Armee und österreichisch-ungarisches XX. Korps mit zusammen 10½ Divisionen, 1.294 Geschützen (davon 181 schwere) von der Schweizer Grenze bis zum oberen Piavetal ausschließlich.

Österreichisch-ungarische 10. Armee:
Generaloberst Freiherr von Krobatin mit drei Divisionen,
342 Geschützen (davon 12 schwere) bis halbwegs Flitsch/Tolmein.

Österreichisch-ungarische Isonzoarmee:
Generaloberst Boroević von Bojna mit zwanzigeinhalb Divisonen,
1.526 Geschützen (davon 56 schwere):

XV. Korps:	Feldmarschallleutnant Scotti mit zwei Divisionen bis Auzza einschließlich.
XXIV. Korps:	General der Infanterie Lukas mit vier Divisionen bis Monte San Gabriele einschließlich.
XVI. Korps:	General der Infanterie Kralicek mit 3½ Divisionen bis zur Wippach.
VII. Korps:	Feldmarschallleutnant Schariczer mit drei Divisionen bis nördlich von Selo.
XXIII. Korps:	Feldmarschallleutnant von Csicserics mit drei Divisionen bis zum Meer.

Heeres- und Armeereserven: fünf Divisionen.

„Am 22. August 1917 griff der Italiener die Hochfläche unerwartet von Nordwesten an, überschritt bei Canale den Isonzo in einer Breite von sieben Kilometern, drang über die zerstörten Gräben der Randhöhen gegen Osten und Südosten vor und bedrohte die Verteidiger des Monte Santo plötzlich in Flanke und Rücken. Vergebens suchte Boroević den Angreifer von den Rändern der Hochfläche hinabzustoßen. Der Frontbogen war zu schwach gewesen, um den konzentrischen Anprall starker Massen auszuhalten, und zerbrach.

Das Artilleriefeuer, das von den Höhen von Ajba, von der Korada und vom Kuk herüberfegte, war so überwältigend, dass kein Wehren half. Bevor größere Verstärkungen aus dem Chiappavonespalt und aus der Wippachmulde herangeführt werden konnten, standen vier italienische Divisionen auf dem linken Ufer vereinigt."[29] Der symbolträchtige Monte Santo ging nach einem massierten Beschuss durch die italienische Artillerie, die den Heiligen Berg mit dem Kloster dem Erdboden gleichmachte, verloren. „Italien wertete die kampflose Inbesitznahme des berühmten Wallfahrtsortes propagandistisch voll aus. Die eigenen schweren Verluste der vorhergegangenen Isonzoschlachten im Vergleich zu den minimalen Geländegewinnen mussten im Sinne der eigenen Kriegsziele durch Erfolgsmeldungen minimiert werden. So ging ein Foto von Maestro Arturo Toscanini durch die gesamte Presse, das den berühmten Meister mit einem österreichisch-ungarischen Stahlhelm auf dem Kopf inmitten italienischer Offiziere auf dem Klosterberg zeigt. Die Medien berichteten ferner, dass Toscanini dort ein improvisiertes Konzert mit einer Militärkapelle dirigierte, deren Klänge bis weit hinter die österreichisch-ungarischen Linien zu hören waren."[30]

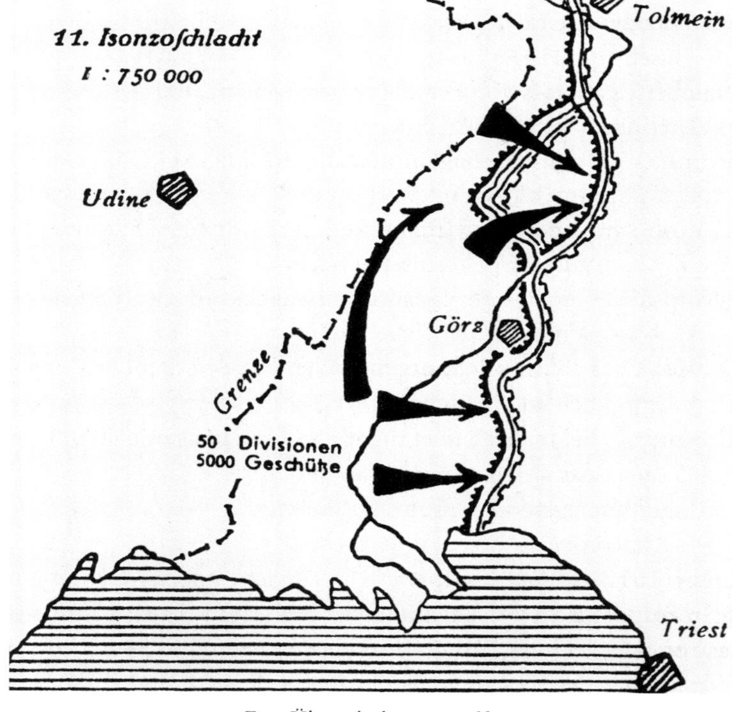

Eine Übersichtskarte zur elften Isonzoschlacht.

In dieser schwersten von allen bisherigen Isonzoschlachten, die am 22. August 1917 auf einer Frontbreite von siebzig Kilometer begann und am 1. September 1917 endete, erzielten die Italiener nördlich und südlich von Görz unter dem massiven Einsatz an Menschen und Material beachtliche Erfolge auf der Hochebene von Bainsizza und Heiliger Geist, südlich der Wippach bei Fajti Hrib, Konstanjevica, Stara Lowka und Hermada.

„Diesmal hielt das Feuer ununterbrochen die ganze folgende Nacht an", schrieb Generaloberst Lothar Rendulic in seiner Autobiographie. „Vor dem Morgengrauen verwendeten die Italiener auch Giftgasgranaten, mit denen sie unsere Stellungen vergasten. Der leichte Westwind trug das Gas bis in das Hintergelände."[31]

Allein am Monte San Gabriele griffen Zehntausende italienische Infanteristen diesen „Berg des Todes" an. Sie eroberten ihn sechsmal im Kampf Mann gegen Mann und ebenso oft wurden sie im unerbittlichen Nahkampf zurückgeworfen.

In mehreren lesenswerten Folgen hat Walter Oertel die 11. Isonzoschlacht in der „Allgemeinen Kriegszeitung"/„Illustrierte Geschichte des Weltkrieges" überaus anschaulich wie erschütternd beschrieben:[32]

„Am 17. August belegten die Italiener aus den Tausenden von Geschützen aller Kaliber die österreichisch-ungarischen Linien von Mrzli Vrh, östlich von Karfreit, bis zum Meere hinab mit schwerem Trommelfeuer, das eineinhalb Tage mit ungeminderter Heftigkeit anhielt. Was von der ersten k. u. k. Verteidigungszone zu dieser Zeit noch bestand, wurde von Granaten und den in förmlichen Salven abgefeuerten Minen zu Steinsplittern und Trichtern zersprengt. In die natürlichen Morgennebel des 19. Augusts mengten sich die künstlichen, aus den italienischen Gräben abgeblasenen Nebel, unter deren Schutze sich die giftigen Gase der Kohlenoxydgranaten verbreiteten. Um halb sechs Uhr morgens setzte Sperrfeuer auf die rückwärtigen Verbindungen der k. u. k. Isonzoarmee ein. Im selben Augenblick brachen vom Tolmeiner Brückenkopfe bis zum Meer zahlreiche italienische Sturmkolonnen vor. Die meisten wurden durch das Vernichtungsfeuer der österreichisch-ungarischen Batterien zurückgetrieben. Andere übersprangen teils in aufgelösten Schwarmlinien, teils in tiefgestaffelten Massen die zerstörte Hinderniszone und gelangten stellenweise noch über die Gräben hinaus, aus denen ihnen das Feuer der Maschinengewehre und Handgranaten entgegenschlug. Gleichzeitig hatten jedoch österreichisch-ungarische Reserven das Sperrfeuer durcheilt und warfen sich mit Bajonetten, Kolben und Handgranaten auf die Eingedrungenen, denen k. u. k. Batterien den Rückweg verlegten. Österreichisch-ungarische Flieger griffen in den Kampf ein und überschütteten die dichten Haufen der Italiener mit Feuer und Bomben.

Ein fürchterlicher Nahkampf begann. Dreimal brandeten die Wellen der stürmenden Italiener gegen den Steilabschnitt von Descla bis nach Vodice, um von dort aus umfassend gegen den Monte Santo und den Monte San Gabriele, die beiden Schlüsselpunkte der k. u. k. Stellung im Bogen von Salcano nördlich von Görz, vorzugehen, und dreimal wurden sie von dem mit hervorragender Tapferkeit kämpfenden Landsturm aus Wien und Niederösterreich unter schwersten Verlusten abgewiesen. Um eine Entscheidung zu erzwingen, ließ die italienische Heeresleitung die Brigade Palermo zum Sturm auf den Monte San Gabriele antreten. Diese ganz frisch aus der Reserve geholte Brigade bildete den Kern einer Angriffstruppe, die nun in dichten Wellen gegen die so heiß umstrittene Höhe anlief.

Auf der Karte sind neben den österreichisch-ungarischen Frontverläufen vor der 11. Isonzooffensive auch die Eisenbahnlinien des Truppentransports eingezeichnet.

Doch sobald ihre Schwarmlinien aus den Gräben emportauchten, erfasste sie das mörderische Schnellfeuer einer rasch zusammengefassten Batteriegruppe und fügte ihnen riesige Verluste zu. Trotzdem blieben die Feinde, durch die Brigade Palermo mit vorgerissen, im Vorrücken. Da brach aus den Granattrichtern ein so furchtbares Maschinengewehrfeuer los, dass die Angreifer wie Schwaden unter der Sense des Schnitters fielen. Jedes Loch im Erdboden schien eine der unheimlichen Kampfmaschinen zu bergen. Zahllose Tote und Verwundete mussten die Italiener an den Hängen des Monte San Gabriele liegen lassen, der Rest der schwer erschütterten Angriffstruppen, deren Verbände gelockert und durcheinandergekommen waren, wurde durch den kraftvollen Gegenstoß des steirischen Jägerbataillons Nr. 9 in voller Verwirrung den Berg hinabgeworfen und auf dem Rückwege nochmals durch das Feuer der österreichisch-ungarischen Batterien erfasst und zusammengeschossen.

Nicht besser erging es den italienischen Divisionen, die östlich von Görz stürmten. Es handelte sich um die Abschnitte beiderseits der Rosenthaler Straße und nördlich davon, bei Grazigna, durch deren Bezwingung sich die Italiener den Weg in die Ebene vom Schönpass und weiter gegen Heidenschaft zu erzwingen hofften. In zäher Gegenwehr hielt hier Feldmarschallleutnant Zeitler, der Verteidiger von Görz, mit seinen Landsturmtruppen stand und ließ sich auch nicht einen Fußbreit zurückdrängen. Nachdem die Anstürme schwächerer Kräfte gegen die stark zerschossenen Hügel von Görz blutig gescheitert waren, ließ die italienische Armeeleitung die Brigade Lambro geschlossen zum Sturm auf die Höhe von San Marco antreten. Der Angriff schlug unter schweren blutigen Verlusten fehl. An Stelle der Brigade Lambro, die sich bei ihren mehrfach wiederholten Stürmen völlig ausgegeben hatte, wurde die Brigade Piemont herangeholt und, verstärkt durch ein drittes Regiment, am 22. August in den Morgenstunden gegen den Südteil der San-Marco-Höhe angesetzt. Das Vorgehen gegen diese Erhebung musste über vollkommen ungedecktes Gelände erfolgen, das von einer geschickt im Vorfelde verborgenen Jägerabteilung unter Leutnant Aldrian flankiert wurde. Ohne genügende Flankensicherung stürmten die Italiener im Eifer an den Jägern vorbei, die sie ruhig vorüberließen, um dann auf einmal ein mörderisches Rückenfeuer aus Gewehren und Maschinengewehren gegen die vorgegangenen Sturmwellen zu eröffnen. Als der Führer der Jäger sah, wie der italienische Angriff unter der doppelten Geschosswirkung zusammenbrach, ging er kurz entschlossen mit seiner kleinen Schar zum Gegenstoß über, rollte die ganze feindliche Sturmwelle auf und fügte ihr außerordentlich schwere Verluste zu.

Die größten Anstrengungen aber machte der Feind, um zwischen dem Wippachtal und Kostanjevica durchzubrechen, wo die hochaufragende Hermada als einer der wichtigsten Schlüsselpunkte von Triest das Hauptziel des Angriffes bildete. Hier sollte vor allem eine Entscheidung herbeigeführt werden. Gegen die Räume Fasti Hrib – Kostanjevica und Medeazza – San Giovanni wurde der Angriff festgesetzt, dessen Ziel es war, durch Vortreiben eines Doppelteils die Hermadastellung zu vereinzeln und von zwei Seiten zu umfassen.

In umsichtigster Weise hatte Cadorna die Vorbereitungen für diesen Stoß getroffen. Gegenüber dem anzugreifenden Abschnitt hatte er eine große Anzahl seiner schwersten Batterien und Minenwerfer zusammengefasst, während eine zweite im Skobbagebiete aufgestellte Artilleriegruppe den Befehl hatte, die Beschießung von

Kaiser und König Karl bei den österreichisch-ungarischen Fliegern in Tirol.

Auf der Hochfläche von Vrh vorgedrungene Italiener werden im Kampf Mann gegen Mann von österreichisch-ungarischen Truppen zurückgeschlagen.

vorn durch ausgiebiges Flankenfeuer zu unterstützen. Auch Teile der Flotte, darunter vor allem eine Anzahl Monitore, wurden zur artilleristischen Flankierung eingesetzt. Zum Sturm auf Selo, das das erste Angriffsziel bildete, wurden fünf aus der ganzen Armee ausgesuchte Brigaden unter dem Befehl des Generals Diaz als erste Stoßgruppe bereitgestellt.

Ein Trommelfeuer von einer Stärke, wie es noch keine der bisherigen Isonzoschlachten gesehen hatte, ging auf die österreichisch-ungarischen Stellungen im südlichen Teile der Karsthochfläche nieder. Was hier noch von Dörfern oder deren Resten stand, wurde durch die Granaten wie zu Brei zerstampft. Dieser Vorbereitung folgte der mit äußerstem Schwung vorgetragene Stoß der fünf ausgewählten Brigaden. Mit schweren Verlusten durchschritten sie die Zone des österreichisch-ungarischen Sperrfeuers und drangen in Selo ein. Ein Handgemenge von unerhörter Wildheit begann. Achtmal wurden die Italiener aus den Ruinen des Dorfes von den sich mit dem Mute der Verzweiflung wehrenden Ungarn hinausgeworfen, aber immer wieder erneuerten sie ihre Angriffe, bis endlich der westliche Teil des Dorfes in ihren Händen blieb. Die fünf Brigaden des General Diaz waren in diesem erbitterten Ringen vollkommen verbraucht worden, sodass sich die Heeresleitung entschließen musste, den wankenden Angriff durch Einschieben von Reservebrigaden zu stützen.

Mit ihrer Hilfe brandete ein neuer, übermächtiger Ansturm gegen die Ungarn, die nach hartnäckiger Gegenwehr endlich die Ruinen von Selo ganz den Italienern überlassen mussten. Als diese jedoch Miene machten, über den Ort hinaus weiter vorzubrechen, warf sie ein heftiger Gegenstoß der Magyaren unter schweren Verlusten auf Selo zurück. – Die Anfangserfolge des großen Waffensturmes beschränkten sich somit auf eine unbedeutende Eindrückung der angegriffenen Front im Raume von Auzza-Canale, wo die Welschen am Vrh, südöstlich von Canale, immer neue Regimenter den dort mit wilder Tatkraft aushaltenden Deutschösterreichern aus dem Egerlande entgegenwarfen, und auf die Besetzung von Selo.

Fast zur gleichen Zeit, zu der bei Verdun die Franzosen von Neuem losschlugen, entfesselten die Italiener die elfte Isonzoschlacht.

Dieses Zusammentreffen der beiden Angriffsbewegungen entsprach einem Lieblingswunsch der Engländer, die sich in Flandern entlastet sehen wollten und den Italienern zahlreiche Batterien zur Verfügung gestellt hatten. Sechstausend Geschütze spien Tod und Verderben gegen die österreichisch-ungarischen Stellungen, und dementsprechend war auch der Einsatz an Menschen. An der über sechzig Kilometer langen Front von Tolmein bis zum Meere führten die Italiener mehr als vierzig Divisionen in den Kampf. Der Kanonendonner der Riesenschlacht erfüllte Krain, Kärnten, ganz Südtirol und sogar Dalmatien. Aus den Mündungssümpfen der Sdobba hallten die geschickt eingebauten schweren englischen 28-cm-Kaliber, vor Triest donnerten italienische Monitore, denn die Italiener unterstützten ihren Landangriff auf Triest diesmal auch vom Meere her durch Feuer aus weittragenden Geschützen. Eine ganze Anzahl der italienischen Batterien fuhr sogar ohne Deckung auf und schoss, was aus den Rohren herauswollte, bis die Österreicher und Ungarn sie niedergekämpft hatten.

Diese hatten dabei oft das Glück, große Munitionslager der Feinde zu treffen und zum Auffliegen zu bringen, wie beispielsweise ein solches am Monte Majo am 8. August, wo sie zugleich mit ihrem zielsicheren Feuer ein angreifendes feindliches Infanteriebataillon zerschlugen. Auch in die Infanteriebereitschaften der Feinde fielen die Geschosse stellenweise massenhaft und rissen dort blutige Lücken. Auf den Hauptangriff bereiteten am 18. August starke italienische Erkundungsstöße vor, bei denen ebenso wie schon während der Artilleriewirkung zahlreiche Feinde, Offiziere und Mannschaften zu den k. u. k. Truppen überliefen, weil ihre Reserven dem Trommelfeuer nicht mehr gewachsen waren.

Am 19. August morgens brach der Sturm auf der ganzen weiten Linie los, an dem sich gegen dreihundert Flugzeuge beteiligten, die die österreichisch-ungarischen Linien, Reserven und Batterien unter Maschinengewehrfeuer nehmen sollten. Aber nur an wenigen Punkten konnte sich der Feind in den erreichten vordersten österreichisch-ungarischen Stellungen halten, nirgends war ihm ein irgendwie bedeutender Fortschritt beschieden, ja, an einigen Stellen musste er sich sogar zur Flucht wenden. Das stärkste Hindernis auf dem Wege nach Triest, das sich die Italiener wieder als Ziel gesetzt hatten, die Hermadastellung, stand dauernd unter dem Feuer der schwersten Schiffsgeschütze. Kräftiges Minenwerfer- und Artilleriefeuer unterhielten die Feinde auch nach den zahlreichen abgeschlagenen Angriffen immer wieder an den meisten anderen Punkten zwischen Görz und Tolmein, ohne sie überwinden zu können.

Auf der Karsthochfläche, am Monte Santo, bei Vodice und Descla blieben die Italiener am ersten Kampftage überall im Nachteil. Nur oberhalb von Canale gewannen sie etwas Raum, indem sie bis auf die Höhen von Vrh vordrangen. Egerländer warfen aber auch hier die Feinde auf den Uferhang des Isonzos zurück.

Tags darauf wurde die Schlacht mit unverminderter Kraft fortgesetzt. Im Raume von Auzza suchten die Italiener die Riegel vor der Hochebene von Bainsizza, am Monte San Gabriele, dem Tor zur Hochfläche von Ternova, zu sprengen. Aus Görz ergossen sich immer aufs Neue Sturmabteilungen gegen die umliegenden Höhen, das Bollwerk des Fajiti Hrib, die anschließende Karsthochfläche und die Stellungen bis zum Meer verschwanden unter dichten Wolken von Rauch, Feuer und Gas. Wieder versuchten die Feinde die österreichisch-ungarischen Linien südlich von Auzza und östlich von Canale zurückzudrücken, nachdem sie ganz außerordentlich blutige Opfer gebracht, und immer neue Streitkräfte vorgezogen hatten. Der italienische Stoß wurde aber bei Vrh aufgefangen. Mit beispiellosem Opfermut hatten sich die Verteidiger den Feinden entgegengestemmt. So hielt die Bedienungsmannschaft zweier kleiner Gebirgsgeschütze gegen die mit erdrückender Übermacht anrückenden

Feinde bis zum letzten Augenblick aus und schoss die heranstürmenden feindlichen Haufen aus nächster Nähe noch mit Kartätschen nieder. Im Handgemenge traten sie den Rückweg zu ihrer Truppe an, den sie so schneidig durchführten, dass sie noch Gefangene mitnehmen konnten. An einer anderen Stelle gelang es den Feinden, einen Hauptmann mit sechs Kompanien völlig einzuschließen. Trotzdem hielt dieser mit seinen Leuten 24 Stunden wacker aus und schlug sich dann, als ein Gegenstoß zur Befreiung dieser Tapferen nicht angängig erschien, mit Kolben und Bajonett durch die Linie der Feinde, ohne dabei einen einzigen Mann als Gefangenen zu verlieren.

Italienische Brückenbauabteilung am Isonzo.

Auf der ganzen übrigen Front waren die Angriffe der Italiener immer wieder abgeprallt, nur auf der Karsthochfläche gewannen sie den zerschossenen Ort Selo, was jedoch an der Gesamtlage in diesem Abschnitt nichts änderte. An den beiden Einbruchsstellen in den Räumen weit nördlich und südlich von Görz wurde tags darauf heftig weitergekämpft. Die zweite italienische Armee rang um Bodengewinn am mittleren Isonzo bei Canale. Dort schießt der Fluss zwischen steilen Ufern dahin, was seine Überschreitung erheblich erschwert. Bei Ajba standen italienische Pioniere mit Pontonen, die mittels Schiffsbrücken eine Verbindung mit dem jenseitigen Ufer herstellen wollten. Die österreichisch-ungarische Artillerie zerstörte die Brücken aber immer wieder. Auf rasch herbeigeschafften Rollfähren hatten die Feinde dann schließlich doch genug Streitkräfte, freilich unter starken Verlusten, übersetzen können, mit denen sie den kleinen örtlichen Erfolg bei Vrh auszuweiten suchten. Alle Anstrengungen, über die Höhen südlich von Vrh vorzukommen, misslangen jedoch vollständig und kosteten die Feinde schwere Opfer. Der kräftigste italienische Druck lastete an diesem Tage wieder auf den k. u. k. Stellungen auf der Karsthochfläche. Im Licht der Scheinwerfer und Leuchtraketen war die Schlacht auch während der Nacht kaum zum Stillstand gekommen. Das mächtige Trommelfeuer, das den Massenstürmen immer wieder vorausging, hatte den Bogen der österreichisch-ungarischen Linien von Versic bis nach Komarje eingebeult, und den Italienern war es gelungen, die völlig aufgelöste vorderste Linie ihrer Gegner zu besetzen. Die Gefahr eines weiteren Vordringens wurde durch Abriegelung des Einbruchsraumes gegen Korite und Flondar beseitigt.

Der 22. August zeigte ein ähnliches Bild wie der vorhergegangene Tag, nur stürmten an ihm die Feinde auch an der unteren Wippach mit vermehrtem Nachdruck. Auf der Hochfläche von Vrh drangen sie, ihre bedeutende Überzahl ausnutzend, ein wenig nach Süden vor, wurden dann aber im Kampfe Mann gegen Mann aufgehalten. Ungebrochen und unerschüttert stand die Karstfront. Von San Grado di Merna bis nach Kostanjevica wüteten feindliche Feuer- und Infanteriestürme bis spät in die Nacht hinein, und wieder verbluteten die Angreifer im Feuer der österreichisch-ungarischen Artillerie und Maschinengewehre, obwohl sie vor den Stürmen oft Nebelgase abgeblasen hatten, die an sich unschädlich waren, aber der Verteidigung jede Einsicht in die Vorgänge hinter diesen Schutzwehren nahmen. Dazu verschossen die Italiener außer Ekrasitgranaten auch Kohlenoxydgranaten, die giftige Gase verbreiteten, deren Einatmung tödlich zu verlaufen pflegte. Ferner bedienten sich die Feinde auch einer neue Art von Phosphorgranaten, die beim Aufschlagen auf den Boden Unmengen kleiner, glühender Phosphorteile verspritzten, die sehr schmerzhafte Brandwunden verursachten. Auch Stinkbomben, Sprengröhren und vieles andere sollten den Widerstand der tapferen Verteidiger brechen, doch war alles vergeblich.

Der nächste Tag verlief bis nachmittags 15.00 Uhr ruhiger. Dann aber setzte wieder schweres Feuer aus Geschützen und Minenwerfern ein, dem gegen 16.00 Uhr auf der Hochfläche von Bainsizza ein Massenangriff folgte, dessen Kraft durch fortwährende Zuführung von Reserven dauernd auf gleicher Höhe gehalten wurde. Er missglückte jedoch ebenso wie die Anstrengungen der Italiener auf der Karsthochfläche. Auf dem Nordflügel kamen die Feinde nicht einmal durch das Abwehrfeuer der Österreicher und Ungarn. Zwischen Kostanjevica und der Küste ereigneten sich an zahlreichen Punkten stundenlang währende, heftige Nahkämpfe, doch blieben die k. u. k. Truppen auch an diesem Tage Sieger in ihrer Abwehrschlacht, an deren fünftem Tage sie ihrem Gegner schon 250 Offiziere und 8.000 Mann als Gefangene abgenommen hatten. Am 24. und 25. August ereigneten sich auf dem ganzen südlichen

Eine Luftverflüssigungsanlage an der Karstfront zur Herstellung aller Arten von Gasen für den Kriegs- und Spitalgebrauch.

Wasserversorgung im Karstgebiet durch Wasserkraftwagen, die so nahe wie möglich an die Front fahren. Vom Halteplatz aus erfolgt die Weiterbeförderung durch Tragtiere.

Teil der Isonzofront vom Fajti Hrib abwärts keine größeren Infanteriezusammenstöße, der Feind setzte seine ganze Kraft auf dem nördlichen Teil und in der Mitte ein. Bei Görz stürmten die Italiener zu beiden Seiten des Wippachtales und suchten gleichzeitig den Monte San Gabriele zu nehmen. Östlich und südöstlich von Görz hielt die oft bewährte Division des Feldmarschalls von Zeitler auch diesmal wieder dem Feinde stand. Die Hauptpunkte der feindlichen Angriffe im Bereich von Görz waren Biglia und der Monte San Gabriele.

Noch regsamer als hier zeigten sich die Italiener im Gebiete von Auzza. Dort hatten sie langsam einige Fortschritte gemacht. Wenn es auch den Österreichern und Ungarn gelungen war, die Gefahren des italienischen Vordringens auf die Hochfläche von Bainsizza für die südlicher gelegenen Frontteile rechtzeitig durch Abriegelung der Einbruchsstellen zu beseitigen, so war die Verteidigungsfront im ganzen Plavabogen nun doch leichter von Norden her anzugreifen. Aber an keiner Stelle der westwärts dem Isonzo zugebogenen Front von Auzza bis zum Monte San Gabriele waren die österreichisch-ungarischen Linien bemerkenswert eingedrückt worden. Immerhin hielt es die k. u. k. Führung für geboten, die angebrochenen Stellungsteile aus der Verteidigungslinie auszuschließen, indem sie letztere verlegte und dadurch zugleich verkürzte. Infolgedessen gingen die Höhe 652 bei Kuk und der Monte Santo kampflos in italienischen Besitz über. Die neuen österreichisch-ungarischen Stellungen lagen auf einem Höhenzug, der zwischen 750 und 800 Metern Höhe östlich von den aufgegebenen Linien verlief und diese erheblich überragte. Hinter diesem Höhenzuge stieg das Gelände bis zu fast tausend Metern Höhe an. Auf dem Westhang dieser nur zwei Kilometer zurückliegenden zweiten Stellungen waren österreichisch-ungarische Batterien eingebaut, die die neuen italienischen Linien genau einsehen konnten und mit schwerem Feuer überschütteten.

Das hielt die Feinde nicht ab, die neue Front der k. u. k. Truppen kräftig anzugreifen. Regimenter über Regimenter warf Cadorna in das geräumte Gebiet auf der Hochfläche Bainsizza-Heiligengeist. Geschütze wurden vorgezogen, die ihre Tätigkeit von Neuem begannen, und Flieger erschienen in großer Zahl. Doch schon am 26. August zeigte sich, dass die Österreicher und Ungarn in ihren neuen Stellungen den Italienern gewachsen waren. An diesem Tage lastete der schwerste feindliche Druck auf der verkürzten k. u. k. Front östlich von Auzza, wo Steirer und Dalmatiner kämpften, und am Monte San Gabriele. An diesen Punkten suchten die Feinde im Frontangriff zu wirken, während sie die vorgeschobene Bastion gleichzeitig durch den breiten Flankenangriff nördlich davon zu erschüttern trachteten. Der Gabriele war das letzte festungsartige Hindernis für die Angreifer am mittleren Isonzo. Die Preisgabe des nordwestlich benachbarten Monte Santo hatte die Lage der Verteidiger auf dem Gabriele noch erschwert. Aber dennoch führte der Sturmangriff der Feinde wieder nicht zum Ziele. Mit großer Kraft brandeten die italienischen Infanteriewellen auch auf der Heiligengeisthochfläche gegen die Österreicher und Ungarn vor. Es entwickelten sich heiße Nahkämpfe, in denen Handgranaten und Bajonette eine wesentliche Rolle spielten, aber überall erlitt der Feind blutige Niederlagen. Immer mehr Verstärkungen, darunter Truppen, die erst eine vierzehntägige Ausbildungszeit hinter sich hatten, zog Cadorna an die Front, und mit dem Einsatz jedes der neuen Regimenter, die er bei Canale, Bodrez, Plava, Zagora und Zagomila über den Isonzo warf, hoffte er, seine Wünsche erfüllt zu sehen.

Wie bei Auzza, so waren die Feinde auch um Görz eifrig bestrebt, vorwärts zu kommen. Der 28. August brachte noch ein Anschwellen ihrer Angriffstätigkeit, die sich gegen die Räume von Kal und Podlece richtete und um den Gabriele allmählich recht heftige Formen annahm. Von drei Seiten umspült den Berg die Flut stark überlegener feindlicher Streitkräfte. In den Abendstunden drang eine feindliche Abteilung am Nordhang in die österreichisch-ungarische Stellung ein. Die Verteidiger unternahmen sofort einen Gegenstoß und rieben die Eindringlinge vollständig auf, ein Stabsoffizier und zweihundert Mann wurden als Gefangene einbehalten. Im Zusammenhang mit den Angriffen auf den Gabriele stand zwischen seinem Südhang und der zur Vertojbica abfallenden Hügellehne noch eine dritte große Teilschlacht, die den Italienern das Wippach- und das Rosental öffnen sollte. Das vorzügliche Zusammenwirken der Verteidigungsartillerie mit der Infanterie hinderte jedoch auch hier die Feinde am Vordringen, wenn auch häufig erst nach blutigen Nahkämpfen.

Ungemein erbittert wurde die Schlacht am 29. August. Die ganze Linie von Auzza bis südlich von Görz stand unter einem einheitlichen Feuer der Angriffsartillerie und der Minenwerfer. Dann folgten die Massenstürme, von denen Cadorna diesmal den Sieg mit solcher Sicherheit erwartete, dass er bei Britof sogar Reiterei mit eingreifen ließ. Diese unzeitgemäße Verwendung der Kavallerie fand aber ein recht ruhmloses Ende, denn die Schwadronen wurden von dem Maschinengewehrfeuer der Angegriffenen geradezu hinweggemäht. Die rücksichtslos und mit Unterstützung durch ganze Fliegerschwärme geführten Kämpfe gestalteten sich für die Italiener wieder opferreich, ohne dass ihnen daraus ein Erfolg erwachsen wäre.

Das hatte tags darauf östlich von Görz und an der Wippach eine Erschöpfungspause zur Folge. Dagegen dauerten die italienischen Vorstöße im Abschnitt Auzza – Görz mit unverminderter Gewalt an, den stärksten Druck legte der Feind wieder auf den südlichen Teil dieses Raumes, um den Gabriele durch Flankenangriffe zu erschüttern und ihn zugleich auch durch Stirnstöße zum Wanken zu bringen. Die Schlacht wogte hin und her, stundenlang währten die Nahkämpfe, doch immer gelang es, den an Zahl weit überlegenen Feind zurückzuwerfen. Bei Britof stürzten sich die Verteidiger nach Abwehr der feindlichen Angriffe auf die Stellungen der Italiener und holten daraus drei Offiziere und hundertzehn Mann als Gefangene sowie zwei Maschinengewehre als Beute, ein Zeichen für den ungebrochenen Mut der k. u. k. Streiter. Mit dem Ende dieses Tages war – ebenso wie am Karst – auch nördlich von Görz die Kampffähigkeit der Feinde so beträchtlich herabgemindert, dass sie die Angriffe am nächsten Morgen nicht fortsetzen konnten. Sofort unternahmen die Österreicher und Ungarn örtlich begrenzte Vorstöße, um Nester, die dem Feinde verblieben und den k. u. k. Truppen lästig waren, auszuheben. Nachmittags lebte die Schlacht auf dem nördlichen Abschnitt wieder heftig auf, sie ließ aber die Einheitlichkeit der Handlungen, wie sie in den Tagen vorher erkennbar gewesen war, vermissen. Es entwickelten sich einige größere Gefechte, die nur um den Monte San Gabriele besonders erbittert geführt wurden. Von Norden und Westen her war der Berg, gegen den auch die italienische Artillerie mehr als je zuvor von dem etwas höheren Monte Santo aus unter sehr günstigen Umständen wirken konnte, sich stetig erneuernden Angriffen ausgesetzt. Doch das österreichisch-ungarische Bollwerk stand unerschüttert auch in diesem Sturm. Angriffe des Feindes nördlich von Kal, bei Madoni und Britof hatten ebenso geringen Erfolg wie Einzelstöße bei Görz und im Wippachtal, die sämtlich abgewiesen wurden. Östlich von Görz besetzten die Verteidiger durch einen Gegenstoß ein italienisches Grabenstück, erbeuteten vier Maschinengewehre und nahmen sechs Offiziere und hundertvierzig Mann gefangen.

Ein in der Nacht zum 1. September geführter Gegenstoß am Gabriele brachte den k. u. k. Streitkräften abermals Gefangene ein, und zwar zehn Offiziere und 315 Mann von sechs italienischen Regimentern. Tagsüber wiederholten sich die vergeblichen italienischen Angriffe, solche wurden bei Görz und Jamiano abgeschlagen. Am Monte San Gabriele blieben die Sturmwellen schon im österreichisch-ungarischen Abwehrfeuer liegen.

Dass die Italiener in diesen Kämpfen einen Misserfolg schlimmster Art davongetragen hatten, unterlag keinem Zweifel. Auf der Kampflinie, die sich südlich von Görz bis zur Küste hinzog, hatten sie lediglich die österreichisch-ungarische Vorstellung bei Selo erstritten, auf dem Nebenschauplatz nördlich von Görz vermochten sie sich nur in der ersten k. u. k. Verteidigungszone festzusetzen, ohne den Gewinn erweitern zu können.

Nichtsdestoweniger rühmten sich die Italiener, ihren Verbündeten unschätzbare Dienste geleistet und insbesondere Russland wieder einmal gerettet zu haben. Die Russen dachten darüber aber anders und hatten hauptsächlich in Bezug auf den Nordflügel an ihrer Westfront starke Bedenken, weil die Deutschen dort gerade in dieser Zeit zur See und in der Luft eine rege Tätigkeit an den Tag legten. Wiederholt hatten Flugzeuggeschwader Angriffsflüge gegen die Befestigungen, Flugstationen und militärischen Anlagen auf der Insel Ösel unternommen und dabei auch die im Rigaischen Meerbusen gesichteten russischen Seestreitkräfte erfolgreich mit Bomben beworfen. Ein Zerstörer der Nowikklasse wurde durch einen Treffer zum Sinken gebracht und ein Werkstattschiff so schwer beschädigt, dass sein Untergang ebenfalls als sicher angenommen werden konnte. Die starken Abwehrmaßnahmen der Russen hatten keinen Erfolg und waren nur mit weiteren Verlusten für sie verbunden. Eins ihrer Flugboote erhielt bei der Insel Abro im Rigaischen Meerbusen so schwere Beschädigungen, dass es landen musste und die Besatzung über Bord sprang.

An dem schönen Abwehrsieg der Österreicher und Ungarn, der gegen das stärkste artilleristische und infanteristische Waffenaufgebot, das die Italiener seit Kriegsbeginn in zwei schweren Schlachtenwochen entfaltet hatten, erfochten worden war, hatten die k. u. k. Flieger erheblichen Anteil. Auf dem nördlichen Kampfabschnitt unterstützten sie mit hervorragender Tapferkeit Artillerie- und Infanteriekämpfe, auf dem südlichen wehrten sie nach dem Aufhören der Schlacht an dieser Stelle die italienischen Luftangriffe auf Triest ab, ohne allerdings verhindern zu können, dass die Feinde die Stadt wiederholt mit Bomben bewarfen. Besser glückte ihnen die Unterbindung der feindlichen Angriffe von der See her auf Triest. Schon am ersten Tage der Schlacht vertrieb der Fliegerleutnant Banfield mit seinem Flugzeuggeschwader feindliche Schiffe und hemmte dann mit weiteren erfolgreichen Vorstößen auch den Schiffsverkehr, der sich zur Unterstützung der italienischen Truppen von Venedig nach der Isonzomündung entwickelt hatte.

Der zweite Teil der elften Isonzoschlacht stellt sich als eine vollkommene Verschiebung des Entscheidungskampfes auf die Hochfläche von Bainsizza-Heiligengeist dar. Unter schweren Kämpfen war es hier der zweiten italienischen Armee gelungen, die Hochfläche von Bainsizza bis zur obersten Höhenstufe zu ersteigen, den Monte Santo in ihren Besitz zu bringen und dadurch den Monte San Gabriele von Norden zu umfassen. Es war eine kritische Lage eingetreten, denn der rechte Flügel der hier kämpfenden österreichisch-ungarischen Heeresteile schwebte unstreitig in Gefahr, durch umfassenden Angriff auf Ternova und in das Chiapovanotal hinabgeworfen zu werden. Doch während Boroević sofort die Lage erfasste und eine Zurücknahme der bedrohten Front auf Podlece anordnete, erkannte Cadorna zu spät, welch günstige Gelegenheit sich ihm dargeboten hatte.

Erst als die österreichisch-ungarische Front bereits in ihrer neuen Linien wieder feststand, begriff er die Verhältnisse und entschloss sich nun, das Schwergewicht seiner Angriffe auf den Nordkarst zu verlegen. Unaufhörlich rollten Truppenzüge nach dem Norden, die General Capello beträchtliche Verstärkungen an Artillerie sowie eine Anzahl Regimenter der Heeresreserve – sogar aus dem Südkarst – zuführten. Nach ihrem Eintreffen erhielt er den Befehl zu rücksichtsloser Weiterführung der Offensive und vor allem den Auftrag, den Monte San Gabriele um jeden Preis zu nehmen.

Die österreichisch-ungarischen Truppen sahen gelassen dem gegen sie heraufziehenden Ungewitter entgegen. Ihre neue Linie zog sich etwa in der Führung westlich von Log am Isonzo, Mesnjakhöhe, dann südwärts über die Kuppel von Okroglo, den Ort Kal hinter ihrer Front lassend, Höhen von Trig, Kuppe 878, Höhen östlich von Madoni nach den Höhen östlich von Zagorze, dann westlich einschwenkend am unteren Hange des Monte San Gabriele herum zur Höhe Sveta Catarina, wo die Kampflinie in die nach der zehnten Isonzoschlacht überging und sich südlich über Stara Lokva nach Kostanjevica erstreckte.

Capello fasste kräftig an. Ein mächtiges Trommelfeuer einer großen Anzahl von schwersten Kalibern vom Monte Sabotino und vom Monte Santo richtete sich gegen den Monte San Gabriele und die anschließenden Abschnitte, in das Hunderte von schweren Minenwerfern nachdrücklich eingriffen. Dann wurde von Britof, Salcano und Polsattel her der Infanterieangriff umfassend angesetzt. Als der Infanteriesturm blutig scheiterte, versuchte Capello das, was der Infanterie unmöglich gewesen war, durch Einsatz von Reiterei zu erreichen. Das Regiment Nizza, die Guiden, die Lancierei von Vercelli und die leichten Reiter von Treviso ritten bei Britof an. Es kam, wie es nicht anders kommen konnte. Sobald die Reiterei auftauchte, übergoss sie ein derartiger Feuerstrom aus Maschinen- und Infanteriegewehren, der durch österreichisch-ungarische Batterien noch mit Schrapnellen verstärkt wurde, dass der ganze sehr schneidige, aber gänzlich unsinnige Ansturm unter fürchterlichen Verlusten zusammenbrach. Im Nu bedeckte sich das Feld vor den österreichisch-ungarischen Gräben mit gefallenen Pferden und Reitern, was noch im Sattel saß, preschte eiligst in Deckung zurück.

So musste denn Capello wieder seine Infanterie heranziehen, um den Durchbruch zu erzwingen, durch den er den Bertojbicaabschnitt östlich von Görz freilegen wollte. Abermals brüllten die italienischen Batterien unter rücksichtsloser Munititionsverschwendung mit äußerster Kraft los, wobei auch die Zufahrtsstraßen unter schwerem Feuer gehalten wurden, um den Nachschub von Munition und Reserven tunlichst zu unterbinden.

Die Hauptbemühungen der Italiener zielten dabei immer auf einen Angriff vom Norden her, wo sie die vorspringende Kuppe des Veliki Hrib zu erreichen suchten, die der italienischen Heeresleitung als Schlüssel der ganzen Stellung galt. Nachdem eine Einkreisung von Süden endgültig misslungen war und der Gegner seine nutzlosen, verlustreichen Angriffe östlich von Görz eingestellt hatte, drängte er mit seiner ganzen Kraft gegen den Nordrand des Gebirgsstockes vorwärts. Bei Sveta Catarina, der südwestlichen Stufe des Berges, blutig zurückgeschlagen, stellten die Italiener hier ebenfalls ihre Angriffe ein, und da auch im Westen die bisherigen Stürme außer riesigen Verlusten keinerlei Ergebnis gebracht hatten, so vereinigte die italienische Heeresleitung ihre ganze Kraft gegen den Nordhang des Monte San Gabriele, wo ihr der Angriff die meisten Aussichten zu bieten schien. Über die schauerlichen Leichenfelder des Dolsattels und den schluchtartigen Einschnitt, der den Monte San Gabriele vom Monte Santo trennt, bis zum Nordhang des Veliki Hrib setzten sich die italienischen Sturmkolonnen in Bewegung. Ein fürchterliches Sperrfeuer der naturgemäß hier ebenfalls außerordentlich starken österreichisch-ungarischen Batterien schlug den Stürmenden entgegen, sodass sie reihenweise fielen. Dann fegten Maschinengewehre mit ihrem Geschosshagel die kahlen Felshänge entlang und vollendeten das blutige Werk. Ein Anlauf nach dem anderen brach unter ungeheuren Verlusten zusammen. Zweimal gelang den ausgesuchten und mit äußerster Tatkraft draufgehenden italienischen Regimentern, am Nordhang des Berges sich anklammernd, die Gipfelstellung zu erreichen, da brach eine Sturzwelle von Magyaren und steirischen Bataillonen über sie herein und warf sie wieder den mit Blut begossenen Hang hinab. Als der Angriff gegen den Monte San Gabriele nicht vorwärts ging, setzte Capello eine mächtige Angriffswelle östlich von Görz und nördlich vom Wippachtale an, um hier durch einen Gewaltstoß Luft zu schaffen.

Doch auch hier war ihm kein Erfolg beschieden. Am Friedhof von Görz und bei Grazigna wurden die italienischen Sturmtruppen in der Bewegung durch die österreichisch-ungarischen Batterien mit Sperrfeuer gefasst und so zugerichtet, dass Stellungen zurückfluteten, und an der so heiß umkämpften Höhe von San Marco warf ein mit unwiderstehlicher Gewalt geführter Gegenstoß von Kroaten und Nordböhmen die Italiener nach erbittertem Handgemenge in ihre Gräben zurück.

So kehrte denn Capello abermals zu seinem ersten Angriffsziel, dem Monte San Gabriele, zurück, das er acht Tage lang durch immer neue Regimenter bestürmen ließ. Alle Angriffe scheiterten, doch 30.000 Mann konnte der italienische Feldherr als für den Kampf um diese Höhe verloren aus seinen Listen streichen. Fast hundert Brigaden – achtundvierzig Divisionen auf kaum ebenso viel Kilometern – sind in der elften Isonzoschlacht eingesetzt worden, die Verluste der Italiener belaufen sich – einschließlich rund 20.000 Gefangener – nach vorsichtigsten Schätzungen auf über 230.000 Mann, Rohre und Munitionsvorräte sind stark mitgenommen, eine Erschlaffung trat ein, umso mehr, als auch der moralische Zustand der durch diese wilden Stürme schwer mitgenommenen Regimenter Cadornas erheblich gelitten hatte. Riesenopfern stand ein geringfügiges Ergebnis gegenüber.

Das Abflauen der italienischen Angriffe in der 11. Isonzoschlacht zu Anfang des Monats September 1917 bedeutete für die italienische Führung das Eingeständnis der Ohnmacht. Die zahlenmäßige Überlegenheit der Feinde an Kriegsgerät und Menschen wurde nicht wieder in großzügigen Kampfhandlungen ausgenutzt, nur an örtliche Unternehmen setzten die Italiener ihre Kraft ein. Unter diesen örtlichen Zielen spielte der Monte San Gabriele die Hauptrolle, gegen den zuweilen alle italienischen Angriffe gerichtet waren. An seinem Fuße stand der General Capello mit einem Heere von 50.000 Mann, das durch regen Zuzug von Verstärkungen dauernd auf dieser Höhe gehalten wurde. Bei den ungeheuren Anstrengungen um den Besitz des Gabriele handelte es sich wohl mehr um eine Sache des Ansehens, denn wenn der Berg in den Besitz der Angreifer gelangte, trat sofort ein neues Bollwerk, der Monte

Hauptmann Brumowsky, der aus achtzehn Luftkämpfen als Sieger hervorging.

Prinz Emmanuel, Herzog von Aosta.

Das heiß umstrittene Kampfgebiet an der Isonzofront: Der Monte San Gabriele in der Mitte zwischen den Bäumen, rechts von ihm der Monte Santo, links im Hintergrund die steile Wand des Monte Saboto und vorn links ansteigend der Monte San Daniele.

San Daniele, an seine Stelle, nur wenig hätten die österreichisch-ungarischen Linien südlich vom Gabriele zurückgebogen werden müssen. Das war der italienischen Führung nicht unbekannt. Allein um den Gabriele war schon so viel Blut geflossen, dass es den Italienern darum zu tun war, ihre Bemühungen wenigstens durch die Besetzung des Berges gekrönt zu sehen. An dem Widerstand der Verteidiger brachen sich aber alle ihre Anläufe.

So kam es, dass die Italiener am 2. September ihre Anstrengungen nur gegen den Nordhang des Gabriele und die Talsenke von Britof richteten, wo sich wieder schwere Nahkämpfe entwickelten. Gleichzeitig lebten die feindlichen Angriffe an der Wippach und im südlichen Kampfgelände nahe der Küste auf, sie blieben jedoch ebenso erfolglos wie Vorstöße bei Komarje an der nach Brestovica führenden Straße. Bei Selo, wo die Italiener Fortschritte gemacht und dadurch den Verteidigungsraum der k. u. k. Truppen vor der Stara-Lokvakhöhe etwas eingeengt hatten, stiegen die Österreicher und Ungarn am 4. September von der genannten Höhe zu Tal und griffen den Feind mit großem Nachdruck an.

Dieser hatte den Stoß wohl erwartet und äußerst starke Kräfte bereitgestellt, die trotzdem nicht verhindern konnten, dass sie von den k. u. k. Truppen zurückgedrückt wurden und dabei einen wesentlichen Teil ihres Raumgewinnes wieder verloren. Dazu büßten sie 4.000 Mann und hundert Offiziere als Gefangene ein. Die Gesamtzahl der in der 11. Isonzoschlacht gefangenen Italiener schwoll damit auf 15.000 an. Starke Gegenangriffe, die die Feinde auf dem ganzen Südabschnitt ansetzten, vermochten das Ergebnis des Tages nicht zu ändern.

Tags darauf setzten die Italiener ihre Unternehmungen fort, erhöhten dadurch aber nur neben ihren blutigen Verlusten jene an Gefangenen auf 160 Offiziere und 6.300 Mann. Die mit starken Kräften in der Höhe der Küste durchgeführten Vorstöße der Italiener hatten jedenfalls mehr den Zweck, die inzwischen neu eröffnete Angriffsfolge am Gabriele zu unterstürzen und zum Ziele kommen zu lassen. Am 3. September steigerten die Feinde die Wucht des Vorbereitungsfeuers wieder zum Trommelfeuer, ununterbrochen lag der Berg im dichtesten Granatenhagel der stark gehäuften italienischen Batterien. Aber erst am nächsten Tage wagten sich die italienischen Sturmhaufen zum Angriff vor. Vom Dolsattel aus, der den Monte Santo und den Monte San Gabriele in halber Höhe verbindet, und bei Britof wurden den ersten zurückgeschlagenen Brigaden fortgesetzt neue dichte Sturmkolonnen zugeführt, um den Berg diesmal von den österreichisch-ungarischen Stellungen unter allen Umständen loszureißen.

Der Berg war eigentlich schon eine Insel in Rauch und Feuer, von der aus nach rückwärts kaum noch eine Verbindung aufrecht erhalten werden konnte. Ungeheuerliches mussten die Verteidiger leisten, nicht nur im Kampf gegen die feindliche Übermacht, sondern auch im Erdulden von Wasser- und Nahrungsmangel. Eigene Kraftwagen führten das Wasser soweit wie möglich bis an die Front, dann wurde es auf Tragtieren bis in die vorderen Linien gebracht. Das feindliche Feuer verlegte aber den Tieren schließlich den Weg, sodass sich todesmutige Soldaten kriechend mit unsäglicher Mühe mit dem kostbaren Nass an die Kämpfenden heranarbeiten mussten.

Dank der Heldenhaftigkeit der Verbindungsmannschaften und der über alles erhabenen Tüchtigkeit der Grabenbesatzung gelang es abermals, die Italiener im Schach zu halten. Die Verteidiger erblickten ihre Aufgabe auch hier auf beschränktem Raume nicht in starrem Festhalten ihrer Linien. Diese konnten ihnen ja keine eigentliche Deckung mehr bieten, da die Verteidigungsanlagen außerordentlich gelitten hatten. Deshalb versuchten die Österreicher und Ungarn mit bestem Gelingen durch einen örtlich gebundenen Bewegungskampf der Feinde Herr zu werden. In sechs machtvollen Vorstößen, die stets mit frischen Truppen gespeist wurden, drangen die Italiener schließlich bis zur höchsten Spitze des Berges vor.

Der Gegenangriff der Verteidiger warf sie aber wieder hinunter und drängte sie bis zum Nordhang zurück. Mit äußerstem Nachdruck setzten die Feinde dann das Vernichtungsfeuer auf den Gabriele und die umliegenden Kampfabschnitte fort und erneuerten am 5. September gegen 05.00 Uhr morgens ihre Sturmläufe, mit denen sie auch nördlich und südlich vom Berge die österreichisch-ungarischen Linien zu erschüttern trachteten. Doch auch diesmal hatten die zahlreichen Batterien und Minenwerfer nicht genügt, um den Sturmbrigaden den Erfolg zu sichern, wenn sie auch mehrmals die Spitze des Berges erreichten. Die Verteidiger ließen sich das Bollwerk nicht dauernd entreißen. Die Kraft des österreichisch-ungarischen Gegenstoßes machte am 5. September mittags die k. u. k. Truppen von Neuem zu Herren des heißumstrittenen Berges.

Weitere Angriffe der Feinde wurden blutig abgeschlagen.

Starke Truppenansammlungen im Tale westlich vom Monte San Gabriele deuteten aber an, dass der Feind weitere Unternehmen beabsichtigte. Am Nordhang entfalteten die Italiener ihre Streitkräfte in zehn gewaltigen Vorstößen. Die erzielte Einengung des österreichisch-ungarischen Verteidigungsraumes führte aber auch am 6. September nicht zur Eroberung des Berges. Schon im österreichisch-ungarischen Vernichtungsfeuer erlitten die Angreifer solche Verluste, dass die Truppen, die an die k. u. k. Linien herankamen, nicht mehr die Kraft hatten, die Verteidiger im Nahkampf zu überwinden, sondern geschlagen den Hang wieder hinab mussten. Außer den zehn Angriffen am Nordhang führten die Italiener auch noch einen am Westhang aus, der trotz seiner Wucht ebenfalls vergebens war. Auch hier hielten die Verteidiger stand.

Unter den Augen des italienischen Königs, der in Begleitung des Generals Capello die Sturmtruppen noch einmal besichtigt hatte, waren die feindlichen Streitkräfte in den Kampf gezogen. Ihnen als den Siegern danken zu können, war dem König aber nicht vergönnt, er musste übrigens seinen Beobachtungspunkt der österreichisch-ungarischen Granaten wegen sehr bald verlassen und in Görz einen sicheren Unterschlupf suchen. Unter dem Schutze schweren Feuers begnügten sich die Feinde in den folgenden Tagen mit der Einrichtung von Stellungen an den Abhängen des Gabrieles. Erst am 11. September erneuerten sie ihre Anstrengungen um den Besitz des Berges, die jedoch wieder nicht zum Ziele führten. Schon tags darauf setzten die Österreicher und Ungarn einen Gegenangriff an und warfen die Italiener vom Nordwesthang des Gabriele hinunter. In den äußerst erbitterten Kämpfen verloren die Italiener 23 Offiziere und 535 Mann an Gefangenen und büßten zwölf Maschinengewehre ein. Drei am 13. September vorgetriebene Angriffe, die die Lage vom Tage vorher wiederherstellen sollten, missglückten den Italienern vollständig. Diese vermochten hier ihre bisherigen Fortschritte ebenso wenig zu halten, wie an der Südfront.

Nach den schönen Erfolgen der Österreicher und Ungarn am 4. und 5. September kam es auf dem Südflügel auch am 6. September zu Zusammenstößen, weil die Italiener eine Ablenkungsunternehmung für die Entscheidung am Gabriele ins Werk setzten und außerdem auch daran dachten, gleichzeitig ihren verlorenen Geländegewinn auf dem Südflügel abermals in ihre Hand zu bringen. [...]

Bei Flondar und San Giovanni brachen die Feinde tagsüber aus den Gräben vor, wurden aber schon durch das heftige Sperrfeuer der k. u. k. Batterien abgewehrt. In den Abendstunden entwickelten sich die Italiener zum Hauptangriff auf die ganze Front von Selo bis zum Meer. Die Kämpfe gestalteten sich für sie nach einigen Anfangserfolgen außerordentlich ungünstig. Bis 21.00 Uhr abends schlugen die Österreicher und Ungarn alle Sturmkolonnen der Feinde zurück und nahmen noch fünf Offiziere und fünfhundert Mann gefangen.

Die alte Frontlinie, so wie sie beim Beginn der Schlacht bestanden hatte, wurde von ihnen an allen wichtigen Punkten vollständig wiederhergestellt und teilweise wesentlich verbessert. Der Herzog von Aosta hatte zwar mit Aufbietung aller Mittel versucht, den Gewinn der ersten Kampftage zu halten, er konnte aber die Schlacht nicht wieder aufnehmen, weil Cadorna die italienische Hauptmacht vom Südabschnitt abgezogen und nach Norden geworfen hatte. Die Italiener erneuerten ihre Rückeroberungsversuche nicht. Die Schlacht war im Südabschnitt als beendet anzusehen und am Gabriele wurden die Schläge der Angreifer immer matter. Am 10. September blieb den Italienern als Rest ihrer in der 11. Isonzoschlacht erfochtenen Anfangserfolge nichts weiter als ihr Raumfortschritt auf der Hochfläche von Bainizza-Heiligengeist, wo sich die Österreicher und Ungarn genötigt gesehen hatten, ihre Stellungen in zwei bis sieben Kilometern Tiefe auf fünfzehn Kilometer Breite zurückzunehmen. Die allgemeine Kriegslage am Isonzo war aber dadurch nicht verändert worden. Diesem geringfügigen Gewinn stand ein Verlust der ins Feuer geführten 48 italienischen Divisionen von fast einer Viertelmillion Mann an Toten, Verwundeten und Gefangenen gegenüber."

Nur unter Aufbietung aller Kräfte hatte die Heeresgruppe Boroević, die sich aus sechsundzwanzig Infanteriedivisionen der k. u. k. 1. und 2. Isonzoarmee zusammensetzte, einen tiefen Einbruch der Italiener verhindern können, sodass dem Feind der ersehnte Durchbruch auf Triest, das nur mehr zwanzig Kilometer von der gegnerischen Front entfernt lag, abermals misslang.

Von Flitsch bis zur Küstenlinie der Adria standen die Italiener – stellenweise bis zu zehn Kilometer tief – auf dem östlichen Isonzoufer. Lediglich bei Tolmein war den Österreichern noch ein circa vier Kilometer breiter und zwei Kilometer tiefer Brückenkopf geblieben. Aber um welchen unvorstellbaren hohen Preis!

Die Verluste der k. u. k. Armee betrugen 10.000 Tote, mehr als 45.000 Verwundete und 30.000 Vermisste, 20.000 Soldaten waren erkrankt. Die Zahl der Gefangenen war alarmierend. 40.000 italienische Soldaten waren gefallen, 108.000 wurden verwundet.

„Die Artillerieaktivität des Feindes war stetig ansteigend. Die Versorgungstrupps der Batterie arbeiteten nun unter anhaltendem feindlichen Feuer und die Verluste, sowohl an Männern als auch an Pferden, begannen sich bemerkbar zu machen", heißt es in einem Tagebuch eines Frontsoldaten über die 11. Isonzoschlacht. „Ein Mann der Versorgungstruppe versteckte sich, von den rund um ihn explodierenden Granaten zu Tode erschreckt, hinter Buschwerk und schoss sich selbst ins Bein. Unglücklicherweise traf er eine Arterie und blutete sehr stark. Als seine Freunde seine Hilfeschreie hörten, liefen sie zu ihm, stoppten die Blutung, so gut es ging, und riefen einen Sanitäter. Wegen der ungewöhnlichen Umstände und der Art der Wunde stellte sein Vorgesetzter ihm einige Fragen. Die arme Seele, vom Blutverlust geschwächt, gestand. Er wurde ins Lazarett hinter der Front gebracht. Eine Woche später wurde er an die Wand gestellt und erschossen."[33]

Das war kein Einzelfall, denn das „Überleben zählte. Eine selbst zugefügte Wunde garantierte Ruhe, Essen und Sicherheit in einem Feldlazarett. Am Leben zu bleiben war das einzige und wichtigste Anliegen."[34] Alles andere wurde mit der Fortdauer des Krieges und Schlachtgemetzels in den Schützengräben von Freund und Feind immer unwichtiger.

„Im Laufe des Krieges verschärften die extrem harte Disziplin, die Grausamkeit des Frontlebens und das wachsende Bewusstsein der sinnlosen Menschenopfer die Unzufriedenheit unter den Truppen. Denn der Krieg wurde nach dem Grundsatz des Angriffes um jeden Preis und des Frontalangriffes in geschlossenen Reihen geführt, wodurch der Ungehorsam unter den Soldaten immer mehr zunahm. Die Soldaten weigerten sich, bis zu den vordersten Linien nachzurücken oder überhaupt in die Militärzüge einzusteigen, sie verfluchten den Krieg, desertierten, unternahmen Versuche, zum Feind überzulaufen. Die Offiziere hingegen weigerten sich, Aktionen auszuführen, die von vornherein zum Scheitern verurteilt waren beziehungsweise die Soldaten zu hohen Risiken aussetzten. Das Comando Supremo wandte immer häufiger Unterdrückungsmaßnahmen an, um Unzufriedenheit und Rebellion im Keim zu ersticken. Dezimationen, Hinrichtungen ohne Prozess, vorschnelle Ermittlungsverfahren, Druck auf Richter und Staatsanwälte zur Anordnung schwerer Strafen und die zunehmende Verschärfung der Gesetze kennzeichneten die italienische Militärjustiz, die besonders streng gegenüber Soldaten und nachsichtig gegenüber Offizieren war."[35]

Infolgedessen hatten sich „die wankende Disziplin und der Widerstand gegen den Krieg [...] in Italien von 1915 bis 1918 in 400.000 Kriegsgerichtsurteilen manifestiert. 1.500 Todesurteile wurden gefällt. Die Soldaten, die bei den mörderischen Dezimierungsaktionen füsiliert wurden, sind in dieser Zahl nicht inbegriffen.

Die Kampfmoral der italienischen Armee war nach elf Isonzoschlachten auf dem Tiefpunkt. General Cadorna verlangte von der Regierung harte Maßnahmen gegen die Kriegsmüdigkeit. Spottverse über die ‚Hohen Herren im Hinterland' und Soldatenlieder jener Zeit spiegeln die Krise wider, in der sich das italienische Heer befand.

Aber beim k. u. k. Armeeoberkommando und bei der Deutschen Obersten Heeresleitung wusste man vom Ausmaß dieser Krise nichts. Dort entschloss man sich, alles auf eine Karte zu setzen, weil – koste es, was es wolle – nur mehr eine Flucht nach vorne möglich war."[36]

Denn die vielsprachige „Menschenmauer am Isonzo" hatte gefährliche Risse bekommen, weil jede dieser elf „Stellungsschlachten", die „vielleicht noch grauenhafter als im flandrischen Raum und in der Champagne" gewesen waren[37], Tausende und Abertausende von Toten und Verwundeten, von Witwen und Weisen gefordert hatte. Dennoch konnte diese „Menschenmauer" von den zäh und verbissen kämpfenden Verbänden und Einheiten der k. u. k. Armee in heldenmütigem Kampfe gehalten und der Gegner abgewehrt werden, sodass er keinen strategischen Durchbruch erzielte. Aber dieses ständige Zurückschlagen und Abwehren des Feindes hatte sehr viel Blut gekostet, das der Karst gierig schlürfend aufsog, sodass die Verteidiger ohne ausreichenden Nachschub und Reserven erschöpft in ihren Gräben und Stellungen lagen.

„Mit der Zeit wurden durch Sprengungen größere Kavernen angelegt, um die dann mit äußerster Erbitterung gerungen wurde. Vor den Drahtverhauen häuften sich und in ihnen hingen die Leichen der Gefallenen, die mit ihrem Verwesungsgeruch unter der Sonne des Südens die Luft verpesteten. Wolken von Aasvögeln schwebten über dem Schlachtfeld. Einzelne Namen aus dieser Kampflandschaft, der Monte Santo, der Monte San Gabriele, der Monte San Michele gingen mit ähnlich furchtbarem Klang in die Geschichte ein, wie im Westen der Tote Mann, der Damenweg, der Pfefferrücken und die Kalte Erde."[38]

Die „Hölle am Isonzo" – eines der größten Schlacht- und Totenfelder des Ersten Weltkrieges – war zweifellos Österreich-Ungarns Verdun. So hatte bereits das Kriegsjahr 1915 die meisten Opfer von der k. u. k. Armee an der Isonzofront gefordert. Die Kampfkraft und der Kampfeswille der Donaumonarchie war durch diese alles zermürbenden und aufreibenden Schlachten am Schicksalsfluss Österreich-Ungarns so stark herabgesetzt worden, dass man bei einem nochmaligen Großangriff der Italiener das Schlimmste befürchten musste.

In dieser deprimierenden Lage drang die Nachricht durch, dass die Italiener eine neue, eine noch viel größere Offensive vorbereiteten. Das wäre das bittere Ende für die stark dezimierten k. u. k. Verbände gewesen, denn sie hätten einem neuerlichen gegnerischen Angriff nicht mehr viel entgegenzustellen. Schlimmer noch: Man ging davon aus, überrollt zu werden. Die gesamte Süd- und Südostfront der k. u. k. Armee war dann in allergrößter Gefahr, zusammenzubrechen.

Neunundzwanzig Monate Karstkrieg, fast zweieinhalb Jahre härtester Abwehr- und Stellungskämpfe mit schweren und schwersten Verlusten wären dann umsonst gewesen. Nur ein militärisches Wunder, eines von den vielen herbeigesehnten in der Stunde der äußersten Bedrängnis, ein überraschender Vorstoß in die grün-weiß-rote Flanke am Isonzo könnte eine letzte Wendung des, so schien es, schon besiegelten Schicksals der k. u. k. Armee bringen. Aber wie, ohne das Gesicht zu verlieren?

Noch war die Wunde, die die Sixtusbriefe Kaiser Karls I. geschlagen hatten, beim deutschen Waffenbruder nicht ganz vernarbt. Die Reise – man könnte auch sagen der Canossagang – des österreichisch-ungarischen Monarchen nach Spa und die Versöhnung mit Kaiser Wilhelm II. hatte einen bitteren Beigeschmack. Man kann sich sehr gut vorstellen, dass es dem Kaiser von Österreich und König von Ungarn nach dieser diplomatischen Verstimmung nicht leichtgefallen ist, dem übermächtigen Verbündeten am Vorabend der 12. Isonzoschlacht um Waffenhilfe zu bitten, zumal er nicht ohne Weiteres für die Mitwirkung der Deutschen am Kampf gegen Italien zu gewinnen war. Und dennoch bat Karl I. am 26. August 1917, als zwischen den beiden Generalstäben die ersten Verhandlungen schon eingeleitet worden waren, in einem Handschreiben den deutschen Kaiser um ebendiese Hilfe. Denn, so die realistische Einschätzung des österreichisch-ungarischen Monarchen, „die Zeit drängt." Dieses Schreiben stellt zwar psychologische und Prestigegründe in den Vordergrund. In Wirklichkeit sprachen aber beim Briefschreiber auch ihm wichtig erscheinende politische Gründe eine Rolle:

„Teurer Freund! Die Erfahrungen, die wir in der elften Isonzoschlacht machten, reifen in mir die Überzeugung, dass wir in einer zu erwartenden 12. Isonzoschlacht einen äußerst schweren Stand haben werden. Bei meinen Führern und braven Truppen hat sich die Überzeugung gebildet, dass der schwierigen Lage am wirksamsten und sichersten durch eine Offensive Herr geworden werden könnte. Zu einer solchen reichen meine jetzt am italienischen Kriegsschauplatze kämpfenden Heereskörper nicht aus und es müssten solche aus dem Osten herangeführt werden.

Ich bitte Dich daher, teurer Freund, auf Deine leitenden Generale einzuwirken, damit sie österreichisch-ungarische Divisionen im Osten durch Ablösung deutscher Truppen frei machen. Du wirst mich sicher verstehen, wenn ich ein besonderes Gewicht darauf lege, die Offensive gegen Italien nur mit meinen Truppen zu führen. Meine ganze Armee nennt den Krieg gegen Italien ‚unseren Krieg'. Jeder Offizier hat von Jugend auf das von den Vätern ererbte Gefühl, die Sehnsucht in der Brust, gegen den Erbfeind zu kämpfen. Würden uns deutsche Truppen helfen, so würde dies niederdrückend, auf die Begeisterung lähmend wirken. Nur deutsche Artillerie, besonders schwere, würden ich und meine Armee als willkommene Hilfe auf dem italienischen Kriegsschauplatze begrüßen.

Die Zeit drängt. Durch einen erfolgreichen Stoß gegen Italien bringen wir das Kriegsende vielleicht rasch heran. Ich hoffe daher, teurer Freund, auf Deine Zustimmung, damit mein Generalstabschef ehestens die Details mit Deiner Obersten Heeresleitung vereinbaren kann.

In treuer Freundschaft
Karl."

Wie zum Trotz, um sich noch eine letzte Eigenwilligkeit gegenüber dem Verbündeten zu bewahren, forderte Kaiser Karl I.: „Keine deutsche Infanterie gegen Italien, kein deutsches Kommando! Nur Ablösung der österreichisch-ungarischen Divisionen an der Ostfront und Geschütze! Sonst würde dies", so der Monarch des Vielvölkerstaates, „niederdrückend, auf die Begeisterung lähmend wirken."

Gewiss: gegen Italien kämpfte die k. u. k. Armee nicht nur mit dem Verstande – wie gegen Russland –, sondern insbesondere mit dem Herzen. An diesem Kriege beteiligten sich daher auffälligerweise alle Völker der Habsburger Doppelmonarchie mit fast gleichgroßer Leidenschaft und Hingabe.

4. Deutsch-österreichische Konsultationen

Die militärpolitischen Ereignisse überschlugen sich förmlich. Kaum war das Handschreiben Kaiser Karls I. an Wilhelm II. abgesandt worden, schickte der k. u. k. Generalstab, der seit dem Tode Kaiser Franz Joseph I. bekanntlich nicht mehr von Feldmarschall Conrad von Hötzendorff, sondern nunmehr von dem aus Hermannstadt in Siebenbürgen stammenden Feldmarschallleutnant, später Generaloberst Arthur Baron Arz von Straußenberg geführt wurde, Ende August 1917 einen Hilferuf an die deutsche Oberste Heeresleitung.

Zu ersten Verhandlungen war der stellvertretende Chef des Generalstabes, der energische Generalmajor Freiherr von Waldstätten, der weitgehend die Vorgänge im k. u. k. Oberkommando bestimmte, als Bevollmächtigter seines Generalstabchefs am 29. August 1917 bei der deutschen Obersten Heeresleitung in Kreuznach eingetroffen, um mit Generalfeldmarschall Paul von Hindenburg und General Erich Ludendorff Besprechungen über ein deutsches Engagement an der Isonzofront zu führen. Er erörterte die Nachteile und Schwierigkeiten einer Offensive aus Tirol, die ja schon einmal, nicht ohne Erfolg, im Sommer 1916 versucht worden war, sowie vom unteren Isonzo her und fuhr dann fort:[39]

„Weiter nördlich auf der Hochfläche von Bainsizza, wo der Feind vom letzten Angriff her über starke Kräfte verfügt, liegen die Verhältnisse für den Aufbau eines großen Angriffs gleichfalls ungünstig. Der Stoß würde sich am Isonzo und den dahinter liegenden alten italienischen Stellungen festlaufen. Günstigere Aussichten bieten sich im Abschnitt von Tolmein bis Karfreit, wo nur schwächere italienische Kräfte stehen. Allerdings liegen die Stellungen auf beträchtlichen Höhen, sind jedoch weniger tief gegliedert. Glückt es, die Kolovrathöhen westlich Tolmeins in die Hände zu bekommen, so erwächst die Möglichkeit, die Offensive rasch bis zum Gebirgsrand bei Cividale weiterzutragen und auch die südliche Isonzofront aufzurollen – ein gewaltiger moralischer Schlag gegen den Feind! Wohl haben sich die Verhältnisse für einen Angriff von Tolmein aus verschlechtert, seit der Feind auf der Bainsizza-Hochfläche in der Südflanke des Brückenkopfes steht. Dem könnte aber durch einen vorausgehenden Teilangriff abgeholfen werden. Der Durchbruch bei Tolmein bedarf ferner des Schutzes der rechten Flanke. Das Krngebiet (2.245 Meter) im Nordosten erlaubt bei seinem Hochgebirgscharakter nur kleine Unternehmungen. Weiter nördlich aber besitzt man im Becken von Flitsch einen geeigneten Ausgangspunkt für eine zum Flankenschutz bestimmte Gruppe. Für die Offensive müssten dreizehn Divisionen herangezogen werden, davon acht deutsche, möglichst gebirgsfähige Truppen, außerdem deutsche schwere Artillerie. Gleichzeitig hätten etwa zwei deutsche Divisionen an der Tiroler Front zu demonstrieren. Das Kräfteverhältnis wird sich auf etwa vierzig

Divisionen gegen sechzig italienische einstellen. Den Hauptstoß bei Tolmein würden acht bis zehn, den Nebenangriff bei Flitsch etwa drei Divisionen zu führen haben."

General Ludendorff zeigte zunächst wenig Interesse. Dagegen sandte Generalfeldmarschall von Hindenburg keinen geringeren als den Chef des Generalstabes der Heeresgruppe Herzog Albrecht von Württemberg und ehemaligen Führer des Deutschen Alpenkorps Generalleutnant Krafft von Dellmensingen an den Schicksalsfluss Österreich-Ungarns, um die Lage an Ort und Stelle zu erkunden.

„In der Zeit vom 2. bis 5. September führt General von Krafft diese Erkundung an der Isonzofront aufs Gewissenhafteste durch. Er bespricht sich mit österreichischen Offizieren, den Generalen Scotti, Goiginger, dem Obersten von Pohl, und anderen, hört ihre Meinungen, prüft einen bereits ausgearbeiteten Angriffsplan des Obersten von Pohl und besichtigt eingehend das Angriffsgelände von Tolmein bis Flitsch."[40]

Am 8. September 1917 erstattete der Grandseigneur der deutschen Gebirgstruppe, der Zeit seines Lebens nach dem Grundsatz des Generalfeldmarschalls Graf von Schlieffen – „Wenig hervortreten, viel leisten" – lebte und handelte, Bericht. Er sprach sich für die Offensive gegen Italien aus, „obgleich sie", wie er sich ausdrückte, „unter den obwaltenden Schwierigkeiten an der Grenze des Möglichen lag." In seinem Vortrag im Großen Hauptquartier fasste er vor General Ludendorff und den Abteilungschefs der Obersten Heeresleitung seine Ausführungen zu folgendem Endergebnis zusammen:[41]

„Die Operation sei ein schwieriges, gefährliches Unternehmen, zu dessen Gelingen Glück nötig sei, doch möchte er die Ausführung des Unternehmens empfehlen, und zwar aus dem Grunde, weil ohne Hilfe das österreichische Isonzoheer zusammenbrechen könnte.

‚Ich weiß', fuhr er fort, ‚dass wir dort siegen müssen. Österreichs Heer blickt auf uns mit großem Vertrauen, eine schwere Entmutigung wäre die Folge eines Misserfolgs. Auch beim Feinde würde unser Ansehen in diesem Falle einen schweren Stoß erleiden und eine beträchtliche Kriegsverlängerung wäre zum mindesten die Folge.

Den Schwierigkeiten und Gefahren lege ich in die Waagschale gegenüber: den ausgezeichneten Geist, die Angriffslust, die Kriegserfahrung der vorzüglichen deutschen Truppen, die zu diesem Angriffe ausersehen sind, ferner meine Kenntnis des italienischen Gegners, dessen infolge vieler misslungener Angriffe herabgeminderten Kriegswillen, seine Unlust, gegen die Deutschen zu kämpfen. Ich müsste also, wenn ich vor die Entscheidung gestellt werde, ob ich das Unternehmen für rätlich und ausführbar halte, sagen: ‚Ich werde die Sache machen.'"

„Dieser Schluss meiner Ausführungen machte offenbar auf die Zuhörer einen tiefen Eindruck. Es war mäuschenstill. Man empfand wohl, dass ich ein ungewöhnliches Maß von Verantwortung auf mich genommen hatte. Hätte ich im leisesten dagegen gesprochen oder dem General Ludendorff einen Angriffspunkt in meinen Schlussfolgerungen gegeben, so wäre das Unternehmen zweifellos unterblieben.

Mein Gehilfe, Major von Willisen, sagte mir nachher: ‚Als Exzellenz heute das Schlusswort sprachen, kamen mir Frundsbergs Worte an Luther auf dem Reichstag zu Speyer in Sinn: Mönchlein, du gehst heute einen schweren Gang!'

Ludendorff schwieg einen Augenblick, als ich geendet, dann erklärte er: ‚Ich halte das Unternehmen für sehr schwierig und riskiert. Aber wir müssen zu einem Entschluss kommen. In Gottes Namen, wir wollen die Sache machen! Ich erwarte aber bestimmt, dass die Offensive sofort abgebrochen wird, wenn der Angriff nicht gleich glatt durchdringt!'"

Beim Mittagsessen im Großen Hauptquartier kam Generalfeldmarschall von Hindenburg auf den General Krafft von Dellmensingen zu und fragte ihn kurz: „Geht es?" – „Es wird gehen!", lautete die ebenso kurze Antwort.

Am 15. September 1917 fand eine entscheidende Besprechung beim Kommando der Südwestfront des Erzherzogs Eugen statt. Diesem Kommando waren unterstellt: die deutsche 14. Armee, die 1. und 2. k. u. k. Isonzoarmee sowie später auch die 10. k. u. k. Armee in Kärnten.

Während man in der österreichisch-ungarischen Armee zunächst nur eine Stellungsverbesserung, also eine beschränkte Offensive bis zum Höhenrand von Cividale im Friaul und Plava, höchstens jedoch bis zum Tagliamento plante, schlug General Krafft von Dellmensingen in jener bedeutsamen Besprechung den Tagliamento als operatives Mindestziel vor.

Gleichzeitig erreichte er, dass das k. u. k. Korps Krauß bei Flitsch der deutschen 14. Armee angegliedert und dass es deren Kommando unterstellt wurde. Ferner setzte er durch, dass auch dieser Kampfgruppe weitere Ziele bis zum Höhenrand von Gemona gesteckt wurden. Endlich erwirkte der ehemalige Führer des Deutschen Alpenkorps an jenem historischen 15. September 1917, dass sich die beiden Isonzoarmeen Österreich-Ungarns am Angriff beteiligen.[42]

„So hatte sich", schreibt General der Infanterie Ernst Hoisetzky in seiner Studie über den Durchbruch von Flitsch und Tolmein, „ein umfassender Operationsplan stufenweise gebildet, welcher der Hauptkraft des italienischen Heeres einen vernichtenden Schlag zudachte, für denselben alle verfügbaren Kräfte heranzog und diese mit außerordentlichem Schwunge nach weitgesteckten Zielen in Bewegung setzte. Dieser Plan war bis in seine letzten Auswirkungen wohl durchdacht, er fügte sich auch trefflich in die durch die Bodengestaltung gegebenen Verhältnisse."[43]

Die Vorschläge des Generals Krafft von Dellmensingen von einer ursprünglich geplanten beschränkten Offensive am Isonzo zu einer großen zusammenhängenden

Angriffsoperation im Friaul fanden sowohl die Genehmigung des deutschen Generals Otto von Below als auch die des österreichischen Erzherzogs Eugen. Aufgrund der angespannten Gesamtlage – seit Monaten tobte an der Westfront die schwere Schlacht in Flandern und an der Ostfront kam es wieder zu größeren Kampfhandlungen – konnte General Ludendorff jedoch nicht mehr als sechs, bald aber sieben Divisionen mit einem Armeestab und zwei Korpsstäben für den Entscheidungsangriff im Oktober 1917 zur Verfügung stellen. Von österreichischer Seite kamen noch zwei weitere Korpsstäbe und sieben Divisionen hinzu. Zwei von ihnen lagen bereits im Angriffsraum.

Es war Generalfeldmarschall von Hindenburg, der trotz der außerordentlich ernsten Lage in Flandern die kühne Entscheidung fällte, gegen den bisherigen Plan der deutschen Obersten Führung die neue deutsche 14. Armee unter dem General der Infanterie Otto von Below und dessen Chef des Generalstabes, Generalleutnant Krafft von Dellmensingen, an die Südfront zu werfen.

Warum sollte es diesem Generalfeldmarschall, dessen Ruf schon zu Lebzeiten zum Mythos geworden war, weil er am Anfang des Krieges die Russen bei Tannenberg und an den Masurischen Seen vernichtend geschlagen, Ostpreußen gerettet und damit an der Ostfront für klare Verhältnisse gesorgt hatte, warum sollte es diesem betagten Feldherrn, der durch seinen ostpreußischen Triumph zu einem wahren Titanen geworden war, nicht auch jetzt gelingen, nach den Russen die Italiener entscheidend zu schlagen? So vernichtend, dass sie für den Rest des Ersten Weltkrieges erledigt waren und nicht mehr weiter auf Seiten der Entente in die Waagschale geworfen werden konnten![44]

Andererseits: Wer kennt schon die „Stunden seelischer Spannung des Feldherrn“? Diese „bleiben für die Außenwelt verschlossen und versiegelt in seiner Brust. Nur wenige Eingeweihte der nächsten Umgebung kennen oder spüren sein seelisches Ringen in ungeheurer Verantwortung für das Leben von Tausenden, in der Verantwortung vor der Weltgeschichte. Das ist der persönliche Kampf, den der Feldherr in einsamer Abgeschlossenheit in sich und mit sich auskämpfen muss. Sein Kopf muss kühl, sein Herz stark bleiben. Das ist sein Kampf!“[45]

Paul von Hindenburg, der – so schilderte ihn seine nächste Umgebung – riesenhaft groß und stark wie Siegfried sei und überdies mit seiner mächtigen Figur den ganzen Türrahmen des Hauptquartiers füllte, dieser durch und durch teutonische Generalfeldmarschall sah der neuen Auseinandersetzung am Isonzo mit der ihm eigenen stoischen Ruhe entgegen. Das konnte er auch, denn der Feldherr hatte die Gewissheit, die besten deutschen Verbände an die italienische Front am Isonzo in Marsch gesetzt zu haben. Dies waren die gebirgsgewohnten Bayern und Württemberger, die Schlesier und Brandenburger, Hannoveraner und Mecklenburger, Preußen und Badener.

5. Operative Planungen zur 12. Isonzoschlacht

Hindenburg warnte einst die Fähnriche der Kriegsschule Dresden: „Eine strategische Planung ohne Schwerpunkt gleicht einem Manne ohne Charakter!" Daher beabsichtigte er den Angriff der Zentralmächte an der Isonzofront auf dem relativ engen Abschnitt zwischen Flitsch und Tolmein. Die Planungen, Vorbereitungen und das Kräfteverhältnis sind in der Kriegsliteratur bereits des Öfteren mehr oder weniger eingehend geschildert und erläutert worden. Umfassend informiert darüber das im Auftrage und unter der Mitwirkung des Reichsarchivs nach dem Ersten Weltkrieg von General der Artillerie Krafft von Dellmensingen verfasste Werk „Der Durchbruch am Isonzo", das nachfolgend über das Wichtigste bezüglich Lage und Planung Aufschluss gibt.[46]

Wie bereits an anderer Stelle angeschnitten, hatte Krafft von Dellmensingen als Generalleutnant gemeinsam mit Major von Willisen im Auftrage der Obersten Heeresleitung nach reiflicher Überlegung die ersten Erkundungen an Ort und Stelle durchgeführt. Dabei kam er, der aufgrund seiner reichen Erfahrungen im Gebirgskrieg für diese Aufgabe von allen deutschen Generalstabsoffizieren am geeignetsten erschien, zu folgendem Ergebnis: Die Nordfront Italiens wurde durch die Heeresgruppe Conrad der k. u. k. 11. Armee von Riva di Garda über die Fleimstaler und Fassaner Alpen und von dort über die Marmolata, die Sextener Dolomiten und die Karnischen Alpen bis Tarvis abgeschirmt. Hier dominierte ein Stellungskrieg im Hochgebirge, der nur zeitweise durch Einzelaktionen auf lokaler Ebene in Bewegung geriet.

Von Tarvis über Görz bis zum Adriatischen Meer verlief die italienische Hauptfront, an der, insbesondere am Mittel- und Unterlauf des Isonzos, General Graf Luigi Cadorna, der Oberbefehlshaber des italienischen Heeres, seine Hauptstreitkräfte zusammengezogen hatte. Hier standen die italienische 2. Armee unter Generalleutnant Capello mit etwa achtundzwanzig Divisionen und die italienische 3. Armee unter dem Herzog von Aosta mit dreizehn Divisionen. Cadorna verfügte darüber hinaus über eine selbstständige Reservearmee mit neunundzwanzig Divisionen. Das waren summa summarum etwa 575 Bataillone mit etwa 3.600 Geschützen und rund einer Million Soldaten.

Diesen massierten italienischen Verbänden stand die Heeresgruppe Boroević mit der k. u. k. 1. und 2. Isonzoarmee, die Hauptmasse der noch verfügbaren österreichisch-ungarischen Truppen von insgesamt nur rund dreißig Divisionen gegenüber. Auf diesem Flügel hatten sich die vorangegangenen elf Isonzoschlachten, die auf beiden Seiten den Kampfeswillen der Frontsoldaten über Gebühr erschüttert hatten, abgespielt.

Aus diesem Grunde wollte das k. u. k. Armeeoberkommando Baden hier nur eine Entlastungsoffensive zur Gewinnung von besseren Abwehrstellungen durchführen, während die deutsche Oberste Heeresleitung Kreuznach gleich aufs Ganze ging und eine Durchbruchsschlacht mit einer eventuellen Einkreisung und Vernichtung der italienischen Verbände vorschlug. Das AOK-Baden hatte sich als Ziel jedoch lediglich die Erreichung der Ebene bei Cividale im Friaul gesetzt und, wenn es gutginge, die Besetzung des östlichen Ufers am Tagliamento. Die deutsche Planung betrachtete dagegen als Endziel eventuell die Piave oder gar die Etsch!

Es war für das erfolgreiche Feldherrenduo Hindenburg – Ludendorff klar, dass der verlockende Vorstoß aus Tirol zur Adria mit den zur Verfügung stehenden sieben Divisionen nicht zu erzwingen sei. Aus diesem Grunde mussten die vorhandenen Kräfte dort eingesetzt werden, wo der Gegner verhältnismäßig schwach war und einen Angriff verstandesgemäß am wenigsten erwarten würde. Eine solche Schwachstelle – gewissermaßen die Achillesferse der italienischen Isonzofront – zeigte sich am oberen Flussabschnitt von Flitsch im Norden, über Karfreit und Tolmein nach Canale im Süden. Gerade weil hier einerseits die geographischen Gegebenheiten die denkbar schlechtesten Voraussetzungen für rückwärtige Versorgungs- und Nachschubverbindungen zur Front aufwiesen und andererseits die italienischen Befestigungen für unbezwingbar galten, würde der Gegner, so mutmaßten die Generalstäbler der Zentralmächte, hier einen Angriff am allerwenigsten erwarten.

Wie richtig diese Hypothese war, geht daraus hervor, dass die Italiener die von verräterischen Überläufern drei Tage vor Angriffsbeginn übermittelten ausführlichen Pläne entweder als ein plumpes Täuschungsmanöver oder infolge der Schlechtwetterlage für undurchführbar gehalten haben. Die Italiener waren von ihrer Überlegenheit felsenfest überzeugt und hielten ihre Gebirgsstellungen für derart stark und uneinnehmbar ausgebaut, dass sie der bevorstehenden Auseinandersetzung zuversichtlich entgegensahen. So erließ Generalleutnant Cavaciocchi, der Kommandierende General des IV. italienischen Korps bei Flitsch und Karfreit am 23. Oktober 1917 folgenden Aufruf an seine Truppe: „Soldaten! Die große Stunde ist gekommen, die große erhabene, vielleicht entscheidende. Der Feind, ohnmächtig, die Soldaten Italiens zu überwältigen, im Innern erschöpft, auf der Schwelle der Auflösung, ruft die Deutschen um Hilfe. Wir werden ihnen die Stirne bieten! Mögen sie kommen, die Abkömmlinge Armins, sie werden nicht mehr die Legionen des Varus finden!"

Generalleutnant Capello verkündete als Oberbefehlshaber der italienischen 2. Armee in den Julischen Alpen: „Die zweite Armee ist vorzüglich gerüstet."

Und General Cadorna äußerte sich noch am Abend des 23. Oktobers 1917 als Oberbefehlshaber des italienischen Heeres in Udine nur wenige Stunden vor Angriffsbeginn mit den optimistischen Worten: „Es ist nichts zu befürchten!"

Aber die italienischen Generale hatten die Rechnung ohne die Generalstäbler der Mittelmächte gemacht. Denn die mit der Angriffsplanung beauftragten Offiziere hatten sofort die einmalige Möglichkeit erkannt, die ein Durchbruch am mittleren Isonzo über die talbeherrschenden Berge mit einem gleichzeitigen Vorstoß im Talgrund zur Vernichtung der italienischen Armee bot. Ein solch kühner Operationsplan konnte aber nur dann einen Erfolg versprechen, wenn er mit auserlesenen Truppen, die über genügend Erfahrungen im Gebirgskrieg verfügten und entsprechend ausgerüstet waren, durchgeführt wurde. Hierfür standen auf Seiten der Mittelmächte insbesondere das bereits an mehreren Gebirgsfronten bewährte Deutsche Alpenkorps und die 200. Infanteriedivision mit ihren Gebirgs- und Jägerverbänden zur Verfügung, die in der deutschen 14. Armee zusammengefasst wurden.

„Zu den für den Angriff bestimmten Divisionen", so General Ludendorff in seinen Kriegserinnerungen, „traten ferner deutsche Artillerie-, Pionier-, Minenwerfer-, Flieger-, Luftschiffe- und Nachrichtenformationen, Kraftwagen- und Trainkolonnen und Etappeneinrichtungen aller Art, mit einem Wort alles das, was eine Armee braucht. Die Truppen erhielten, soweit nötig, Gebirgsausrüstung durch den Generalintendanten und ihre Kriegsministerien. Die Ausbildung im Gebirgskrieg begann sofort. Für die Artillerie war besondere Anweisung zum Schießen im Gebirge notwendig."[47]

Dann war da noch etwas, was unbedingt in dem Aufmarsch- und Schlachtplan zu berücksichtigen war: die Eisenbahnverbindungen, die in den operativen Planungen des Ersten Weltkrieges eine immer größere Bedeutung gewannen. Wehe dem Strategen, der diese fundamentale technische Errungenschaft des 19. Jahrhunderts sträflich missachtete! Spätestens seit dem Kriegsjahr 1914 waren die Eisenbahnen nicht nur ein Rückgrat der europäischen Industrienationen und ihrer Volkswirtschaften geworden, sondern sie ermöglichten erst die Existenz und weiträumigen Bewegungen der Millionenheere.

Nicht umsonst lautete eine der letzten Mahnungen des genialen Generalfeldmarschalls von Moltke: „Bauen Sie keine Festungen, bauen Sie Eisenbahnen!" Und sein zweiter Nachfolger als Chef des Generalstabes, der Generalfeldmarschall Graf Schlieffen, erklärte: „Die Eisenbahnen sind zu einem Kriegsmittel, zu einem Kriegswerkzeug geworden, ohne welches die großen Armeen der Gegenwart weder aufgestellt noch zusammengebracht, noch vorwärtsgeführt, noch erhalten werden können."

Ohne das dramatische Geschehen während der Durchbruchsschlacht am Isonzo vorwegzunehmen, soll bereits an dieser Stelle erwähnt werden, dass aufgrund der noch unzulänglichen Bahnanlagen auf diesem Kriegsschauplatz die Logistik der deutschen 14. Armee in ihrem Frontbereich weitgehend auf die Kraftwagen- und Fahrkolonnen angewiesen war.

„Die Kraftwagenkolonnen", erfahren wir von Krafft von Dellmensingen, „hatten durch die Vorbereitungen zum Angriff bei Flitsch – Tolmein außerordentlich gelitten und waren nur noch zu etwa fünfzig Prozent leistungsfähig, da ein großer Teil der Wagen schon damals reparaturbedürftig geworden war. Im Durchschnitt leistete daher eine Kolonne täglich nur etwa dreißig Tonnen. Nun konnten zum

Munitionstransport etwa fünfundzwanzig Kolonnen herangezogen werden, die übrigen hatten Pioniergerät und einige an der Front fehlende Lebensmittel (Backmehl, Salz) zu fahren. Diese fünfundzwanzig Kolonnen luden also zusammen 750 Tonnen täglich. Die Munitionstagesrate für einen Großangriff, welche für die 14. Armee rund 3.500 Tonnen betrug, erforderte demnach vier bis fünf Tagesleistungen der Kolonnen. Um den Bedarf für drei Großkampftage an die Front zu schaffen, brauchten sie mithin zwölf bis fünfzehn Tage. Dabei war Voraussetzung, dass die Strecke zwischen dem Eisenbahnendpunkt und der Front von den Kolonnen in einem Tag zurückgelegt werden konnte. Dies war jedoch erst in der zweiten Hälfte des Novembers der Fall, nachdem die Wiederherstellung der Bahnen entsprechend fortgeschritten war."[48]

An dieser Stelle muss zunächst die k. u. k. Wocheiner Feldbahn genannt werden, die bei der Verteidigung der Front am oberen Isonzo mit ihren zahlreichen scharfen Kurven bei Steigungen bis zu achtundzwanzig Prozent eine Schlüsselrolle inne hatte. Anfangs existierte zwar eine vom Bahnhof Bohinjsla Bistrica/Feistritz – Wocheinersee leistungsfähige eingleisige k. k. Staatsbahnstrecke von Villach über Assling/Jesenice nach Bled, jedoch fehlte eine Straßenverbindung bis zum Ende des Wocheinersees, die die hohen Transportanforderungen für den Nachschub der Isonzofront bewältigen konnte. Daher wurde der Bau einer Pferdebahn mit einer Spurweite von sechzig Zentimetern unter teilweiser Ausnutzung der Straßentrasse mit einer Streckenlänge von knapp sechzehn Kilometern befohlen. Die Betriebsaufnahme erfolgte am 6. Dezember 1915.

„Der immer größer werdende Mangel an Futter und Pferden zwang bereits ab Frühjahr 1916 zu einer Traktionsumstellung von Pferden auf Lokomotivbetrieb. Da die Strecke außerhalb des Ertragsbereiches der gegnerischen Artillerie lag und genügend Wasserkraft vorhanden war, fiel die Entscheidung zugunsten einer Elektrotraktion mittels Oberleitung. Beim oberen Ende des Sees wurde das ‚Feldkraftwerk Save Ursprung' erbaut. Eine Pelton-Turbine, gekuppelt mit einem Wechselstromdynamo, erbrachte 3.000 Kilowatt Leistung. Der so erzeugte Strom wurde auf vier Oberleitungssektionen mit je einem Unterwerk eingespeist. Den Überschuss an elektrischer Energie verwendete man vor allem für den Betrieb der drei Kriegsseilbahnen ab Zlatorog (572 Meter). Es wurden zehn Gleichstromlokomotiven beschafft. [...] Die Tagesleistung betrug nun zweihundert Tonnen."[49]

Zu einer bedeutenden militärischen Verkehrsverbindung entwickelte sich während des Ersten Weltkrieges auch die Gailtalbahn. Der Bau der Bahnstrecke von Arnoldstein nach Hermagor im Jahre 1894 stand ganz im Zeichen der Förderung von Gewerbe und Tourismus. Dagegen verdankt Kötschach-Mauthen seine Bahnverbindung den Ereignissen des Ersten Weltkrieges in den Karnischen Alpen.

Die Transportstrecke durch das Obere Gailtal in das nahe Frontgebiet diente Zeitzeugenberichten zufolge „einer mörderischen Zirkulation von Menschen, Munition und Maschinenwaffen. Unter einem Großaufgebot an Arbeitskräften, zumeist Kriegsgefangenen aus Serbien und Russland, gelang es, das Bauvorhaben so rasch voranzutreiben, dass der provisorische Zugsverkehr bereits am 15. Dezember 1915 aufgenommen werden konnte."

Saumpfade wurden mit der Kriegserklärung Italiens 1915 zu befestigten Straßen an die Karnische Front ausgebaut, wie zum Beispiel auf das Nassfeld und die Egger Alm. Hier kamen insbesondere zahlreiche russische Kriegsgefangene zum Einsatz, ebenso auch Trägerdienste im Frontgebiet. Etliche von ihnen fanden im schneereichen Winter 1917 durch Lawinenabgänge den Weißen Tod. Um den Mangel an männlichen Arbeitskräften auf den Bauernhöfen auszugleichen, wurden die Kriegsgefangenen auch in der Landwirtschaft eingesetzt.

In der zweiten Hälfte des Kriegsjahres 1915 wurde die Gailtalbahn von Hermagor nach Kötschach-Mauthen verlängert. Von der Heeresverwaltung wurden hierzu rund 6.000 russische und serbische Kriegsgefangene für die Bauarbeiten zur Verfügung gestellt.

Zurück zur Isonzofront. Zunächst konnte der Flitscher Abschnitt am oberen Isonzo nur über die Bergstraße, die über den Predilpass führte, versorgt werden. „Doch war diese Verbindung ständig gefährdet, da immer die Gefahr eines italienischen Durchbruchs über den Neveasattel in Richtung Raibl (Cave del Predil) bestand. Daher hatten die Österreicher bereits vor der italienischen Kriegserklärung den Entschluss gefasst", eine militärische Bergstraße von Kranjska Gora über den Vrsicsattel in die Trenta anzulegen.[50]

Diese kühne Militärbergstraße, die sich in zahlreichen Serpentinen zuerst über den 1.601 Meter hohen Sattel hinauf und dann zur Trenta auf 1.000 Meter Seehöhe hinabwindet, wurde unter schwierigsten Bedingungen bis zum Frühjahr 1916 von mehr als 10.000 russischen Kriegsgefangenen gebaut. Von diesen wurden bei einem Lawinenabgang am 8. März 1916 hundertzehn russische Kriegsgefangene mit sieben Wachposten verschüttet. Parallel zur Bergstraße wurde auch eine rund dreißig Kilometer lange Lastenseilbahn errichtet, die 1915 zunächst in Log endete und später bis zu einem Bauernhaus unweit von Kal-Koritnica reichte.

„Ziel der Operation ist", so das Oberkommando der Südwestfront, „die Italiener über die Reichsgrenze und, wenn möglich, über den Tagliamento zurückzuwerfen. Hierzu wird die ganze Heeresfront an einem noch zu bestimmenden Tage gleichzeitig die Offensive ergreifen.

Der deutschen 14. Armee wird die Aufgabe zufallen, die feindliche Front im Raume der Jezahöhen westlich Tolmein zu durchbrechen, dann zunächst die Linie: Höhen nördlich Cividale – Reichgrenze nordwestlich der Korada zu gewinnen. Die Armee wird ferner dem rechten Flügel der 2. Isonzoarmee das Überschreiten des

Isonzo zu erleichtern haben. Dem Korps Krauß (k. u. k. I. Korps) wird obliegen, aus dem jetzigen Raum der k. u. k. 93. Infanteriedivision (bei Flitsch), die vor Beginn der Offensive durch die k. u. k. 55. Infanteriedivision ersetzt wurde, vorbrechend die rechte Flanke der 14. Armee zu decken.

Die 2. Isonzoarmee wird, den Nordflügel stark haltend, den Angriff gleichzeitig mit der 14. Armee aufnehmen und vorerst die Reichsgrenze nordwestlich Korada – Monte Santo zu erreichen haben.

Die 1. Isonzoarmee wird zunächst durch kräftiges Anfassen möglichst starke Kräfte zu binden beziehungsweise auf sich zu ziehen haben."[51]

Das liest sich alles so leicht. Aber wie viel geistige, strategische, operative und logistische Denkarbeit steckt in diesem nüchternen Angriffsplan. Als ein Musterbeispiel hoher Generalstabskunst können auch die Vorbereitungen für die Offensive der Mittelmächte angesehen werden. Allein die Schwierigkeiten, die zu überwinden waren, um in dem kleinen, gebirgigen Raum um den Tolmeiner Brückenkopf sechs Divisionen in Bereitstellung zu bringen, kann nur der ermessen, der dieses Gelände aus eigener Erkundung sowohl im engen Talgrund als auch auf den Höhenrücken kennt.

Das In-Stellung-Bringen der Artillerie, die Beschaffung von Munition, die gesamte Versorgung und der Nachschub, all das konnte praktisch nur über zwei Bergstraßen aus dem Kärntner Raum heraus erfolgen. Dass dem Feind alle diese Bewegungen und Truppenkonzentrationen trotz einiger Desertationen weitgehend verborgen geblieben waren, lag einerseits an den Täuschungsmanövern längs der Tiroler und Kärntner Hochgebirgsfront, an der allzu großen Sorglosigkeit der Italiener und am schlechten Wetter. Es lag aber auch an der minutiösen Genauigkeit, mit der die Vorbereitungen zur 12. Isonzoschlacht geplant und dann auch durchgeführt wurden.

„Eisenbahnzüge rollen pausenlos von Ost nach West, durch Wolken und Nebel gegen Fliegersicht gedeckt", berichtet Fritz Weber. „Die Wälder, Dörfer und Weiler sind ein einziges, riesenhaftes Truppenlager. Ununterbrochen poltert und stampft es in rasender Eile über die Straßen: Infanterie, Autokolonnen, Batterien, Sappeure, Pioniere, Feldbäckereien, Sanität und wieder Infanterie, Infanterie, schwerbepackt, Bataillon auf Bataillon, die besten, bewährtesten der alten Armee.

Es ist, als würden die Finger einer Riesenhand zur Faust geballt werden, als stünden noch einmal alle Kräfte des Reiches auf, um sich dem andringenden Feind entgegenzuwerfen: Tiroler, Salzburger, Steirer, Kärntner, Bosniaken, die unüberwindlichen in hundert Stürmen erprobten Kerntruppen der Monarchie. Sonst als Pfeiler in die viele hundert Kilometer Kampffronten eingebaut, sammeln sie sich hier zu einem Sturmblock von ungeheurer Wucht. Alte Bekannte kommen, die Leute von den

Mörserbatterien und Langrohrkanonen, die einander immer wieder treffen, wo eine Bresche geschlagen werden soll in den klammernden Ring der Feinde."[52]

Nicht weniger als 2.400 Eisenbahnzüge voller Truppen, Verbände und Einheiten, voller Tiere und Güter umfasste der Aufmarsch zwischen Flitsch und Tolmein. In kaum fünf Wochen wurden rund 1.500.000 Schuss Artilleriemunition, 760.000 Kilogramm Sprengmittel, 3.020.000 Sprengkapseln, 2.000.000 Meter Zündschnur, 2.000.000 Signalpatronen. 230.000 Stahlhelme, 238.000 Gasmasken mit 500.000 Reserveeinsätzen, 1.300 Waggons Baumaterial, 200 Waggons Verbandszeug und 150 Waggons Telefondraht, ferner 100.000 Paar Bergschuhe, 50.000 Paar Steigeisen und 200.000 Felddecken neben unzähligen anderen Versorgungsgütern wie Verpflegungsvorräten, Schlachtvieh und dergleichen an die Front transportiert. Darüber hinaus wurden, um die Agonie des Stellungskrieges endlich zu überwinden und wieder die taktische und operative Bewegungsfreiheit zu erlangen, 60.000 Pferde zugewiesen.[53]

Und doch fehlte es trotz aller weitsichtigen Planungen und generalstabsmäßiger Perfektion nicht an dem obligatorischen Wermutstropfen, über alles hatte man sich in den Stäben den Kopf zerbrochen und an alles hatte man gedacht, nur an eines nicht – und das war angesichts des bevorstehenden Bewegungskrieges letztlich mit schlachtentscheidend: ein Heer von ausgebildeten Kraftwagenfahrern, die im Falle eines raschen Durchbruches mit den unübersehbaren italienischen Beutefahrzeugen durch das Friaul und die venezianische Tiefebene bis in die Lagunenstadt Venedig nahezu ungehindert hätten durchstarten können …

„Obwohl dem österreichischen Angriffsfeldzug keine weitausschauende Idee zugrunde lag, schlummerte darin die Möglichkeit, zu einer gewaltigen Operation zu gelangen, denn der Aufbau der Schlachtfront wies auf Umfassung hin, wenn deutsche Schlagkraft am Bewegungsflügel eingesetzt wurde. Dann konnte der Taglimento, der an sich kein Operationsziel, sondern nur eine geographische Tiefenlinie war, zu einer strategischen Bewegungslinie werden. Dazu bedurfte es nur einer Einschwenkung des marschierenden Nordflügels nach Süden. Rückten die Deutschen nach Durchbrechung der Julischen Alpen am Tagliamento abwärts, solange Capello und der Herzog von Aosta, von Boroević gefesselt, noch auf dem Ostufer des Isonzo im Karstgestein standen, so konnte die Masse der 2. und 3. Armee unter Umständen vom Rückzug abgeschnitten und zwischen Isonzo und Tagilamento vernichtet werden. Man konnte sogar noch größere Hoffnungen hegen. Befreite Karl sich von der Vorstellung, an den Ufern des Isonzo zu schlagen, um den Angriffsflügel Cadornas zu zertrümmern, und ging sein Blick, ungetrübt von politischen Rücksichten, über den Tagliamento hinaus, so winkte ihm – wenn Rüstung und Stoßkraft ausreichten – in idealer Ferne die klassische Etschlinie als strategisches Ziel. Freilich galt es, die Etschlinie nicht im frontalen Vorstürmen, sondern im Zusammenwirken der Isonzoarmeen und der Tiroler Armeen zu gewinnen, nachdem das italienische Heer im venezianischen Sack geschlagen, gefangen und gesprengt worden war. Gelang dies, so schied Italien aus dem Felde. Doch daran war kaum zu denken. Die Kräfte Österreich-Ungarns waren trotz des Beistandes Deutschlands solcher bergversetzenden Taten nicht mehr fähig. Was Conrad und Falkenhayn im Frühling 1916 vereint noch hätten wagen können – einen Doppelangriff am Isonzo und am Gardasee mit dem idealen Ziele aller Strategie, der Vernichtung der feindlichen Heeresmacht, die sich in diesem Falle zur Zertrümmerung des feindlichen Koalitionsringes an der verwundbarsten Stelle gestaltet hätte – das konnten die verbündeten Heeresleitungen im Spätherbst des Jahres 1917 nach den Kämpfen bei Asiago, Verdun, Luzk, Okna (Targu Ocna), nach den Schlachten an der Somme, an der Scarpe, an der Aisne, am Isonzo, nach dem Feldzug in Rumänien und angesichts der Engländerschlachten um die U-Bootbasis in Flandern nicht mehr auf sich nehmen. Dass die österreichische Heeresleitung das Ziel allzu niedrig, allzu nahe steckte, lag in Karls und Czernins Politik und in der Überschätzung der feindlichen Operationsfähigkeit begründet. [...] Da Kaiser Karl und sein Generalstab am Isonzo nur auf Entlastung gesonnen hatten, waren keine Eskadron, kein Ponton, keine Radfahrer- und keine Kraftwagentruppe zu einer Verfolgung großen Stils bereitgestellt. Man fühlte sich stark genug, die Italiener zu schlagen, hielt jedoch Cadorna für fähig, dem Vorrücken in der Linie Gemona (Gemona del Friuli) – Cividale – Monte Sabotino – Doberdò halt zu gebieten."[54]

Aufmarsch zur 12. Isonzoschlacht: Mitte Oktober 1917 wurde mit der Eisenbahn das schwerste k. u. k. Geschütz, die Haubitze M 1917 vom Kaliber 42 cm, an die Isonzofront verlegt.

6. Täuschungsmanöver in Südtirol und Kärnten

Im September 1917 war es dann endlich soweit. In langen Transportzügen fuhren die jeweiligen Verbände und Einheiten des Deutschen Alpenkorps von Focsani nach Südtirol. Das bayerische Infanterieleibregiment wurde in Pergine am Caldonazzosee ausgeladen, das 1. Jägerregiment kam nach Levico (Levico Terme) im Valsugana und das Jägerregiment 2 wurde Ende des Monats in das Tal der Etsch südlich von Trient in die vorderste Linie der verbündeten Armee verlegt. Dort wurden sehr merkwürdige k. u. k. Feldpostkarten an die Truppe verteilt. In neun Sprachen stand dort nur ein einziger Satz: „Ich bin gesund und es geht mir gut."

Pe această carte nu este iertat a se face alte împărtăşiri.

Auf dieser Karte darf sonst nichts mitgeteilt werden.

Ezen a levelezőlapon mást nem szabad közölni.

Na tomto lístku nesmí se nic jiného sdělit.

Ich bin gesund und es geht mir gut.
Egészséges vagyok és jól érzem magamat.
Jsem zdráv a daří se mně dobře.
Jestem zdrów i powodzi mi się dobrze.
Я с здоров і менї веде ся добре.
Sono sano e sto bene.
Jaz sem zdrav in se mi dobro godi.
Zdrav sam i dobro mi je.
Sunt sănătos şi îmi merge bine.

Na ovoj dopisnici ne-smije se inače ništa saopćid.

Na tej kartce nie wol-no nic więcej dopisać.

Na tej dopisnici se ne sme ničesar drugega prijavljati.

Su questa cartolina non si dovrà fare ulteriori comunicazioni.

На сій картцї не вільно нїчо більш повідомляти.

Rückseite der offiziellen k. u. k. Feldpostkarte.

Der Einsatz an der Südtiroler Front war ganz überraschend zustande gekommen. Während sich nämlich der eigentliche Aufmarsch der deutschen 14. Armee am Isonzo vollzog, wurde das Deutsche Alpenkorps zur Durchführung von Scheinangriffen nach Südtirol, teilweise auch nach Kärnten verlegt.

Nun zeigten sich also wieder Patrouillen der Jäger und „Leiber", was auch der Sinn und Zweck ihres vorgetäuschten Einsatzes war, ganz ungeniert an der gesamten Front in vorderster Linie, um den Italienern die Versammlung starker deutscher Truppen in Südtirol und Kärnten vorzutäuschen. An der Kärntner Front hatte sich unter anderem folgendes zugetragen, um den Gegner zu verwirren: „Das Feldjägerbataillon Nr. 8 erhielt deutsche Feldmützen zugeteilt, die dann am 18. Oktober bei einem Stoßtruppunternehmen am Kleinen Pal in den feindlichen Stellungen verloren gingen. Es wurden nun auch offene Telefongespräche geführt, bei denen sich Offiziere bemühten, so gut es ging, preußischen Dialekt zu sprechen, sich typisch reichsdeutsche Namen zu geben und damit das Vorhandensein deutscher Kommandostellen in diesem Abschnitt vorzutäuschen."[55]

Andererseits erhielten deutsche Truppen, um ihre Anwesenheit nicht vorzeitig zu verraten, österreichische Kappen. Nicht umsonst sprach man in einigen Abschnitten vom „Maskenball am Isonzo". Dafür, dass alle diese Täuschungsmanöver in Südtirol und Kärnten um ein Haar umsonst gewesen wären, war insbesondere der größte Verrat verantwortlich, der sich vor Beginn der 12. Isonzoschlacht ereignete. Dieser Verrat spielte sich am 17./18. September 1917 in der Stellung bei Carzano ab, wo zufälligerweise ein Bataillon der Württemberger Jäger zu Demonstrations- und Täuschungszwecken auf Lastkraftwagen hingefahren wurde.

„Ceterum censeo Austriam esse delendam!" Diese Worte rief in Anlehnung an ein altes lateinisches Zitat hasserfüllt und pathetisch zugleich ein vielfach ausgezeichneter österreichischer Oberleutnant nachts aus, als er die in Frontnähe italienische Kommandostelle Capitello zwischen Spera und Strigno verließ. Es war die letzte Lagebesprechung vor einer Aktion, die in der Geschichte der ruhmreichen k. u. k. Armee kaum ihresgleichen hat. „Österreich muss zerstört werden!" – Dies war das Ziel und Trachten eines subalternen österreichischen Offiziers namens Dr. Pivko vom V. Baon des bosnisch-herzegowinischen Infanterieregiments Nr. 1. Er genoss von seinen höheren Kommandostellen ein besonderes Vertrauen, weil er als einer der fähigsten und besten Frontoffiziere galt. Meisterhaft hatte er es seit geraumer Zeit verstanden, seine Tätigkeit als Spion und Verräter zu tarnen.

„Was Oberleutnant Dr. Pivko an Hinterlist, Tücke und Brutalität entwickelte", schrieb Fritz Weber, „kann auch das weitherzigste Verständnis für nationale Leidenschaften nicht entschuldigen." Bereits am Isonzo und am Monte Sief steckte er mit dem Feinde unter einer Decke. „Wie er selbst in seinen Erinnerungen bekennt, ist er vom ersten Augenblick seiner Kriegsdienstleistung an entschlossen gewesen [...] der Sache des Feines möglichst lange zu dienen und dann das ‚Werk' mit einem Verrat ganz großen Stils zu krönen. Dieser krönende Abschluss sollte Carzano sein. Deshalb trachtete er seit Jahr und Tag, sich durch Tüchtigkeit und Mut das Vertrauen seiner Vorgesetzten zu erwerben."[56] In seinem Buch „Alpenkrieg" schreibt Fritz Weber wie folgt:

„Als nun Oberst Vidale, der erfahrene Kommandant des Bosniakenbataillons V/1 die Absicht äußerte, im September 1917 auf Urlaub zu gehen, war für Pivko der

Zeitpunkt des Verrates festgelegt. Er hoffte, vertretungsweise mit dem Kommando betraut zu werden. Nun aber war ihm Major Lacom dazwischengekommen. Es galt daher, erst diesen wegzuräumen, sei es durch Gefangennahme, Tod oder Verwundung [...], sei es, dem ‚Schicksal' nachhelfend, durch einen Giftanschlag.

Nachdem die Bosniaken seiner Kompanie reichlich Schlafmittel in den Tee und Opiumzigaretten erhalten haben, macht sich Pivko mit einem Teil seiner Spießgesellen auf den Weg und trifft um ungefähr 11.00 Uhr nachts bei den Italienern ein.

Dort ist schon alles bereit. Fünf Bataillone Infanterie sind als Stoßgruppe bestimmt, neun weitere stehen dahinter, um nach gelungenem Durchbruch im Suganertal aufwärts gegen Trient zu marschieren, Kavallerie und Radfahrer sollen den ‚Traum von Carzono' blitzschnell zu einer uferlosen Katastrophe steigern.

Aber alle diese Vorbereitungen scheinen den Italienern noch nicht genügend, um mit dem gefürchteten Gegner fertig zu werden. Vier Abteilungen Arditi, von Pivko und drei anderen Verrätern geführt, tragen Bosniakenuniformen und haben deutschsprechende Offiziere und Mannschaften unter sich, um die Täuschung bis zum letzten durchführen zu können. [...]

Die soldatisch nicht gerade ruhmvolle Aktion beginnt mit dem Einbruch der vier italienischen Sturmgruppen in die Stellung am Vasobach beiderseits der Ortschaft Carzano, dort, wo die Frontabschnitte der Bosniaken und der Deutschmeister zusammenstoßen. Die Feldwachen werden überrumpelt und gefangen genommen, was leicht zu machen ist, weil die armen Bosniaken nicht nur ihren eigenen Uniformen gegenüberstehen, sondern auch von Pivko und den anderen Verrätern zur Waffenstreckung aufgefordert werden. [...]

Doch einer dieser Braven, ein mohammedanischer Bosnier, begreift blitzschnell, um was es sich handelt, wirft das Gewehr nicht weg, sondern presst es an sich, reißt sich von den Italienern, die ihn fassen, los und verschwindet zwischen den Weinstöcken. Diesem Manne ist es zu verdanken, dass nicht das ganze Bataillon ahnungslos in die Hände der Italiener fiel und auch die Nachbarabschnitte alarmiert werden konnten. [...]

So steht der ‚Traum von Carzano' ziemlich ratlos und verworren da, als der Morgen des 18. Septembers über den Bergen zu glühen beginnt.

Nebel deckt die Talsohle. Aus der Stellung bei Castelnuovo dringt noch immer Gefechtslärm an das Ohr der Wartenden. Weshalb die oberösterreichischen Jungschützen nicht überrannt wurden, obgleich doch zwei Brigaden hinter Carzeno stehen, ist Pivko rätselhaft. Er beginnt langsam, selbst unsicher zu werden. Mittlerweile ist die von Major Lacom geführte Kolonne in hastigen Abmarsch begriffen. [...]

In Schwarmlinien aufgelöst, gehen die dreihundert Mann zum Angriff vor, treiben die Italiener vor sich her. [...] Erst langsam, denn immer rascher weichen sie gegen Carzano zurück. Major Lacom trachtet, so bald als möglich Verbindung mit den oberösterreichischen Schützen zu bekommen. Er findet unterwegs eine Menge Versprengte seines Bataillons, sammelt sie, geht die Straße entlang gegen Castelnuovo und erreicht endlich den Kommandanten der Oberösterreicher, Major Gürtler. Und nun, da auch die Jungschützen im Bilde sind, beginnt der konzentrische Angriff gegen Carzano, der um 09.00 Uhr vormittags mit der völligen Niederlage der Italiener endigt."[57]

Der „Traum von Carzano" war ausgeträumt und der Verrat des Oberleutnants Ludjevit Pivko gescheitert. Aber das eigentliche Drama strebte erst jetzt seinem Höhepunkt zu. Als nämlich tags darauf „ein Bataillon württembergischer Jäger, die zu Demonstrationszwecken in Südtirol sind, mit Lastkraftwagen nach Carzano gebracht werden und den Italienern in einem schneidigen Vorstoß auch die Feldwachenstellung bei Spera entreißen, nimmt die ohnehin fragwürdige Angelegenheit des Verräters eine neue groteske Wendung: Man beschuldigt ihn, nicht Österreich, sondern Italien verraten zu haben und setzt ihn in Haft! Man sagt, er habe um die Anwesenheit reichsdeutscher Truppen in Südtirol gewusst und es verschwiegen, ja die große Offensive der Mittelmächte drohe überhaupt nicht vom Isonzo her, wie er behaupte, sondern von den Sieben Gemeinden!"[58]

Ganze fünf Wochen lang blieb der ehemalige österreichische Reserveoffizier Dr. Pivko inhaftiert. Vom Nervenfieber geschüttelt, sah er den Galgen vor sich, der ihm drohte, wenn die Offensive der Mittelmächte von Südtirol heraus gegen Italien losbrechen würde. Der Todeskandidat wusste aber auch, dass der Durchbruch der deutschen 14. Armee zwischen Flitsch und Tolmein erfolgen sollte, nein würde. Er berichtete zwar detailliert darüber, aber man glaubte ihm nach dem Fiasko von Carzano kein einziges Sterbenswörtchen mehr.

Da brüllten am 24. Oktober 1917 die Geschütze am oberen Isonzo los. Eine italienische Stellung nach der anderen brach rasch unter den wuchtigen Schlägen der Zentralmächte zusammen. Schon verblasste der „Traum von Carzano" unter dem Eindruck des „Wunders von Karfreit". Daraufhin wurde Pivko freigelassen. Man gestattete ihm sogar als einen Akt der Wiedergutmachung eine sogenannte südslawische Legion, die später an der Piave auftauchte, aufzustellen.

Aber nicht nur der „Verrat von Carzano" wirkte sich auf den Ablauf der 12. Isonzoschlacht aus, sondern auch eine Feldpostkarte, die eine englische Patrouille kurz vor dem Durchbruch bei Tolmein in Flandern im Niemandsland fand. Es war ein Dokument, das ein deutscher Soldat verloren hatte. Auf ihr stand schwarz-weiß: „Wir genießen hier in Österreich wohlverdiente Ruhe. Heinrich."

Es war nicht so sehr der knappe Inhalt der Karte, der den Feind hellhörig werden ließ, als vielmehr die Feldpostnummer, die den Absender als einen Angehörigen des Deutschen Alpenkorps auswies. Rasch kombinierte man im Lager der Alliierten: „Wo das Alpenkorps auftaucht", so die vernünftige Schlussfolgerung des Gegners,

„da wird auch angegriffen." So war es in der Tat. „Diese Feldpostkarte", so der spätere Panzergeneral Hermann Balck in seinen Erinnerungen, „bildete den Schlussstein und trug mit dazu bei, dass französische und englische Divisionen gerade noch rechtzeitig am Piave erscheinen konnten, um den italienischen Rückzug zum Stehen zu bringen."[59] Aber eilen wir den spannungsgeladenen Ereignissen nicht allzu weit voraus. Noch begann der Aufmarsch der deutschen 14. Armee mit sieben deutschen Divisionen, die zur Offensive am Isonzo bestimmt waren. Zu diesen Verbänden stieß – nach Beendigung seiner Täuschungsmanöver in Südtirol – auch das Deutsche Alpenkorps.

Die Artillerie war bereits direkt von Rumänien in den Aufmarschraum transportiert worden, unter anderem wurde die Württembergische Gebirgsbatterie 6 nun wieder dem Alpenkorps zugeteilt, mit dem sie bereits 1915 in Südtirol und in Serbien gekämpft hatte. Aus Gründen der Geheimhaltung durften die Korpstruppen nur die in der k. u. k. Armee üblichen vorgedruckten, vielsprachigen Postkarten an ihre Angehörigen absenden.

Wechseln wir an dieser Stelle kurz den Schauplatz des Geschehens und drehen das Rad der Zeit um ein paar Tage zurück. Es war am 6. Oktober 1917, als der Oberbefehlshaber der 14. Armee, der von seinem Generalstabschef Krafft von Dellmensingen begleitet wurde, bei Schloss Wernberg in Kärnten das Württembergische Gebirgsbataillon besichtigte, wo General von Below dessen Zuteilung zum Deutschen Alpenkorps befahl.

„Mit gemischten Gefühlen wurde dieser Befehl entgegengenommen. Man war im Alpenkorps nicht warm geworden", heißt es in der Chronik der Württembergischen Gebirgsschützen. Obwohl der Name Alpenkorps „stolze Erinnerungen weckte, Erinnerungen an Rumäniens Berge, an Magura Odobesti 1001, an die tapferen bayerischen, hannoverschen und mecklenburgischen Jäger und an die ehrgeizigen Leiber. Man gab sich keinem Zweifel darüber hin, dass die stattlichen sechs Gebirgskompanien sowie die zahlreichen Tragtiere und Gespanne des Gebirgsbataillons vorzüglich dazu geeignet waren, an denjenigen Stellen des Schlachtfeldes Hilfestellung zu geben, an denen der Lorbeer hoch und steil und unerreichbar festgewachsen und wie das Edelweiß nur unter Lebensgefahr zu holen war."[60]

Als der Befehl zum Abmarsch eintraf, befahl Major Theodor Sproesser ab dem 9. Oktober 1917 die Gliederung seiner Truppen in die „Abteilung Rommel" mit der 1., 2. und 3. Gebirgskompanie und der 1. Maschinengewehr-, Nachrichten- und Werferkompanie sowie in die „Abteilung Gößler" mit der 4., 5. und 6. Gebirgskompanie mit der 2. und 3. Maschinengewehrkompanie.

Am 10. Oktober 1917 wurde das Württembergische Gebirgsbataillon auf dem Bahnhof Föderlach verladen und über Villach – Aßling nach Podnart Kropp transportiert. Damit befand es sich im Unterziehraum des Deutschen Alpenkorps in Seebach am Veldeser See. Tags darauf wurde die Einteilung der Marschgruppe bekanntgegeben:[61]

„Marschgruppe I. Führer: Kommandeur Jägerbrigade 1
Königlich-bayerischer Generalmajor Ritter von Kleinhenz
Jägerbrigade 1 Stab
Infanterieleibregiment
Jägerregiment 1
Divisionsnachrichtenkommando
3./4. Chevaulegersregiment

Marschgruppe II. Führer: Kommandeur Jägerregiment 2
Königlich-preußischer Major Bronsart von Schellendorff
Jägerregiment 2
Gebirgsartillerieabteilung 6
½ Sanitätskompanie 239
Tragtierkolonne 7

Marschgruppe III. Führer: Kommandeur Württembergisches Gebirgsbataillon
Königlich-württembergischer Major Sproesser
Württembergisches Gebirgsbataillon
Musketenbataillon 2
Gebirgsmaschinengewehrabteilung 226
Württembergische Gebirgsartillerieabteilung 4
Gebirgshaubitzenbatterie 17
Funkenstation 311
Sanitätskompanie 201
Bayerisches Feldlazarett 44

Marschgruppe IV. Staffeln. Marschgruppe V. Bagagen.
Marschgruppe I und II über Wocheiner Feistritz – Podbrdo,
III über Krainburg – Bischoflat – Salilog – Podbrdo – in den Raum von Tolmein.“

An jenem 11. Oktober 1917 fand nachmittags eine Besprechung beim Stabe des Bayerischen Infanterieleibregiments in Wocheiner Vellach statt. Dort erfuhr Major Sproesser, wie die „Leiber“ ihren Auftrag am Isonzo zu lösen gedachten, eine Aufgabe, zu deren Erfüllung das Württembergische Gebirgsbataillon einen entsprechenden Beitrag zu leisten hatte. Daraufhin erließ der kantige und eigenwillige württembergische Bataillonskommandeur am 14. Oktober 1917 folgenden Bataillonsbefehl:[62]

„1. Gebirgsbataillon ist im Verband der 14. Armee und unter dem Generalkommando Königliches Bayrisches III. Armeekommando zum Deutschen Alpenkorps getreten.

2. Der Angriff gegen die Italiener steht bevor! Erfolge des Alpenkorps sind die Vorbedingung für das Gelingen des Angriffs aller andern Angriffsgruppen. Gebirgsbataillon ist sich bewusst, dass es seine Verwendung an entscheidender Stelle seiner glänzenden Haltung auf allen Kriegsschauplätzen verdankt.
3. Der Vormarsch beginnt am 15. Oktober abends. Sämtliche Fahrzeuge werden ab 17. Oktober abends zurückgelassen. Weitermarsch nur mit Tragtieren. Äußerste Beschränkung des Gepäcks! Über die Bildung von Tragtierstaffeln und Talstaffeln siehe besondere Anordnung.
4. Gebirgsbataillon gehört zur Marschgruppe III des Alpenkorps. Führer: Kommandeur des Gebirgsbataillons. Marschbefehl folgt.

Sproesser."

Nachdem drei k. u. k. Offiziere, zwei Rumänen und ein Tscheche zu den Italienern übergelaufen waren, wurden die Bestimmungen für den Aufmarsch hinter der Isonzofront verschärft. Das heißt: „Sämtliche Straßen mussten bei Tage frei bleiben von Truppen und von Fahrzeugen aller Art. Alle Märsche waren in den Nachtstunden auszuführen, Anzünden von Biwakfeuern westlich Podbrdo, also beim Abstieg in das Isonzotal, war verboten. Die befohlenen Unterbringungsräume mussten unter allen Umständen und zwar vor Tagesanbruch erreicht werden."[63]

[1]) Stärkeverhältnis nach italienischen, vor dem Angriff aufgestellten Berechnungen (Cadorna, II, S. 125ff.):

	Italiener	Mittelmächte
3. Armee:	9 Div. (108 Btle., 1196 Gesch.) dahinter 4 Div. (60 Btle.) Heeresres.	7 1/2 Div. (92 Btle.)
2. Armee:	25 Div. (353 Btle., 2430 Gesch.) dahinter 3 Div. (39 Btle.) Heeresres.	28 Div. (329 Btle.)
Übrige Front:	22 Div. (281 Btle.) dahinter 15 Btle. Heeresres.	17 1/2 Div. (224 Btle.)
zusammen:	63 Div. (856 Btle.)	53 Div. (645 Btle.)
dazu:	4 Kav. Div. (2 am Isonzo verteilt, 2 im Anrücken dorthin)	

Die Abbildung zeigt Cadornas Berechnungen bezüglich des Truppenstärkeverhältnisses zwischen Italien und den Mittelmächten.

Dennoch waren die Italiener gewarnt. Sie wussten zwar von den Überläufern viel. Aber sie wollten einfach nicht an einen Angriff des Gegners am oberen Isonzo glauben.

Denn gerade hier, auf den Höhen zwischen Flitsch und Tolmein, waren ihre Stellungen und Kavernen ganz besonders stark und gut ausgebaut worden. Diese galten als uneinnehmbar und auf den Höhenzügen für unüberwindlich. „Am 22. Oktober suchte General Cadorna selbst die Führer des XXVII. und IV. Korps auf, die auch jetzt volles Vertrauen zur Widerstandskraft ihrer Stellungen und Truppen zeigten. Auch er selbst fühlte sich durch zahlenmäßige Gesamtüberlegenheit, an der auch einige deutsche Divisionen nichts Entscheidendes ändern konnten, jedem feindlichen Angriff durchaus gewachsen.“[64]

Aber gerade dieses Gefühl der Überlegenheit der Italiener war es, das die deutsche Führung dazu bewog, den Moment der Überraschung auszunutzen und beherzt anzugreifen. Unter diesem Gesichtspunkt wurden alle Vorbereitungen für den Aufmarsch und Angriff zwischen Flitsch und Tolmein getroffen, um die taktische und operative Handlungsfreiheit wiederzugewinnen. Das veranschaulicht uns recht eindrucksvoll ein Gefechtsbericht des Infanteriebaons IV/77 über die Wiedergewinnung der 1 a Linie im Sektor 60 a am 4. September 1917 aus dem Nachlass des Generalmajors Eberhard Heckensellner:

IV. Feldbataillon

Gefechtsbericht

b.) über die Wiedergewinnung der 1 a Linie im Sektor 60 a am 4. September 1917 durch das Infanteriebaon IV/77

58, am 7, September 1917

1.

a.) Disposition der 28. Infanteriedivision ad op. 242/18 vom 30.8.17 und 2.9.17.
b.) Disposition der 56. Infanteriebrigade ad op. 241/33 vom 31.8.17 und 241/35 vom 1.9.17.
c.) Disposition des Regimentsstreifenkommandos „d“ ad op. Nummer 42/2 vom 2.9.17 und op. 45/2 vom 2.9.17.
d.) Angriffsbefehl des Baons vom 3.9.17
für das Wiedergewinnen der 1a Linie am 4. September 1917
1.) Beginn des Artilleriefeuers 05.00 Uhr vormittags
2.) Infanterieangriff
a.) Eigene Absicht: Mit starkem rechten Flügel die feindliche Stellung vom Wächterhaus längs der Straße Medeazza – St. Giovanni anzugreifen, gegen Westen aufzurollen und die 1a Linie im ehemaligen Sektor 60a zu gewinnen.

b.) Gruppierung: Die Kompanien haben sich für diesen Angriff nach Einbruch der Dunkelheit wie folgt zu gruppieren und zwar: Kompanie Mihatsch 1. Angriffswelle ein Zug östlich, ein Zug westlich der Bahn.
2. Angriffswelle und 3. Angriffswelle je 1 Zug östlich der Bahn. Die Angriffswellen folgen einander in lockerer Schwarmlinie auf 80–100 Meter Distanz. Diese Gruppierung muss bis 03.00 Uhr vormittags des 4./9. beendet sein und hat sodann vollkommene Ruhe zu herrschen, damit der Gegner nicht aufmerksam gemacht wird. Kompanie Drzymuchowski hat von der Josefshöhe aus gegen die Demeterdoline vorzustoßen und zwar in zwei Angriffswellen mit 80–100 Meter Distanz, Bedacht nehmen darauf, dass die Verbindung mit der Kompanie Mihatsch und links mit dem Baon III/3 nicht verloren geht.
Die zweite Halbkompanie Drzymuchowski (Baonsreserve) erhält je nach Lage persönliche Weisungen und verbleibt in der Taubenschlucht.

e.) Durchführung: Um 05.30 vormittags hat sich die erste Angriffswelle der Kompanie Mihatsch an die in Rauch gehüllte feindliche Stellung womöglich schon bis an die Hindernisse heranzuarbeiten unter dem Schutze des Rauches eventuell notwendige Sturmgassen mit Hilfe der Drahtscheren vorzubereiten und im Momente der Verlegung des eigenen Artilleriefeuers auf die feindlichen Sammelräume … ist um 05.40 Uhr vormittags mit einem kräftigen Stoße die feindliche Stellung zu nehmen.

Die halbe Kompanie Drzymuchowski hat sich je nach den Verhältnissen dem Angriffe unmittelbar anzuschließen. Die beiden in Stellung befindlichen Maschinengewehre haben den Angriff aufs tatkräftigste zu unterstützen.

Nach Eroberung der feindlichen Stellungen vom Wächterhaus längs der Straße Medeazza – St. Giovanni hat die Kompanie Mihatsch unter Bedachtnahme auf den rechten Flügel nach links einzuschwenken, um in den dem Baon zugewiesenen Sektor 60 der 1a Linie zu gelangen. Die Kompanie hat bei diesem Angriffe im Einklange mit den rechts von ihr vorgehenden Abteilungen des Infanterieregiments 47 zu arbeiten.

3.) Sicherheitsbesatzungen: Von der als Regimentsreserve in die Taubenschlucht gelangenden 7./28. Kompanie gelangt ein Zug mit zwei Hand-M.G.s des Infanterieregiments 28 als Sicherheitsbesatzung auf die Josefshöhe, sobald die eigenen Kompanien in die 1a Linie vorstoßen.

4.) Signalmittel: Die vorderste Linie hat jederzeit durch Schwenken mit den gelben Fahnen bezeichnet zu werden. Das Erreichen der 1a Linie durch Abfeuern weißer Leuchtraketen anzuzeigen.

5.) Aufenthalt der Kommandanten: Die Kompaniekommandanten haben den Angriff persönlich zu leiten und zwar Oberleutnant Mihatsch vom Beobachtungsstande im Bahneinschnitt, Oberleutnant Drzymuchowski vom Beobachtungsstande am Stützpunkt Josefshöhe, jede Änderung in der Situation, wie zum

Beispiel Erreichen der ersten feindlichen Stellungen an der Straße, Erreichen der alten 1a Linie etcetera ist unbedingt sofort unter genauer Zeitangabe zu melden.

6.) Gefangene: Die Angriffstruppen dürfen sich durch Gefangene in ihrem Angriffsziel nicht stören lassen, ihnen obliegt bloß die Entwaffnung, für den Abtransport sind von jeder Kompanie (Reserve) ein Unteroffizier und vier Mann zu bestimmen. Selbe haben die Gefangenen gegen Quittung sofort an das Regimentskommando abzutransportieren.

7.) Abschub der Toten und Verwundeten: Mit Rücksicht darauf, dass hierzu keine Kräfte zur Verfügung stehen, sind eventuell Gefangene zum Abtransport unbedingt heranzuziehen. Dasselbe gilt insbesonders für gefangenes Sanitätspersonal.

8.) Munition: Falls nicht genügend vorhanden, sofort ansprechen jeden Mann des Feuergewehrstandes, welcher im Werfen von Handgranaten geschult ist, nach Tunlichkeit mit 3 Stück ausrüsten.

9.) Deckname und telefonische Gespräche: Deckname für die Aktion ist „Bohrmaschine", über die Aktion darf keinerlei telefonisches Gespräch geführt werden.

2.

Durchführung

Um 03.00 Uhr vormittags war die Annahme der Kampfgruppierung durchgeführt, ohne dass der Gegner dies bemerkt hatte. Um 04.55 Uhr vormittags eröffnete die eigene Artillerie das Trommelfeuer auf die feindlichen Stellungen.

Um 05.30 Uhr vormittags verließ die erste Angriffswelle der Hauptangriffsgruppe unter Kommando des Führers Felka unter dem Schutze des auf die feindliche Stellung einhüllenden Rauches die 1c Linie, schob sich an die feindlichen Drahthindernisse heran und bereitete mit Hilfe der zugewiesenen Pionierpatrouille und mit eigenen Leuten Sturmgassen in den feindlichen Hindernissen, wo selbe nicht schon durch das Vernichtungsfeuer geschaffen waren. Die erste Angriffswelle des rechten Flügels drang gleichzeitig mit der zugewiesenen Sturmpatrouille flankierend in die feindlichen Stellungen, jeden Widerstand mit Handgranaten brechend vor und rollte nun selbe – weiter nach links einschwenkend – gegen Westen zu auf.

Wie die vom Bahnstützpunkt vorgehende Hauptangriffsgruppe, so gelangte auch die Gruppe vom Stützpunkt Josefshöhe unter Kommando des Leutnants Simek in kurzem kräftigen Stoße, mit der Richtung auf die Demeter- und Daviddoline dirigiert, in die feindliche Stellung (ehemalige eigene 1 b Linie), überwand rasch den feindlichen und besetzte die die eigene 1 a Linie. Das bei Verlegung des eigenen Trommelfeuers um 05.40 Uhr vormittags präzise einsetzende feindliche Sperrfeuer konnte den eigenen Angriffswellen nur ganz geringe Verluste zufügen, da dieselben dispositionsgemäß bereits die eigene Stellung verlassen hatten und im Vorrücken begriffen waren. Die am rechten Flügel vorgehende 2. Angriffswelle unter Kommando des Leutnants Töpfer wandte sich – einen Teil derselben mit dem Hand MG-Zug Leutnant Jedlicka des Infanterieregiments 28 vom Wächterhaus zum Bahndurchlass, der in die Kavernenschlucht führt, dirigierend in die Sophiendoline und stieß nach Säuberung derselben gegen Westen in die 1a Linie vor. Die 3. Angriffswelle folgte den beiden ersteren. Wie von der Hauptangriffsgruppe, so wurde auch von der zweiten Angriffsgruppe vom Stützpunkte Josefshöhe die 2. Angriffswelle zur Säuberung der Demeter- und Daviddoline verwendet.

Der zum Durchlass nördlich des Wächterhauses dirigierte Teil der 2. Angriffswelle mit dem Hand MG-Zug säuberte diesen, wo sich selbst feindliche Reserve und ein Kompaniekommando befand und Widerstand leisten wollte durch Anwendung seiner Maschinengewehre. Nach Durchführung dieser Aufgabe drang er gegen den Südtunnel vor, eröffnete gegen denselben das Feuer, bis vom Nachbarbaon (II/47) die ersten Wellen den Südtunnel erreichten. Selbst verwundet und seiner beiden Vormeister durch Artillerietreffer beraubt, kehrte derselbe zurück.

Der Angriff kam dem Feinde, welcher laut Gefangenenaussage in der Nacht vom 3. auf den 4. in diesem Abschnitte Ablösung hatte, derart überraschend, dass derselbe mit den geringsten eigenen Verlusten und in kürzester Zeit zum gewünschten Ziele führte. Bereits um 06.00 Uhr vormittags hatten die ersten Teile die 1 a Linie erreicht.

Die durch den Erfolg in bester Stimmung befindliche Mannschaft drang sogar über die 1a Linie hinaus, jagte die sich nicht ergebenden Gegner in die vorgelagerten Sümpfe und kehrte hierauf in die Stellung [...] nicht nur in dem Abschub jener des eigenen Abschnittes handelte, sondern auch zahlreiche Verwundete des Nachbarabschnittes, da durch die Taubenschlucht der kürzeste Weg nach Duino führt und viele verwundete Gefangene eintrafen. Mangel an Sanitätspersonal, Verbandsmaterial und Tragbahren sowie an Mannschaft, die der Abtransport hätte bewerkstelligen können, macht sich äußert fühlbar.

Weiter muss betont werden, dass auch die Anzahl der in der Taubenschlucht befindlichen Kavernen mit Rücksicht auf diese Umstände eine viel zu geringe ist, dies umsomehr, als in denselben eine Kompanie Regimentsreserve und zwei MG-Züge, überdies eine halbe Kompanie Baonreserve untergebracht waren, ein Abtransport der Verwundeten und Toten bei Tag ausgeschlossen erscheint und die Taubenschlucht nahezu ununterbrochen unter schwerem flankierenden Artilleriefeuer von der Sdobbamündung aus steht. Auch die Anlage der Kavernen selbst entspricht nicht den Verhältnissen und die dort untergebrachten Truppenteile erlitten infolgedessen viel schwerere Verluste als die Angriffstruppen.

Hackensellner.

2.

Durchführung

Um 3 Uhr vorm. war die Annahme der Kampfgruppierung durchgeführt, ohne dass der Gegner dies bemerkt hatte.

Um 4 Uhr 55 vorm. eröffnete die eigene Artillerie das Trommelfeuer auf die fdl. Stellungen.

Um 5 Uhr 30 vorm. verliess die erste Angriffswelle der Hauptangriffsgruppe unter Kmdo des Fhr. Felsl unter dem Schutze des, auf die fdl. Stellung einhüllenden Rauches, die 1c Linie, schob sich an die fdl. Drahthindernisse heran und bereitete mit Hilfe der zugewiesenen Pion. Patrouille und mit eigenen Leuten Sturmgassen in den fdl. Hindernissen, wo selbe nicht schon durch das Vernichtungsfeuer geschaffen waren. Die erste Angriffswelle des rechten Flügels drang gleichzeitig mit der zugewiesenen Sturmpatrouille flankierend in die fdl. Stellung, jeden Wiederstand mit Handgranaten brechend vor und rollte nun selbe – weiter nach links einschwenkend – gegen Westen zu auf.

Wie die vom Bahnstützpunkt vorgehende Hauptangriffsgruppe, so gelangte auch die Gruppe vom Stützpunkt Josefshöhe unter Kmdo des Lt. Samek in kurzem kräftigen Stosse, mit der Richtung auf die Demeter- und David Doline dirigiert, in die fdl. Stellung (ehemalige eigene 1b Linie), überwand rasch den fdl. und besetzte die eigene 1a Linie.

Das bei Verlegung des eigenen Trommelfeuers um 5 Uhr 40 vorm. präzise einsetzende fdl. Sperrfeuer konnte den eigenen Angriffswellen nur ganz geringe Verluste zufügen, da dieselben dispositionsgemäß bereits die eigene Stellung verlassen hatten und im Vorrücken begriffen waren.

Der Gefechtsbericht des Infanteriebaons IV/77 über die Wiedergewinnung der 1a Linie im Sektor 60 a am 4. September 1917 aus dem Nachlass des Generalmajors Heckensellner – Seite 1.

Die zum rechten Flügel vorgehende 2te Angriffswelle unter Kmdo des Lt Töpfer wendete sich einem Teil derselben mit dem Hand M.G. Zug Lt. Jedlicka, des IR 28 vom Wächterhaus zum Bahndurchlass, der in die Kavernenschlucht führt, dirigierend – in die Sophiendoline und stiess nach Säuberung derselben gegen Westen in die 1a Linie vor.

Die 3te Angriffswelle folgte den beiden ersteren.

Wie von der Hauptangriffsgruppe, so wurde auch von der zweiten Angriffsgruppe vom Stützpunkt Josefshöhe die 2te Angriffswelle zur Säuberung der Demeter und David Doline verwendet.

Der zum Durchlass nördl. des Wächterhauses dirigierte Teil der 2ten Angriffswelle mit dem Hand M.G. Zug säuberte diesen, woselbst sich fdl. Reserve und 1 Komp. Kmdo befand und Widerstand leisten wollte, durch Anwendung seiner M.G. Nach Durchführung dieser Aufgabe drang er gegen das Südtunnel vor, eröffnete gegen den Eingang desselben das Feuer, bis vom Nachbarbaon (II/47) die ersten Wellen das Südtunnel erreichten. Selbst verwundet und seiner beiden Vormeister durch Arttreffer beraubt, kehrte derselbe zurück.

Der Angriff kam dem Fde, welcher laut Gefangenenaussage in der Nacht vom 3ten auf den 4ten in diesem Abschnitte Ablösung hatte, derart überraschend dass derselbe mit den geringsten eigenen Verlusten und in kürzester Zeit zum gewünschten Ziele führte. Bereits um 6h vorm. hatten die ersten Teile die 1a Linie erreicht.

Die durch den Erfolg in bester Stimmung befindliche Mannschaft drang sogar über die 1a Linie hinaus, jagte die sich nicht ergebenden Gegner in die vorgelagerten Sümpfe und kehrte hierauf in die Stellung

Der Gefechtsbericht des Infanteriebaons IV/77 über die Wiedergewinnung der 1a Linie im Sektor 60a am 4. September 1917 aus dem Nachlass des Generalmajors Heckensellner – Seite 2.

nicht nur um den Abschub jener des eigenen Abschnittes handelte, sondern auch zahlreiche Verwundete des Nachbarabschnittes, da durch die Taubenschlucht der kürzeste Weg nach Duino führt und viele verwundete Gefangene eintrafen. Mangel an San. Personal, Verbandmaterial und Tragbahren sowie an Mannschaft, die den Abtransport hätte bewerkstelligen können, machten sich äusserst fühlbar.

Weiters muss betont werden, dass auch die Anzahl der in der Taubenschlucht befindlichen Kavernen mit Rücksicht auf diese Umstände eine viel zu geringe ist, dies umsomehr, als in denselben eine Komp. Rgtsreserve und 2 M.G. Züge, überdies 1/2 Komp. Baonsreserve untergebracht waren, ein Abtransport der Verwundeten und Toten bei Tag ausgeschlossen erscheint und die Taubenschlucht nahezu ununterbrochen unter schwerem flankierenden Artfeuer von der Sdobbamündung aus steht. Auch die Anlage der Kavernen selbst entspricht nicht den Verhältnissen und erlitten infolgedessen die in diesen untergebrachten Trpteile verhältnismässig viel schwerere Verluste als die Angriffstruppen. –

1 Skizze m. 2 Beilagen.

Heckensellner Obstlt.

K. u. k. 28. Infanteriedivisionskommando.
Praes. Feldpost 391 am 24./9. 1917
Op. Nr. 254/15-11 mit -1- Blg.

Das Baon hat sich sehr brav geschlagen!

I.V. [signature]

Der Gefechtsbericht des Infanteriebaons IV/77 über die Wiedergewinnung der 1a Linie im Sektor 60a am 4. September 1917 aus dem Nachlass des Generalmajors Heckensellner – Seite 3.

7. Aufmarsch und Gliederung zur 12. Isonzoschlacht

Das Schlachtgemälde war eindrucksvoll, das sich den Offizieren, Unteroffizieren und Mannschaften auf der Vormarschstraße bot. Lediglich zwei Straßen und eine Bahnlinie, die dazu noch eingleisig war, standen den Zentralmächten für den gewaltigen Aufmarsch im Gebirgsraum von Tolmein zu Verfügung.

„Im Tal der Baca rollen die Züge mit Truppen und Kriegsmaterial heran“, berichtet Martin Breitenacher. „Auf der Gebirgsstraße zieht die Infanterie, Artillerie und Bagagen, Österreicher, Ungarn, Deutsche, alles in buntem Wechsel, in ununterbrochener Folge westwärts.

In den wenigen, meist am Hang zerstreut liegenden ärmlichen Häusern der Ortschaften liegen Kolonnen und Bataillone, und die neu ankommenden Truppen des Alpenkorps müssen oft nach stundenlangen anstrengenden Tagesmärschen am Abend in feuchten Zelten biwakieren oder noch einige hundert Meter seitwärts der Vormarschstraße auf die Höhen hinaufsteigen, um dort oben in zugigen, undichten Heustadeln zu übernachten.

Dabei strömt Tag für Tag rauschender Regen hernieder, der den Vormarsch und die Angriffsvorbereitungen sehr erschwert, aber er hüllt auch die Landschaft in feinen, grauen Nebel, der gegen Fliegersicht schützt und den Italienern das Kommende verhüllt. [...]

Bergauf, bergab führt der Weg auf der Gebirgsstraße, auf der sich schwere Geschütze und Bagagen vorwärts schieben. Stockungen treten ein, dann geht es wieder weiter, unaufhörlich, unaufhaltsam, rastlos, ohne Unterlass. Batterie um Batterie geht im Isonzotal in Stellung, Regiment um Regiment erreicht seinen Aufmarschraum.“[65]

Dieses schon bald jedem Einzelnen vertraute Bild wiederholte sich in jenen Oktobertagen des Kriegsjahres 1917 Tag für Tag. Denn der Aufmarsch zur 12. Isonzoschlacht war in vollem Gange. Die Verfügung über die deutsche 14. Armee und die Führung des Angriffes gegen Italien hatte die deutsche Oberste Heeresleitung dem k. u. k. Armeeoberkommando in Baden bei Wien überlassen. Dieses befehligte die Heeresgruppe des Feldmarschalls Conrad von Hötzendorf mit der k. u. k. 11. Armee in Südtirol, mit dem k. u. k. XX. Korps in den Fassaner Dolomiten und der k. u. k. 10. Armee auf dem Kamm der Karnischen Alpen.

Das k. u. k. Armeeoberkommando Baden befehligte auch die Südwestfront mit der Heeresfront des Feldmarschalls Erzherzog Eugen, der auch den Oberbefehl während der 12. Isonzoschlacht innehatte. Ihm unterstand die deutsche 14. Armee am oberen Isonzo und die Heeresgruppe des Generalobersten von Boroević mit der k. u. k. 1. und 2. Isonzoarmee am unteren Flussabschnitt. Es waren die besten Verbände, die die Mittelmächte aufgeboten hatten. Diese standen von Norden nach Süden wie folgt gestaffelt: Das k. u. k. I. Korps unter dem General der Infanterie Alfred Krauß mit seinen Steirern, Salzburgern, Tirolern, Oberösterreichern, Kärntnern und Bosniaken sowie die deutsche Jägerdivision.

Dann kam das III. Bayerische Armeekorps mit der k. u. k. 50. Infanteriedivision, der deutschen 12. Infanteriedivision, dem Deutschen Alpenkorps und der deutschen 117. Infanteriedivision unter dem Kommando des Generalleutnants Freiherr von Stein, ferner das deutsche LI. Armeekorps unter Generalleutnant von Berrer, das aus der deutschen 200. Infanteriedivision und der Württembergischen 26. Infanteriedivision bestand.

Nun folgte das k. u. k. XV. Korps unter dem General der Infanterie Scotti mit der k. u. k. 1. Infanteriedivision und der deutschen 5. Infanteriedivision. Südlich von dieser Stoßgruppe waren die beiden k. u. k. Isonzoarmeen mit 252 Bataillonen, von denen allerdings viele kaum noch die Hälfte ihrer ursprünglichen Kampfkraft aufwiesen, aufmarschiert.

Insgesamt verfügten die 423 Bataillone der Zentralmächte zwischen dem Rombon und der Adria über 3.300 Geschütze und 672 Minenwerfer, denen die Italiener etwa 575 Bataillone mit 3.600 Geschützen und 1.830 Minenwerfern entgegenstellten. Es war ein Stärkeverhältnis, das nach den allgemeinen Regeln der klassischen Kriegskunst keineswegs dem Verhältnis zwischen dem Angreifer und dem Verteidiger entsprach.

Nicht umsonst hatte die deutsche Oberste Heeresleitung gemeinsam mit dem k. u. k. Armeeoberkommando die Aufstellung der deutschen 14. Armee – bisher Armeeoberkommando Scheffer – mit sieben Divisionen und zahlreicher Artillerie für die 12. Isonzoschlacht beschlossen. Dort wurde sie im Schwerpunkt des Angriffs eingesetzt.

Neben drei Infanteriedivisionen und der deutschen Jägerdivision wurden für die 12. Isonzoschlacht ganz gezielt das Deutsche Alpenkorps als auch die 200. Infanteriedivision herangezogen, weil beide Großverbände über ausreichende Erfahrungen im Gebirgskrieg verfügten und teilweise gebirgsmäßig ausgerüstet waren. Das Alpenkorps verfügte über elf Bataillone und 52 ⅔ Batterien mit 218 Geschützen sowie 68 mittlere und schwere Mienenwerfer.

Die Kriegsgliederung und Stärke dieser Armee sah am 24. Oktober 1917 folgendermaßen aus:[66]

Kriegsgliederung

der 14. Armee am 24. Oktober 1917.*)

Armee-Oberkommando 14

Oberbefehlshaber: General d. Inf. v. Below (Otto)
Chef des Generalstabes: Generalleutnant Krafft v. Dellmensingen
1. Generalstabsoffizier: Major Frhr. v. Willisen.
Oberquartiermeister: Major Jochim.
General v. d. Art. 5: Generalmajor v. Berendt.

Armeetruppen:

1. **Geschlossene Verbände:** (Armeereserven)

k. u. k. 4. Infanterie-Division (14 Baone., 14 Batln. = 72 Geschütze, 8 mittl. u. schwere Min.Werfer)

Kommandant: Feldmarschalleutnant Pfeffer
Generalstabschef: Major Frhr. v. Gayer

7. Inf.Brig.: Oberst v. Köck
I.R. 88 (I., II., III., IV. Btln.), I.R.99 (II., III., IV. Btln.)
8. Inf.Brig.: Oberst Hospodarž
I.R. 8 (I., II., IV. Btln.), I.R. 49 (I., II., IV. Btln.)
Sturmbtln. 4 (mit kl. Flammenwerferzug)
2./Drag.Regts. 15

Artilleriekommandant: Oberst v. Antony (4. Felda.Brig.)[1])
Feldkan.Regt. 4 (4 8 cm Kan.Btln.)[2])
Feldhaub.Regt. 4 (6 10 cm Haub.Btln.)[3])
Schw.Feldart.Regt. 4 (1 10,4 cm Kan.-, 3 15 cm Haub.Btln.)[4])
Sappeurkompagnie 1./2
Minenwerferbtln. 6./F.K.R. 4 (4 12 cm-, 4 20 cm Werfer)
Scheinwerferkomp. 4 (2 35 cm-, 1 60 cm Scheinw.)

k. u. k. 13. Schützen-Division (13 Batlne., 12 Btln. = 70 Geschütze, 8 mittl. u. schwere Min.Werfer)

Kommandant: Feldmarschalleutnant v. Kalser
Generalstabschef: Major Bartos

25. Schützen-Brig.: Oberst v. Bolzano
Schützen-Regt. 1 (I., II., III. Btln.), Schützen-Regt. 24 (I., II., III. Btln.)

Anmerkung:
*) Es sind nur die fechtenden Truppen aufgenommen.
Deutsche Truppen sind in senkrechtem, *österreichisch-ungarische in schrägem Druck* aufgeführt.
1) Am 24. Okt. der 200. Inf.Div. zugeteilt.
2) Am 24. Okt. der k. u. k. 1. Inf.Div. zugeteilt.
3) Davon am 24. Okt. drei Bttn. der 200. Inf.Div., drei Bttn. der k. u. k. 1. Inf.Div. zugeteilt.
4) Am 24. Okt. der 5. Inf.Div. zugeteilt.

Die Kriegsgliederung der 14. Armee am 24. Oktober 1917 unter dem Oberbefehlshaber General der Infanterie Otto von Below – Seite 1.

26. Schützen-Brig.: Generalmajor v. Zygadlowicz
Schützen-Regt. 14 (I., II. Btln.), Schützen-Regt. 25 (I., II., III. Btln.)
Sturmbtln. 13 (mit kl. Flammenwerferzug)
⅓ 2./Drag.Regts. 15.

Artilleriekommandant: Oberst v. Bogusz (13. Felda.Brig.)
Feldkan.Regt. 13 (4 8 cm Kan.Btln.)
Feldhaub.Regt. 13 (6 10 cm Haub.Bttn.)
Schw.Feldart.Regt. 13 (1 10,4 cm Kan.-, 2 15 cm Haub.Bttn.)
4 8 cm Flakgeschütze
Sappeurkompagnien: 6./11, 10./Sch. 1
Minenwerferbtln.: 6./F.K.R. 13 (4 12 cm-, 4 20 cm Werfer)
Scheinwerferkomp.: auf die Schützen-Regtr. verteilt (2 30 cm-, 6 35 cm-, 4 45 cm Scheinw.)

k. u. k. 33. Infanterie-Division (15 Baone., 14 Bttn. = 74 Geschütze, 6 mittl. und schwere Min.Werfer)
Kommandant: Generalmajor v. Iwanski
Generalstabschef: Major v. Pitreich
65. Inf.Brig.: Generalmajor v. Mor-Merkl
I.R. 19 (I., II., III., IV. Btln.) I.R. 26 (I., II., III., IV. Btln.)
66. Inf.Brig.: Oberst v. Magerl
I.R. 12 (I., II., III., IV. Btln.),I.R. 83 (I., II., III., IV. Btln.)
3./Hus.Regts. 4

Artilleriekommandant: Oberst Cziharz (33. Felda.Brig.)
Feldkan.Regt. 33 (4 8 cm Kan.Bttn.)[1])
Feldhaub.Regt. 33 (6 10 cm Haub.Bttn.) [1])
Schw.Feldart.Regt. 33 (1 10,4 cm Kan.-, 3 15 cm Haub.Bttn.)[1])
Minenwerferbttr. 5./F.K.R. 33 (6 Min.Werfer)
Scheinwerferkomp. 33 (2 25 cm-, 3 60 cm Scheinw.)

2. Einzelformationen (soweit nicht bei den Gruppen bezw. Divisionen aufgeführt):
11./Fußart.Regts. 7 (15 cm Kan.Bttr.)
15. u. 19./Res.Fußart.Regts. 7 } (15 cm Kan.Bttn. mit Kraftzug)
11./Res.Fußart.Regts. 18 }
14./3 R. }*15 cm Kan. Bttn. mit Kraftzug)*
13./2 }
Art. Meßtrupps: 175, 176
Schall-Meßtrupp 128
Flakzüge: 22, 101 (7,7 cm)
K.Flakzüge: 22, 101 (7,7 cm auf Kraftwagen)
Pionier-Btln. 20 (1., 2., 4. Komp.)

Anmerkung:
1) Am 21. Okt. bei k. u. k. 1. Inf.Div. eingesetzt.

Die Kriegsgliederung der 14. Armee am 24. Oktober 1917 unter dem Oberbefehlshaber General der Infanterie Otto von Below – Seite 2.

Landwehr-Pi.Komp.: 1. u. 2. L.XVII, 2. L.XV.
Landsturm-Pi.Komp. 3. Ldst. XIII.
Pionier- (Mineur-) Komp.: 4. bayer., 300, 318, 319, 323.
Fliegerabtlgn.: 14, 17.
Jagdstaffeln: 1, 31, 39.
Bauonzug 113.

Gruppe Krauß (k. u. k. I. Korps)
Kommandant: General d. Inf. Alfred Krauß
Generalstabschef: Oberst Primavesi
Korpstruppen (17 Bttn. = 48 Geschütze)
Artilleriekommandant d. I. Korps: Oberst v. Reutter
Schw.Art.Brig.Kommandant: Oberst Baumann
3./Schieß-Sch.
6. (Honvéd)/Schieß-Sch. *(10,4 cm Kan.-Bttn.)*
1., 2., 3./schw.Res.Feldart.Regts. 42 (15 cm Haub.Bttn.)
Bttn. 8 u. 9 (15 cm Haub.Bttn. M. 15)
Bttn. 12 u. 15 (15 cm Kraftwagenkanonen-Bttn.)
½2. u. 3./R. 1 (24 cm Mörser-Bttn.)
Flieger-Kompagnien: 39, 47, 53, 56
Zugeteilte deutsche Truppen: Pionier-Btln. 35 (Gaswerfer-Btln.)[1]
Fliegerabteilung 39.

k. u. k. Edelweiß-Division (10 Baone., 23 Bttn. = 119 Geschütze (einschl. Positions-Gesch.), 26 mittl. u. schwere Min. Werfer)
Kommandant: Generalmajor v. Wieden
Generalstabschef: Major Fischer
216. Inf.Brig.: Oberst v. Spieß
I.R. 59 (I., II., IV. Btln.), I./Tir.Jäg.Regts. 4
217. Inf.Brig.: Oberst v. Mollinary
Tiroler Jäg.Regt. 3 (I., II., IV. Btln.), I.R. 14 (I., II., IV. Btln.)
Artilleriekommandant: Generalmajor Adler (53. Res.Felda.Brig.)
Geb.Art.Regt. 22 (6 7,5 cm Kan.-, 2 10 cm Haub.Bttn.)[2]
Res.Feldkan.Regt. 53 (4 8 cm Bttn.)[3]
Res.Feldhaub.Regt. 53 (6 10 cm Bttn.)[4]
Einzelbatterien:
3./Geba. 17 (10 cm Haub.Bttr.)[5]
4./schw. R.Feldart.Regts. 106 (10,4 cm Kan.Bttr.)

Anmerkung:
1) Das Btln. setzte sich aus drei Pionier-Kompagnien, einer Nachrichtenkomp. und einer Minenwerfer-Abteilung, bestehend aus drei Kompagnien, zusammen.
2) Davon am 24. Okt. eine Kan.Battr. bei 22. Schütz.Div. eingesetzt.
3) Am 24. Okt bei 22. Schütz Div. eingesetzt.
4) Davon am 24. Okt. drei Bttn. bei 22. Schütz.Div. eingesetzt.
5) Am 24. Okt. bei 55. Inf.Div. eingesetzt.

3./schw.Felda. 16
57./5 B[1]) } (15 cm Haub.Bttn.)
11./7 R[2])

Positionsartillerie (unbespannt, geschützweise):

2 7,5 cm Kan.
2 9 cm Kan. } (Kavernengeschütze)
1 8 cm Flak-Gesch.

1 10 cm Panzer-Haub.
1 15 cm Mörser

Minenwerfer-Bttn.: 2./Fs.B. 1, 1./Fs.B. 15
Lichtpatrouillen: 4,5 (30 cm), 3 (45 cm), 15, 16 (70 cm)
Sappeurkompagnien: 5./7, 5./10
Spez. Sappeurkomp. 3./61

k. u. k. 22. **Schützen-Division** (11 Baone., 22 Bttn. = 126 Geschütze (einsch. Positionsgesch.), 67 mittl. u. schwere Min.Werfer)

Kommandant: Generalmajor Rudolf Müller
Generalstabschef: Major Watzka

43. Schützen-Brigade: Generalmajor Edler v. Merten
Schützen-Regt. 3 (I., II. Bttn.), Schützen-Regt. 26 (I., II., III. Bttn.)

98. Schützenbrigade: Oberst Slonínka v. Holodów
Kaiser-Schützen-Regt. I (I., II., IV. Bttn.), Kaiser-Schützen-Regt. II (I., II., IV. Bttn.)

Artilleriekommandant: Oberst Leonhardt (43. Res.Felda.Brig.)
Geb.Art.Regt. 3 (6 7,5 cm Kan.-, 2 10 cm Haub.Bttn.)[3])
Res.Feldkan.Regt. 43 (4 8 cm Bttn.)[1])
Schw.Res.Feldart.Regt. 43 (1 10,4 cm Kan.-, 3 15 cm Haub. Bttn.)

Einzelbatterien:

1. u. 2./Feldhaub.Regts. 57[1])
5. u. 6./Feldhaub.Regts. 16[4]) } (10 cm Haub.Bttn.)
5. u. 6./Feldhaub.Regts. 17

Positionsartillerie (unbespannt, geschützweise):

3 47 mm Kan.
3 8-cm-Kan. (Kavernengeschütze)
2 9 cm Kan.
7 12 cm Kan.
1 15 cm Mar.Kan.
2 15 cm Mörser

Anmerkung:

1) Am 24. Okt bei 55. Inf.Div. eingesetzt.
2) Am 24. Okt. bei 22. Schütz.Div. eingesetzt.
3) Davon am 24. Okt. eine Kan.Bttr. bei Edelw.Div., drei Kan.- und zwei Haub.Bttn. bei 55. Inf.-Div. eingesetzt.
4) Davon am 24. Okt. je eine Bttr., bei Edelw.Div. und 55. Inf.Div. eingesetzt.

Meßtrupp 528
Minenwerfer-Bttn.: ½1., ¾3., 4./Fs.A.R. 7
Sappeurkompagnie: 5./3, 4./1, 3./18
Zugeteilte deutsche Truppen: Min.Werfer-Kompagnien 8 G., 302 bayer.[1]

k. u. k. 55. Infanterie-Division (11 Baone., 21 Bttn. = 142 Geschütze (einschl. Positionsgesch.), 16 mittl. u. schwere Min.Werfer)
Kommandant: Generalmajor Prinz zu Schwarzenberg
Generalstabschef: Major v. Lukanc
26. Gebirgs-Brig.: Oberst Frhr. v. Zeidler
bosn. herzeg. Inf.Regt. 4 (I., II., V. Btln.)
Inf.Regt. 7 (I., III., IV. Btln.)
38. Infanterie-Brig.: Oberst Graf Zedtwitz
bosn. herzeg. Inf.Regt. 2 (I., III., IV. Btln.)
II./7, IV./bosn. herzeg. Inf.Regts. 4
Hochgebirgskompagnien 8 u. 11
Sturmbataillon 55 (zusammengesetzt aus Teilen des I.R. 7 und des bosn. herzeg. I.R. 4)
Artilleriekommandant: Oberst Stering (93. Res.Felda.Brig.)
Geb.Art.Regt. 5 (6 7,5 cm Kan.-, 3 10 cm Haub.Bttn.)
Einzelbatterien:
2./Geba. 5 (7,5 cm Kan.)[2])
5. (Honvéd)/SchießSch.[3]) | 1. u. 2./SchießSch.[3]) | 5./Feldhaub.Regts. 22[3]) | 3./Res.Feldhaub.Regts. 202[2]) } (10 cm Haub.Bttn.)
4./schw. Res.Feldart.Regts. 92[3]) | 17./4 B[2]) } (10,4 cm Kan.Bttn.)
7. (Honvéd)/Schieß Sch. | 4./Schieß Sch.[2]) | 1. u. 3./schw.Feldart.Regts. 6 } (15 cm Haub.Bttn.)
Positionsartillerie (unbespannt, geschützweise):
2 37 mm Kan. | 1 47 mm Kan. | 3 7,5 cm Kan. | 2 8 cm Kan. | 1 8 cm Flak Gesch. } (Kavernen geschütze)
2 10 cm Mörser
1 10 cm Panzerhaub.
1 12 cm Kanone
1 15 cm Mörser
Meßtrupp 606
Minenwerfer-Bttn.: 1. u. 2./Fs. B. 1
l. Min.Werf.Züge: 612, 613
Mittl. Gran.Werf.Züge: 508, 547, 648, 649, 672
Flammenwerfer-Züge: 16, 17, 19, 30

Anmerkung:
1) Je Kompagnie vier schwere, acht mittlere Werfer.
2) Am 24. Okt. bei Edelw.Div. eingesetzt.
3) Am 24. Okt. bei 22. Schützen-Div. eingesetzt.

Licht-Patrouillen: 16, 17, 18, 19, 20 (25 cm); 6, 7, 8 (30 cm); 1, 3 (40 cm); 4,8 (46 cm); 21, 22, 23, 26 (70 cm)
Sappeurkompagnien: 2./4, 3./11
Spez. Sappeurkomp. 4./61

Deutsche Jäger-Division. (7 Btlne. (ausschl. der abkommandierten), 12 Bttn. = 48 Geschütze, 24 mittl. u. schwere Min.Werfer)
Führer: Oberst v. Wodtke, Kommandeur d. 5. Ers.Inf.Brig.
Genst.Offz.: Major v. Westernhagen.

5. Ers.Inf.Brig.: Oberst v. Wodtke.
Stab Drag.Regts. 4
Garde-Res.Jäg.Btln.
Garde-Res.Schützen-Btln.
Stab Ul.Regts. 2
Jäg.Btln. 2
Res.Jäg.Batln. 1
Stab Bayer. Chevauleger-Regts. 8
Res.Jäg.Btln. 8
Res.Jäg.Btln. 20
Res.Jäg.Btln. 21
Sturm-Btlne. der Hgrn. Kronprinz Rupprecht, Deutscher Kronprinz und Herzog Albrecht [1])
Württemberg. Gebirgs-Btln. [2])
Artilleriekommandeur: Major v. Lochow (Kdr. Feldart.Regts. 24)
Feldart.Regt. 24 (6 Feldkan.-, 3. l. Feldhaub.Bttn.)
Minenwerferkompagnien: 95, 426. [3])
Pionierkompagnie Landst.Pi.Komp. 1 XII (sächs.).
Zugeteilt: III. (F.)/Feldart.Regts. 257 (3 l. Feldhaub.Bttn.)

Gruppe Stein (Genkdo. III. Bayer. Armeekorps)
Kommandierender General: Generallt. Frhr. v. Stein
Chef des Generalstabes: Oberstlt. Haack

Korpstruppen: Artilleriemeßtrupp 56 bayer.
Flakgruko 10
M.Flakzüge 54, 66, 71 (3,7 cm)
Flakzüge 144, 154, 185 (7,7 cm)

Anmerkung:
Allgemein: Sämtliche Jäger- und Res.Jäger-Bataillone, sowie das G.Res.Schützen-Btln. haben vier Kompagnien und zwei Masch.Gew.Kompagnien mit je neun Masch.Gewehren. Die Sturm-Bataillone haben zwei Kompagnien, Masch.Gew.Kompagnie, Flammenwerfer-Zug, Minwerfer-Komp. und Inf.Gesch.Bttr. Das Württ. Gebirgs-Btln. hat sechs Kompagnien, drei Masch.Gew.-Kompagnien.
1) Am 24. Okt. noch bei Hgr. Feldmarschall Frhr. v. Conrad.
2) Abkommandiert zum Alpenkorps.
3) Je Kompagnie vier schwere, acht mittl. Werfer. Am 24. Okt. bei k. u. k. 22. Schützen-Div. eingesetzt.
4) Davon am 24. Okt. zwei Bttn. bei der k. u. k. Edelw.Div., eine bei der k. u. k. 22. Schützen-Div. eingesetzt. (Felda.Regt. 257 gehört kriegsgliederungsmäßig zur 200. Inf.Div.)

K.Flakzug 12 (7,7 cm auf Kraftwagen)
10./5 (2 Flakgeschütze)
Landstm.Pi.Komp. 5
Ballonzug 114

k. u. k. 50. Infanterie-Division (11½ Baone., 30 Bttn. = 139 Geschütze (einschl. Positionsgesch.), 66 mittl. u. schwere Min.Werfer)

Kommandant: Generalmajor Gerabek

Generalstabschef: Oberstleutnant Jünger

3. Gebirgs-Brigade: Oberst v. Tlaskal
IV./30, IV./33, III./46, IV./80, Jäg.25, Ldst.155, Hochgeb. Komp. 12

15. Gebirgs-Brigade: Oberst Koschak
I. u. II./bosn.herzeg. Inf.Regts 1, II./18, IV./37, I./61

Divisions-Sturmkomp. 50
Masch.Gew.Eskadron 7. K.Sch.

Artilleriekommandant: Oberst Mazza (Felda.Brig.Kdo. 29)
Gebirgsart.Regt. 13 (4 7,5 cm Geb.Kan.-, 2 10 cm Geb. Haub.Bttn.)
Feldkan.Regt. 29 (4 8 cm Kan.Bttn.)
Feldhaub.Regt. 29 (6 10 cm Haub.Bttn.)
Schw.Feldart.Regt. 29 (1 10,4 cm Kan.-, 3 15 cm Haub.Bttn.)
Einzelbatterien:
4./Geb.A. 24, 1./Geb.A. 201 (10 cm Haub.Bttn.)
4./Res.Feldkan.Regts. 50 (8 cm Kan.Bttr.)
3./Res.Feldhaub. Regts. 50 (10 cm Haub.Bttr.)
1./7.R. (10,4 cm Kan.Bttr.)
2./schw.Feldart.Regts. 27, 2./schw.Feldart.Regts. 56, Bttr. 51, 34./7. R. (15 cm Haub.Bttn.)
1./6. R. (15 cm Mörser Bttr.)
Positionsartillerie (unbespannt, geschützweise):
2 8 cm Kanonen
1 10 cm Geb.Haub.
2 15 cm Mörser
Artl.Meßtrupp 550

Minenwerfer Züge: 525—532 (8 cm)
(unbespannt) 528—530 (9 cm)
513—525 (15 cm)

Sappeurkompagnien: 1. u. 8./S. 13

Scheinwerferkompagnien: Fs.Schw. 3 (110 cm)
1., 2./50 (70 cm)

Zugeteilte deutsche Truppen:
Fliegerabtlg. 2
Minenwerfer-Bataillon 5[1]
Minenwerfer-Kompagnie 301 u. 347sächs.[2])
Pionier- (Mineur-) Komp. 311

12. Infanterie-Division. 9 Btlne., 29⅔ Bttn. = 124 Geschütze, 12 mittl. und schwere Min.Werfer)

Kommandeur: Generalmajor Lequis
Generalstabsoffizier: Hauptmann Höring

24. Inf. Brigade: Oberst zur Megede
Inf.Rgtr. 23, 62, 63
Geb.Masch.Gew.Abtlgn.: 1.bayer., 2.bayer., 251 (je 6 schwere Masch.Gew.)
4./Ul.Regts. 2
Artilleriekommandeur 12: Oberst Nehbel
Feldart.Regt. 21 (6 Feldkan.-, 3 l. Feldhaub.Bttn.)
Fußart.Btln. 94 (1 10 cm Kan.-, 2 schw. Feldhaub.Bttn.)
Stab des Pionier-Btlns. 6
2. u. 3./Pi. 6
Minenwerferkomp. 12[3])
Scheinwerferzug 269
Zugeteilt: Geb.Masch.Gew.Abtlgn.: 254, 255 (je 6 schwere Masch.Gew.)
I./Feldart.Regts. 500 (3 Feldkan.Bttn.)
I. (F.)/Feldart.Regts. 601 (3 l. Feldhaub.Bttn.)
Gebirgsart. Rgt. 7 (3 7,5 cm Geb.Kan.-, 2 10 cm Geb.Haub. Bttn.)
2. u. 3./Res.Feldkan.Regts. 50 (8 cm Kan.Bttn.)
⅔ 4./Res.Feldhaub.Regts. 50 (10 cm Haub.Bttn.)
4./schw.Feldart.Regts. 48 (10,4 cm Kan.Bttr.)
3. u. 4./schw.Feldart.Regts. 7 (1 10,4 cm Kan.-, 1 15 cm Haub. Bttr.)
3./schw.Feldart.Regts. 201 (15 cm Haub.Bttr.)
2./Pi. 20
Fliegerabtlg. (A.) 232
Ballonzug 103

Alpenkorps (11 Btlne., 52⅔ Bttn. = 218 Geschütze, 68 mittl. u. schwere Min. Werfer)

Kommandeur: Generalmajor Ritter v. Tutschek
Generalstabsoffizier: Major Koethe

Anmerkung:
1) Vier Kompagnien, zus. acht schwere, 24 mittlere Min.Werfer.
2) Je vier schwere, acht mittlere Min.Werfer.
3) Vier schwere, acht mittlere Min.Werfer.

Bayer. 1. Jäg.Brig.: Generalmajor v. **Kleinhenz**

Bayer. Infanterie-Leib-Regt.[1])

Bayer. Jäger-Regt. 1 (Bayer. 1. Jäg.Btln., Bayer. 2. Jäg.Btln., Bayer. Reserve-Jäger-Btln. 2) [1])

Jäger-Regt. 2 (Jäg.Btln. 10, Res.Jäg.Btln. 14)[1])

Gebirgs-M.G.Abtlgn: 204, 205 (je 6 schwere Masch.Gew.)

Bayer. Artilleriekommandeur 7: Oberstlt. **Herold**

Feldart.Regt. 204 (4 Feldkan.-, 5 l. Feldhaub.Bttn.)

Geb.Art.Abt. 6 (2 Geb.Kan.-, 1 Geb.Haub.Bttr.)

Fußart.Btln. 43 (1 10 cm Kan.-, 2 schw. Feldhaub.Bttn.)

Stab d. Bayer. Pion.Btlns. 9

Pi.Kpgn.: 102[bayer.], 283

Minenwerferkompagnien: 174 (Geb.), 175 (Geb.)[2])

Scheinwerferzüge: 102[bayer.], 270

Zugeteilt: Musketen-Btln. 2

Württemberg. Geb.Btln. (6 Kompagnien, 3 M.Gew.Kpgn. zu 6 schw. Gew.)[3])

Geb.Masch.Gew.Abtlgn.: 226, 227, 234, 240 (je 6 schwere Masch.-Gewehre)

Geb.Art.Abt. 4 (3 Geb.Kan.Bttn.)

Feldart.Regt. 68[sächs.] (6 Feldkan.-, 3 l. Feldhaub.Bttn.)

1./Res.Feldkan.Regts. 50
½ 2. u. 3./Feldkan.Regts. 201 } *(8 cm Kan.Bttn.)*

1./Feldhaub.Regts. 6
1., ⅓ 4. u. 6./Res.Feldhaub.Regts. 50
3. u. 4. Res.Feldhaub.Regts. 62
3./Feldhaub.Regts. 201 } *(10 cm Haub.Bttn.)*

4./schwere Feldart.Regts. 62 (10,4 cm Kan.Bttr.)

Schw.Feldart.Regt. 19 (1 10,4 cm Kan.-, 3 15 cm Haub.Bttn.)

1. u. 4. schw.Feldart.Regts. 50 (1 10,4 cm Kan.-, 1 15 cm Haub.Bttr.)

5./schw.Feldart.Regts. 9 (15 cm Haub.Bttr. mit Kraftzug0

1./schw.Feldart.Regts. 27
1./schw. Feldart.Regts. 201 } *(15 cm Haub.Bttn.)*

66./9 B.
Bttr. 51
64./2 } *(15 cm Haub.Bttn.)*

III./Fußart.Rgts. 7 (2 Mörser-Bttn.)

20./2 R. (30,5 cm Mörser-Bttr.)

5./5 B. (38 cm Mörser-Bttr.)

Pionierkomp. 3./5

Anmerkung:

1) Jedes Regt. zu drei Btlnen, drei Masch.Gew.Kpgn., drei Minenwerfer-Kompgn., jede Inf.Komp. hat sechs leichte Masch.Gew., jede M.G.Komp. 12 schwere Masch.Gew., jede Minenwerfer-Komp. vier leichte Min.Werfer.

2) Je vier mittlere, acht leichte Min.Werfer.

3) Das Württemb. Geb.Btln. gehört kriegsgliederungsgemäß zur Deutschen Jäger Division.

Die Kriegsgliederung der 14. Armee am 24. Oktober 1917 unter dem Oberbefehlshaber General der Infanterie Otto von Below – Seite 9.

Minenwerfer-Btln. 11 sächs.[1])
Minenwerfer-Komp. 345[2])
Ballonzug 102

117. Infanterie-Division (9 Batlne., 12 Bttn. = 48 Geschütze, 12 mittl. u. schwere Min.Werfer)

Kommandeur: Generalmajor S e y d e l
Generalstabsoffizier: Hptm. B o e h m
233. Inf.Brig.: Generalmajor v. W e i s e
Inf.Regt. 157, Res.Inf.Regtr. 11 und 22[3])
1./Kür.Regts. 8
Artilleriekommandeur 117; Oberstleutnant B u d i s c h
Feldart.Regt. 233 (6 Feldkan.-, 3 l. Feldhaub.Bttn.)[4])
Bayer. Fußart.Btln. 11 (1 10 cm Kan.-, 2 schw. Feldhaub.Bttn.)
Stab des Pionier-Bataillons 117
Pionierkompagnien: 233, 263
Minenwerferkomp. 117[2])
Scheinwerferzug 233
Zugeteilt: *1., 2. u. 5./Geb.Art.Regts. 18 (7,5 cm Geb.Kan.Bttn.)*
3., 5. u. 6./Geb.Art.Regts. 26 (2 7,5 cm Geb.Kan.-, 1 10 cm Geb.Haub.Btrr.)

Gruppe B e r r e r (Generalkommando 3. b. Verw. 51)

Kommandierender General: Generallt. v. B e r r e r
Chef des Generalstabes: Oberstlt. v. H e y m a n n

Korpstruppen: Art.Meßtrupp 139
Flakgruko 41
M.Flakzüge 17, 74 (3,7 cm)
Flakzüge 50, 53, 72 (7,7 cm)
K.Flakzüge 20, 81 (7,7 cm auf Kraftwagen)
5./K 73 (4 Flakgeschütze)
Fliegerabtlg. (A) 204
Ballonzug 87

26. württ. Infanterie-Division (9 Btlne., 17 Bttn. = 68 Gesch., 12 mittl. u. schwere Min.Werfer)

Kommandeur: Generallt. v. H o f a c k e r
Generalstabsoffizier: Hptm. H a h n

A n m e r k u n g:

1) Drei Kompagnien, zusammen acht schwere, 24 mittlere Werfer.
2) Vier schwere, acht mittlere Min.Werfer.
3) Jedes Regt. zu drei Bataillonen, drei Masch.Gew.Kpgn., drei Minenwerferkompagnien; jede Inf.Komp. hat sechs leichte Masch Gew., jede M.G.Komp. 12 schwere Masch.Gew., jede Minenwerferkomp. vier leichte Minenwerfer.
4) Davon am 24. Okt. drei Feldkan.- und drei l. Feldhaub.Bttn. bei 12. Inf.Div., drei Feldkan.-Bttn. beim Alpenkorps eingesetzt.

51. Inf.Brig.: Generalmajor **Haas**
Gren.Regt. 119, Inf.Regter. 121 u. 125[1])
2./Ul.Regts. 19
Artilleriekdr. 58: Oberst **Erlenbusch**
Feldart.Regt. 29 (6 Feldkan.-, 3 l. Feldhaub.Bttn.)[2])
II./Fußart.Regts. 5 (1 10 cm Kan.-, 2 schw. Feldhaub.Bttn.)[2])
Stab des Pionier-Batlns. 143
1. u. 5./Pi. 13
Minenwerferkomp. 26[3])
Scheinwerferzug 311
Zugeteilt: *Geb.Art.Regt. 26 (3 7,5 cm Geb.Kan-, 2 10 cm Geb. Haub.Bttn.)*

200. Infanterie-Division (11 Batlne., 54⅔ Bttn. = 208 Geschütze (einschl. Positionsgesch.), 12 mittl. u. schwere Minenwerfer)
Kommandeur: Generalmajor v. **Below** (**Hans**)
Generalstabsoffizier: Hptm. v. **Wietersheim**
2. Jäger-Brigade: Oberst **Lehmann**
Jäger-Regt. 3 (I.bayer., II., III., IV.bayer. Btln.)[4])
Jäger-Regt. 4 (Jäg.Btln. 11, Res.Jäg.Btlne. 5 und 6)[4])
Jäger-Regt. 5 (Res.Jäg.Btlne. 17, 18 u. 23)[4])
Res.Masch.Gew.Abt. 4 (6 schwere Masch.Gew.)
Geb.Masch.Gew.Abtlgn.: 202, 206, 209, 239, 242 (je 6 schwere Masch.Gew.)
2./Ul.Regts. 1
Artilleriekdr. 62: Oberstlt. **Gerstenberg**
Feldart.Regt. 257 (3 Feldkan.-, 6 l. Feldhaub.Bttn.)[5])
Bayer. Geb.Art.Abtlg. 2 (2 Geb.Kan-., 1 Geb.Haub.Bttr.)
Fußart.Btln. 54 (1 10 cm Kan.-, 2 schw. Feldhaub.Bttn.)
Stab d. Pionier-Btlns. 42
Pi.Kompgn. 105, 282
Minenwerferkomp.: 173 (Geb.)[6])
Scheinwerferzug 303
Zugeteilt: Musketen-Batln. 1
Artilleriekdr. 54 (Oberst **Gerstenberg**)
Geb.Art.Abtlg. 7 (2 Geb.Kan.-, 1 Geb.Haub.Bttr.) ,

Anmerkung:
1) Jedes Regt. zu drei Btlnen, drei Masch.Gew.Kpgn., drei Minenwerferkpgn.; jede Inf.Komp. hat sechs leichte Masch.Gew., jede M.G.Komp. 12 schwere Masch.Gew., jede Minenwerferkomp. vier leichte Minenwerfer.
2) Am 24. Okt. bei 200. Inf.Div. eingesetzt.
3) Vier schwere, acht mittlere Werfer. Am 24. Okt. bei 200. Inf.Div. eingesetzt.
4) Jäger-Regt. 3 zu vier Bataillonen (je Btln. drei Komp.), vier Maschinen-Gew.Komp., vier Minenwerferkomp., Jäger-Regt. 4 und 5 zu drei Bataillonen (je Btln. vier Komp.), drei Masch. Gew.Komp., drei Minenwerferkomp.; jede Inf.Komp. hat sechs leichte Masch.Gew., jede M.G. Komp 12 schwere Masch.Gew., jede Minenwerferkomp. vier leichte Min.Werfer.
5) Davon drei l. Feldhaub.Bttn. abkommandiert zur Deutschen Jäger-Division.
6) 12 mittlere Min.Werfer. Am 24. Okt. eingesetzt bei der k. u. k. 50. Inf.Div.

1., ⅔ 2. u. 4./Feldkan.Regts. 201 (8 cm Kan.Bttr.)
Feldart.Regt. 600 (6 l. Feldhaub.Bttn.)
II. (F.)/Feldart.Regts. 601 (3 l. Feldhaub.Bttn.)
I./Feldhaub.Regts. 4 (3 10 cm Haub.Bttn.)
2./Res.Feldhaub.Regts. 50 (10 cm Haub.Bttr.)
1./15 B (13 cm Kan.Bttr.)
1. u. 2./schw.Feldart.Regts. 46
2. u. 3./schw.Feldart.Regts. 8
2./schw.Feldart.Regts. 2
6./1 R.
18./6 R.
23./7 R.
} (15 cm Haub.Bttn.)
2./5 B
6./15 B
} (15 cm Haub.Bttn. mit Kraftzug)
I u. III. Res.Fußart.Regts. 7 (4 Mörser-Bttn.)
14./6 R.
33./5 R.
4./2 R.
16./3 R.
4./5 R.
1./7 R.
} (38 cm Haub.Bttn.)
Positionsartillerie (unbespannt, geschützweise):
2 15 cm Mörser
Fliegerabteilung (A) 204

Gruppe Scotti (k. u. k. XV. Korps)

Kommandant: Feldmarschalleutnant Scotti
Generalstabschef: Oberst v. Pohl

Korpstruppen
5./Res.Feldkan.Regts. 50 (4 Flak Geschütze)
Spez. Sappeurkompagnie 2./61
Minenwerferzüge: 517, 522, 523, 524 (8 cm); 525, 526, 527 (9 cm)
Zugeteilte deutsche Truppen: M.Flakzug 80 (3,7 cm)
Flakzug 100 (7,7 cm)
Ballonzug 84

k. u. k. 1. Infanterie-Division (11 Baone., 41 Bttn.· 204 Geschütze)
Kommandant: Feldmarschalleutnant Metzger
Generalstabschef: Oberstlt. Zimmer
7. Gebirgs-Brig.: Oberst v. Budiner
II./5, IV./25, IV./53, II./66, III./80, bosn.herzeg.Jäg.Btln. 3
22. Gebirgs-Brig.: Oberst v. Hellebronth
II./bosn.herzeg. Inf.Regts. 4, Jäg. 17, Jäg. 31, I. u. II./Schützen-Regts. 37
Div. Sturm Komp. 1

Artilleriekommandant: Oberst Gallistel (1. Feldart.Brig.)

I./Geb.Art.Regts. 201 (2 7,5 cm Geb.Kan.Bttn.)
Feldkan.Regt. 4 (4 8 cm Kan.Bttn.)
Feldkan.Regt. 33 (4 8 cm Kan.Bttn.)
II./Feldhaub.Regts. 4 (3 10 cm Haub.Bttn.)
Feldhaub.Regt. 33 (6 10 cm Haub.Bttn.)
Res.Feldhaub.Regt. 201 (4 10 cm Haub.Bttn.)
Schw. Feldart.Regt. 33 (1 10,4 cm Kan.-, 3 15 cm Haub.Bttn)

Einzelbatterien:

3., 5. u. 6./Geba. 13 (2 7,5 cm Geb.Kan.-, 1 10 cm Geb. Haub.Bttr.)
1./Geba. 2 } (7,5 cm Geb.Kan.Bttr.)
1./Geba 202 }
3./Feldart.Regts. 48 (8 cm Kan.Bttr.)
5./Res.Feldhaub.Regts. 50 (10 cm Haub.Bttr.)
20./2 R.
3./schw.Feldart.Regts. 50 }
44./15 B. } (15 cm Haub.Bttn.)
22./6 R. }
22./6. R. (30,5 cm Mörser-Bttr.)

Pionierkompagnien: 2./8, 5./10
Scheinwerferkomp. 1./J.Sch. 89
Zugeteilte deutsche Truppen: II./Feldart.Regts. 500 (3 Feldkan. Bttn.)

5. Infanterie-Division (9 Btlne., 37 Bttn. = 146 Geschütze, 12 mittl. u. schwere Min.Werfer)

Kommandeur: Generalmajor v. Wedel
Generalstabsoffizier: Major Osius

10. Inf.Brig.: Oberst v. Jena
Gren.Rgter. 8 u. 12, Inf.Regt. 52[1])
3./Hus.Regts. 3
Artilleriekommandeur 142: Generalmajor Frhr. v. Reitzenstein
Feldart.Regt. 18 (6 Feldkan.-, 3 l. Feldhaub.Bttn.)
Fußart.Btln. 67 (1 10 cm Kan.-, 2 schw. Feldhaub.Bttn.)
Stab des Pionierbataillons 116
1. u. 2./Pi. 3
Minenwerferkomp. 5[2])
Scheinwerferzug 319
Zugeteilt: Geb.Masch.Gew.Abtlgn.: 252, 253, (je 6 schwere Masch. Gew.)

Anmerkung:

1) Jedes Regt. zu 3 Btlnen, 3 Masch.Gew.Kpgn., 3 Minenwerferkompgn.; jede Inf.Komp. hat 6 leichte Masch.Gew., jede M.G.Komp. 12 schwere Masch.Gew., jede Minenwerferkomp. 4 leichte Minenwerfer.

2) Vier schwere, acht mittlere Min.Werfer. Am 24. 10. bei k. u. k. 50. Inf.Div. eingesetzt.

I./Geb.Art.Regts. 7 (2 7,5 cm Geb.Kan.-, 1 10 cm Geb.Haub. Bttr.)
II./Geb.Art.Regts. 18 (1 7,5 cm Geb.Kan.-, 1 10 cm Geb. Haub.Bttr.)
2./Geba. 201 (7,5 cm Geb.Kan.Bttr.)
Feldart.Regt. 503 (6 Feldkan.Bttn.)
4./Feldhaub.Regts. 201 } (10 cm Haub.Bttn.)
1. u. 2./Res.Feldhaub.Regts. 62 }
Schw.Feldart.Regt. 4 (1 10,4 cm Kan.-, 3 15 cm Haub.Bttn.)
2. u. 4./schw.Feldart.Regts. 201 (1 10,4 cm Kan.-, 1 15 cm Haub.Bttr.)
Bttr. 54 (15 cm Haub.Bttr.)
III./Res.Fußart.Regts. 18 (2 Mörser-Bttn.)
19./5 B (30,5 cm Mörser-Bttr. mit Kraftzug)
Fliegerabtlg. (A) 219

Die Kriegsgliederung der 14. Armee am 24. Oktober 1917 unter dem Oberbefehlshaber General der Infanterie Otto von Below – Seite 13.

Ergänzung zur Kriegsgliederung der 14. Armee.[1]

k. u. k. 35. Infanterie-Division[2]) (9 Baone., 13 Bttn. = 52 Geschütze)
Kommandant: Feldmarschalleutnant v. Podhoransky
Generalstabschef: Major Schilhanek

69. Inf.Brig.: Oberst Guha
I.R. 62 (II., III. Btln.), I.R. 64 (I., II., V. Btln.)

70. Inf.Brig.: Generalmajor Funk
I.R. 51 (Komb. Btln.), I.R. 63 (I., II., III. Btln.)
Divisions-Sturmkompagnie
½2./Hus.Regts. 11

Artilleriekommandant: Oberst Ritter v. Sostaric
Feldkan.Regt. 35 (5 8 cm Kan.Bttn.)
Feldhaub.Regt. 35 (4 10 cm Haub.Bttn.)
Schw.Feldart.Regt. 35 (1 10,4 cm Kan.-, 3 15 cm Haub.Bttn).
Sappeurkompagnie 8./14
Baukompagnie 2./24
Scheinwerferkomp.: auf die Inf.Regter. verteilt (6 30 cm-, 8 35 cm-, 3 45 cm Scheinw.)

k. u. k. 94. Infanterie-Division[3]) (12½ Baone., 24 Bttn. = 96 Geschütze)
Kommandant: Feldmarschalleutnant Lawrowski
Generalstabschef: Oberstleutnant Brendl

25. Gebirgs-Brig.: Oberst Wasserthal
III./18, Jäg. 8, Jäg. 30, Komb. Jäg.Baon., Ldst. 10, Hochgeb. Kompagnien 1—5

57. Gebirgs-Brig.: Oberst Watterich
I. u. III./Ldstrm.Regts. 26, V./7, VI./Tir.Jäger-Regts. 2, Hochgeb. Kompagnien 6, 7, 9, 10, 33.
Sturmbataillon 94
¼3./Drag.Regts. 4

Artilleriekommandant: Oberst Mostböck (Res.Felda.Brig. Kdo. 94)
Gebirgsart.Regt. 5 (6 7,5 cm Geb.Kan.-, 3 10 cm Geb.Haub.Bttn.)
Gebirgsart.Regt. 17 (6 7,5 cm Geb.Kan-, 2 10 cm Geb.Haub.Bttn.)
Gebirgsart.Regt. 203 (5 7,5 cm Geb.Kan.-, 2 10 cm Geb.Haub.Bttn.)
Sappeurkompagnien: 7. u. 9./3

---

1) Haupt-Kriegsgliederung der 14. Armee siehe Band 12a der Schriftfolge („Isonzo I") S. 197 bis 210. Es sind nur die fechtenden Truppen aufgenommen. Deutsche Truppen sind in senkrechtem, *österreichisch-ungarische in schrägem* Druck aufgeführt.

2) Die Division war zunächst Südwestfront-Reserve; sie trat am 1.12.1917 zur Gruppe Stein.

3) Die Division trat am 16.11.1917 zur Gruppe Krauß.

195. Infanterie-Division[1]) (9 Btlne., 9 Bttn. = 36 Geschütze, 10 mittl. und schwere Min.Werfer)
Kommandeur: Generalmajor v. Hofmann
Generalstabsoffizier: Hauptmann Kaempfe
101. Res.Inf.Brigade: Oberst Schmidt
Jäger-Regt. 6 (Jäg.Btlne. 5 und 6, Res.Jäg.Btln. 2)[2])
Jäger-Regt. 8 (Res.Jäg.Btln. 4, 16 u. 24) [2])
Res.Inf.Regt. 233[3])
2./Ulanen-Regts. 14
Artilleriekdr. 195: Oberstlt. v. Uthmann
Feldart.Regt. 260 (6 Feldkan.-, 3 l. Feldhaub.Bttn.)
Stab d. Pionier-Btlns. 195
Res.Pi.Komp. 55
1./Res.Pi. 32
Minenwerferkomp. 175
Scheinwerferzug 337

---

1) Vom 26.11. bis 2.12.1917 Armeereserve.

2) Jedes Jäger- oder Res.Jäger-Batl. zu vier Kompagnien, zwei Masch.Gew.Komp., einer Minenwerferkomp.; jede Masch.Gew.Komp. hat 12 schwere Maschinengewehre, jede Minenwerferkomp. vier leichte Werfer.

3) Jedes Bataillon zu vier Kompagnien, einer Masch.Gew.Komp. und einer Minenwerferkomp.; jede Masch.Gew.Komp. hat 12 schwere Maschinengewehre, jede Minenwerferkomp. vier leichte Werfer.

Die Kriegsgliederung der 14. Armee am 24. Oktober 1917 unter dem Oberbefehlshaber General der Infanterie Otto von Below – Seite 14.

Der Tag, an dem die Schlacht endgültig beginnen sollte, rückte immer näher: Stunde um Stunde, Minute um Minute. In seinen Befehlen umriss der Kommandeur des Alpenkorps, Generalmajor Ritter von Tutschek, die Aufgabe seines Gebirgsverbandes wie folgt:

„Die vorspringende feindliche Linie beiderseits San Daniel scheint nur eine ganz schwach besetzte Postenlinie zu sein, deren Ausbau und Besetzung von Gegend Woltschach (Volce) an gegen Süden sich vielleicht verstärkt. Die Stellung auf Leisce Vhr und Kovacic Planina kann wegen ihrer Anschlüsse Richtung Mrzli Vrh und Richtung Volarje, wegen der in ihrem Bereich eingesetzten starken Artillerie und wegen der Lager und Wegebauten als Hauptwiderstandsraum gelten.

Der Angriff erfolgt einheitlich auf der ganzen Front. In der Nacht vom 22. auf den 23. Oktober sind Infanterieleibregiment, Jägerregiment 1 und Württembergisches Gebirgsbataillon die Abschnitte der k. u. k. 50. und 1. Infanteriedivision im Streifen des Alpenkorps zu übernehmen. Österreichische Postensetzung vorderster Linie und stellungskundige Nachkommandos bleiben zurück. Bereitstellung zum Angriff in der Nacht vom 23./24. Oktober 1917. Sie muss am 24. Oktober bis 02.00 Uhr vormittags beendet sein.

Die Artillerie mit unterstellten Minenwerfer-Formationen bereitet den Angriff der Infanterie auf die Vorstellung im Isonzotale, demnächst gegen die von der Infanterie auf ihrem Weg zur Höhe 1.114 zu nehmenden Stellungen und endlich gegen Höhe 1.114, selbst vor, wobei Feldartillerieregiment 204 das Infanterieleibregiment, Feldartillerieregiment 68 das Bayrische Jägerregiment 1 unterstützt. Zeitfolge: 02.00 Uhr – 06.00 Uhr morgens Gasschießen, bei beginnender Sicht Feuereröffnung, eine halbe Stunde Zerstörungsfeuer, eine Stunde Vernichtungsfeuer, dann Sturm und Feuerwalze.

Ist die Höhe 1.114, der Eckpfeiler der feindlichen Stellung, erstürmt und fest in unserer Hand, so wird der Feind seine Stellungen an Mrzli Vrh-Hängen samt der dort stehenden Artillerie verlassen müssen, die Jezastellung wird unhaltbar, die Flanke der Mont Hum-Linie steht offen.

Ist die Gegend Luico – La Glava erreicht, so ist eine wesentliche Verbindungslinie zum Becken von Karfreit gesperrt und in der Flanke des Höhenzuges von San Martino Fuß gefasst. Ist der Mont Matajur, so ist das Becken von Karfreit unser, ein geordneter Nachschub ermöglicht, der Anschluss an Gruppe Krauß und der weitere Stoß in Richtung Gemona – Cividale vorbereitet.

Die Durchführung des ganzen Angriffs hängt vom Erfolg des Alpenkorps ab. So kommt zunächst alles darauf an, mit rascher Wegnahme von Hevnik und 1.114 frühzeitig das Heraufführen starker Infanteriereserven und einer kräftigen Artilleriegruppe sicherzustellen. Damit erst werden bedeutungsvolle weitere Schritte ermöglicht. Befehle, die über diesen Gefechtsabschnitt hinausreichen, werden rechtzeitig ergehen. Bis zu ihrem Eintreffen bleibt über 1.114 hinaus alles im Vorwärtsdringen nach Westen.

Gefechtsauftrag der Bayrischen Jägerbrigade 1 (im Auszug)

Der Kommandeur der 1. Jägerbrigade leitet den gesamten Infanterieangriff. Ihm sind Infanterieleibregiment, Bayerisches Jägerregiment 1, Württembergisches Gebirgsbataillon, Pionierkompanie 102 und 283 unterstellt.

Die Brigade geht mit je einer Angriffsgruppe (Nord-und Südgruppe) aus Gegend westlich Schlossberg über den Hevnik und vom nördlichen Brückenkopf über Woltschach – 869 vor, nimmt Höhe 1.114 und bleibt im unaushaltsamen Vorgehen über Kuk bis Luico. Weiteres Vorgehen von hier nach dem Mont Matajur wird befohlen werden. Jägerregiment 2 und Gebirgsmaschinengewehrabteilung 204 sind Alpenkorpsreserve. Sie sich durch die 1. Jägerbrigade den Angriffsregimentern bald in die Gegend Kamenca nachzuziehen. Meldesammelstelle Schlossberg. Fernsprecherabteilung baut über Kamenca nach 1.114 vorwärts.

Gebirgsartillerieabteilung 6 und 4 haben der Infanterie unmittelbar auf die Höhen zu folgen, erstere wird dem Infanterieleibregiment, letztere dem Jägerregiment 1 unterstellt. Der Artilleriekommandeur veranlasst selbstständig, dass das Feldartillerieregiment 204 und Teile der schweren Artillerie rechtzeitig staffelweise auf die Höhen folgen. Jägerregiment 2 ist verpflichtet, mit aller Kraft das Vorbringen der Artillerie zu fördern.

Während des Angriffs auf die feindliche Vorstellung im Isonzotale muss der nicht angegriffene Teil zwischen Nord- und Südgruppe durch Maschinengewehre des Württembergischen Gebirgsbataillons niedergehalten werden. Nach Wegnahme der Vorstellung kommt es darauf an, dass Nord- und Südgruppe auf den ihnen zugewiesenen Höhenrücken so rasch wie möglich vorwärts stürmen, um dann durch umfassenden Angriff von Nordosten und Südosten den Schlüsselpunkt der feindlichen Stellung, Höhe 1.114, auszuheben. Hier müssen sich beide Gruppen die Hand reichen. Kommt trotz der großen Geländeschwierigkeiten der Angriff des Jägerregiments 1 rascher vorwärts als der des Infanterieleibregiments, so ist er rücksichtslos in Richtung 1.114 fortzuführen und Zersplitterung durch Abzweigen zu starker Flankensicherungen zu vermeiden. Damit das Infanterieleibregiment mit voller Kraft Höhe 1.114 angreifen kann, wird ihm zweckmäßig das Württembergische Gebirgsbataillon dicht nachgeschoben mit der Aufgabe, die rechte Flanke des Infanterieleibregiments zu decken, Gegend Foni vom Feinde zu säubern und die dortigen Batterien wegzunehmen. Zur Unterstützung des Vorgehens der Jäger ist es nötig, dass die Nordgruppe die von 510 über die Kamencaschlucht sich ziehenden Stellungsteile mit Maschinengewehren und abgezweigten Stoßtrupps von Norden aufrollt. Nach Wegnahme der Höhe 1.114 ist es von ausschlaggebender Bedeutung, dass das Infanterieleibregiment ohne Sorge um rechts oder links über Kuk bis Luico stürmt. Der Schutz der Flanke, sowie die Wegnahme etwa sich seitwärts noch haltender Feindnester muss ihm abgenommen werden. Insbesondere ist es notwendig, dass Jägerregiment 1 zum Schutz der linken Flanke die Anklammerungspunkte von Clabuzarro, Prapotnizza, Drenchia, Lase, 999 südlich und 957 südwestlich Kuk in die Hand nimmt und solange hält, bis es durch die 200. Infanteriedivision hier abgelöst wird. Hierdurch wird auch die Grundlage für das Vorwärtskommen der 200. Infanteriedivision geschaffen, die gleichzeitig auf dem Rücken 1.114-Kuk vorzugehen und von hier aus nach Südwesten in Richtung Mont Hum und Mont San Martino vorzustoßen beabsichtigt. Es ist dringend erforderlich, dass sämtliche Truppen das Alpenkorps (Infanterie und Artillerie) dicht aufbleiben und einander schnell folgen, da hinter dem Alpenkorps auf dem Rücken 1.114-Kuk, nicht nur die 200., sondern auch die 117. und 26. Infanteriedivision folgen.

Die Abgrenzung der Gefechtstreifen der Divisionen ist keine bindende. Die Regimenter nehmen die Gefechtsstreifen, die sie zur Durchführung ihrer Aufträge brauchen und erhalten so viel Ellenbogenfreiheit, als sie nach Maßgabe ihres Vorwärtskommens im Verhältnis zu jenen der Nachbartruppen gewinnen. Vorbedingung dafür, dass den gestellten höchsten Anforderungen entsprochen wird, ist, dass mit eingehender Belehrung über Geländeverhältnisse und Gefechtsanlage ein möglichst reibungsloser Verlauf der ersten Gefechtsabschnitte vorbereitet wird und dass alles von der Bedeutung, die ein Erfolg des Alpenkorps haben muss, durchdrungen ist.

Jägerbrigade 1 und Artilleriekommandeur 7 veranlassen hiernach das Weitere.

von Tutschtek."

Nachdem k. u. k. Offiziere mit den genauen Plänen der Offensive zum Feinde übergelaufen und diesem alles verraten hatten, wurde das Tempo der Vorbereitungen nochmals forciert und dann zum Abschluss gebracht. In der Nacht vom 21. auf den 22. und dann vom 22. auf den 23. Oktober 1917 rückten die Brigaden und Regimenter, die Bataillone und Abteilungen, die Kompanien und Batterien der jeweiligen Divisionen in ihre Sturmausgangsstellungen. In vorderster Linie des Deutschen Alpenkorps standen das Bayerische Infanterieleibregiment und das Jägerregiment 1 auf der Sveta Maria. Es war der einzige Stützpunkt westlich des Isonzo, der den Österreichern noch verblieben war.

Hinter den „Leibern" folgte das Jägerregiment 2. Die Artillerie des Alpenkorps stand größtenteils im Talbecken von Tolmein. Dem Jägerregiment 1 wurde der Rücken südlich der Kamencaschlucht als Angriffsziel zugeteilt, dem Infanterieleibregiment der Kolovrat und der Hevnik. Mit ihrem Sturmgepäck auf dem Rücken fieberten die Angriffstruppen dem Beginn der Offensive entgegen. In dieser nervenzerreißenden Situation wurde der Beginn der 12. Isonzoschlacht nochmals verschoben – und zwar jetzt unumstößlich auf den 24. Oktober 1917, nachdem die entscheidenden Befehle bei der Truppe eingetroffen waren.

„Streng geheim!
Zur eigenhändigen Öffnung durch den Kommandanten (Generalstabsoffzier)
K. k. 22. Schützendivisionskommando
Operationsnummer 422/9
Angriffsbefehl

Feldpost 385, am 22. Oktober 1917. Der mit hierstelliger Operationsnummer 419/23 befohlene Angriff findet am 24. Oktober 1. Jahres statt. Punkt 11 des sogenannten Befehles hat zu lauten:
02.00 bis 04.30 Uhr vormittags Gasschießen
Nach 04.30 Uhr vormittags darf kein Gasschuss mehr fallen.
06.30 Uhr vormittags allgemeine Eröffnung der Artillerie.
06.30 bis 07.00 Uhr vormittags.
Überprüfen der Artillerieschusselemente. Die Stollenbekämpfer setzen nach einigen Kontrollschüssen sofort mit Wirkungsschießen auf die feindlichen Stollen ein.
07.00 Uhr vormittags Feuereröffnen der Mienenwerfer und Wirkungsschießen der gesamten Artillerie.
08.45 bis 09.00 Uhr vormittags höchste Feuersteigerung der Mienenwerfer und der Artillerie.
09.00 Uhr vormittags Sturm.
…
Die hinter die erste Stellung wirkenden Batterien begleiten die vorgehende Infanterie mit einer derselben vorgelegten Feuerwand, bis dieses Artilleriefeuer die 2. Stellung erreicht.
Sobald die erste Sturmwelle sich der 2. feindlichen Stellung nähert, ist das Feuer hinter diese zu verlegen. Erhalten die mit hierst. 1op. Nr. 419/23 beteiligten Stellen.

Müller

GM

Angriffsbefehl
Streng geheim!
Zur eigenhändigen Eröffnung durch den Kommandanten (Stellvertreter: beziehungsweise Generalstabsoffizier).

Zur Durchführung des Angriffes bemerkt das I. Korpskommando:
Das erste Ziel ist weitgesteckt, denn der erste Erfolg wird nur bei größter Kraftanstrengung zu einem entscheidenden.
Trotzdem müssen wir am Ziel mit kampffähigen Truppen eintreffen. Die Vorrückung darf daher nicht im Vorstürmen der Gros bis zur Erschöpfung und bis zum Zusammenbruch sein, sondern ruhiges, vernünftig geleitetes Vorgehen, Kraft der Truppe und operativen Wert der zu erreichenden Örtlichkeiten abwägendes stetes Vorgreifen von Detachements und Nachfolgen entsprechend ausgeruhter Gros.
Vermeidung jeder Nervosität. Dazu sind bestimmte, wahrheitsgetreue Meldungen der Truppenkommandanten über die Verfassung der Truppen, persönliches Beispiel aller Offiziere, aber auch persönliche Erkundung des Zustandes der Truppen notwendig.
Jede Gelegenheit zur Rast ausnutzen.
Nichts ermüdet mehr als zweckloses Herumstehen der Kolonnen.
Die Vorrückung wird also darin bestehen, dass ausgesucht starke Offizierspatrouillen ohne Gepäck, nur mit Munition und notwendigster Verpflegung auf taktisch wichtige Punkte ohne Halt vorgehen. Ihnen folgen dicht ausgesuchte Abteilungen mit Maschinengewehren und Gebirgsartillerie auch ohne Gepäck, nur mit Munition, notwendigster Verpflegung versehen. Diesen folgen nach notdürftiger Rast (Abendessen, kurzer Schlaf) Teile der Gros, welchen dann die besser ausgeruhte Hauptkraft folgt. Bei entsprechendem Wechsel bleibt dann die Vorrückung im Rollen. Die Kommandeure der Offizierspatrouillen und der vorgeschobenen Abteilungen müssen wissen, dass von ihrem raschen, energischen Zugreifen die größten Erfolge abhängen, sie dürfen dem durchbrochenen Feinde nicht Zeit lassen, sich irgendwo wieder geordnet zur Verteidigung zu stellen …

Müller
GM

Anlage 2.
Allgemeine Gesichtspunkte für die Kampfführung der Artillerie.
Es ist anzustreben, sämtliche im Gefechtsstreifen eines Verbandes gelegenen Ziele – Befestigungsanlagen – gleichzeitig zu bekämpfen.
Reichen die Kräfte dazu nicht aus, um auch die rückwärtigen Höhenstellungen alsbald gleichzeitig sturmreif zu schießen, ist ihre Besetzung durch Abschnüren, namentlich auf den Zugangswegen, von Anfang an zu verhindern. Feuerwellen von allen Batterien von etwa zehn Minuten Dauer sind einzustreuen …
An den Grenzen der Divisionsstreifen muss die Wirkung um etwa hundert Meter übergreifen, um jedenfalls feuerfreie Räume zu vermeiden …

Zerstörung von Drahthindernissen (Gasse-Schießen) ist als besondere Aufgabe zu erteilen. Die den Divisionen zugeteilte Gebirgsartillerie nimmt allgemein an der Vorbereitung des Angriffs nicht teil, sie steht verlastet bereit, um das Vorgehen der Infanterie alsbald zu begleiten.
Zuteilung an die einzelnen Infanterieverbände, frühzeitige Erkundung der einzelnen Bereitstellungsorte, Mitnahme ortskundiger Führer erforderlich … Die Feuerwirkung muss die Infanterie möglichst bis zum Tagesziel begleiten.

Für die Richtigkeit:
Freiherr von Willisen manu propria
Major im Generalstabe.

Zur eigenhändigen Eröffnung durch den Generalstabschef
K. u. k. I. Korpskommando
Operationsnummer 226/15
Verfolg der Angriffsbefehle

1. Die ununterbrochene Unterstützung der Infanterie durch die fahrende Artillerie beim Angriff ist zu … gewährleisten durch
a. Vorschieben von Beobachtungsstellen auf Matajur gleichzeitig mit dem Vorgehen der Infanterie.
b. eingehende Wegerkundung im Feindgebiet …
Es wird von den Ereignissen abhängen, ob die 55. Infanteriedivision oder die in 2. Linie folgende 8. Reservedivision früher den Raum Karfreit erreicht … für die betreffende Division. gilt als Aufgabe den Monte Matajur zu erreichen … Es ist möglich, dass im Raume Karfreit – Monte Matajur nicht die an uns jetzt anschließende 50. Infanteriedivision, sondern die 12. Infanteriedivision oder als Alpenkorps mit der südlichen Division des I. Korps in Verbindung treten wird.

A. Krauß manu propria
General der Infanterie

K. u. k. 10. Armeekommando (Quartiersabteilung)
Quartiersoperationsnummer 4140
Verschluss!
V E R S C H L U S S ! !
Merkblatt.

Für das Verhalten gegenüber verbündeten Truppen.

I. Befehl Kommando Südwestfront Operationsnummer 20735 vom 22./9.1. Jahres

Den deutschen Truppen ist jede notwendige Unterstützung kameradschaftlichst zu gewähren, die mit unseren Mitteln vereinbar ist. Die für unsere Truppen geltenden Vorschriften hinsichtlich der Schonung der Bevölkerung sind auch von den deutschen Truppen zu beachten. Die politischen Behörden wurden hiervon mit dem Ersuchen verständigt, die Bevölkerung diesbezüglich zu orientieren und dahin aufzuklären, dass etwaige Anliegen im Wege der politischen Behörden oder im Wege der Etappenstationskommandos dem Armeekommando zur Kenntnis gebracht werden können, das die Austragung veranlassen wird.

Es wird sich empfehlen österreichisch-ungarische und deutsche Truppen nach Möglichkeit nicht im gleichen Orte unterzubringen. Für deutsche Kantonierungsorte ist das k. u. k. Etappenstationskommando in dessen Rayon der Ort liegt zuständig. Ergeben sich besondere Anstände, ist dem Armeekommando Meldung zu erstatten.

Befehl Armeeoberkommando Chef des Generalstabes Quartiersnummer 157593 vom 22./9. 1. J.

Bezüglich der Verpflegung der im Verbande der Armee im Felde stehenden verbündeten Truppen wird verfügt:

a.) Verpflegung verbündeter Truppen grundsätzlich durch Nachschub aus ihrer Heimat. Nur wenn unvorhergesehene Störungen in diesem Nachschub eintreten, werden, um die Verpflegung dieser Truppen nicht zu gefährden, unbedingt nötige Aushilfen abgegeben [...]

c.) Den Verbündeten kann auch mit Rücksicht auf die äußerste Knappheit der Lebensmittel der Zivilbevölkerung das Recht des Kaufes im Armeebereiche nicht zugestanden werden [...]

III. Die Versorgung deutscher Truppen mit Kartoffel und Raufutter hat grundsätzlich durch Zuschub aus Deutschland zu erfolgen ...

Befehl AOK. Personennummer. 42.912 res. v. 1914:

Die in der deutschen und österreichisch-ungarischen Armee zum Teil voneinander abweichenden Vorschriften und Gebräuche bezüglich der Ehrenbezeugungen und des Verhaltens bei außerdienstlichen Zusammentreffen von Offizieren haben mehrfach zu Missverständnissen und Misshelligkeiten geführt. Um solche Vorkommnisse in Zukunft zu verhindern, bitte ich überall, wo ein Zusammentreffen von Angehörigen beider Armeen möglich ist, folgende Punkte bekannt zu geben:

1. In der deutschen Armee beginnen Ehrenbezeugungen von Unteroffizieren und Mannschaften sechs Schritt, in der österreichisch-ungarischen Armee dagegen drei Schritt vor den begegnenden Vorgesetzten.
2. In der deutschen Armee erwidert von mehreren Offizieren nur der Rangälteste

den Gruß der Unteroffiziere und Mannschaften, während in der österreichisch-ungarischen Armee sämtliche Offiziere den Gruß erwidern.

3. In der österreichisch-ungarischen Armee ist es einer Vorschrift gleichzuhaltender Brauch, dass Offiziere, die in einem Eisenbahnabteil oder einem geschlossenen Zimmer zusammentreffen, sich einander vorstellen und zwar der jüngere dem älteren.
   In der deutschen Armee ist dies nicht ohne Weiteres gebräuchlich. Hält der Offizier aber bei längeren Eisenbahnfahrten oder anderen Gelegenheiten eine Vorstellung für erwünscht, so verstößt es nicht gegen deutsche Gebräuche, wenn der jüngere Offizier sich dem älteren vorstellt …

Müller
GM

K. u. k. Korpskommando
Operationsnummer 217/7 a.
Lichtsignale
Zur eigenhändigen Eröffnung durch den Generalstabschef.
Mit der vom Armeeoberkommando ausgegebenen „Instruktion für das Signalisieren mit pyrotechnischen Mitteln“ wurden für die Verständigung zwischen Infanterie und Artillerie folgende Lichtsignale normiert:
Rotes Licht bedeutet: Feind greift an, vermehrte Artilleriewirkung erforderlich.
Grünes Licht bedeutet: Eigene Truppen gefährdet, Feuer feindwärts verlegen.
Gelbes Licht bedeutet: Feuer einstellen.
Die Bestimmungen dieser Vorschrift sind bindend. Andere Signale dürfen mit pyrotechnischen Mitteln nicht gegeben werden. Eine Ausnahme findet nur dort statt, wo k. u. k. Truppen in deutschen Verbänden deutsche Signale zu geben haben. Für die Dauer der Unterstellung des I. Korps unter deutsches Armeeoberkommando 14 haben daher folgende für den Bereich der 14. Armee anbefohlenen Lichtsignale Gültigkeit: Weiße Leuchtkugeln bedeuten: Erreichte vordere Linie. Grüne Leuchtkugeln bedeuten: Feuer vorverlegen. Rote Leuchtkugeln bedeuten: Anforderung von Sperrfeuer. Diese Signalzeichen stimmen im Allgemeinen mit den vom Armeeoberkommando Baden festgesetzten überein. Zur Vermeidung von Irrtümern hat jedoch für das I. Korps das normierte „gelbe Licht“ bis auf Weiteres zu entfallen. Obige Zeilen müssen von allen Offizieren gekannt sein.

A. Krauß manu propria
General der Infanterie

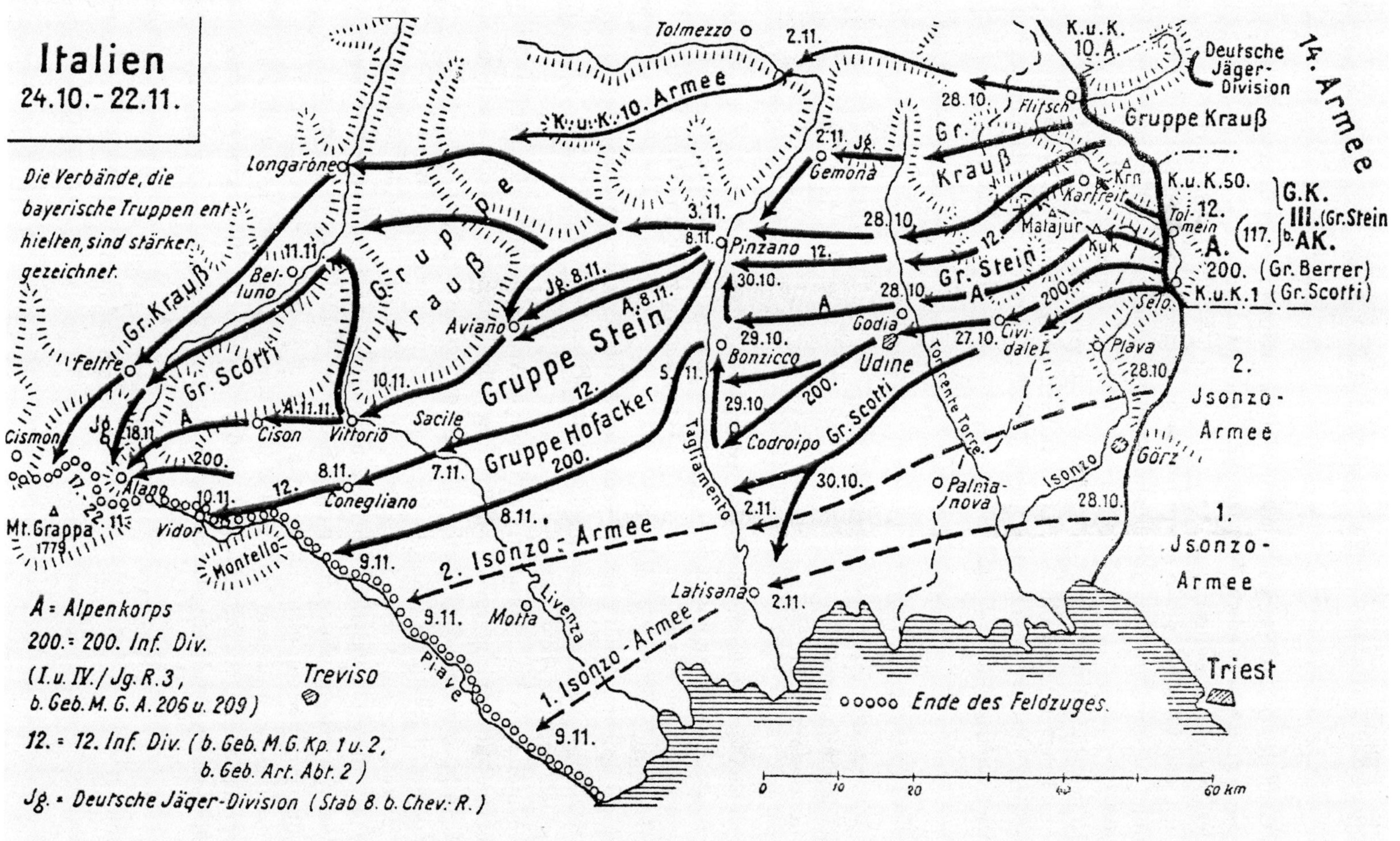

Die Übersichtskarte gibt über die Vormärsche der Isonzostreitkräfte der Mittelmächte Aufschluss.

Das Kampfgebiet vom Rombon bis nach Görz aus der Vogelperspektive, aus deren Mitte die deutsche Offensive zur Entfaltung kam.

Schweres Kriegsgerät – hier ein Artilleriegeschütz – auf der Kolovratstraße.

Das Foto zeigt einen der gefürchteten 30,5-cm-Skoda-Mörsern in seiner Feuerstellung in Raibl in den Julischen Alpen.

Ein schwerer Mörser in seiner Betonbettung an der Isonzofront.

Der Augenblick des Feuerüberfalls in den italienischen Stellungen während der Isonzooffensive.

Nachschub für die „Knochenmühle am Isonzo".

Artilleristen am Isonzo im Kampfeinsatz.

Der Vormarsch der Mittelmächte im Friaul war gepflastert mit erbeuteten italienischen Geschützen.

8. Die Durchbruchsschlacht zwischen Flitsch und Tolmein

Die Durchbruchsschlacht zwischen Flitsch und Tolmein im Herbst 1917, die auch als 12. Isonzoschlacht bezeichnet wird, in der acht k. u. k. und sieben deutsche Divisionen die italienische Front blitzartig durchbrachen und weit in die oberitalienische Ebene zurückwarfen, ist als eine der größten Vernichtungsschlachten in die Kriegsgeschichte eingegangen. Und mit ihr die Namen des Oberbefehlshabers der zur deutschen 14. Armee zusammengefassten Verbände des preußischen Generals der Infanterie Otto von Below und seines Generalstabschefs, des bayerischen Generalleutnants Konrad Krafft von Dellmensingen.

Beginnen wir zunächst mit der Gliederung all jener Truppen, die für diese Durchbruchsschlacht zwischen Flitsch und Tolmein angesetzt waren:

Gruppe des K. B. Generalleutnants Frhr. v. Stein
Generalkommando K. B. III. Armeekorps
K. u. K. 50. Inf.-Division — Kommandant: Feldmarschalleutnant Gezabek,
K. P. 12. Inf.-Division — Kommandeur: K. P. Generalmajor Lequis,
K. P. 117. Inf.-Division — Kommandeur: K. P. Generalmajor v. Drabich-Wächter,
Deutsches Alpenkorps — Führer: K. B. Generalmajor v. Tutschek,

Gruppe des K. W. Generalleutnants v. Berrer
Generalkommando 51 z. b. V.
K. P. 200. Inf.-Division — Kommandeur: K. P. Generalmajor v. Below,
K. W. 26. Inf.-Division — Kommandeur: K. W. Generalleutnant v. Hofacker,

Gruppe des K. u. K. Feldmarschalleutnants Scotti
K. u. K. XV. Korps-Kommando
K. u. K. 1. Inf.-Division — Kommandant: Feldmarschalleutnant Metzger,
K. P. 5. Inf.-Division — Kommandeur: K. P. Generalmajor v. Wedell,

Armeereserve:
K. u. K. 33. Inf.-Division — Podbrdo,
K. K. 13. Schützen-Division — Kirchheim,
K. u. K. 4. Inf.-Division — Idria,

Für die Durchbruchsschlacht zwischen Flitsch und Tolmein waren die Gruppen des königlich-bayerischen Generalleutnants Freiherr von Stein, des königlich-württembergischen Generalleutnants von Berrer und des k. u. k. Feldmarschallleutnants Scotti bedeutend.

„Auf dem äußersten rechten Flügel der Gruppe Stein war der k. u. k. Infanteriedivision unter General Gerabek die schwierige Aufgabe zugefallen, aus der Front vom Krn-Hauptstock bis Dolje gegen Karfreit vorzudringen. Zwar hatte sie keinen mühevollen Aufstieg zu bewältigen wie die südlich des Isonzotales gegen Kolovratkamm angesetzten Truppen, vielmehr führte ihr Weg zunächst bergab. Dafür hatte sie in einem wild zerrissenen Gelände zu fechten, das bis zu zweitausend Meter Höhe aufstieg und teilweise tief verschneit war. Nach Eroberung der tiefgegliederten und stark besetzten italienischen Stellung waren mehrere von Krn zum Isonzo sich hinziehende befestigte, steile Schluchten zu überqueren und zuletzt die beherrschende und stark ausgebaute zweite Stellung, die vom Krn über die Pleca (1.304 Meter) und Vrsno nach Selisze herabzog, zu durchbrechen", schreibt Krafft von Dellmensingen in seinem aufschlussreichen Werk über den Durchbruch am Isonzo und fährt dann fort:

„Südlich des Isonzo, an die 12. Infanteriedivision anschließend, hatte sich im nördlichen Teil des Brückenkopfes das Deutsche Alpenkorps bereitgestellt – rechts das Bayerische Infanterieleibregiment, dahinter das neun Kompanien starke Württembergische Gebirgsbataillon, links das Bayerische Jägerregiment 1, als Reserve für

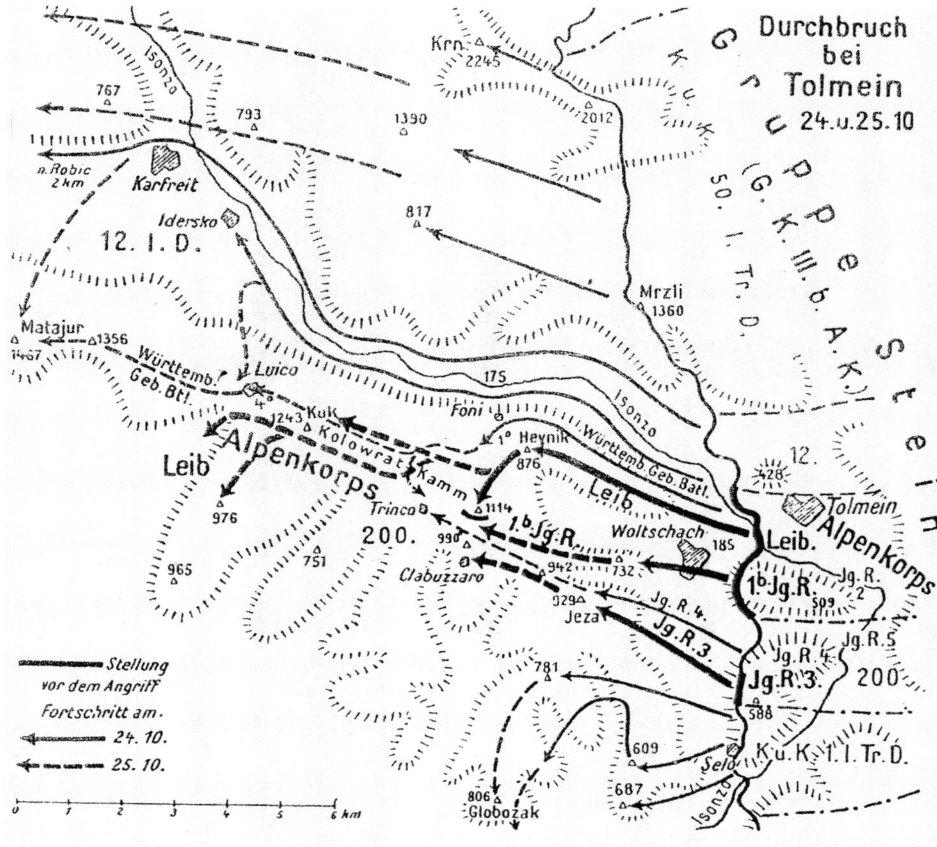

Die Übersichtskarte zum Durchbruch bei Tolmein am 24. und 25. Oktober 1917, der den Beginn der 12. Isonzoschlacht ankündigte.

Brigade und Korps in zweiter Linie das Jägerregiment 2, davon zwei Bataillone noch östlich des Isonzo. Gebirgsmaschinengewehrabteilungen und Gebirgsartillerie waren diesen Gruppen angegliedert. Das erste große Angriffsziel, die besonders stark befestigte Höhe 1.114 auf dem Kolovratkamm, stellte den Knotenpunkt dar, an dem die von den Italienern in jahrelanger Arbeit zur Abwehr ausgebauten Höhenzüge zusammenliefen, neben der Jeza der gordische Knoten des gesamten feindlichen Stellungssystems! War dieser durchhauen, so musste das ganze Gebäude zusammenbrechen. Wegen der entscheidenden Wichtigkeit dieser Stelle und der großen Anforderungen, die hier an die Gebirgsgewandtheit des Angreifers gestellt wurden, hatte man die erfahrensten deutschen Gebirgstruppen, das Alpenkorps und das Württembergische Gebirgsbataillon mit der schwerwiegenden Aufgabe betraut. Auf den Kriegsschauplätzen von Tirol, Serbien, Rumänien, Mazedonien und der Nordkarpaten hatten diese Verbände ihre Gebirgstüchtigkeit jahrelang geschult und ebenso auch in allen Lagen des westlichen Großkampfes Kampfkraft und Angriffsgeist rühmlich dargetan. Das Angriffsziel sollte von beiden Sturmregimentern des Alpenkorps über die Bergrücken zu beiden Seiten des Kamencatales hinweg erreicht werden. Das Bayerische Leibregiment hatte über Kovacic planina – Hevnik und im Kamencatal vorzugehen, rechts von ihm das Württembergische Gebirgsbataillon am Nordhange des Hevnik über Foni. Dem Bayerischen Jägerregiment 1 fiel der noch schwierigere Aufstieg über den schmalen, scharf gewölbten, waldigen Rücken südlich des Kamencatales über Höhe 732 nach der Slemenkapelle (Punkt 869) und dann längs der Kamm-Hauptstellung auf Punkt 1.114 zu."[67]

Als erstes Angriffsziel wurde die Eroberung des 1.641 Meter hohen Monte Matajur anvisiert. Im weiteren Verlauf der Offensive hatten die Gruppen Krauß und Stein zur Inbesitznahme des Höhenmassivs Monte Juanes zusammenzuwirken, die Gruppe Krauß mit dem rechten Flügel in Richtung Gemona, die Gruppe Stein über die Linie Monte Juanes – Mont Madlessena, Punkt 727 bei Spignon. Für die Gruppe Stein ergingen dabei folgende Gefechtsaufträge des Generalleutnants Freiherr von Stein:

„1. K. u. k. 50. Infanteriedivision: nördlich von Tolmein Angriff über Krn gegen Idersko und nördlich, sodann gegen Mont Mia – Mont Matajur,
2. 12. Infanteriedivision: Vorgehen im Isonzotale gegen Idersko, sodann im Anschluss an das Alpenkorps Wegnahme des Mont Matajur.
Generalmajor Lequis befahl:
12. Infanteriedivision einbricht im Anschluss an k. u. k. 50. Infanteriedivision rechts, Alpenkorps links, beiderseits des Isonzo und erreicht in unaufhaltsamen Vorgehen Karfreit und Mont Matajur
3. 117. Infanteriedivision: Gruppenreserve bei Tolmein
4. Gefechtsstreifen des Alpenkorps.

Nördliche (rechte) Grenze Höhe 772 einschließlich Nordrand Schlossberg. Punkt 179 ausschließlich. Nordfuß des Kolovratrückens (Straße ausschließlich), südliche (linke) Grenze Nordostecke Modrejce – Kapelle Sv. Maria ausschließlich. Punkt 497 einschließlich. Slemenkapelle 869 einschließlich. 1.114 einschließlich. Weiterer Verlauf etwa vierhundert Meter südlich der Höhenstraße bis Luico einschließlich."

Das Deutsche Alpenkorps wurde mit seinen stärksten Verbänden zwischen der 200. Infanteriedivision im Süden und der 12. Infanteriedivision im Norden am Brückenkopf von Tolmein eingesetzt, also dort, wo der Gegner seine besten Bataillone konzentriert hatte. Nun standen sich Freund und Feind bis tief in das Hinterland des karstigen Gefechtsfeldes gegenüber: Graben um Graben, Kompanie um Kompanie, Stoßtrupp neben Stoßtrupp, Mann neben Mann, Italiener, später auch Franzosen und Amerikaner auf der einen, Deutsche, Österreicher und Ungarn, Tschechen und Bosniaken auf der anderen Seite.

Da begann am 24. Oktober 1917 der alles entscheidende Angriff vor einem „Panorama des Grauens und des Todes: das Isonzotal vom Predilpass bis zum Flitscher Becken, wo zum ersten Mal im Krieg gegen die Italiener zur Offensive geblasen wurde – und weiter südlich ein friedlicher Wallfahrtsberg, der Monte Santo bei Görz, eine der blutgetränkten Opferstätten hoch über dem Isonzo."[68] In den Kriegstagebüchern wurde diese Offensive als die 12. Isonzoschlacht eingetragen. Das Spiel der eisernen Würfel hatte begonnen …

Den Hauptstoß gegen den festungsartig ausgebauten Kolovratrücken, der das ganze Isonzotal von Karfreit bis Tolmein beherrscht und als uneinnehmbar angesehen wurde, wurde auftragsgemäß von der Gruppe Stein mit ihren drei Divisionen und dem Deutschen Alpenkorps ausgeführt. Nördlich sollte das k. u. k. I. Korps unter General Krauß als rechte Flankendeckung im Gebirge und im Tal mit drei österreichisch-ungarischen und einer deutschen Division vorstoßen. Vom k. u. k. Armeeoberkommando in Baden war dieser Operation zunächst nur eine Nebenrolle zugedacht worden. Aber das Oberkommando der deutschen 14. Armee erkannte sofort, welche Bedeutung sich für die Gruppe Krauß ergibt, wenn ihr die Eroberung des Kolovratrückens gelingt und sie somit imstande ist, als weit ausholender rechter Flügel entlang des südöstlichen Alpenrandes die italienischen Verbände zu überflügeln, um dann bis zum Tagliamento vorzustoßen.

„Fast gleichzeitig mit dem Angriff bei Tolmein waren auch bei Flitsch die österreichischen Sturmkolonnen gegen die italienischen Stellungen vorgebrochen. Entsprechend den Weisungen des Armeeoberkommandos 14 hatte General der Infanterie Alfred Krauß (k. u. k. I. Korps) der k. u. k. 22. Schützendivision (Generalmajor Rudolf Müller) befohlen, die feindlichen Stellungen im Flitscher Becken zu durchbrechen und, über Saga vordringend, in einem Stoße den Stol (1.668 Meter) zu nehmen."[69] Die Brennpunkte des Kampfgeschehens in den Julischen Alpen bildeten der 2.245 Meter hohe Krn bei Karfreit, der 2.208 Meter hohe Rombon, die gesamte 2.752 Meter hohe Gruppe von Montasch und der 2.666 Meter hohe Wischberg mit dem benachbartem 2.313 Meter hohen Großen Nabois. Den südöstlichen Eckpfeiler dieser Front bildete der hervorragend ausgebaute Krn mit seinen nach allen Seiten steil abfallenden Schluchten und tief eingeschnittenen Tälern. Die Hauptkampflinie auf dem Gipfel hatte eine Breite von nur achtzig Metern, wo sich Freund und Feind oft nur dreißig Meter voneinander entfernt gegenüber lagen.

Das wilde, raue und weglose, stark zerklüftete, vegetationsarme und wasserlose Bergmassiv des Rombon bildete das Gegenstück zum Krn und stellte den anderen Eckpfeiler der hochalpinen Front in den Julischen Alpen im Raum Flitsch dar. „Bereits im August 1915 eroberten Alpini die Kuppe des Rombon und stießen gegen Ende August 1915 mit zwei Bataillonen gegen den Hauptgipfel vor. [...] Im Februar 1916 eroberten Kärntner Gebirgsschützen, kommandiert von Hans Mickl, die vom Italiener gehaltene Rombonkuppe. Sie nahmen drei Alpinioffiziere und über hundert Mann in Gefangenschaft. [...] Nach der Besetzung des Rombon durch Kärntner Gebirgsschützen setzte ein nie aufhörendes italienisches Artilleriefeuer gegen die Kärntner ein. Aber bis zum Mai 1916 konnten sie den Rombon halten und mussten ihn dann im Kampf den Alpini überlassen."[70]

Bis zum Beginn der 12. Isonzoschlacht und des Durchbruchs zwischen Flitsch und Tolmein verteidigten die Alpini den Rombon erfolgreich. Auch den „wiederholten Angriffen der tapferen Salzburger und Tiroler vom Infanterieregiment 59 und dem I. Bataillon des Jägerregiments 4 war kein Erfolg beschieden", beurteilte Krafft von Dellmensingen die Hochgebirgsfront in den Julischen Alpen zu Beginn der Durchbruchsschlacht am Isonzo. „Schnee und Unwegsamkeit erschwerten die Bewegungen aufs Äußerste. Nachdem die Angreifer stundenlang im tiefen Schnee vor den unversehrten feindlichen Hindernissen gelegen hatten, mussten sie schließlich in ihre Ausgangsstellungen zurückgenommen werden. Aus den gleichen Ursachen wie am Rombon drang auch der Angriff der nördlich anschließenden, zur k. u. k. 10. Armee gehörigen 59. Gebirgsbrigade nicht durch. Nach dem geglückten Durchbruch im Tale wurde ein halbes Bataillon der 22. Schützendivision und ein Bataillon der Edelweißdivision über Punkt 757 und die Goricica planina (1.333 Meter) gegen den Rücken der Rombon-Verteidiger angesetzt."[71]

Auch das Logtal in den Julischen Alpen wurde zum militärischen Gebiet mit zahlreichen Holzbaracken und Lagern. Unterhalb von Zgornji-Log befand sich ein Krankenhaus und über Spodnji-Log erbauten bosnische Soldaten eine kleine Moschee. Vor dem Tunnel entstanden der erste Bahnhof und eine Transformatorenstation. Die italienische Artillerie beschoss des Öfteren Ranelj, das sogar bombardiert wurde. Aus diesem Grunde übernachtete der Vorstand des Bergwerkes gelegentlich in Log vor dem Eingang des Tunnels in den dortigen Häusern. Die Herrschaften fuhren in bequemen Waggons, die auch die Offiziere bei ihren Frontbesuchen benutzten.

Vor dem Zusammenfluss der Koritnica und der Moznica befand sich die untere Seilbahnstation, die auf die Hochgebirgsfront des Rombon führte. Sie versorgte die Front mit Munition, Nahrung und Wasser. Talwärts wurden die Verletzten und Gefallenen transportiert. Mit einer Sondererlaubnis bestand die Möglichkeit, Menschen zu befördern. Von der Alm Rob führte eine andere Seilbahn auf die Höhe 1.720 Meter, eine dritte auf den Gipfel des Rombon. Bei Pustina war das erste Lager im Hinterland. Hier gab es eine Schmiede zur Versorgung der Pferde und Gespanne als auch eine Raststation für die Soldaten im hinteren Frontgebiet mit einer Küche und anderen Annehmlichkeiten des viel zu kurzen Etappenlebens.

Zwischen 1915 und 1917 war Raibl Sitz eines Kommandos, zu dem auch Julius Kugy als Erschließer der Julischen Alpen und Alpinreferent des gesamten Abschnittes gehörte. Der berühmte Alpinist und Schriftsteller meldete sich trotz seines Alters von nahezu sechzig Jahren als unersetzlicher Ratgeber für die Kriegführung im Hochgebirge freiwillig zur k. u. k. Armee. In Raibl befanden sich auch zahlreiche Versorgungseinrichtungen, da ein Großteil des Nachschubes zwischen dem Wischberg und Rombon über diese Route geleitet wurde.

„Ein besonderes Kuriosum in der militärischen Transportgeschichte stellte die Lösung der Nachschubfrage zwischen Raibl und dem Koritnicatal dar. Die schweren italienischen Geschütze unterbanden immer nachhaltiger den österreichischen Nachschub über den Predilpass in Richtung Flitsch. Das österreichische Kommando griff nun auf die ausgedehnten Stollenanlagen des Bergwerkes zurück. Man nutzte den seit 1904 zwischen Raibl und Unterbreth/Log pod Mangartom unter dem Predil hindurchführenden 4.800 Meter langen Entwässerungsstollen des Bergwerkes und verwendete die elektrische Stollenbahn nun für militärische Zwecke."[72]

Aus der Vielzahl der bereits in die Annalen des Gebirgskrieges eingegangenen hervorragenden Waffentaten während der 12. Isonzoschlacht sollen im Rahmen unserer Thematik vier beispielhafte Kampfeinsätze, denen auch der italienische Gegner seine uneingeschränkte Anerkennung zollte, besonders herausgestellt und dementsprechend gewürdigt werden – und zwar der Durchbruch bei Karfreit, die Erstürmung der Höhe 1.114 des Kolovratrückens durch die „Leiber" und Jäger des Deutschen Alpenkorps, die Eroberung des Monte Matajur durch das Württembergische Gebirgsbataillon und schließlich die Erstürmung der Jeza durch das Jägerregiment Nr. 3 im Rahmen der 200. Infanteriedivision.

9. Der Durchbruch bei Karfreit

Teile des Deutschen Alpenkorps waren für den äußerst bedeutsamen Durchbruch bei Karfreit angesetzt worden. Diese Truppen hatten den Auftrag, die aufs Stärkste befestigten, talbeherrschenden italienischen Hangstellungen zu stürmen, zu nehmen und den Feind zu vernichten. Um diesen Auftrag mit Erfolg durchführen zu können, setzte die Führung gerade dort das im Gebirgskrieg bewährte Bayerische Infanterieleibregiment und das nicht weniger im Kampf um das Gebirge erprobte Württembergische Gebirgsbataillon ein. Im Isonzotal rückte währenddessen die schlesische 12. Infanteriedivision, „die", so der österreichische General Krauß, „den günstigsten und leichtesten Weg hatte"[73], insbesondere aber deren Infanterieregiment 63, vor. Krauß, der am 29. September 1938 im Salzkammergut in Bad Goisern verstarb und dort beerdigt wurde, bezeichnete man als „österreichischen Preußen".[74]

Trotzdem die Italiener mit einer Offensive der Mittelmächte gerechnet hatten und diese sogar in das Isonzotal hineinmarschieren lassen wollten, um sie in einen Hinterhalt zu locken, waren sie über den kühnen Talstoß dennoch überrascht, weil man den Offizieren Zeit ihres Soldatenlebens eingetrichtert hatte, ein Gebirgskrieg werde auf den Bergeshöhen und nicht in den Tälern geführt. Daher standen der 10.000 Mann starken 12. schlesischen Infanteriedivision an einem neuralgischen Frontabschnitt nur einige Hundert italienische Soldaten gegenüber.

Nachdem die Italiener den ersten Schock überwunden hatten, schossen sie ununterbrochen schwere und schwerste Kaliber aus allen ihnen zur Verfügung stehenden Rohren. Immer wieder aufs Neue ladend, anvisierend, abschießend und abermals ladend. Tatsächlich schien es so, als sollte der erste Ansturm der deutschen und österreichisch-ungarischen Truppen im schweren italienischen Abwehrfeuer misslingen, also sollten die Italiener auch in dieser Isonzoschlacht zu guter Letzt wieder die Oberhand behalten.

Aber es schien nur so! Denn das italienische VII. Korps auf dem Höhenzug des Kolovrat „ließ die Deutschen ruhig nach Karfreit marschieren und verhielt sich am 24. völlig untätig. Es war auch von Badoglio in dessen Fallenstellerpläne nicht eingeweiht. Erst am 25. scheint mit dem Gegenangriff bei Luico vom VII. Korps etwas im Sinne dieser Absichten versucht worden zu sein. Da war es indessen dazu schon zu spät.

Die militärische Laufbahn des siegesgewissen und von seinen Untergebenen gehassten General Capello – er hieß vom lybischen Feldzuge her bei den Soldaten allgemein der ‚Bluthund' oder der ‚Fleischer', und den Heldenfriedhof zu Derna nannte man dort ‚Villa Capello' – nahm schon am 25. Oktober ein unrühmliches Ende, nach seiner Flucht von der Front meldete sich der General krank – ob aus eigenem Antriebe oder auf Cadornas Druck, ist nicht bekannt. An seine Stelle trat General Montuori."[75]

Trotz des schweren und unwegsamen Geländes, der steilen Berge, der schroff abfallenden Hänge und der starken feindlichen Höhenstellungen rückten die Verbände und Einheiten des Deutschen Alpenkorps bei schlechtem Wetter und unter der Schockstarre der überrumpelten Italiener unaufhaltsam weiter vor. Sie stürmten Graben um Graben und nahmen und besetzten Stellung auf Stellung des Gegners. Sogar die bisher für uneinnehmbar gehaltenen italienischen Bergkasematten wurden eine nach der anderen von den Jägern und „Leibern" nach harten und überaus schweren Kämpfen genommen. Bereits einen Tag nach Angriffsbeginn waren alle gegnerischen Schlüsselstellungen an der mittleren Isonzofront in der Hand der Mittelmächte.

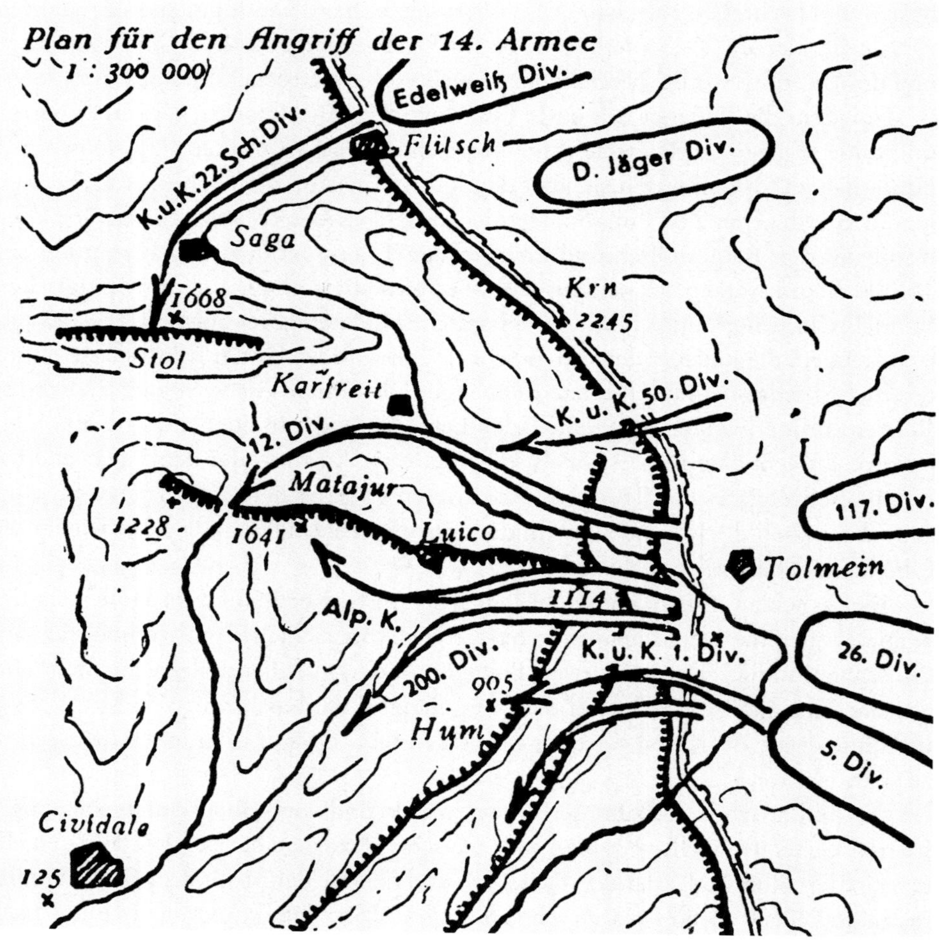

Auf der Karte sind die geplanten Stoßrichtungen der k. u. k. 14. Armee eingezeichnet.

Man überlege und bedenke: An einem einzigen Tage, innerhalb von vierundzwanzig Stunden, war es gelungen, alles das zu erobern, was bisher als uneinnehmbar gegolten hatte und wo zahlreiche Armeen, Korps und Divisionen sich in nicht weniger als elf verlustreichen Isonzoschlachten am hartnäckigen Widerstand des Gegners und an der Menschenfeindlichkeit des verkarsteten oder steinigen Geländes verblutet hatten.

Mehr noch: Alles das, was der italienische General Graf Cadorna in elf verlustreichen Isonzoschlachten an Gelände mühsam gewonnen hatte, wurde ihm innerhalb von zwei Tagen mit geradezu spielerischer Leichtigkeit wieder entrissen. Das war eine militärische Glanzleistung der Mittelmächte, die nicht nur für entsprechende Schlagzeilen in den Front- und Tageszeitungen sorgte, sondern die über den Tag hinaus auch Eingang in die Militärliteratur des Ersten Weltkrieges bei allen Krieg führenden Völkern gefunden hat.

„Bei Idersko“, schrieb General Krafft von Dellmensingen in seinem Werk über den Durchbruch am Isonzo, „waren viele Hunderte Gefangene und eine reiche Beute an Tragtieren, Kraftwagen und Geschützen aller Kaliber dem Bataillon in die Hände gefallen. Ohne Begleitkommando, teils erfreut, teils verstört, mit weißen Tüchern winkend und mit dem Rufe ‚Evviva Germania!‘ eilten die Gefangenen auf der Straße nach Tolmein zurück, um sich möglichst bald in Sicherheit zu bringen – ein Zeichen, dass Kampfeswille und Kampfesmut bei ihnen schon tief gesunken waren. Am Westausgang von Mlinsko entwickelte sich nochmals ein kurzes Gefecht, das die Italiener auf Karfreit zurückwarf.“[76]

Wie das Alpenkorps auf den Höhenzügen, so überraschte auch die im Isonzotal angreifende 12. Infanteriedivision die Italiener im ersten Ansturm in ihren Hauptstellungen. Dabei stieß sie mitten durch zwei korpsstarke Verbände des Gegners auf keinen nennenswerten Widerstand und erreichte so in einem nahezu ungehinderten, fast übungsmäßig verlaufenden knapp dreißig Kilometer langen Marsch Karfreit, das erste Tagesziel, das rund fünfzehn Kilometer hinter der italienischen Front lag.

„Das Unerhörte ist erreicht!“, frohlockte Krafft von Dellmensingen in einer ersten Bilanz. „Mit nur mäßigen Verlusten ist der Sieg erkauft.“[77]

Was war geschehen? Von Karfreit aus wurden die heranrückenden deutschen Kolonnen die ganze Zeit über mit den Ferngläsern verfolgt. Man sah sie in geschlossener Formation Meter um Meter, Schritt für Schritt heranmarschieren. Die italienischen Offiziere gaben Feuerstopp. Sie sahen in der vorwärts marschierenden deutschen 12. Infanteriedivision die ersten tausend Gefangenen der Mittelmächte, so, wie es bisher bei allen vorangegangenen elf Isonzoschlachten der Fall gewesen war, wenn der Feind besiegt, gefangen und dann hinter die eigene Frontlinie gebracht wurde. Auf den Gedanken, dass ihre Stellungen bezwungen und eingenommen waren, kamen die Italiener überhaupt nicht. Warum auch? Allein der Gedanke daran erschien ihnen aufgrund des erdrückenden Kräfteverhältnisses, das eindeutig für ihre

Armee sprach, als absurd. Aber gerade diese Absurdität war für die Italiener am Isonzo unversehens zur bitteren Realität geworden. Denn durch die Kurzsichtigkeit ihrer Truppenführer, durch das Nicht-glauben-Wollen und das Nicht-glauben-Können an die Verwundbarkeit der eigenen Bergkasematten und Stollen, nicht zuletzt aber durch den selbstlosen und tapferen Einsatz des Deutschen Alpenkorps und der 12. Infanteriedivision wurde Karfreit – dieser talbeherrschende, strategisch überaus bedeutsame Ort – eingenommen. Seit der vernichtenden Niederlage von Karfreit steht der Name Caporetto im italienischen Sprachgebrauch als Synonym für Katastrophe, Untergang und Desaster.

Noch in der darauffolgenden Nacht erreichten die „Leiber" und Jäger des Alpenkorps das erste Zwischenziel, die Höhenzüge westlich des Isonzo, wo sie sich erschöpft und völlig ausgepumpt in die eroberten gegnerischen Stellungen warfen. Und wo alle, bis auf die eingeteilten Wachen und Feldposten, in einen tiefen, bleiernen Schlaf fielen, der zuweilen von Träumen unterbrochen wurde, in denen das mörderische Kampfgeschehen noch einmal wie ein Horrorfilm vor ihrem inneren Auge ablief …

Die Italiener sprachen später vom „Miracolo di Caporetto", womit sie den deutschen Siegeszug vorbehaltlos anerkannten. Das „Wunder an der Marne" hatte die Franzosen im Herbst 1914 gerettet und die Deutschen in eine schwere Krise gestürzt.

Das „Wunder von Karfreit" hatte die Deutschen und Österreicher im Herbst 1917 nochmals beflügelt und die Italiener an den Rand der totalen Niederlage gebracht. Von beiden militärischen „Wundern", von denen die Geschichtsschreibung des Ersten Weltkrieges berichtet, erwies sich das an der Marne allerdings letztlich für die Mittelmächte als das schicksalhaftere und verhängnisvollere.

Krupp-Haubitze 150 mm, Modell 1899, Baujahr 1911 mit einem Gewicht von 5.174 Kilogramm. Das Geschütz wurde bei Karfreit nach dem Zweiten Weltkrieg geborgen.

10. Die Erstürmung des Kolovratrückens

Es war bereits Mitternacht. Die letzte Trägerkolonne hatte die Laufgräben der österreichisch-ungarischen Stellungen auf der Sveta Maria, die immer wieder steil auf- und abwärts führten, soeben durchschritten und war nun mit Handgranaten zu den Kompanien zurückgekehrt. In den einzelnen Kavernen und Unterständen waren die „Leiber" und bayerischen Jäger des Alpenkorps schon seit vierundzwanzig Stunden untergebracht. Allmählich trat bei der Truppe Ruhe ein.

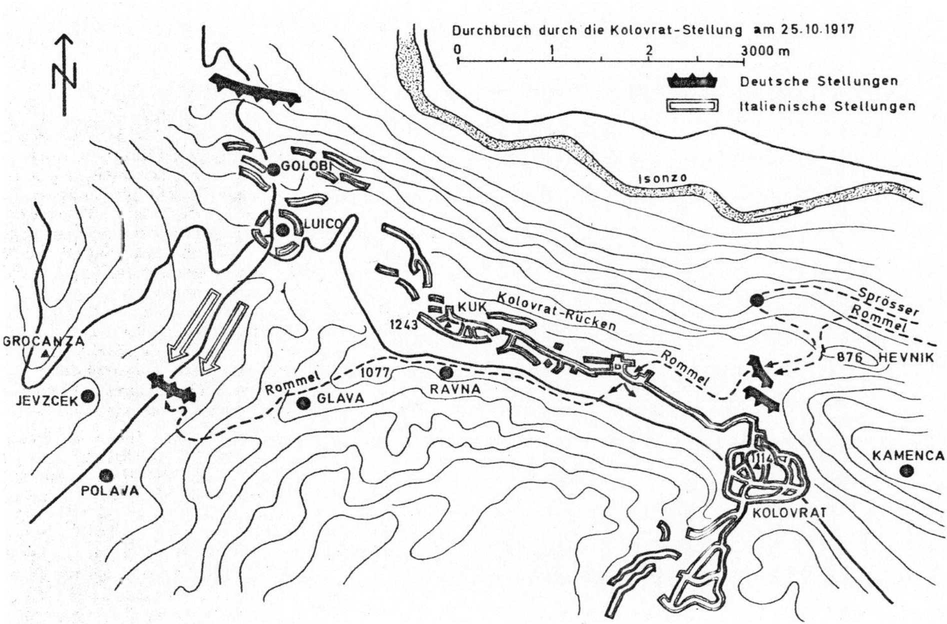

Auf der Übersichtskarte sind die strategischen Verläufe der Streitkräfte durch die Kolovratstellung am 25. Oktober 1917 eingezeichnet.

Nicht jedoch bei den Stäben. Dort herrschte nach wie vor eine rege Betriebsamkeit. Befehle wurden erteilt, Anweisungen diktiert und das Kartenmaterial studiert. Den Eckpfeiler des Kolovratrückens bildete die Höhe 1.114, die später als Monte Kolovrat bezeichnet wurde. Diese vorspringende Kuppe war von den Italienern zu Höhenstellungen, die stockwerkartig übereinander lagen, ausgebaut worden. Von hier aus verliefen die weiteren Befestigungen, die durch gut angelegte und vortrefflich markierte Straßen miteinander verbunden waren, nach Südosten an die 929 Meter hohe Jeza und nach Nordwesten über eine Reihe von Kammkuppen bis zum 1.614 Meter hohen Monte Matajur, der das Natisonetal zwischen Karfreit und Cividale im Friaul beherrscht. Langsam rückte der Zeiger auf 02.00 Uhr nachts vor. Bei den Sturmkompanien war bereits die höchste Gasbereitschaft angeordnet, denn nun sollten sich die Gasgeschosse der deutschen Artillerie auf die feindlichen Stellungen ergießen. Noch umhüllte ein Schleier der nebligen Nacht die Berge. Darüber hinaus bedeckten schwere Regenwolken den Himmel, aus dem ein feiner Sprühregen auf die Erde hernieder fiel. Wie Erlkönige schlichen die Nebelfetzen um die Hänge des Isonzo- und Natisonetales. Pünktlich brüllte die deutsche Artillerie mit einem Male los. Zischend und brausend schlugen ihre Geschosse auf die Hänge des Kolovrats. Mehrfach widerhallte der tausendfache Donner der Geschütze an den Hängen der Jeza. In diesem Höllenlärm gingen die dumpfen Einschläge der mörderischen Gasgranaten weitgehend unter.

Nach einem mehrstündigen Trommelfeuer der Artillerie drang an jenem denkwürdigen 24. Oktober 1917 das Deutsche Alpenkorps mit dem Bayerischen Infanterieleibregiment und dem Württembergischen Gebirgsbataillon in strömendem Regen zum nebelverhangenen Rücken des Monte Kolovrat vor. Unter anderem kamen bei diesem Angriff auch schwere Minenwerfer und Granaten mit Blau- und Grünkreuz zum Einsatz. Wollte man den Durchbruch durch die italienische Front erzwingen, so musste in jedem Falle nicht nur dieser Höhenrücken, sondern auch noch der Hevnik genommen werden. Aus diesem Grunde wurde das Bayerische Infanterieleibregiment auf diesen wichtigen Stützpunkt und starken Eckpfeiler der italienischen Kolovratbergstellung angesetzt. Das Erinnerungsbuch „Die ‚Leiber' im Weltkrieg" berichtet über diesen entscheidenden Kampf wie folgt:

„Lange Rauchwolken ziehen durchs Tal", lesen wir dort, „hängen sich an die Berglehen, Dampf ballt sich in den Schluchten und kriecht die Hänge herauf. Unregelmäßiges feindliches Abwehrfeuer, darunter schwerste Granaten, die von fernher kommen, viele schlagen in den Isonzo und werfen Wassersäulen hoch, seltener schmettert eine auf die Hänge der Sveta Maria, wo die Infanterie bereitliegt und den Augenblick des Sturmes erwartet.

Die Minuten schleichen, die Stunden dehnen sich zu unerträglicher Länge, das Quälende, Aufreibende des tatenlosen stillen Bereitstehens zerrt an den Nerven. Und endlich ist es acht Uhr. Die Infanterie tritt an. Ein Vorwärtsdrängen, Hasten, Laufen, Stürzen, heraus aus engen Gräben und nachtdunklen Kavernen vorwärts, vorwärts, es geht sehr steil herab, im Steingeröll poltert und fällt alles zu Tal, man rutscht und gleitet, schlägt Hände und Knie auf, kriegt Steine in den Rücken und auf den Helm, aber das ist ja alles ganz gleich, nur Vorwärts. Durch die Sturmgassen sind die eigenen Hindernisse schon durchschritten, nach hundert oder zweihundert Metern kommen die feindlichen, durch Minenfeuer ganz zerfetzt und zerrissen, und dann ein Streifen Trichterland, das niemand mehr verteidigt. Ein paar erdbeschmutzte graue

Menschen starren mit angstblöden Augen aus Löchern und Trichtern heraus auf die Vorwärtshastenden, das ist alles, was vom Feind noch übrigblieb.

Dann eine mehr als Kilometer breite Ebene, ganz öd und kahl und ohne jede Deckung, und dahinter drohen finster Jeza und Hevnik, dort oben liegen die feindlichen Hauptstellungen.

Allein noch immer heulen und wimmern rastlos Granaten durch die Luft, noch hallt das ganze Tal von ununterbrochenen Detonationen, noch springen Flammensäulen auf den feindlichen Beobachtungsstellen auf und Rauch und Dampf verwehren den Überblick. Schützenlinien arbeiten sich vor durchs hohe nasse Gras, im Reihenmarsch folgen Unterstützungen dichtauf, es geht sich schlecht im schweren nassen Boden, in den verwucherten Feldern. Vorwärts, vorwärts, hinüber über die fatale Ebene, bevor die feindlichen Beobachter den Angriff erkennen und gezieltes Abwehrfeuer beginnt, denn noch immer liegt es auf der Flusslinie und irgendwo weit hinten, wo es schon keinen Schaden mehr macht, und dann ist der Berghang erreicht.

Sammeln, ordnen, eine rasche Kontrolle über Munition, Maschinengewehrgerät, Handgranaten, es ist alles da – noch ein paar Augenblicke Rast. Aufträge an die Patrouillen, die vorangehen werden, und los. Voran zu zweit oder zu dritt, die Freiwilligenpatrouillen, alte, erfahrene Soldaten, junge, die zum ersten Mal ins Feuer gehen, bald folgen im Reihenmarsch einzelne Züge, in kurzem Abstand Kompanien und die Reserven.

Der Berg ist verdammt steil", heißt es dann weiter, „Baumwuchs und Gestrüpp, Felswände, Geröllhalden, kurze Wiesenflächen. In breiter Front keuchen 2.000 Mann bergan, die Gewehre, die Handgranatenlasten, die Maschinengewehre und Munitionskästen drücken und tragen sich schlecht. Denn oft wird das Steigen zum mühsamen Klimmen, zum Klettern mit allen Vieren, Leute fallen hin, rutschen und stürzen ein paar Meter ab, raffen sich zusammen, springen wieder vor, halten sich an Gestrüpp und an den Felsen fest, helfen einander, sprechen kaum das Nötigste, der Blick ist starr am steilen Boden, die Gedanken sind versammelt und hart und entschlossen. Oben wartet jetzt der Feind, steht gut gedeckt in Gräben und Kavernen, in zwei und drei Linien, und hat gute Hindernisse, und alle Waffen und alle Munition und moderne Kriegsmittel in Fülle, und hat zwei Jahre gearbeitet und vorbereitet, um in den nächsten Stunden Sieger zu bleiben. Wird alles umsonst sein, denn wir sind nah, sind schon so nah, dass es einen Infanteriekampf gibt. Mann gegen Mann, und das ist unser Sieg.

Haben neun Feldzüge erlebt, und haben in fünfzig Schlachten blutige und immer siegreiche Geschichte geschrieben, kennen alle Not und alles Elend und auch allen Ruhm und allen Stolz in drei Kriegsjahren, wir wollen auch heute den Sieg, und wenn er hinter senkrechten Felsen steht, und wenn ihn auch eine welsche Übermacht verteidigt, wir holen ihn heut', wir wollen, wir müssen, vorwärts, vorwärts! Infanterieschüsse, einzeln, dann sehr bald solche in rascher Folge. Leuchtzeichen steigen hoch und das Artilleriefeuer setzt aus, die Patrouillen sind am Feind, die feindlichen Gräben sind ganz nah, und das eigene Artilleriefeuer muss bergan springen, der eigenen Infanterie nunmehr allein die Gräben überlassen. Rasch nimmt das Feuer des Verteidigers zu, jetzt rennen sie in die Gräben, stürzen aus den Kavernen, springen auf die Auftritte, strecken die Gewehre durch die Schießscharten, schleppen an Munition und Maschinengewehre. Kommen schon die ersten Handgranaten den Berg herabgesprungen, explodieren mit scharfem Knall und weißer Wolke, schon klatscht und schnarrt Infanteriefeuer durch Busch und Strauch und spritzen die Steinsplitter, schon reißt es den einen und den anderen zu Boden, lässt ihn den Hang herunterkollern, um nimmer aufzustehen.

Und dann ein wildes Hurra, ein tolles Klettern, Springen, Stürzen ins Hindernis hinein, die Pfähle gepackt und ausgerissen, Handgranaten geworfen und immerzu gebrüllt und in den Graben hineingeschossen und geschlagen und gerauft und mit dem Kolben zugedroschen. Und bald denkt kein Italiener mehr an Widerstand, die Gewehre fliegen in hohem Bogen aus den Gräben und die offenen Hände winken.

Im ausgedehnten Stellungsystem, das das ganze obere Drittel des Hevnik durchzieht, kommt es zu verschiedenartigen Teilkämpfen. Ein langer Graben scheint nicht besetzt oder schon geräumt. Unbeschossen sind Patrouillen und drei nachfolgende Gruppen schon über ihn weggesprungen und sind im weiteren Anstieg, als plötzlich Maschinen- und Schnellladegewehre aus dem Graben herausfeuern, den Vorgedrungenen in den Rücken schießen, die Nachfolgenden auf allernächster Entfernung mit Feuer fassen. Da gibt es kein langes Besinnen, ein wütendes Schreien, ein Springen und Stolpern bergab und bergan, Handgranaten und gründliche Kolbenarbeit im erbitterten Handgemenge.

An einem anderen Stellungsteil kommen Italiener mit hocherhobenen Händen aus dem Graben gesprungen, als ob sie ohne Kampf an Übergabe denken, eine Salve von Handgranaten fliegt aber zwischen die Angreifer, die sich in einer Hindernisgasse zusammendrängen, und reißt sie zu Boden. Aber auch dieser angriffsartige Widerstand ist umsonst, an anderer Stelle sind die Walischen schon umgangen und mit Wut in der Flanke gefasst. Eine Übersicht im Waldgelände zwischen den steilen Hängen und Grabengewirr ist unmöglich.

Da kommt deutsche Ausbildung zur Geltung, jeder wird selbst Führer, jeder kennt nur den Drang nach vorwärts, dorthin wo Feuerlärm erschallt, dorthin noch mit keuchender Lunge und noch mitgeholfen. Die alten, prächtigen Soldaten schaffen alles, sind mitten im schwersten Kampf ein Vorbild den Jungen, reißen sie mit vorwärts in toller, wütender Begeisterung. Aus einem dichten Waldstück heraus flammen noch Mündungsfeuer und brüllen schwere Haubitzen. Das Hindernis um die Batteriestellungen bringt kaum Aufenthalt. Auf allernächste Entfernung gehen

Maschinengewehre in Stellung und vertreiben Artilleristen, die hastig und ohne Ahnung der drohenden Gefahr an ihren Geschützen herumhantieren und ins Tal hinunterfeuern. Einige greifen noch nach Karabinern und Handgranaten, die Mehrzahl flüchtet aufschreiend in Kavernen und Munitionsräume.

In zwei Stunden ist die Leiscevrhöhe erreicht, aller Widerstand an den Abhängen gegen das Isonzotal ist gebrochen.

Dem Fortschreiten auf der Rückenlinie gebietet gegen 11.00 Uhr vormittags eine fortlaufende feindliche Stellung, die dicht besetzt ist und ein unversehrtes Hindernis Halt. Windstöße lassen den Nebel sich zusammenballen, es wird möglich, nah ans Hindernis zu kommen und sich zu einem planmäßigen Teilangriff bereitzustellen. Aber bevor noch die Kompanien vollzählig heran sind, bevor die Erkundungen abgeschlossen sind, bevor noch der Zeitpunkt des gemeinsamen Vorbrechens vereinbart ist, hat eine Gruppe vor sich eine Lücke im Hindernis entdeckt.

Eine kurze Verständigung der Leute, die zunächst liegen, dann wird Hurra gebrüllt, durch die Gasse gelaufen, das Hurra pflanzt sich fort, wer es hört, brüllt mit und springt vorwärts und hinein in den Draht und los auf den Feind, und zurückbleiben kann keiner, man muss mit dabei sein, und dann ist man schon dran am Graben und haut drauflos auf die blaugrauen Rundhelme, die sich aneinanderdrängen. Die italienische Kompanie hatte kaum Zeit, ein paar Schüsse zu machen, da ist schon das brüllende und drohende Verhängnis über ihr, und da streckt man eben doch lieber die leeren Hände in die Luft, als dass man es auf ein Handgemenge ankommen lässt. Rasch wieder geordnet, jeder Augenblick wird kostbar, verlorene Zeit muss heute mit Blut bezahlt werden.

Aus dem Nebel tauchen Batteriestellungen auf. Die stummen langen Rohre drohen ins Tal, Kanoniere stehen gedrängt an Stolleneingängen. Ein paar verwegene haben Karabiner zur Hand, und nochmals droht Aufenthalt, aber Handgranatenwürfe haben raschen und entscheidenden Erfolg. Im Laufschritt geht es weiter. Stellenweise sieht es wüst aus, wo Volltreffer hineingefahren sind und Munition detoniert ist. Die Bedienungsmannschaften sind verstört von allem Unheil, das da in ein paar Stunden hereingebrochen ist, und nun kommen sie schon in Scharen und mit hochgehobenen Händen angelaufen.

Am Mittag", erfahren wir dann weiter, „tritt aber ein Hindernis ein, das im Anlauf nimmer zu überwinden ist. Die eigene schwere Artillerie trommelt ihr Vernichtungsfeuer auf die Hevnikkuppe. Die Stürmer haben die Feuerwalze eingeholt, die planmäßig auf dem Hevnik mittags Arbeit hat.

Im Nebel, der wieder ganz dicht eingefallen ist, sind die Leuchtzeichen für die stundenfernen Beobachter nicht mehr zu erkennen. Es heißt warten, bis wiederum das Artilleriefeuer seinen Sprung macht. Durchnässt, erschöpft, heiser, zerrissen, zerschunden im vierstündigen Anstieg und Kampf, kauert man im Regen und beobachtet aus allernächster Entfernung die Hölle, die auf dem Hevnik tobt. Heftige Windstöße zerreißen für kurze Augenblicke die Rauch- und Nebelwolken und bringen kalte Regenschauer.

Gegen 14.00 Uhr setzt das Artilleriefeuer auf dem Hevnik aus, die Kompanien treten an, wieder werden die eben ausammengelaufenen Unterstandsbesatzungen, die sich den Patrouillen zur Wehr setzen wollten, unter dem Hurra der anstürmenden Züge entwaffnet, die Hevnikhöhe ist erreicht. Der Sturmwind zerreißt den Nebel vollends, der Blick ringsum ins Tal wird frei. Da dicht unterhalb der Höhe Gräben voll Italiener, sie lugen bergab und drängen sich an Schießscharten, nicht ahnend, dass über ihnen schon der Sieger steht. Maschinengewehre feuern in die dichtgefüllten Gräben und fegen sie in Minutenfrist rein.

Und nun ist der Nordausläufer des Kolovratgebirges in unumstrittenem Besitz des Siegers. Aber heute gilt es noch mehr. Den Hevnikgipfel überragt der Hauptstock des Kolovratgebirges, ein langer kahler Rücken mit Grasboden und Steinbrocken, Geröllhalden und Felskuppen. Der steht nun drohend auf tausend Meter Entfernung nebenan. Das ist die Hauptstellung, die mit aller Kunst und allem Fleiß aufgebaut ist, der große Riegel, der auch dann halten soll, wenn Isonzotal und Hevnik verloren sind, und der muss heute noch gesprengt werden, Der höchste Punkt misst 1.114 Meter, ist weithin kenntlich – jetzt hüllen ihn wieder Nebelwolken ein –, ist wohl am stärksten ausgebaut, ist der Schlüsselpunkt der Stellung, ist erstes Angriffsziel.“[78]

Nun schlug die Sternstunde eines jungen Leutnants der Reserve von der 12. Kompanie des III. Bataillons des Infanterieleibregiments, der rund ein Vierteljahrhundert später im Zweiten Weltkrieg als Hitlers Feldmarschall der letzten Stunde in die Kriegsgeschichte eingegangen ist. Sein Name: Ferdinand Schörner.[79] In dem im Auftrage und unter Mitwirkung des Reichsarchivs herausgegebenen und von General der Artillerie Krafft von Dellmensingen bearbeiteten Werk „Der Durchbruch am Isonzo“ steht über den weiteren Verlauf der Kämpfe bei der Erstürmung des Kolovratrückens zusammengefasst Folgendes zu lesen:[80]

„In klaren Umrissen zeichnet sich oben die Höhe 1.114 ab, auf der noch die gesammelte Wucht des deutschen Artilleriefeuers liegt. Herabstürzende Blöcke und Steine gefährden den Weg und halten den Vormarsch auf. Da vorausgeschickte Erkundungspatrouillen auf keinen Widerstand gestoßen sind, fasst Graf von Holnstein ohne Verzug den Entschluss, den Angriff auf 1.114 einzuleiten. Die 12. Kompanie übernimmt die Spitze. Es ist etwa 16.00 Uhr. Der anwesende Regimentsführer, Major Graf von Bothmer, zweigt die am Anfang des II. Bataillons eingetroffene 7. Kompanie links ab, um den Angriff von Südosten her zu unterstützen und Verbindung mit dem Jägerregiment 1 aufzunehmen, das er im Vorgehen über die Jeza vermutet. Eine weitere Kompanie, die 2., erhält den Auftrag, das Kamencatal für das Nachrücken der Gebirgsartillerie und Tragtierstaffeln freizumachen. Die übrigen Teile des I. und II. Bataillons lagern sich gefechtsbereit am Sattel südlich des Hevnik.

Die 12. Kompanie unter Leutnant der Reserve Schörner kletterte von Stufe zu Stufe auf dem wegelosen Grat zum Gipfel des Monte Kolovrat hinauf, der eine geräumige Hochfläche mit mehreren aufgesetzten Kuppen bildet, und von einer ringförmigen Befestigung gekrönt ist. Die sechs leichten Maschinengewehre und ihre Munition wurden im Wechsel von den einzelnen Gruppen unter dem Aufgebot der letzten Kraft emporgeschleift. Mehrere Leute sanken vor Ermattung um, einer blieb tot liegen. Zwei gegen den Hevnik gerichtete italienische Gebirgsschütze standen auf einem Vorsprung, waren aber glücklicherweise von ihren Bedienungen im Stich gelassen worden, als das deutsche Artilleriefeuer einschlug.

Bei beginnender Dämmerung erreicht die aus Freiwilligen gebildete Spitze, von Leutnant der Reserve Schörner selbst geführt, einen Absatz dicht unterhalb des ersten Gürtelringes der Nordkuppe von 1.114, von der das deutsche Artilleriefeuer nun wegverlegt ist. Von Osten her nähern sich gleichzeitig Patrouillen der 9. und 11. Kompanie, denen aus den Gipfelstellungen lebhaftes Gewehrfeuer entgegenschlägt. Die scharfen Umrisse der in mehreren Linien übereinanderliegenden Kegelstellung lassen sich kaum noch erkennen. Breite Hindernisse und eckig überragende Felsbauten geben das Bild eines regelrechten Forts. In den oberen Gräben herrscht reges Leben, laute Kommandos schallen herunter, doch scheint die ganze Aufmerksamkeit des Feindes den von links aufgetauchten Patrouillen zu gelten. Die 12. Kompanie ist noch nicht entdeckt. Die rasch zunehmende Dämmerung drängt zu schnellem Handeln. Ein glücklicher Zufall zeigt der 12. Kompanie einen schmalen Durchlass im Drahthindernis. Zwar sind erst zwei Züge und die leichten Maschinengewehre oben angelangt, gleichwohl entschließt sich Leutnant der Reserve Schörner sofort anzugreifen. Der vorderste Zug eilt durch die eineinhalb Meter breite Hindernislücke bis auf zehn Meter an den italienischen Graben heran. Da wird er von links her mit Handgranaten beworfen, die aber wenig Schaden anrichten. Entschlossen und tapfer springt der Zug in die Stellung hinein, säubert die nächsten Grabenstücke und öffnet dem nachfolgenden Zug die Wege zu den oberen Stellungsteilen sowie nach rechts. Das gewandte und tollkühne Nachdringen der Stoßtrupps beider Züge lässt die Besatzung der zweiten Linie nicht zur Besinnung kommen. Der Schrecken fährt den Italienern in die Glieder.

Nur wenige vermögen von ihrem Gewehr Gebrauch zu machen, die meisten verschwinden in den Hohlräumen. Wohlgezielte Handgranaten sperren die Ausgänge von zwei unterirdischen Gängen. Vor der Gipfelkrone stockt der Angriff. Das Heraufkommen der hinteren Gruppen wird abgewartet und dann gleichzeitig vorgebrochen. An zwei Punkten scheitert der Sturm, am dritten dringt eine Gruppe ein. Die Italiener wanken, weichen. Im scharfen Nahkampfe gewannen die schnell zusammengerafften Sturmtrupps die ganze Grabenspinne und säubern sie. Die zurückgebliebenen Maschinengewehre und der letzte Zug kommen indessen herauf. Mehrere italienische Offiziere, darunter der Kommandant des Werkes, und über dreihundert Mann werden gefangen abgeführt, eine Anzahl Maschinengewehre mit einer Unmenge von Munition, Kampfmitteln und Verpflegung bilden die Beute.

Um etwa 05.30 Uhr ist der Monte Kolovrat dank dem kühnen Handeln des Leutnants der Reserve Schörner eingenommen. Das kaum möglich Erschienene ist erreicht, der wichtigste Stützpunkt und Eckpfeiler der ganzen Kolovratstellung am ersten Kampftage erobert! Gegen 06.00 Uhr erschien der Bataillonsstab auf dem Absatz unterhalb des Einbruchspunktes der 12. Kompanie und führte unverzüglich den Rest des III. Bataillons in die eroberte Stellung nach, gegen die jetzt wieder eine deutsche Batterie ihr Feuer richtete.

Der eisige Wind hatte sich seit Einbruch der Nacht zum orkanartigen Sturm verstärkt. Nur durch lautes Schreien konnte man sich mit dem Nebenmann verständigen. Daher gelang es erst in mühseliger, stundenlanger Arbeit, die Stellung einigermaßen geordnet zu besetzen. Die Führer mussten dazu alle Kräfte aufbieten und verbrachten eine ruhelose Nacht. Die durchnässten Mannschaften zitterten vor Kälte. Nur zum Teil durften sie sich in den sehr guten, aber jetzt so gefährlichen Hohlräumen bergen. Freund und Feind stießen dort noch vielfach aufeinander. Auch der Regimentsführer, Graf von Bothmer, traf beim Stabe des III. Bataillons auf dem Kolovratgipfel ein. Mit der in südöstlicher Richtung entsandten 7. Kompanie und mit dem Bayerischen Jägerregiment 1 hatte er noch keinerlei Verbindung. Eine Offizierspatrouille der 12. Kompanie stellte wenig hundert Meter westlich des Gipfels 1.114 noch stark besetzte Gräben fest.

Die von Osten angesetzten Teile der 9. und 11. Kompanie wurden durch einen Gegenstoß weit überlegener Kräfte hart bedrängt. Zur rechten Zeit war ein weiterer Teil der 9. mit einigen Maschinengewehren erschienen und hatte den Feind mit empfindlichen Verlusten in seine Deckungen zurückgeworfen. Seitdem aber lag die 9. Kompanie in schwerem Feuerkampf vor der hier unbezwinglichen Stellung, auch der geschilderte Einbruch der 12. Kompanie hatte nur wenig die Spannung gelöst. Daher erging eine dringende Aufforderung zum Nachrücken an das von Foni heraufsteigende Württembergische Gebirgsbataillon. Die Abteilungen Rommel und Schiellein waren gegen Mitternacht zur Stelle und verlängerten das Leibregiment nach Norden, wobei sie zahlreiche Gefangene machten und siebzehn Geschütze erbeuteten. Nun konnte Major Graf von Bothmer melden, dass die Lage gefestigt war. Er befahl seiner Reserve, dem II. Bataillon, um 06.30 Uhr morgens in die Gipfelstellung zu folgen, das I. Bataillon sollte vom Biwakplatz bei Kamenca aus den östlich vom III. Bataillon noch haltenden Gegner von links umfassen. Alsdann sollte das

Leibregiment den Angriff längs des Kolovratkammes nach Westen über den Kuk fortsetzen. Artillerieunterstützung wurde sichergestellt." Mehr noch: „Mit der Wegnahme dieser Schlüsselstellung war die Voraussetzung für die Fortführung des Stoßes entlang des Kolovratrückens nach Westen geschaffen worden", rühmen die österreichischen Militärschriftsteller und -historiker noch heute Schörners kühne Waffentat.[81]

Aufgrund seiner beispiellosen militärischen Leistungen am Roten-Turmpass, wo er zum ersten Male durch seinen schneidigen Einsatz über sein Leibregiment hinaus auf sich aufmerksam machte, als er im Alttal stärkeren Verbänden der rumänischen 1. Armee den Rückzug von Siebenbürgern in ihr Landesinnere versperrte, und nach seinem kampfentscheidenden Erfolg auf der Höhe 1.114, mit deren Eroberung das Oberkommando erst nach tagelangen Gebirgsgefechten gerechnet hatte, wurde Ferdinand Schörner für überragende Tapferkeit und selbstständige Führungsleistung als einziger Leutnant der bayerischen Infanterie für die höchste deutsche Tapferkeitsauszeichnung, den Pour le Mérite, vorgeschlagen. In der Begründung seines Regimentskommandeurs, der, am 12. Dezember 1917 zum Oberst befördert, diesen ältesten deutschen Verdienstorden erst 1918 für die Erstürmung des flandrischen Kemmelberges erhielt, heißt es unter anderem:

„Er ist ein hervorragend schneidiger und umsichtiger Führer im Gefecht und hat durch unermüdliche, zielbewusste Tätigkeit verstanden, seine Kompanie in vorzüglicher Verfassung zu erhalten. [...] Im Angriff auf die italienischen Stellungen westlich Tolmein [...] gelang es ihm, mit seiner Kompanie noch spät abends durch rasches, rücksichtsloses Zugreifen den beherrschenden, stark ausgebauten Schlüsselpunkt der italienischen Hauptstellung, die Höhe 1.114, in die Hand zu bekommen, deren Besitz die weiteren entscheidenden Erfolge des 25. Oktobers ermöglichten. Es ist sehr unwahrscheinlich, dass die Wegnahme dieses ungemein starken Stützpunktes einen Tag später noch geglückt wäre. Ich halte den überaus verdienten Offizier für diese entscheidende Tat einer besonderen Auszeichnung würdig."

Aber auch der neue Führer des Deutschen Alpenkorps, der Generalmajor Ritter von Tutschek, wies auf die große Bedeutung von Schörners einzigartiger Waffentat hin, indem er selbstlos feststellte: „Die Wegnahme der Höhe 1.114, eine der stärksten italienischen Stellungen, war von außerordentlicher weitgehender Bedeutung für die weiteren Erfolge der ganzen Front. Da sie der Eroberung eines starken Forts gleichkommt, befürworte ich deshalb die Verleihung des Ordens ‚Pour le Mérite' an Leutnant Schörner auf das Wärmste."[82]

Mit einem Seitenhieb auf seinen Widersacher schrieb Erwin Rommel hierzu später: „Von der Wegnahme der Gipfelkuppe 1.114 durch die Kompanie des Leutnants Schörner (12./L.) erfahren wir nichts." Damit sollte der Handstreich des bayerischen Rivalen am Isonzo in Zweifel gezogen werden. Der Schwabe war nicht nur auf dem

Schlachtfeld, sondern auch im Umgang mit der spitzen Feder ein überaus schlauer Fuchs. Verfolgen wir im nächsten Kapitel mit der gleichen Aufmerksamkeit die Eroberung des Monte Matajur, um die daraus resultierende Feindschaft zwischen Rommel und Schörner besser verstehen und beurteilen zu können.

An jenem ereignisreichen 24. Oktober 1917 war das 1. Bayerische Jägerregiment von der Sveta Maria aus rasch im Tale vorgestoßen und in Woltschach eingedrungen. Dann begann es den Aufstieg über die Osthänge des Rückens der Höhen 667–732–869, die im Sturm erobert werden sollten. Allerdings war hier mehr der Wunsch der Vater des Gedankens, denn das steile und wildverwachsene Gelände verursachte derart große Schwierigkeiten, dass die Höhe 732 von den Jägern am ersten Angriffstage nicht mehr bezwungen werden konnte.

Insgesamt gesehen war dieser Tag jedoch außerordentlich erfolgreich. Das Deutsche Alpenkorps hatte die erste und zweite italienische Stellung förmlich überrannt. Daher liefen bei Generalmajor von Tutschek auf der Höhe 772 nordostwärts von Tolmein folgende Meldungen über den Siegeszug der Bayerischen Jägerbrigade 1 ein:

„09.40 Uhr: Infanterieleibregiment auf halbem Hang des Ostausläufers des Hevniks, Bayerisches Reservejägerbataillon 2 hat Höhe 364 erreicht und geht gegen 607 vor.

10.25 Uhr: Bayerisches Jägerregiment 1 hat 732 erreicht.

11.30 Uhr: III. Bataillon des Infanterieleibregiments hat Höhe 824 und sechs Geschütze genommen, ein Offizier, vierzig Mann des Regiments 208 der Brigade ‚Taro' gefangen.

14.00 Uhr: Infanterieleibregiment hat Hevnik genommen.

16.00 Uhr: Gegner noch auf 732.

16.10 Uhr: Infanterieleibregiment zwischen 1.044 und 1.114, Foni vom Feind besetzt. Württembergisches Gebirgsbataillon 03.10 Uhr dicht vor Foni, – stark ausgebaut, dichter Nebel – Württembergisches Gebirgsbataillon versucht Foni von Norden zu umgehen.

17.43 Uhr: III. Bataillon des Infanterieleibregiments bittet Feuer auf 1.114 zu verlegen, sonst kommt Bataillon nicht mehr vorwärts.

21.34 Uhr: Höhe 732 unser, im Laufe der Nacht: Foni wurde am Abend durch Württembergisches Gebirgsbataillon genommen."

Nach Beendigung der 6. Isonzoschlacht errichteten die Italiener auf dem Doberdòplateau ihre dritte Verteidigungslinie, an der ein erwarteter Durchbruch der k. u. k. Armee aufgefangen werden sollte.

Italienische Stellung im Karst.

Italienischer Soldat während einer Kampfpause am Isonzo.

Ein italienischer Sturmtrupp greift am Isonzo an.

Italienische Soldaten zielen durch Schießscharten auf dem Monte Sei Busi auf die k. u. k. Truppen.

Angehörige des deutschen 35. Pionierbataillons bei den Angriffsvorbereitungen für einen Gasangriff mit Blaukreuz.

Soldaten erwarten einen Gasangriff an der Isonzofront.

Artillerieoffiziere der k. u. k. Armee an der Südwestfront.

Kampfpause in einem k. u. k. Schützengraben auf dem Karst.

Sturmangriff österreichisch-ungarischer Truppen auf eine italienische Stellung an der Isonzofront.

Stellung auf dem Plateau von Doberdò.

Der Flammenwerfer war eine gefürchtete Waffe im Grabenkampf.

Bosnische Soldaten der k. u. k. Armee während einer Rast.

Auf dem Bahnhof von Podmelec schreitet Kaiser Karl I. eine Ehrenkompanie Bosniaken ab. Links sein Sonderzug.

Kaiser Karl I. verfolgt mit seinem Stab die schweren Kämpfe der 10. Isonzoschlacht.

Während der 10. Isonzoschlacht wurden rund 140.000 Soldaten verwundet, die dann in die Krankenhäuser des Hinterlandes transportiert wurden.

Österreichisch-ungarische Maschinengewehrstellung
während der 11. Isonzoschlacht.

Während der 11. Isonzoschlacht werden gefangen
genommene italienische Offiziere abgeführt.

Die Opfer des Krieges wurden im Hinterland der Front am Isonzo in Reih und Glied bestattet.

Spuren der Isonzoschlachten auf dem Heiligen Berg Monte Santo anno 1917.

Generalfeldmarschall und Armeeoberbefehlshaber Erzherzog Friedrich von Österreich (links) mit seinem Gefolge im k. u. k. Hauptquartier.

Generaloberst Arthur Baron Arz von Straußenburg.

General der Infanterie Alfred Krauß.

Kaiser Karl I. (Zweiter von rechts) im Gespräch mit einer Bäuerin (links außen) auf der Giustianabrücke im Noustal 1917.

Lagebesprechung im Großen Hauptquartier in Spa. Von links nach rechts: Generalfeldmarschall Paul von Hindenburg, Kaiser Wilhelm II. und der Erste Generalquartiermeister General der Infanterie Erich Ludendorff.

Ebenfalls an der Isonzofront: einer der beiden k. u. k. Panzerzüge.

Transport der besonders schweren k. u. k. Geschütze für den Abschnitt Flitsch über den Predilpass.

Der Transport besonders schwerer Geschütze in die Höhenstellungen der Julischen Alpen stellte die Truppe vor besonders schwierige Herausforderungen.

Jägerkolonne des Deutschen Alpenkorps im Bereitstellungsraum bei Flitsch.

Vor dem alles entscheidenden Kampf während der 12. Isonzoschlacht. Eine Kompanie des Deutschen Alpenkorps am 24. Oktober 1917 bei Tolmein kurz vor Angriffsbeginn auf die italienischen Stellungen.

Kampfabschnitt Karfreit – Caporetto zwischen Flitsch und Tolmein.

Der Trompeter von Karfreit – das Sinnbild der ehemaligen Degerndorfer Karfreitkaserne – blies zum schlachtentscheidenen Durchbruch.

Deutsche Waffenbrüder während der großen Durchbruchsschlacht von Flitsch – Karfreit und Tolmein.

Am 25. Oktober 1917 rollten österreichische Sturmtruppen trotz starken italienischen Artilleriefeuers die vordersten gegnerischen Stellungen an der Isonzofront auf und stießen dann weit in das gegnerische Hinterland vor.

Die Artillerie der Gruppe Krauß zerschmetterte gnadenlos die italienischen Stellungen im Flitscher Becken.

Beschießen und Sturmreifmachen der italienischen Stellungen bei Tolmein.

Deutsche Kavallerie auf dem Vormarsch durch Tolmein.

Deutsche Radfahrerabteilung am Isonzo vor Tolmein.

Im Isonzotal voranschreitende deutsche Truppen.

Verwundete Italiener werden von ihren gefangen genommenen Kameraden hinter die Front der Verbündeten gebracht.

Mit Straßenbauarbeiten beschäftigte Soldaten der verbündeten Truppen im Isonzotal.

Der Brückenkopf von Tolmein war von bergiger Landschaft umgeben.

Vorrückende verbündete deutsche und k. u. k. Truppen marschieren auf dem Weg in die Schlacht über eine Brücke über die Isonzoschlucht bei Tolmein.

Major Theodor Sproesser als Kommandeur des Württembergischen Gebirgsbataillons mit seinem schneidigen Oberleutnant Erwin Rommel.

Rommel im hellen Mantel nach seinem Handstreich auf dem Gipfel des Monte Matajur.

Gemona im Friaul als Etappenziel während der 12. Isonzoschlacht nach dem Austritt aus den Julischen Alpen. Auf dem Foto ist rechts das altehrwürdigePantheon von Gemona zu sehen.

Der eindrucksvolle Dom von Santa Maria Assunta in Gemona am Rande der Julischen Alpen.

Nach dem verheerenden Erdbeben in Norditalien im Jahre 1976 leisteten die Degendorfer Gebirgspioniere der Karfreitkaserne im Sommer herausragende Hilfsleistungen beim Wiederaufbau im Friaul. Der Kommandeur der 1. Gebirgsdivision Generalmajor Michael Greipl besucht im Mai seine Gebirgspioniere in Gemona.

Nach dem Durchbruch der deutsch-österreichischen Truppen am Isonzo aus dem Gebirge an einer Passstraße vor Cividale im Friaul zertrümmerte italienische Artilleriestellung.

Nach dem überraschenden wuchtigen Angriff auf die italienischen Stellungen bei Cividale im Friaul.

Österreichisch-ungarische Truppen auf dem Marsch durch das eroberte Cividale im Friaul.

Bei ihrem ungestümen Vormarsch durch Friaul fallen den deuschen und k. u. k. Truppen große Mengen von erbeuteten Geschützen in die Hände.

Die Straße des Sieges nach der Durchbruchsschlacht am Isonzo.

Der italienische General Cadorna konnte den chaotischen Rückzug seiner geschlagenen Verbände nicht stoppen.

Gesprengte Eisenbahnbrücke über einen Nebenarm des Tagliamento mit den freischwebenden Gleisen während des unaufhaltsamen Vormarsches der Mittelmächte im Friaul.

*Italienischer Steg über den Isonzo
im Umkreis von Plava.*

*Ein Durcheinander von Pferdekadavern an der Brücke eines
Nebenarmes des Tagliamento bei Codroipo.*

Dem fliehenden Gegner drängen Deutsche und Österreicher an der Straße Udine – Codroipo nach. Pontons für die Flussüberquerung sowie Geschütze, Munitions- und Sanitätsfahrzeuge mitsichführend.

Angreifende österreichisch-ungarische Sturmtruppen in der Furt eines Torrentes (Sturzbach, der sich nach starken Niederschlägen bildet) an der Isonzofront.

Die gesprengte Tagliamentobrücke bei Pinzano. An dieser Stelle tritt der Tagliamento aus dem Gebirge in die venezianische Ebene.

Die verbündeten Österreicher und Deutschen überwinden während der 12. Isonzoschlacht den Tagliamento.

Die große Tagliamentobrücke von Dignano.

Das Kriegerdenkmal von Dignano am Tagliamento.

Das Kriegerdenkmal in der Comune di Ragogna.

Im Dorfe Zompichia erbeutetes schweres italienisches Geschütz mit Riesenlafette während der Offensive in Venetien.

Kaiser Karl I. auf der Fahrt zu einem Truppenbesuch nach der 12. Isonzoschlacht.

Österreichisches Flugzeug während des Vormarsches zur Piave 1917.

Flugzeug der k. u. k. Luftfahrttruppen an der Isonzofront.

Kaiser Wilhelm II. und Kaiser Karl I. nach Abschluss der 12. Isonzoschlacht.

Longarone nach der Zerstörung.

Oberleutnant Erwin Rommel als Führer der 2. Kompanie des Württembergischen Gebirgsbataillons.

Longarone vor der Zerstörung. Oberleutnant Erwin Rommel war am Kampf um Longarone als Kompanieführer beteiligt.

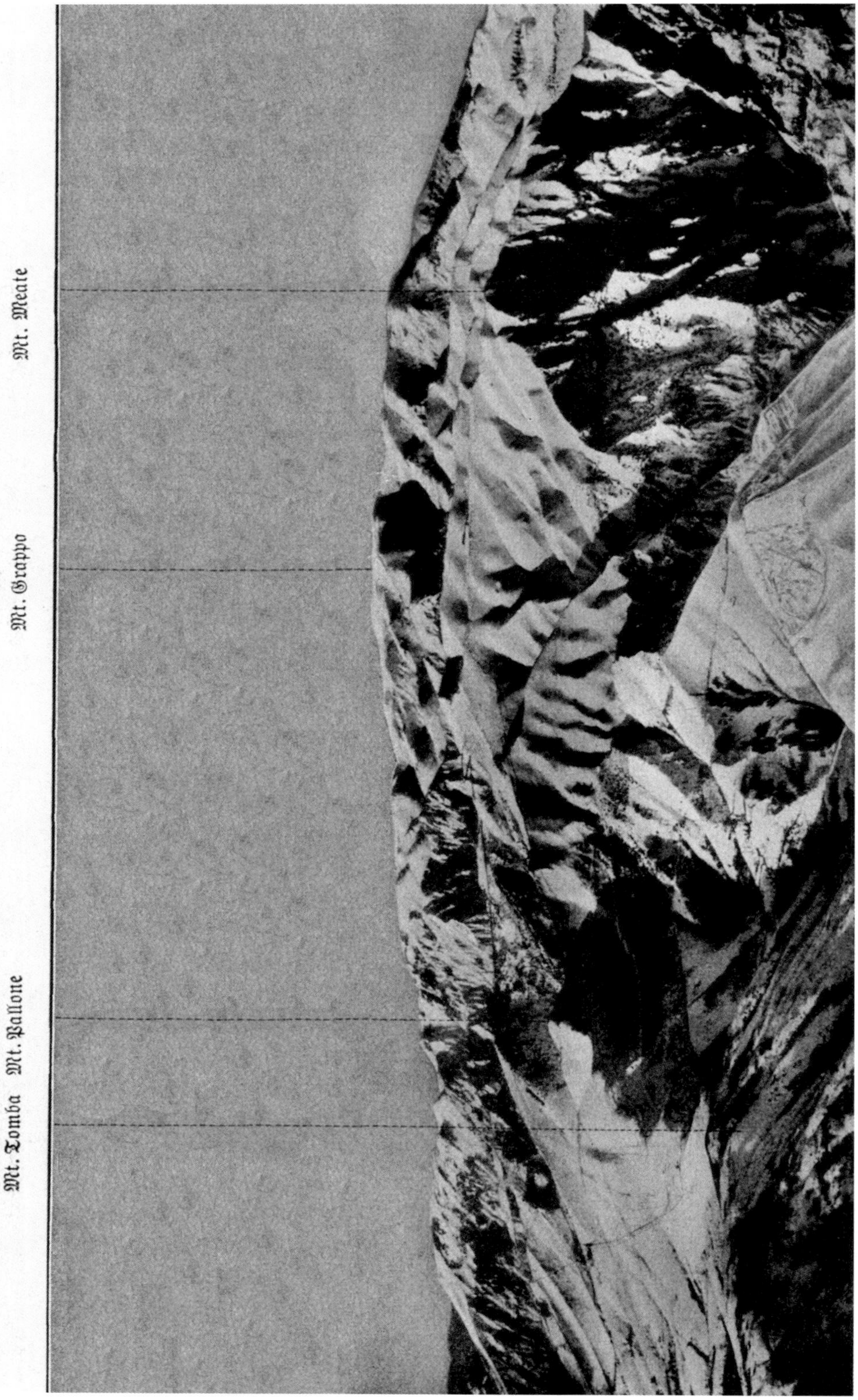

Das Monte-Grappa-Gebirgsmassiv, das Schauplatz blutiger Kämpfe war.

11. Die Eroberung des Monte Matajur

Das Gelände, in dem das Württembergische Gebirgsbataillon eingesetzt wurde, war äußerst schwierig. So missglückten in der Nacht vom 24. auf den 25. Oktober 1917 die Versuche der Nachrichtenkompanie, eine Fernsprechverbindung zwischen Major Theodor Sproesser und Oberleutnant Erwin Rommel herzustellen und aufrechtzuerhalten. Dieser gehörte laut Eintragung in seinem Wehrpass dem Württembergischen Gebirgsbataillon vom 4. Oktober 1915 bis zum 10. Januar 1918 an. In dieser kritischen Situation erschien um Mitternacht ein erschöpfter Verpflegungsoffizier der Württemberger im Stabsquartier des Gebirgsbataillons östlich von Foni mit einem Zettel in der vor Überanstrengung zittrigen Hand, auf dem zu lesen stand:

„Meldung von Oberleutnant Rommel!
Die Abteilung Rommel, gefolgt von der Abteilung Schiellein, hat rechts vom III. Bataillon des Infanterieleibregiments die zweite italienische Linie auf Hevnik-Nord durchbrochen und ist gegen Höhe 1.114 aufgestiegen. Beute: etwa fünfhundert Gefangene und siebzehn Geschütze aller Kaliber. Auf Höhe 1.114 in der dritten italienischen Linie liegt der Italiener Mann an Mann mit zahlreichen Maschinengewehren. Diese Stellung ist vom Artilleriefeuer anscheinend unberührt.

Weiterkommen des III. Bataillons des Infanterieleibregiments und der Abteilungen Rommel und Schiellein ist ohne starke Artillerieunterstützung ausgeschlossen. Weiter links südlich liegt das Bayerische Jägerregiment 1 gleichfalls hoffnungslos fest."

Eile tat nun Not! So wurde bereits um 02.00 Uhr nachts alarmiert und eine Stunde später ausgerückt, sodass das Gebirgsbataillon schon um 05.45 Uhr nordostwärts von der Höhe 1.114 stand. Mit von der Partie war auch Rommels neuer Adjutant Leutnant Ernst und Julius Streicher, der eine Zeitlang in der Gebirgsmaschinengewehrabteilung 206 diente, bevor er als unerbittlicher Rassenfanatiker und „die Verkörperung des Antisemitismus der nationalsozialistischen Bewegung"[83] sowie als Herausgeber des Nürnberger Wochenblattes „Der Stürmer" und Gauleiter von Franken von sich reden machte. Zunächst gliederte man sich „wenige Meter hinter der Spitze in die Kolonne ein."[84] Nachdem Rommel sich bei Sproesser gemeldet und die Glückwünsche seines Kommandeurs entgegengenommen hatte, entwickelte sich ein Gespräch:[85]

„Major Sproesser: Rechtsrum oder linksrum?
Oberleutnant Rommel: Rechtsrum!
Major Sproesser: Warum?
Oberleutnant Rommel: Ich habe das Gelände angesehen. Links von der 1. Gebirgs-

kompanie liegt das III. Bataillon/Infanterieleibregiment, dann kommt eine Lücke, dann das Jägerregiment 1. Hier ist nichts zu wollen, überall reiner Frontalangriff, dem vorläufig jede Artillerieunterstützung fehlt. Rechts von uns fällt der Kolovrat tausend Meter steil zum Isonzo ab. Drunten im Tal zieht die 12. Infanteriedivision nach Karfreit und diese Kolovrat-Nordfront ist nicht angegriffen. Ich könnte durch die Latschen und Runzen gedeckt gegen Mont Kuk 1.243 oder gegen die Kuppen 1.185 – 1.192 – 1.125 aufsteigen und durchzubrechen versuchen.

Major Sproesser: Die 2. und 3. Gebirgskompanie und die 1. Maschinengewehrkompanie stehen zu Ihrer Verfügung. Versuchen Sie Ihr Glück. Ich folge Ihnen mit dem ganzen Gebirgsbataillon, wenn sie vorwärts kommen.

Oberleutnant Rommel: Der Führer des Bayerischen Infanterieleibregiments hat mir verboten, nach Westen vorzugehen, da die Eroberung des Kolovrats und Matajurs vom Alpenkorps ausdrücklich dem Leibregiment aufgetragen worden sei und da das Gebirgsbataillon nur den Befehl habe, hierbei die rechte Flanke des Leibregiments zu sichern. Er wünscht Herrn Major zu sprechen.

Major Sproesser: Lassen Sie das meine Sorge sein. Es bleibt bei dem von mir gegebenen Befehl. Versuchen Sie Ihr Glück. Auf Wiedersehen auf Kolovrat!"

Nachdem die „Abteilung Rommel" sich noch in der Dämmerung in Marsch gesetzt hatte, um gegen die Nordflanke des Kolovrats aufzusteigen, traf der Führer des Bayerischen Infanterieleibregiments, Major Graf Bothmer, beim Kommandeur des Württembergischen Gebirgsbataillons ein. Dann kam es zu folgender Aussprache:[86]

„Major Graf Bothmer: Wir stehen hier vor einer dicht besetzten, starken feindlichen Front. In meiner linken Flanke ist die Lage ungeklärt. Mein I. und II. Bataillon, die von Kamenca im Aufstieg sind, muss ich links einsetzen, um dem Jägerregiment 1 vorwärtszuhelfen. Bis Artillerieunterstützung einsetzt, können Stunden vergehen. Da ich meine ganze Aufmerksamkeit nach links richten muss, würde ich Ihnen gerne das III. Bataillon des Infanterieleibregiments unterstellen!

Major Sproesser: Ich muss dafür danken. Mit meinen zehn Kompanien bin ich hinreichend beschäftigt. Außerdem habe ich nicht die Absicht, mit Ihrem III. Bataillon vor Höhe 1.114 liegen zu bleiben, sondern ich will gegen Kuk – Lucio – Matajur weiter vordringen. Abteilung Rommel ist schon voraus und mit dem Glase in den Latschen sichtbar im Aufstieg gegen Kuk."

Nun trennten sich die Wege der Offiziere: Major Sproesser ging nach Westen, Major Graf Bothmer nach Südosten. Nein, man ging nicht als gute Kameraden, sondern als knallharte Rivalen auseinander. Hier, auf den Berghängen des oberen Isonzo, lebte sie wieder auf, die Rivalität zwischen dem Bayerischen Infanterieleibregiment und dem Württembergischen Gebirgsbataillon. Wie seinerzeit, während des ersten rumänischen Feldzuges im Kriegsjahr 1916 bei der Eroberung der Magura Odobesti, der sogenannten Höhe 1.001, so kam es auch jetzt wieder zu einem genau so dramatisch verlaufenden Wettstreit um den heißbegehrten Siegeslorbeer zwischen diesen beiden ehrgeizigen Eliteverbänden und ihren erfolgssüchtigen Offizieren.[87]

Schlimmer noch: Der unstillbare Erfolgshunger, der die „Leiber" und Württemberger zu ruhmreichen Taten beflügelt hat, uferte schließlich gar zu einer ernsthaften Verstimmung, ja zur Zwietracht aus. Der Streit um den Ruhm machte die Beteiligten dermaßen blind, dass persönliche Animositäten sogar nach Kriegsende in den Regimentschroniken für die Nachwelt festgehalten wurden. Diese persönlichen Auseinandersetzungen – teilweise sogar Diffamierungen – schmälern zwar nicht die großen Erfolge der Truppe, sie werfen aber ein schlechtes Licht auf die charakterlichen Eigenschaften ihrer Führer.[88] So veranlasste Rommel „das Reichsarchiv zum Druck eines vierzehnseitigen Nachtrags, in dem er seine eigene Rolle in lebendigen Einzelheiten beschrieb: wie sich zum Beispiel vierzig italienische Offiziere und 1.500 Mann Oberleutnant Rommel ergaben, wie er allein mit zwei Offizieren und einigen Schützen vorwärtsstürmte, wie die Italiener ihn umringten, ihn umarmten und auf ihre Schultern hoben, vor Freude darüber, dass der Krieg für sie zu Ende war."[89] Schörners Waffentat wurde dagegen bagatellisiert.

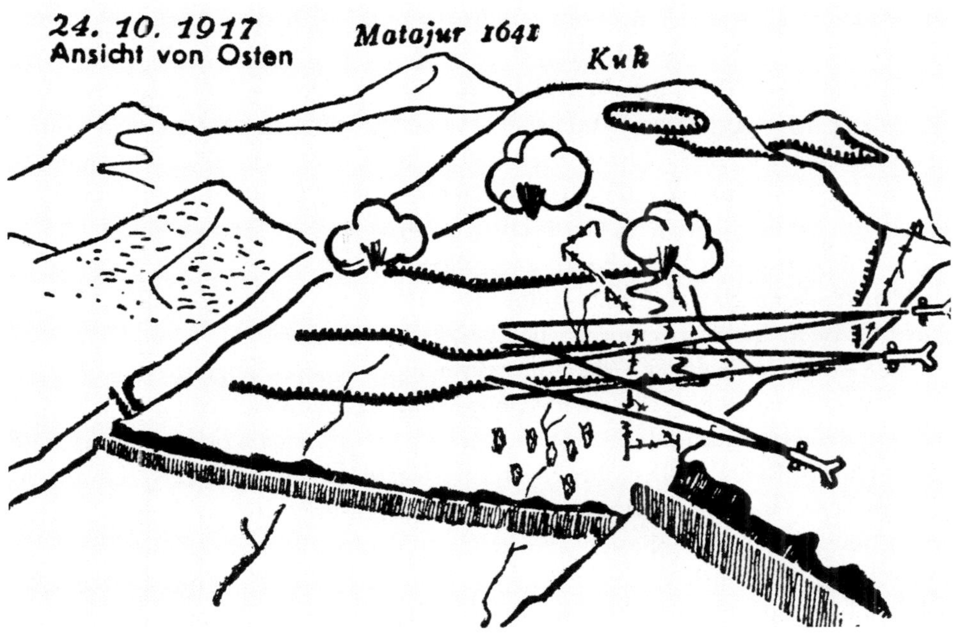

Dreiundzwanzig Stunden nach Beginn des Angriffs bei Tolmein fiel der Gipfel des Monte Matajur.

Der 25. Oktober 1917 war ein wolkenloser, strahlender Herbsttag. Die Truppen setzten in euphorischer Stimmung ihren Angriff fort. Die „Leiber“ und die Württemberger entrissen dem Gegner bei ihrem Vorstoß auf dem Grate des Kolovratrückens den Monte Kuk und brachten dort zahlreiche Gefangene ein. Nun drehte das Bayerische Infanterieleibregiment gegen Luico ein, während die Württemberger dem Monte Matajur zustrebten. Es war 12.00 Uhr mittags, als Major Sproesser folgenden Befehl herausgab:

„Abteilung Rommel Angriff Richtung Straßenknie am Osthang Matajur. Das Gros des Gebirgsbataillons folgt von Ravna über Luico auf den Matajur.“

Damit war nach der Magura Odobesti auch der Monte Matajur unversehens zum Schicksalsberg der Württembergischen Gebirgsschützen geworden. Derart motiviert, eilten sie nun weiter. Hinter ihnen zogen die entwaffneten Italiener in die Kriegsgefangenschaft. Auf den vorzüglich markierten Kriegsstraßen des Gegners vordringend, konnten sie immer wieder völlig ahnungslose Italiener überraschen und entwaffnen. Rasch hatten wider Erwarten fünfzig Offiziere und zweitausend Mann Bersaglieri ihre Waffen niedergelegt. Lassen wir an dieser Stelle kurz die Ereignisse jenes 25. Oktobers 1917 an Hand des Kriegstagebuches des Deutschen Alpenkorps Revue passieren:[90]

„08.00 Uhr vormittags: Württembergisches Gebirgsbataillon und Infanterieleibregiment gestern (!) 1.114 genommen.

Bisherige Beute des Württembergischen Gebirgsbataillon: acht Offiziere, ein Arzt, 353 Mann der Regimenter 208 und 209, neun Maschinengewehre, sechs Gebirgsgeschütze, vier 15-cm-Haubitzen, neun 21-cm-Mörser. Verluste: einer tot, neunzehn verwundet. Feind hielt gestern Abend noch eine Stellung fünfhundert Meter westlich (!) 1.114, die heute früh 07.00 Uhr vormittags durch Infanterieleibregiment durch Umgehung von Süden her (!) angegriffen wird.

Württembergisches Gebirgsbataillon hat 09.45 Uhr vormittags Punkt 1.192 erreicht (!), Beute des Württembergischen Gebirgsbataillon: verschiedene schwere und leichte Geschütze, zahlreiche Maschinengewehre, tausend Gefangene.

12.10 Uhr nachmittags: Infanterieleibregiment, das mit drei Bataillonen auf 1.114 steht (!), bittet um einstündiges Artilleriefeuer gegen Kuk. Infanterieleibregiment wird 14.50 Uhr im Besitz von Kuk beobachtet (!). Jägerregiment 1 hat 12.15 Uhr nachmittags Slemenkapelle erreicht. Jägerregiment 2 folgt hinter Infanterieleibregiment.

21.00 Uhr von der Höhe 1.114: Württembergisches Gebirgsbataillon [richtigerweise das I. Bataillon/Regiment 23 der 12. Infanteriedivision] rechts, ein Bataillon des Infanterieleibregiments [richtigerweise das II. Bataillon des Bayerischen Infanterieregiments] links. 16.15 Uhr im Vormarsch gegen Mont Matajur von Luico, das 16.00 Uhr erreicht wurde.“ Hierzu sind einige Anmerkungen notwendig, um den Konflikt zwischen den „Leibern" und den Württembergern – und damit auch den Konflikt zwischen Schörner und Rommel – besser verstehen zu können. Die Eintragungen im Kriegstagebuch des Deutschen Alpenkorps erfolgten seinerzeit aufgrund jener Meldungen, die die Bayerische Jägerbrigade 1 am 25. Oktober 1917 herausgegeben hatte. Und wie hieß es dort im Gefechtsbericht der Brigade? „Die Abgrenzung der Gefechtsstreifen der Divisionen ist keine bindende. Die Regimenter nehmen die Gefechtsstreifen, die sie zur Durchführung ihrer Aufträge brauchen und erhalten so viel Ellbogenfreiheit, als sie nach Maßgabe ihres Vorwärtskommens im Verhältnis zu jenen der Nachbartruppen gewinnen."[91]

In seinem Werk „Infanterie greift an" stellte Erwin Rommel zum bisherigen Kampfverlauf über die Eroberung des Monte Matajur folgende Betrachtungen an:[92]

„Betrachtungen: Der überraschende Einbruch in die Kolovratstellung am 25. Oktober 1917 gelang, weil die Italiener das Vorgelände ihrer dritten Stellung nicht scharf genug überwachten, ein Fehler, den auch die Rumänen am D. Cosna immer wieder gemacht haben. Auch war die Stellungsbesatzung selbst nicht kampfbereit. Zwei Kilometer vom Brennpunkt 1.114 entfernt dünkte sie sich jeder Gefahr enthoben. So hatten die Gebirgsschützen zunächst leichtes Spiel.

Der mit viel Schwung unternommene Gegenstoß des italienischen Reservebataillons kam im Feuer der schwachen 2. Kompanie zum Stehen, doch hätte er wohl zur Vernichtung der 2. Kompanie geführt, wenn es nicht gelungen wäre, das stark massierte italienische Bataillon im entscheidenden Augenblick in Flanke und Rücken zu fassen. Fehlerhaft wäre es gewesen, diesen Angriff mit zu geringen Kräften zu führen oder sich nur auf ein Eingreifen mit Feuer aus der Flanke zu beschränken. Nach gelungenem Einbruch in die Kolovratstellung (25. Oktober 1917, 09.15 Uhr) steht die Angriffsschlacht wie folgt:

Gruppe Krauß greift von Saga aus mit Kaiserschützenregiment 1 in drei Kolonnen die Linie Stol (1.668) – 1.450 an.

Gruppe Stein. Die 12. Division steht mit Infanterieregiment 63 wie am Abend zuvor bei Robic und Creda und wehrt feindliche Vorhuten ab.

Kompanie Schnieber meldet, sie sei hundert Meter nördlich des Gipfels des Monte Matajur. (Wahrscheinlich handelt es sich um den Mont della Colonna.) – Gruppe Eichholz wird aus dem Pass von Luico von überlegenen italienischen Kräften angegriffen, erwehrt sich in zähem Ringen dieses Gegners und hält Stellungen nördlich Golobi.

Beim Alpenkorps ist der Abteilung Rommel der Einbruch in die Kolovratstellung – von 1.192 bis 800 Meter ostwärts – gelungen.

Das Gros des Württembergischen Gebirgsbataillons ist im Marsch von 1.066 nach 1.192. Das Leibregiment hält die am 24. abends erreichten Stellungen um 1.114

gegen heftige italienische Angriffe. Jägerregiment 1 hat Höhe 732 genommen und geht gegen Slemenkapelle vor.

Bei 200. Division nimmt das Jägerregiment 3 die Höhe 942 westlich Jeza.

Gruppe Scotti: Bei k. u. k. 1. Division greift die 7. Gebirgsbrigade den Globocak an."

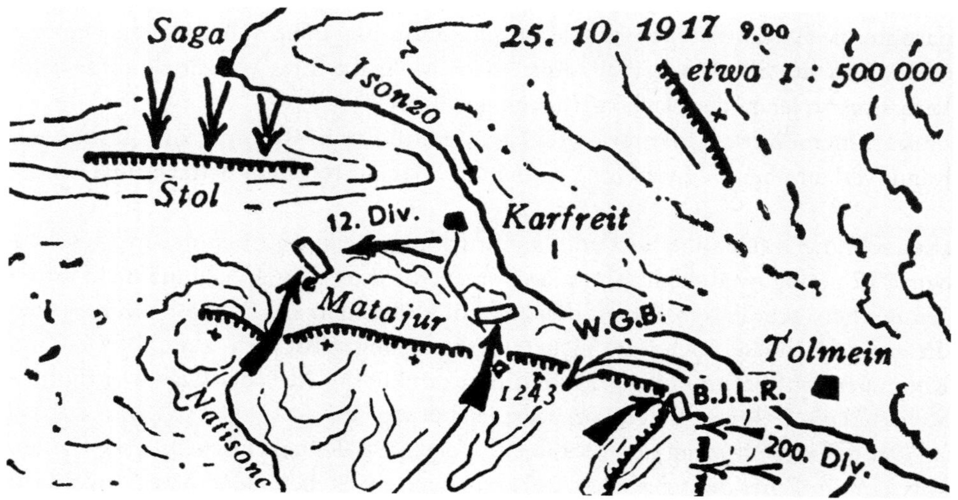

Auf der Karte sind die Truppenverläufe des Württembergischen Gebirgsbataillons, des Bayerischen Infanterie Leibregiments und der 12. sowie der 200. Division eingezeichnet.

Lenken wir nun unsere ganze Aufmerksamkeit auf die Erstürmung des 1.681 Meter hohen Monte Matajur. Über die recht kalte Nacht vom 25. auf den 26. Oktober 1917 hat uns der tatkräftige Oberleutnant Erwin Rommel Folgendes zu berichten:

„Zwei Kilometer südlich Luico sammelte ich meine Abteilung und trat um 16.00 Uhr den Aufstieg an. Trotz der beinahe übermenschlichen Anstrengung des Vormittags steigt die Abteilung in der Reihenfolge 4. Gebirgs-, 1. Maschinengewehr-, 2. Gebirgs-, 3. Maschinengewehr-, 3. Gebirgs-, 2. Maschinengewehr-, Nachrichtenkompanie im Mondschein an steilen Hängen hinauf, ohne Weg und Steg. Das Geschrei von italienischen Infanteriemassen in der Linie Cepletischis – 1.096 zeigt den Weg.

20.00 Uhr stieß ich mit den vordersten Patrouillen, die sich wie Indianer im scharfen Schatten der Büsche lautlos den Hang emporschlichen, auf starke Drahthindernisse. Während der Erkundung hält die Abteilung. Nach einer Viertelstunde ist festgestellt: Stärkste feindliche Stellung mit zementierten Gräben und Unterständen, vorläufig vom Gegner noch nicht besetzt. Feindliche Infanterie, mindestens ein Bataillon, lagert dicht westlich der Stellung, 500 Meter südlich Südausgang Jevscek.

Feindliche Posten dicht westlich der Stellung. – Ich befahl: Abteilung lagert in der Mulde dicht östlich der Stellung, vier Stunden Rast. Sicherung durch 4. Kompanie nordwestlich, 2. Kompanie südwestlich. Leutnant Aldinger erkundet einen Weg nach Jevscek und den Verlauf der feindlichen Linie bei Jevscek. Meldung bis spätestens Mitternacht. Der Tag ging zur Neige, meine Abteilung konnte auf einen herrlichen Erfolg zurückblicken. Beute: sechzig Offiziere, 3.500 Gefangene, fünfzehn Geschütze, darunter zwölf schwere. Eigene Verluste: vier Tote, fünfzehn Verwundete.

22.30 Uhr kam Leutnant Aldinger mit der Meldung: ‚Jevscek ringsum stark befestigt, zementierte Gräben, hohe und tiefe Drahthindernisse. Stellung jedoch nicht besetzt. Am Hang dicht westlich Jevscek feindliche Postierungen und Truppenbewegungen unter großem Lärm.'

23.45 Uhr steigt die Abteilung lautlos gegen Jevscek an. 4. Gebirgs- und 3. Maschinengewehrkompanie Vorhut. Ohne vom Gegner bemerkt zu werden, rückt die Vorhut durch eine enge Gasse im Drahthindernis in Jevscek ein und besetzt den Nordteil des Dorfes halbkreisförmig. Patrouillen klären nach Westen auf gegen die dicht vor uns stehende feindliche Postenlinie. Nach einer halben Stunde wird auch die 2. Gebirgs- und 2. Maschinengewehrkompanie ins Dorf hereingezogen. 3. Gebirgs-, 1. Maschinengewehr-, Nachrichtenkompanie und Tragtierstaffel verbleiben am Steilhang dicht östlich des Dorfes außerhalb des Drahthindernisses.

01.30 Uhr nachts melden die Patrouillen: ‚Südteil des Dorfes vom Gegner frei. Feindliche Stellung verläuft vom Westteil des Dorfes nach Norden, in der Richtung auf Punkt 1.029. Eine zweite feindliche Linie verläuft von dem scharfen Straßenknie 300 Meter südlich 1.096 nach Südosten, beide sind stark besetzt. Feindliche Infanterie in Reihen zu Einem marschiert am Südrand des Dorfes vorbei nach Süden.'

Um die durchziehenden Infanterieabteilungen abzufangen, besetzt die 2. Gebirgskompanie 02.00 Uhr nachts die Südhälfte des Dorfes. Bis dahin hatte der Gegner noch nicht das Geringste von dem von der Anwesenheit der Abteilung bemerkt.

02.30 Uhr früh wurden 3. Gebirgs-, 2. Maschinengewehr-, 4. Gebirgs-, 1. und 3. Maschinengewehrkompanie in die Südhälfte des Dorfes nachgezogen. Die Nachrichtenkompanie verblieb zum Schutze der Tragtierstaffel östlich des Dorfes. Bei dieser Umgruppierung wurde der Gegner auf uns aufmerksam, er alarmierte und gab rasendes Feuer gegen das Dorf ab. Von unserer Seite fiel kein Schuss. Die Abteilung hatte keine Verluste.

03.00 Uhr früh gab ich Leutnant Leuze den Auftrag, mit einer Patrouille der 2. Kompanie einen Aufstieg auf die Höhe 300 Meter westlich des Dorfes zu erkunden.

04.00 Uhr früh Meldung: ‚Nullfläche kann von Süden her erstiegen werden, ohne auf den Feind zu stoßen.'

Ich entschloss mich, die Stellung im Morgengrauen dicht westlich des Dorfes südlich zu umgehen, die Nullfläche zu ersteigen, um sodann die feindliche Stellung westlich aufzurollen und den Aufstieg auf den Matajur entlang der Höhenstraße zu erzwingen. 3. Gebirgs- und 3. Maschinengewehrkompanie gehen 05.00 Uhr vormittags dicht westlich des Dorfes in Stellung, um den Gegner durch Feuer zu beschäftigen. Kurz vor Tagesanbruch steigt die Abteilung ohne diese beiden Kompanien in zwei Kolonnen gegen die Nullfläche auf und erreicht diese ohne Verluste gerade noch, ehe es richtig hell wird. Ein Aufstieg bei Tag wäre hier vollkommen unmöglich gewesen, da die dicht besetzten Stellungen am Straßenknie den Weg vollkommen beherrschten. 06.45 Uhr vormittags erhalten wir Feuer von 1.096. Nach kurzem, heftigem Feuerkampf mit der Besatzung auf 1.096 ergaben sich der 2. und 4. Gebirgskompanie die italienischen Besatzungen der Stellung dicht westlich des Dorfes bis einen Kilometer nördlich Jevscek.

Während etwa 1.500 Gefangene von ein paar Schützen der 4. Kompanie gesammelt und in Richtung Luico abgeführt werden, geht die Abteilung mit 2. Kompanie und 1. Maschinengewehrkompanie in vorderster Linie gegen die Höhe 1.096 vor. Der Gegner versucht von dorther, mit Infanterie- und Maschinengewehrfeuer uns aufzuhalten. Beim Überschreiten der Höhenstraße erbeuten wir vierzehn Feldgeschütze, fünfundzwanzig Munitionswagen, sechs beladene Lebensmittelwagen. Den schwer verwundeten Führer der 2. Gebirgskompanie, Leutnant Ludwig, ersetzt Leutnant Aldinger. Eine Viertelstunde darauf wird auch er schwer verwundet. Es gelingt dem Gegner nicht, uns aufzuhalten.

08.30 Uhr vormittags wird die Höhe 1.192 von der Spitze erreicht. Stärkstes Infanterie- und Maschinengewehrfeuer von der Höhe 1.356 aus – Mrzli Vrh – verwehrt weiteres Vordringen. Auch südlich entlang der ganzen Höhenstraße ist der Kampf in vollem Gang mit feindlichen Abteilungen, die nach Süden durchzubrechen versuchen. Durch das rasche Tempo war die Abteilung sehr auseinandergezogen, nur wenige Schützen, ein leichtes Maschinengewehr und der Abteilungsstab hatten 1.192 erreicht. Ich ließ nun den Gegner auf 1.356 durch Feuer beschäftigen, während die Abteilung aufschloss.

Es dauerte über eine Stunde. Im Schutze einer Maschinengewehrfeuerstaffel, die von 1.192 aus den Gegner beschäftigte, rückte die Abteilung 10.00 Uhr vormittags in mehreren Kolonnen dicht westlich der Straße gegen 1.356 vor. Die Besatzung, die sich eingeschlossen glaubt, ergibt sich nach längerem Verhandeln: ein Oberleutnant, vierzig Offiziere, 1.500 Mann. Ein Offizier, drei Mann werden mit der Entwaffnung und dem Abtransport beauftragt, die übrige Abteilung bleibt im Vormarsch gegen Matajur. Von 1.467, 1.424 und 1.641 bekommt die Abteilung beim Aufstieg auf dem Westhang von 1.356 starkes Feuer.

Trotzdem die Kräfte beinahe zu versagen drohen, pirschen wir uns auf nahe Entfernung heran, unter unserem Maschinengewehrfeuer, das in den Felsen durch große Splitterung ausgezeichnete Wirkung hat, weicht der Gegner und versucht nach Süden in eine Schlucht zu entfliehen, was unser Feuer verhindert. Die Besatzung der Höhe 1.000 Meter östlich 1.641 muss sich ergeben. Erst kommen wenige, dann das ganze Regiment mit allen Offizieren. Der Oberst bricht beinahe zusammen und weint. Sein Regiment war des Öfteren im Heeresbericht Cadornas rühmlich erwähnt. Die Abteilung steigt weiter gegen den Gipfel des Matajur auf, trotz feindlichen Feuers vom Südwestausläufer und vom Gipfel des Matajur.

11.30 Uhr vormittags ergibt sich 500 Meter nordöstlich des Gipfels eine Kompanie, die mit Front nach Karfreit im Rücken von uns überrascht wird. Als unsere Maschinengewehre auf 600 Meter Entfernung vom Gipfel in Stellung gehen, ergeben sich weitere 120 Mann.

11.40 Uhr vormittags hat der Vortrupp der Abteilung den Gipfel erstiegen, bei mir sind Oberleutnant Schiellein, Leutnant Streicher, Oberarzt Dr. Stemmer, Schützen der 2. und 3. Gebirgs- und Teile der 1. und 2. Maschinengewehrkompanie. Ich ließ drei grüne und eine weiße Leuchtkugel abschießen. Eine Patrouille des Regiments 23, bestehend aus vier Infanteristen, erreichte gleichzeitig mit Schützen der 2. Gebirgskompanie den Sattel 150 Meter östlich des Gipfels, sie stellte die Behauptung auf, den Matajur genommen zu haben. Alle Gefangenen, die wir gemacht, hätten sie uns entgegengetrieben.

12.15 Uhr nachmittags erreicht mich der Befehl des Kommandeurs, nach Masseris zu rücken. Die Beute der Abteilung am 26. Oktober 1917 auf den Südhängen des Matajur: Zwei Regimentskommandeure, mehr als hundert Offiziere, 4.500 Mann, vierzehn Geschütze, fünfundzwanzig Munitions- und Lebensmittelwagen, sechzig Maschinengewehre. Verluste am 26. Oktober: ein Mann tot, zwei Offiziere, zwei Mann schwer, sechs Mann leicht verwundet.“[93]

Insgesamt hatten nach einem dreitägigem, nahezu ununterbrochenem Kampf die dem gewieften Taktiker Rommel unterstellten Teile des Württembergischen Gebirgsbataillons nicht weniger als 170 italienische Offiziere und 8.225 Mann gefangen sowie achtundzwanzig schwere und zweiundfünfzig leichte Geschütze des Gegners erbeutet. Die eigenen Verluste – so schmerzhaft sie für die Kameraden auch gewesen sind – beliefen sich dagegen auf „nur“ sechs Tote und dreißig Verwundete!

Vor allem aber verdient eines festgehalten zu werden, dass nämlich an jenem 26. Oktober 1917, als um 11.40 Uhr vom Gipfel des Monte Matajur drei grüne und eine weiße Leuchtkugel am oberen Isonzo in den herbstlichen Himmel stiegen, mit ihnen ein Name, der während des Zweiten Weltkriegs zum Inbegriff besten deutschen Soldatentums geworden ist, aufleuchtete: Erwin Rommel!

„The climax of his career in World War I was reached with the capture of Monte Matajur“, schrieb der Militärschriftsteller Desmond Young begeistert, der sich auch anerkennend über „the famous Alpenkorps“ äußerte, in seiner bekannten Rommelbiographie.[94] An anderer Stelle heißt es dann, der Schwabe Erwin Rommel „war kaltblütig, schlau wie ein Fuchs, hart und unermüdlich, rasch in seinen Entschlüssen und unglaublich mutig."[95]

Nach dem Kriegstagebuch des Deutschen Alpenkorps hat die Bayerische Jägerbrigade 1 am 26. Oktober 1917 folgende Meldung erstattet:

„Die Abteilung Rommel des Württembergischen Gebirgsbataillons (W. G. B.), die sich in der Nacht vom 25./26. an die Hänge des Mrzli Vrh herangeschoben hatte, nimmt die oberste besetzte Stellung des Matajur. Beute des Württembergischen Gebirgsbataillons bei Umfassung des Feindes zwischen 1.192 nördlich Sljemen planina und Cepletischis 4.000 Gefangene, mindestens dreißig Geschütze und ungezählte Maschinengewehre, zum Teil in betonierter Stellung. 16.30 Uhr hat W. G. B. Pechinie erreicht und folgt dem zersprengten Gegner in Gegend Ossiach – Domenis.

I. Bataillon des Infanterieleibregiments und Reservejäger 10 in Gegend Savoga Gefechtsberührung mit etwa einem Bataillon, 200 Gefangene. 16.30 Uhr II. und III. Bataillon des Infanterieleibregiments im Vormarsch auf Azzida. Am Abend ist der Natisoneabschnitt in Linie Brischis – Brückenkopf Teglio – Höhen nordwestlich San Pietro erreicht."

Die Liste der stattlichen Erfolge des Württembergischen Gebirgsbataillons ließe sich weiter fortsetzen. Von Tolmein bis Cividale im Friaul betrug seine Gesamtbeute sage und schreibe 10.137 Italiener, darunter 209 Offiziere – der Brigaden „Taro", „Arno", „Salerno", „Brescia", „Neapel" und der 4. Bersaglieribrigade sowie siebenundvierzig schwere und vierundfünfzig leichte Geschütze, ungezählte Maschinengewehre und weiteres Kriegsgerät. Die Gesamtverluste beliefen sich vom 24. bis zum 27. Oktober 1917 auf neun Tote, sechsundsechzig Leicht- und Schwerverwundete.

„Zur Ehre der Italiener sei gesagt, dass ihre Offiziere vor Wut schäumten, weil die Mannschaft sie im Stich gelassen hatte", heißt es in der Chronik der Württembergischen Gebirgsschützen. „Vorzüglich bewaffnet, bekleidet und ernährt hätten diese Truppen unbedingt mehr leisten können, wenn sie nicht kriegsüberdrüssig gewesen wären. Ungeheure Vorräte an Waffen, Munition, Bekleidung und Lebensmitteln fielen überall in unsere Hände. Leckereien aller Art, Berge von Schokolade und Süßigkeiten, feine Weine, Schnäpse, französischer Sekt waren in Hülle und Fülle vorhanden."[96]

Wen wundert es angesichts ihrer Erfolgsbilanz auf dem Schlachtfeld, dass der amtliche deutsche Heeresbricht vom 27. Oktober 1917 Rommel und seine Württembergischen Gebirgsschützen wie einen Keulenschlag traf?

Denn dort hieß es, vom Ersten Generalquartiermeister Erich Ludendorff höchstpersönlich unterzeichnet:

„Großes Hauptquartier, 27. Oktober 1917

Italienische Front: Die unter der persönlichen Oberleitung seiner apostolischen Majestät des Kaisers Karl von Österreich, Königs von Ungarn vorbereitete Operation gegen die Hauptmacht der italienischen Armee reift unter der Mitwirkung der unvergleichlichen Stoßkraft deutscher Truppen, die Schulter an Schulter mit ihren tapferen Waffenbrüdern am Isonzo in den Kampf gezogen sind, großen Erfolgen entgegen.

Durch gutes Wetter begünstigt, drangen über die Höhen und durch die Täler, vielfach zähen Widerstand des Feindes brechend, deutsche und österreichisch-ungarische Divisionen unaufhaltbar vorwärts.

Der scharfgratige Rücken des Stol wurde von der k. u. k. 22. Schützendivision genommen. Der 1.641 Meter hohe, stark befestigte Gipfel des Monte Matajur fiel schon am 25. Oktober, 07.00 Uhr vormittags – dreiundzwanzig Stunden nach Beginn des Angriffs bei Tolmein – durch die hervorragende Tatkraft des Leutnants Schnieber, der mit vier Kompanien des Oberschlesischen Infanterieregiments Nr. 63 den starken italienischen Grenzstützpunkt stürmte.

Die zweite italienische Armee ist geschlagen, Kampf- und Marschleistungen aller Truppen, die durch die Vorberge der italienischen Ebene zustreben, sind über jedes Lot erhaben.

Die Zahl der Gefangenen hat sich auf 60.000, die erbeuteten Geschütze auf 450 erhöht.

Unübersehbares Kriegsgerät muss aus den Stellungen der Italiener noch geborgen werden. Sechsundzwanzig feindliche Flugzeuge sind in den beiden letzten Tagen abgeschossen worden. Die italienische Isonzofront wankt bis zur Wippach, auf der Karsthochfläche hält der Gegner.

Der Erste Generalquartiermeister
Ludendorff."

Eine objektive Geschichtsschreibung kann jedoch nicht an der Tatsache vorbeigehen, dass all diese unvergleichlichen Leistungen und Erfolge auf dem Schlachtfelde durch den bereits erwähnten krankhaften Ehrgeiz einiger Offiziere und durch unkorrekte Meldungen getrübt wurden. Nicht umsonst sprachen oder schrieben die Frontsoldaten, die diese Fehlentscheidungen mit ihrem Blut viel zu teuer bezahlen mussten, vielfach verächtlich von den mit Komplexen beladenen oder von falschem Ehrgeiz zerfressenen „Bubi-Leutnanten" in der Etappe.

„Für die Eroberung des Monte Matajur erhielt durch die 12. Infanteriedivision der Kompanieführer der 4. Kompanie des Infanterieregiments 63 den Orden Pour le

Mérite", heißt es voller Bitterkeit in der Chronik der Württembergischen Gebirgsschützen. Und dann mit einem Seitenhieb auf den oberschlesischen Leutnant Schnieber von der 4. Kompanie des Infanterieregiments 63, der mit dem blau emaillierten Pour le Mérite im Kriegsjahr 1918 in Flandern beim Sturmlauf auf den Kemmel fiel, und den bayerischen Leutnant der Reserve Ferdinand Schörner von der 12. Kompanie des Infanterieleibregiments:[97]

„Das Alpenkorps bemühte sich, dem Kompanieführer der 12. Kompanie des Infanterieleibregiments für die Eroberung der Höhe 1.114 den Orden Pour le Mérite zu erwirken. So blieb dem Oberleutnant Rommel nichts anderes übrig, als den Beschwerdeweg zu betreten und an den Kommandeur des Württembergischen Gebirgsbataillons eine Beschwerde einzureichen über denjenigen Angehörigen der 12. Infanteriedivision, welcher behauptet hat, am 25. Oktober 1917, 07.30 Uhr morgens den Monte Matajur erobert zu haben. Diese Beschwerde ging auf dem Dienstwege über den Kommandeur der Bayerischen Jägerbrigade 1, über Alpenkorps, Generalkommando III. Bayerisches Armeekorps, Armeeoberkommando 14 und Oberste Heeresleitung bis in das Militärkabinett Seiner Majestät des Kaisers und hatte Erfolg."[98]

Doch damit nicht genug des peinlichen Wundenschlagens: Die gegenseitigen Beschuldigungen und Ehrabschneidungen gingen nach dem verlorenen Ersten Weltkrieg mit unverminderter Heftigkeit munter weiter. Generalmajor Sproesser gegen den General der Artillerie Krafft von Dellmensingen lautete fortan das mit gespitzter Feder geführte Rechtfertigungsduell der beiden im Felde so überaus erfolgreichen Gebirgssoldaten.[99] Zu ihrem Glück gehörten beide dem Generalkorps an, wo eine Krähe der anderen kein Auge aushackte, sodass ihre Umtriebigkeiten weder dem einen noch dem anderen außer dessen Gesichtsverlust das Leben kostete.

Anders erging es diesbezüglich dem Hauptmann im Generalstab Eugen Maria Karl Mayr, der ab dem 12. August 1916 dem Stab des Deutschen Alpenkorps angehörte. Wegen seiner publizistischen Tätigkeit und den damit verbundenen Angriffen auf Krafft von Dellmensingen und den Kronprinzen Rupprecht von Bayern in der „Schwäbischen Volkszeitung" (SPD) und der „Münchner Post" (SPD) wurde er aus dem Offizierskorps ausgeschlossen und später im Konzentrationslager Buchenwald inhaftiert, wo er am 9. Februar 1945 verstarb.[100]

Mit der Zusage des begehrten Pour le Mérite, der ihm am 5. Dezember 1917 von Kaiser Wilhelm II. verliehen wurde, nahm Ferdinand Schörner mit seinen „Leibern" die Verfolgung des Gegners wieder auf. Über Berge ging es nun an der Spitze der deutschen 14. Armee gegen das brennende Cividale im Friaul, in das das Bayerische Infanterieleibregiment als erste deutsche Truppe in zwei Kolonnen einzog, die aus den vordersten Teilen des Alpenkorps gebildet wurden. Das II. und III. Bataillon der „Leiber" zog über die Höhen des Gragonzo-Tercimonte-Costas nach Teglio. Von hier nahm man die Verfolgung der verwirrt zurückflutenden Italiener zum Tagliamento auf.

Für den Leutnant der Reserve Schörner war das mehr eine Formsache als eine weitere militärische Waffentat. Sein Ehrgeiz war vorerst gestillt. Er hatte es allen gezeigt, insbesondere dem Oberleutnant Rommel, der voller Wut im Bauch über den seiner Meinung nach nur ihm und nicht seinem Rivalen Schörner zustehenden ältesten deutschen Verdienstorden umso ungestümer zur Piave hetzte. Während Schörners Name im II. Teil von Dellmensingens Standardwerk „Der Durchbruch am Isonzo" nicht mehr auftaucht, können wir denjenigen Rommels auf den Seiten 196 f. und 257 weiter verfolgen. Doch darüber erfahren wir an anderer Stelle mehr.

Wenden wir uns nach diesen unerfreulichen Auseinandersetzungen zwischen dem Württembergischen Gebirgsbataillon und dem Bayerischen Infanterieleibregiment abschließend noch kurz dem Schicksalsweg und Kampf der anderen Verbände und Einheiten des Alpenkorps zu: Das Jägerregiment 2 war zum Beispiel am 25. Oktober 1917 durch die Kamencaschlucht auch auf den Kolovratrücken nachgerückt und übernahm dort südlich der Höhe 1.114 den bisherigen Abschnitt des Infanterieleibregiments. Das Goslarer Jägerbataillon säuberte die felsigen Hänge im Umkreis der Höhe 1.114, wobei es eine stattliche Beute an Menschen und Material einbrachte.

Am selben Tage mussten einerseits die bayerischen Jäger bei Punkt 1.001 heftige Gegenstöße abwehren, andererseits waren Teile des II. Bayerischen Jägerbataillons an der Säuberung des Gebietes um die Höhe 1.114 im Zusammenwirken mit den Goslarer Jägern beteiligt. Ferner wurde die Höhe 732 gegen 08.00 Uhr morgens von den Jägern erstürmt.

Mit diesen Gefechten und Erfolgen hatte das Alpenkorps den Julischen Alpen für immer den Rücken gekehrt. An seiner Spitze stand das Württembergische Gebirgsbataillon in Ronchis und Campeglio. In zweiter Linie lag dahinter das Bayerische Infanterieleibregiment in Bennati und Togliano, in dritter Linie das Preußische Jägerregiment 2 in Torreano und in vierter Linie das Bayerische Jägerregiment 1 in Spignon. Der Stab des Alpenkorps verlegte am 27. Oktober 1917 von Luico über Savogna nach San Pietro al Natisone.

In diesen Freudenbecher fiel allerdings ein Wermutstropfen, denn die fahrende Artillerie steckte noch im Tale von Luico – Savogna fest. Schlimmer noch: Die Divisionen der Gruppe Krauß sowie die 12. Infanteriedivision der Gruppe Stein hatten die Berge östlich von Tarcento – Faedis noch nicht überwunden. Auch im Süden hatten die Gruppen Berrer und Scotti Cividale im Friaul nach Westen immer noch nicht durchschritten. Diese Fakten dürfen nicht außer Acht gelassen werden, wenn wir später darüber zu befinden haben, warum dieser oder jener Vormarsch sowie dieser oder jener Angriff ins Stocken geriet. Oder – um noch deutlicher zu werden – warum die 12. Isonzoschlacht, die für die Mittelmächte so überaus erfolgreich begonnen hatte, letztlich nur zu einem operativen Pyrrhussieg statt zu einer glanzvollen Vernichtungsschlacht für die Zentralmächte geworden ist.

12. Die Erstürmung der Jeza

Blenden wir das Geschehen an der Isonzofront nochmals zum Ausgangspunkt der Offensive zurück, um auch das Kampfgeschehen des Jägerregiments Nr. 3 unter seinem Kommandeur Oberst Ralf von Rango zu verfolgen. Bei der 200. Infanteriedivision hatte sich die Stellenbesetzung geändert: Generalmajor von Below war für den Generalmajor Kreyenberg zum Kommandeur der Division und der Kommandeur des Jägerregiments 4, Oberst Lehmann, zum Kommandeur der Jägerbrigade 2 ernannt worden.

In diesem Rahmen fiel den Jägern des Regiments Nr. 3 die besonders schwere Aufgabe zu, vom Brückenkopf von Tolmein aus den steilen, festungsartig ausgebauten Gebirgsstock der Jeza, der das Tal um 700 Meter überragte und der einen Eckpfeiler der italienischen Stellung darstellte, zu erstürmen. Dieser Eckpfeiler war der einzige Höhenrücken jenseits des Isonzotales, der sich nach der 11. Isonzoschlacht noch im Besitz der k. u. k. Armee befand.

Aufgrund der wolkenbruchartigen Regenfälle war bereits der Vormarsch aus der Gegend von Laibach durch die engen Bergtäler und über die schmalen Pässe zur Isonzofront für die Truppe überaus beschwerlich gewesen. Als dann am Morgen des 24. Oktobers 1917 die deutschen Divisionen nach der gewaltigen Artillerievorbereitung aus den bisherigen österreichischen Stellungen zum Sturm antraten, drangen sowohl das I. als auch das II. Bataillon des Jägerregiments Nr. 3 über zwei vorgelagerte Kuppen gegen den Hauptkamm vor, nachdem sie die Italiener in ihren jeweiligen, stufenartig übereinander liegenden Stellungen überrumpelt hatten.

„Auf dem nur 750 Meter entfernten Jezagipfel (Punkt 929) liegt noch starkes eigenes Artilleriefeuer", vermerkt Krafft von Dellmensingen in seinem Standardwerk. „Trotzdem wird sogleich eine kleine Abteilung zur Erkundung entsendet, die den Gipfel als unbesetzt zu erkennen glaubt. Ihre Meldung gelangt ziemlich spät zurück. Inzwischen haben 5. und 6. Kompanie die Höhe 907 (500 Meter östlich der Jeza) besetzt und den Kamm gegen die am Südhang noch haltenden Italiener gesichert. Bislang hat der Feind nichts unternommen, nur auf den Höhen im Südwesten brennen große rote Leuchtfeuer, die anscheinend seinen Reserven den Einbruch anzeigen sollen. Da der auf Höhe 907 von den beiden Kompanien besetzte Abschnitt für die schwachen Kräfte zu groß ist, muss zunächst das Herankommen der übrigen Teile des II. Bataillons abgewartet werden."[101]

Als der Angriff des Jägerregiments Nr. 3 ins Stocken geriet, zeigte sich wieder einmal mehr, was die Jäger gerade in schwierigen und schwierigsten Lagen zu leisten vermochten. Nun griffen nämlich die Kompanieführer des nachfolgenden IV. Bataillons an den entscheidenden Stellen so geschickt in das Kampfgeschehen ein, dass das beinahe für unangreifbar gehaltene Angriffsziel dennoch erreicht werden konnte.

So befand sich noch am Abend des 24. Oktobers 1917 das gesamte Jezamassiv in den Händen des Jägerregiments Nr. 3.

„Mit ihr war nun auch – neben den Gipfelbefestigungen auf Höhe 1.114 – der zweite große Eckpfeiler der Kolovratstellung gefallen und dem deutschen Durchbruch das Tor weit geöffnet“, konstatierte Krafft von Dellmensingen. „In unbeschreiblicher, stolzer Siegesfreude verbrachte das Jägerregiment 3 die kalte Nacht in der eroberten Stellung, da Dunkelheit und völlige Unkenntnis der Lage bei den Nachbarabteilungen zunächst der Verfolgung ein Ziel setzten. Man labte sich an der überreichen Beute an Lebensmitteln. Eine geradezu erdrückende feindliche Überzahl war in dem heißen Kampfe dieses Tages unter schwierigsten Angriffsbedingungen geschlagen.

Betrug doch die gezählte Beute des einen Regiments an diesem Tage Tausende von Gefangenen, neunundneunzig Geschütze, davon dreiundvierzig von 10,5-cm-Kaliber an aufwärts bis zu zwei 28-cm-Geschützen, außerdem fünfundsiebzig Maschinengewehre, fünfundvierzig Minen- und Granatwerfer, drei große Scheinwerfer, riesige Mengen von Gewehren, Bekleidung, Ausrüstung und Fernsprechgerät – ein Ergebnis, dem wohl wenige gleichartige Beispiele in der Geschichte des Weltkrieges zur Seite gestellt werden können. Das Regiment hatte diesen gewaltigen Sieg mit dem verhältnismäßig geringen Verlust von acht Offizieren und 104 Mann, davon vier Offiziere und achtzehn Mann tot, bezahlt.“[102]

Kein Geringerer als der Oberbefehlshaber der deutschen 14. Armee bewertete die Leistungen des Jägerregiments Nr. 3 mit den Worten: „Der Aufstieg auf den beherrschenden Jezarücken war der schwerste Teil unserer schier ungeheuerlichen Aufgabe. Wie die Angriffskolonnen das in so kurzer Zeit fertig bekommen haben, wird in die Geschichte eingehen“, so Otto von Below.

Nachdem das Jägerregiment Nr. 3 lange Zeit ein fester Bestandteil des Deutschen Alpenkorps gewesen war und später mit diesem im Rahmen der 200. Infanteriedivision Schulter an Schulter auf verschiedenen Kriegsschauplätzen gekämpft hat, sollte es selbstverständlich sein, dass wir auch noch kurz die Teilnahme der Jäger an der Erstürmung der Höhe 1.114 und die Vollendung des Durchbruchs durch die Julischen Alpen zwischen dem 25. und 27. Oktober 1917 Revue passieren lassen.

Da die rechts vom Jägerregiment Nr. 3 angreifenden Verbände und Einheiten des Deutschen Alpenkorps gleichzeitig wichtige Punkte der italienischen Gebirgsstellung – wie zum Beispiel den Kolovratrücken und den Monte Matajur – erobert hatten und wieder andere Divisionen im oberen Isonzotal tief hinter der feindlichen Front vorgestoßen waren, gab es für die italienische Verteidigungslinie kein Halten mehr. So ist es nicht verwunderlich, dass sie fast mühelos auch aus ihren Reservestellungen geworfen werden konnten. Erst am Südrand des Gebirges mussten Teile der Jäger am Monte Purgessimo stärkeren feindlichen Widerstand mit Waffengewalt brechen. Dann zog das Regiment als erste deutsche Truppe am Abend des 27. Oktobers 1917 in das fluchtartig geräumte Städtchen Cividale im Friaul ein, um schon am nächsten Morgen in die Gegend nördlich von Udine, dem bisherigen Hauptquartier der italienischen Armee, vorzustoßen.

Um eine rechte Vorstellung über diese taktischen Leistungen und Erfolge des Jägerregiments Nr. 3 zu gewinnen, ist es zwingend notwendig, einen Blick auf die von ihm errungene Beute zu werfen. Sie betrug vom 24. bis 27. Oktober 1917 nach einwandfreier Feststellung durch nachfolgende Truppenteile: 221 Offiziere und 15.000 Mann an Gefangenen sowie neunundneunzig Geschütze aller Kaliber und ungeheure Mengen an anderem Kriegsmaterial, und zwar fünfundsiebzig Maschinengewehre, zwanzig schwere Minenwerfer, fünfundzwanzig Granatwerfer, fünfundzwanzig Lastkraftwagen, sieben Anhängerwagen, sechs Personenkraftwagen, ein Sanitätsauto, acht Motorräder, sechzig Pferde, drei große Scheinwerfer, ein Lazarett mit sechzig Betten, ein vollständig eingerichtetes Feldlazarett und drei Proviantämter. Außerdem erbeuteten die Jäger große Mengen an Gewehren, Handgranaten und Munition aller Art, Bekleidung, Ausrüstung und Fernsprechgeräten.

„Nicht überall, so wollte es dem Jägerregiment Nr. 3 erscheinen, wurde die Leistung des Regiments bei Wegnahme der Jeza voll gewürdigt", heißt es in der Regimentschronik vorwurfsvoll. „Nur eine bescheidene Anzahl von Auszeichnungen, zahlenmäßig im Voraus festgesetzt, nicht die Einzelleistung berücksichtigend, fiel an das Regiment. In dem nach dem Kriege herausgegebenen amtlichen Gefechtskalender, der ungezählte Truppenteile in ihren Hauptehrentagen aufführt, ist das Jägerregiment Nr. 3 überhaupt nicht genannt. Darin heißt es am 24. Oktober 1917 nur: Wegnahme der Jeza durch 200. Infanteriedivision."[103]

„General von Below war in Krainburg durch Meldungen der Generalkommandos und eines besonderen, durch direkte Leitung mit dem Armeehauptquartier verbundenen Beobachters auf der Kobilina Glava (1.475 Meter) fünf Kilometer östlich Tolmein über die ersten Schlachtereignisse frühzeitig unterrichtet. Bald bestand die Gewissheit, dass das Vorbereitungsfeuer bei Tolmein völlig planmäßig verlaufen und auch der erste Einbruch allenthalben geglückt war", berichtet Krafft von Dellmensingen.

„Großes hatte man hiermit bereits erreicht! Die gefährlichsten, von der Führung am meisten gefürchteten Krisen der Angriffsvorbereitung waren überwunden. Wie zuvor Aufmarsch und Bereitstellung vom Feinde unbehelligt geblieben war, so hatte die sorgfältige Vorbereitung auch erreicht, dass die Gegenwirkung bei Sturmbeginn ausfiel und die Infanterie, wenn auch durch Wetter und Marsch mitgenommen, in gehobener Stimmung und mit ungebrochenem moralischen Schwunge an den schwierigsten und wichtigsten Teil ihrer Aufgabe herangehen konnte. Mit großer Spannung hatte dann am frühen Vormittag das Oberkommando den weiteren Ereignissen entgegen gesehen. Bis zum Mittag gewann es den Eindruck, dass im Abschnitt von Tolmein die Schlacht überall gut, bei der 12. Division sogar über Erwarten günstig fortschritt. Das Armeeoberkommando erwartete aber den schwersten Kampf erst auf dem Kolovratkamm. Auch bei Flitsch ging es im Tale schnell vorwärts, oben am Rombon und im Gebiet des Vrsic dagegen nur recht langsam. Die k. u. k. 55. Division suchte man anzuspornen durch Mitteilung der großen Fortschritte der 12., die nicht ohne Einfluss auf den feindlichen Widerstand am Vrsic bleiben konnten.

Von der zur Linken fechtenden k. u. k. 2. Isonzoarmee waren anfangs Erfolge der 60. und 35. Infanteriedivision gemeldet, auch feindliche Rückzugsbewegungen bei Hoje und Dol Kal (Dörfer im Nordteil der Bainsizzahochfläche). Am Nachmittag drückte aber ein feindlicher Gegenangriff die 60. Division in ihre Ausgangsstellungen zurück. So ziemlich alles, was im Laufe des Tages erreicht war, ging dort wieder verloren. Mehrere vorher in Reserve befindliche italienische Brigaden waren aufgetaucht. Der Feind schien also hier am meisten den Angriff befürchtet zu haben. Abends bestand beim Armeeoberkommando noch keine volle Gewissheit, ob bei Tolmein die entscheidenden Punkte der feindlichen Hauptstellung, Höhe 1.114 (Monte Kolovrat) und die Jeza, erobert seien. Dass Idersko genommen war, wurde bekannt, nicht aber die Lage bei Luico.

Der Führer der k. u. k. 2. Isonzoarmee beabsichtigte am 25. den Angriff auf der Bainsizza-Hochfläche zu erneuern, hatte dafür aber nicht mehr genug Artilleriemunition. General von Below riet dringend ab, den Angriff in gleicher Weise wie am 24. zu wiederholen, vertrat vielmehr die Auffassung, dass es aussichtsreicher sei, den Angriff des rechten Flügels unter Ausnutzung des Erfolges der k. u. k. 1. Division in das Gelände westlich des Isonzo zu verlegen. Man solle vom rechten Flügel der 2. Isonzoarmee am 25. Oktober die günstig bereitstehende k. u. k. 57. Division über den Isonzo in den Bereich des XV. Korpskommandos herüberführen, das ohnehin die Aufgabe hatte, dem linken Nachbarn den Übergang über den Fluss zu öffnen. Das ‚Kommando der Südwestfront' billigte den Vorschlag und gab der 2. Isonzoarmee entsprechende Weisungen.

Gefangenenvernehmungen bestätigten vor der Armeefront die schon bekannten feindlichen Verbände. Reserven waren außer bei der 2. Isonzoarmee noch nicht in der Front aufgetreten. Ferner ergab sich, dass der Feind von unserem Angriff rein alles bis auf den Angriffstag gewusst hatte. Bewegungen italienischer Reserven nach dem Matajur hin waren beobachtet und unter Fernfeuer gehalten worden.

Das Nachziehen der österreichisch-ungarischen Divisionen der Armeereserve wurde vorbereitet. Die k. u. k. 13. Schützendivision sollte über Slap und St. Luzia folgen, die k. u. k. 4. Infanteriedivision bis in die Gegend von Reka (westlich Kirchheim), die k. u. k. 33. bis Kneza aufschließen. Das Oberkommando konnte dann am folgenden

Tage, je nach Bedarf, zwei Divisionen im Isonzotale weitermarschieren lassen, um auf dem rechten Flügel (auch bei der Gruppe Krauß) einen verstärkten Druck auszuüben, oder sie über die Kolovrathöhen nachführen. Die Divisionen wurden aus der deutschen Heeresartillerie mit Batterien ausgestattet, da auf das Herankommen ihrer eigenen Artilleriebrigaden vorerst nicht gerechnet werden konnte. Wie sich später ergab, musste wegen der Bewegungen der 2. Isonzoarmee die k. u. k. 13. Schützendivision am 25. Oktober stehen bleiben.

In Unkenntnis der Fortschritte der tapferen 12. Division befahl General von Below der Gruppe Stein, möglichst bald Robic zu nehmen und dort keine feindlichen Reserven mehr aus dem Natisonetal herauszulassen. Das Oberkommando erwartete, dass der Feind seine Reserven dort und über Luico vorwerfen würde, wenn er nicht, was nachteiliger wäre, erst weiter rückwärts eine neue feste Linie aufbaute. Rasches Vordringen des Alpenkorps und der 200. Division am 25. über Luico gegen den Monte Matajur und den Monte San Martino erschien besonders wichtig, desgleichen schnelles Nachziehen der Artillerie. Ob die geschlagenen Breschen einen völligen Durchbruch zulassen würden, musste der kommende Tag entscheiden."[104]

In dieser Zeit des rastlosen Vormarsches und der allgemeinen Euphorie, von der bei Erwin Rommel allerdings wenig zu merken war, weil der Stachel des entgangenen Pour le Mérite vom Isonzo noch allzu schmerzte, befahl die 14. Armee, dass das Württembergische Gebirgsbataillon aus dem Deutschen Alpenkorps auszuscheiden habe und für weitere Waffentaten an die deutsche Jägerdivision abzugeben sei. Damit war die hautnahe Tuchfühlung zwischen Ferdinand Schörner und Erwin Rommel endgültig beendet. Wenn sie jetzt auch in getrennten Gebirgsabschnitten die Verfolgung zum Tagliamento und von dort bis zur Piave aufnahmen, so verlor der eine den anderen doch nicht ganz aus den Augen. Vielmehr belauerten sie sich weiterhin wie die Hyänen im Kampf um die begehrte Beute. Und diese wollte der spätere „Wüstenfuchs" sich beim Ringen um das Monte-Grappa-Massiv nicht noch einmal von Hitlers Feldmarschall der letzten Stunde vor der Nase wegschnappen lassen.

13. Der Durchbruch in die Ebene von Friaul

„Durch die Niederlage im Flitscher Becken waren die Italiener, die das Rombongebiet verteidigten, von ihrer Rückzugsstraße abgeschnitten. Sie räumten daher am 25. Oktober um 6.40 Uhr vormittags ihre Stellungen und versuchten, sich über die unwegsamen Berge nach Nordwesten hin in das Raccolanatal zu retten", beschreibt General Krafft von Dellmensingen die militärische Ausgangslage vor dem Durchbruch aus den Bergen in die Ebene von Friaul.[105] In der Nacht vom 24. auf den 25. Oktober räumte der Gegner seine Stellungen vor der k. u. k. 55. Infanteriedivision.

Da um diese Zeit der Gegner noch am Kozljak (1.602 Meter) gegen große Teile der k. u. k. 50. Division im Kampf stand, sandte der Divisionskommandeur Generalmajor Prinz Schwarzenberg ein Halbbataillon in ihren Rücken. „Beim weiteren Vorgehen wurden zahlreiche versprengte und abgeschnittene feindliche Abteilungen gefangen genommen. Über 4.000 Gefangene, siebzig Geschütze und etwa 1.000 Tragtiere, diese als Ergänzung für die Abhänge bei Gebirgsartillerie und Train besonders begrüßt, fielen in die Hände der Sieger.

Da die Brücke bei Karfreit über den angeschwollenen Isonzo gesprengt war, musste die Division bis Idersko ausholen, um über den Fluss zu gelangen. [...]

Die deutsche Jägerdivision schloss am frühen Morgen des 25. Oktobers bei Za Otoke auf und setzte in geschlossener Kolonne den Vormarsch im Isonzotal fort, in der Vorhut Regiment Bibra, im Gros die Regimenter Bettendorf und Pappritz. Die Division kam auf den durch Kolonnen der voraus befindlichen, österreichischen Divisionen verstopften Straßen nur langsam vorwärts. Gegen Mittag überschritt sie die inzwischen fertiggestellte Kolonnenbrücke bei Pod Celom und erreichte bis 03.00 Uhr nachmittags den Lauf des Isonzo nach Südosten folgend, den Raum zwischen Serpenizza und Trnovo, der Stab nahm in Serpenizza Quartier. In den verlassenen italienischen Lagern fand die Division reichlich Vorräte an Lebensmitteln, Bekleidung und Ausrüstung. Auch wurde eine große Beute an stehen gebliebenen Geschützen, Maschinengewehren und Fahrzeugen eingebracht. Die Straßen zeigten überall das Bild einer panikartigen Flucht der Italiener.

Das k. u. k. I. Korpskommando begab sich am 25. Oktober nachmittags nach dem Versniklager im Flitscherbecken. [...]

Um 10.00 Uhr vormittags besuchte Kaiser Karl das Armeeoberkommando. Während seiner Anwesenheit traf die hocherfreuliche Meldung ein, dass der Feind nun auch vor der 2. Isonzoarmee überall zurückging und diese bereits nachdringe. Der Sieg des 24. begann sich demnach auch auf der südlich anstoßenden Front auszuwirken, ohne dass es einer erneuten Angriffsanstrengung der 2. Isonzoarmee bedurft hätte. Die 2. Italienische Armee hatte, wie festgestellt worden war, vier Brigaden ihrer Reserve gegen die 2. Isonzoarmee eingesetzt. Es schien also, als hätten die Italiener trotz allen Verrates dort den gefährlichsten Angriff erwartet, denn nur zwei Brigaden waren gegen die Tolmeiner Front geworfen worden. Zwei Bersaglieri- und vier Alpiniregimenter befanden sich bei Canale im Isonzotale, während aus dem Natisonetale bis jetzt keine Verstärkungen gemeldet waren. Gleichwohl war nicht zu erwarten, dass die Linie Monte Matajur – Monte Hum ohne ernste Kämpfe zu gewinnen sein dürfte. Es galt daher, das Eisen zu schmieden, solange es noch heiß war.

Die Fortsetzung der Operation gegen die italienische Ebene wurde erörtert. Der Ansatz der 14. Armee zum Angriff konnte nun freilich dazu führen, dass die Kräfte der 2. Isonzoarmee zunächst stark zusammengedrängt wurden. Das hätte aber nur durch Beteiligung dieser Armee am Angriffe aus dem Brückenkopfe heraus vermieden werden können und dazu fehlte der Raum. Darum musste der Ausweg gewählt werden, dass die 14. Armee allein diesen Angriff übernahm und die 2. Isonzoarmee sich hinter ihr erst dann auf das westliche Isonzoufer hinüberschob, wenn die erstere genügend Raum nach vorwärts gewonnen hatte. Die 14. Armee hatte sich zunächst dem Zuge der Höhen nach Südwesten anzupassen und konnte erst in der Ebene nach Nordwesten hin Platz machen. Zunächst musste auch ein erheblicher Teil der österreichischen Kräfte gegen die Korada gebraucht werden, falls der Feind diese mächtige Stellung, wie zu erwarten, ernstlich verteidigte. Eine Änderung der einmal eingeschlagenen Richtung, die ohnehin bedeutend mehr nach Westen zielte, als das Kommando der Südwestfront es ursprünglich beabsichtigt hatte, konnte also erst später in Frage kommen.

Schwere Sorgen bereiteten dem Armeeoberkommando jetzt die Nachschublinien, besonders die Idriatalstraße, auf der infolge der gemeinsamen Benutzung durch zwei Armeen nie volle Ordnung hergestellt werden konnte. Dort wurden die Anhäufungen sogar noch verstärkt, da von der 2. Isonzoarmee nun außer der k. u. k. 57. auch die 9., 28., 29., 106., 60. und 35. Infanteriedivision, im Ganzen sieben Divisionen, auf das westliche Isonzoufer gezogen werden sollten. Schließlich drängten sich mangels anderer geeigneter Wege auch noch die Artillerie- und Trainkolonnen der 2. Isonzoarmee teils mit, teils ohne Erlaubnis auf diese Straße und störten die Verkehrsordnung dauernd. Hierdurch wurde nicht nur der ganze Nachschub, sondern auch das Aufschließen der eigenen Reserven (k. u. k. 13. Schützen-, 4. und 33. Infanteriedivision) gefährdet.

Auch die ohnehin wenig leistungsfähige Bahn über Wocheiner Feistritz nach St. Luzia musste nun mit dem Nachschub für die 2. Isonzoarmee mitbelastet werden, da die Kleinbahn im Idriatale nicht rechtzeitig fertig geworden war. Diese Verhältnisse waren beinahe die bedenklichste Seite der ganzen Operation. Nur ein schnelles Vordringen konnte sie überwinden. Beim Armeeoberkommando eingehender Fliegermeldungen besagten, dass lange Kolonnen im Marsche von Vrh (auf der Bainsizza-

Hochfläche), von Canale nach Plava (beide am Isonzo gelegen) nach Westen wären, sie ließen erkennen, dass der Feind vor der 2. Isonzoarmee in großem Stile abbaute.

Gegen Abend wurde bekannt, dass der rechte Flügel dieser Armee unter geringem feindlichem Widerstande die Avscekschlucht (Eisackschlucht) südöstlich Auzza überschritten habe und gegen Vrh (auf der Bainsizza-Hochfläche) ansteige.

Spät abends traf schließlich noch die – allerdings etwas verfrühte – Meldung ein, dass der Stol von der k. u. k. 22. Schützendivision genommen sei, Vortruppen bereits nach Bergogna abstiegen.

Demnach hatte sich auch bei der Gruppe Krauß der Durchbruch in der geplanten Weise vollzogen. Die Verbindung zwischen den beiden, bisher getrennten Angriffsgruppen, die nunmehr in eine zusammenflossen, war hergestellt.

Der am Abend ausgegebene Armeebefehl ordnete, der Lage entsprechend, rücksichtslose Verfolgung an. General von Below wies besonders auf den Umstand hin, dass der Feind zurzeit nahezu ohne Artillerie sei. [...]

Das Kommando der Südwestfront hatte den stärksten neuen Widerstand noch auf den Randhöhen vor dem Austritt in die Ebene (Monte Juanes – Monte Madlessena – Monte Purggessimo – Castel del Monte – Korada) erwartet.

Das wäre für den Feind entschieden das Richtige, für die eigenen Absichten das Unangenehmste gewesen. Glücklicherweise besaß der Gegner indessen wohl zu geringen Einblick in die Lage auf deutsch-österreichischer Seite und warf der 14. Armee seine Reserven vereinzelt und ohne festen Plan weit nach Norden entgegen – drei neue Brigaden mit Marschziel Peternel (nordwestlich Monte Hum), andere in Richtung Savogna. Diese Feststellung ließ das Armeeoberkommando hoffen, dass der Feind vorerst nicht zu einem geordneten Neuaufbau einer festen Front kommen werde. Immerhin kam es darauf an, so schnell wie möglich gegen die Randhöhen des Gebirges vorzudringen, um jeden neuen Widerstandsversuch im Entstehen zu unterdrücken."[106]

Der gesamte Nordflügel der 2. italienischen Armee war zwischen Flitsch und Tolmein zertrümmert. Auf den Hochflächen von Lom und Kal hasteten die Italiener zurück. 30.000 Gefangene waren bereits zusammengetrieben worden. Ihr Rückzug wurde zur panikartigen Flucht.

„Über steile Hänge stiegen wir in die Ebene hinab", schrieb der Panzergeneral Hermann Balck in seinen Erinnerungen. „Das Bild bleibt das gleiche. Völliger Zusammenbruch. Abfahrende Autokolonnen, an einer Stelle verfeuert noch eine Batterie ihre letzten Granaten, man sieht die Kanoniere die Geschütze bedienen, dann rette sich wer kann. Rechts und links soweit das Auge reicht, steigen weiße Leuchtkugeln hoch. Das Zeichen unserer vordersten Linie: ‚Hier sind wir.' Stürmischer Vormarsch auf breiter Front."[107]

Nun lag die fruchtbare Ebene von Friaul vor den Bergschuhen und Stiefeln der deutschen und österreichisch-ungarischen Verbände. „Auch die von der 26. Infanteriedivision benutzte Marschstraße war übersät mit Gewehren, Ausrüstungs- und Bekleidungsstücken der Italiener. Zahlreiche Volltreffer in den Batteriestellungen gaben Zeugnis von der hervorragenden Wirkung der verbündeten Artillerie. Alles erweckte auch hier den Eindruck, dass der Rückzug des Feindes in regellose Flucht ausgeartet war. Große feindliche Verpflegungsmagazine lieferten die herrlichsten, lange entbehrten Dinge wie Weißbrot, Zwieback, Schokolade, Fleisch- und Fischkonserven, Liköre, Zigarren und Wein in Hülle und Fülle, auch Hafer war in Massen vorhanden. Es zeigte sich einmal wieder, wie gute Verpflegung die Stimmung einer Truppe zu heben vermag!“[108]

„Verfolgung!“ lautete daher die einzig richtige Parole während des stürmischen Vormarsches durch die Ebene von Friaul.[109] Quer durch und über die Berge ging es dann an der Spitze der deutschen 14. Armee in zwei Kolonnen, die aus den vordersten Teilen des Alpenkorps gebildet wurden, gegen Cividale. Das II. und III. Bataillon des Bayerischen Infanterieleibregiments sollten über die Höhen des Gragonzo-Tercimonte-Costa nach Teglio, das I. Bataillon mit den Reservejägerbataillonen 10 und 14 und der Gebirgsartillerie als Talkolonne über Savogna vorgehen.

Der Rest der Infanterie, die Jäger des Reservejägerbataillons 10 aus Goslar und das Jägerregiment sowie die Artillerie folgten dieser Kolonne über Luico nach. Zwischen diesen beiden Kolonnen sollte die 5. Kompanie des Bayerischen Infanterieleibregiments das Höhengelände säubern und die Flanken der Kolonnen schützen. So geschah es dann auch.

Die über Costa vorgehende Kolonne stieß auf keinen nennenswerten Widerstand. Daher erreichte sie unangefochten Teglio und schob ihre vordersten Teile an die Brücken über den Natisone vor. Anders erging es der Talkolonne. Sie hatte zunächst italienischen Widerstand bei Plava zu brechen. Als sie dem zurückweichenden Gegner sofort folgte, stieß sie bei Blasiu nordwestlich von Savogna wieder auf den Feind, der sich hier mit seiner Artillerie eingenistet hatte. Bevor es jedoch zum Angriff kam, zog sich der Gegner abermals zurück, sodass der Weitermarsch auf Savogna fortgesetzt werden konnte.

Dort schlossen Teile der Talkolonne, die von Luico herangerückt waren, auf die Spitzenkompanie auf. Eine bayerische Jägerkompanie, die Gebirgsartillerie und Pioniere folgten der 5. Kompanie der „Leiber“. Ihr hatte der Regimentsführer den Auftrag erteilt, auf der Straße weiterzumarschieren, um Azzida zu erreichen. Man war nicht allein. Dieses beruhigende Gefühl – im Kampfeinsatz doppelt so wichtig wie in Friedenszeiten – stärkte die Moral der Truppe ungemein. Voller Zuversicht sah man zum Monte Vainizza, wo jetzt in rascher Folge mehrere deutsche Leuchtkugeln hochstiegen. Man dachte, dort sind also auch schon die eigenen Verbände. Umso größer war dann die Überraschung, als die 5. Kompanie des Infanterieleibregiments aufgrund eines tragischen Irrtums gerade von dort her unter schweres Maschinengewehrfeuer genommen wurde. Wie war es dazu gekommen?

Die Kameraden der 200. Infanteriedivision hatten die „Leiber" für eine feindliche Kolonne gehalten. Erst durch wiederholt abgeschossene Leuchtzeichen konnten die Deutschen am Monte Vainizza dahingehend aufgeklärt werden, dass sie die eigenen Truppen beschossen. Daraufhin wurde das Feuer umgehend eingestellt. Der Vormarsch konnte nun wieder zügig fortgesetzt werden.

„Auch die Nachrichten von der 2. Isonzoarmee lauteten günstig. Ihre Divisionen hatten Ronzina, Canale, Vrh (auf der Bainsizza-Hochfläche), Britof und Gargaro erreicht. Der Feind vor ihnen war über Canale und Plava nach Westen zurückgegangen. Die Armee erwartete ernsten Widerstand erst in der Linie Korada – Monte Sabotino. Anscheinend konnte also auch dort mit einem vollen Zusammenbruch der Italiener gerechnet werden.

Bis zum Mittag stand fest, dass am rechten Flügel der Gruppe Krauß die Prevalascharte erreicht war. Die Edelweißdivision schien im Begriffe, sich am Nizki vrh den Eintritt in das Gnivizzatal zu erkämpfen. Hier begann also der Erfolg auch in den Bereich der k. u. k. 10. Armee überzugreifen. Auf dem Stol war der letzte feindliche Stützpunkt und das Vorgehen nach Westen, nach der Punta di Montemaggiore hin, eingeleitet. Die Kolonnen das Alpenkorps marschierten bereits am Monte Matajur vorbei nach Südwesten. Der Monte Hum, der Globocak und Kambresko waren genommen, also alle erhofften Ziele erreicht. Fliegermeldungen berichteten von großen, ungeordneten feindliche Ansammlungen bei Cividale, wohl hauptsächlich von Flüchtlingen. Dagegen konnten in dem ganzen Raum zwischen Tarcento und Cividale weder größere feindliche Truppenmassen, noch Bahnverkehr beobachtet werden. Dem Feinde war es sonach noch nicht gelungen, starke Reserven vor dem rechten Flügel der 14. Armee zu versammeln. Das Armeeoberkommando ermahnte erneut die Gruppen, diese überaus günstige Lage auszunützen und vorwärts zu dringen, was die Beine leisteten, um die Randberge zu gewinnen, ehe der ratlose Feind zur Besinnung gekommen war.

Auch bei Görz und vor der ganzen 1. Isonzoarmee begann der Feind zurückzugehen. Die Ereignisse schienen sich zu einer Katastrophe auszuwirken, die das ganze italienische Heer in ihren Bannkreis ziehen musste. […]

Das Kommando der Südwestfront […] wollte nun […] den Raum der 2. Isonzoarmee wenigstens bis zum Erbezzo (das heißt bis zur Linie Kambresko – Azzida – Cividale) erweitern. Durch diese Anordnung wären die unmittelbar am Feinde befindlichen Gruppen Berrer und Scotti der 14. Armee zugunsten der viel weiter zurückbefindlichen 2. Isonzoarmee herausgedrängt worden, deren vorderste Teile erst bei

Kambresko standen. Die Ausnutzung des Sieges schien hierdurch schwer gefährdet. General von Below erhob daher gegen diese Absicht dringende Vorstellungen, wobei er den Standpunkt vertrat, auf dem bisher auch das Kommando der Südwestfront gestanden hatte, nämlich, dass wohl die dauernde Vernehmung des Druckes auf den rechten Flügel der Gesamtoperation stets angestrebt werden müsse, dass dies aber im Gebirge nur in geringem Umfange ausführbar sei. Demzufolge müsse zunächst die Operation in der einmal angesetzten Richtung bis zur Ebene auslaufen und erst dort könne eine Umgruppierung – dann übrigens auch viel leichter! – erfolgen.

Schon jetzt tauchte also bei der Oberführung ein gewisser Gegensatz zwischen den Interessen der deutschen und der österreichischen Armeen auf. Während vor dem Angriffe das Bestreben des österreichischen Oberkommandos dahin gegangen war, die deutsche 14. Armee noch weit mehr nach Süden – gegen die Linie Cividale – Plava, mit dem äußersten rechten Flügel auf Cividale – anzusetzen, trat jetzt, nachdem die feindliche Front von der 14. Armee durchbrochen war, die vom österreichischen Standpunkt wohl verständliche Absicht hervor, den k. u. k. Truppen einen möglichst großen Anteil an der Ausbeute des Sieges zu sichern.

Dieses Bestreben hat später bei der Verfolgung gegen den Tagliamento noch manche ernste Reibung hervorgerufen.

Vorerst erkannte aber das Kommando der Südwestfront an, dass im gegenwärtigen Augenblicke eine Änderung der Armeegrenzen in der erwähnten Form weder zweckmäßig, noch durchführbar sei. Der beabsichtigte Befehl unterblieb daher. Übrigens musste General von Below auch gegen eine weitere vom Armeeoberkommando Baden beabsichtigte Anordnung Vorstellungen erheben, nämlich, dass die am rechten Flügel der Gruppe Krauß über Resiutta ins Fellatal angesetzten Truppen (k. u. k. Edelweißdivision, Deutsche Jägerdivision) dort unter das Kommando der k. u. k. 10. Armee treten sollten. General von Below konnte eine solche Schwächung seiner Kraft am rechten Flügel und eine bei dem Wechsel unvermeidliche, empfindliche Störung der Kommandoverhältnisse nicht für nützlich halten.

Beim Oberkommando der 14. Armee herrschte schon jetzt die Auffassung, dass für die Weiterführung der Operationen in der Ebene ein Übermaß an verbündeten Truppen vorhanden sei, deren Kraft auf dem begrenzten Raum zwischen Gebirge und Meer nicht mit vollem Nutzen verwertet werden könnte. Zudem war hier Strom auf Strom zu überwinden, was dem Gegner immer neue Gelegenheit geben musste, den Siegeslauf der Verbündeten zu hemmen. Deshalb drängte sich dem Chef des Generalstabes der 14. Armee schon am 26. der Gedanke auf, es würde nunmehr, da ein großer Erfolg sich überraschend schnell anbahnte, sehr förderlich sein, sofort auch einen Angriff der Heeresgruppe Conrad aus Tirol heraus ins Werk zu setzen, für den nun ein beträchtlicher Teil der am Isonzo entbehrlich gewordenen Truppen und die Masse der dortigen schweren Heeresartillerie verfügbar sein würde. Wenn die Vorbereitung auch

Wochen erforderte, so konnte doch dieser früher wegen Kräftemangel unterlassene Angriff der späteren Operationen noch sehr ausschlaggebend unterstützen.

Gegen 17.30 Uhr wurde gemeldet, dass die Eisenbahnbrücke bei Görz gesprengt und der Flugplatz bei Cormons verschwunden sei. Es bestätigte sich also, dass der Feind im großen Stile abzubauen begann. Italienische Zeitungen hatten soeben geschrieben, dass zum ersten Male im Kriege die Anwesenheit deutscher Truppen an der italienischen Front festgestellt sei. Sie hielten dies aber nur für ein politisches Manöver ohne ernste Absicht. Im Übrigen seien General Cadorna sowie das Land zum Empfang der Deutschen bereit. Die Italiener hatten inzwischen wohl erkannt, dass die Sache wirklich ernst war! Meldungen des Nachrichtendienstes stellten fest, dass von der 2. Italienischen Armee bereits dreizehn feindliche Brigaden als zersprengt (die österreichischen Nachrichten sagten ‚vernichtet') angesehen werden konnten. Bis 20.30 Uhr wuchs diese Zahl auf achtzehn. Anderseits schmolz die Zahl der Reserven der 2. und 3. Italienischen Armee damit auf neun unberührte Brigaden zusammen. Ob der Feind mit ihnen jetzt noch einen wirksamen Widerstand organisieren konnte, war mehr als fraglich. Es schien zu einem Zusammenbruch der Italiener ohne Gleichen zu kommen.

Einige Sorgen bereiteten dem Armeeoberkommando noch die Vorgänge bei der Gruppe Stein. Es bestand der Eindruck, dass deren Truppen allen Warnungen zum Trotz die Bedeutung der Hochfläche von Juanes – Madlessena nicht genügend würdigten und allzu sehr nach Süden gegen Cividale zusammenliefen. Das Gruppenkommando Stein, das selber ebenfalls diese Befürchtungen hegte, war bereits tätig, um hier abzuhelfen. Aus der spät abends (22.30 Uhr) eintreffenden Nachricht, dass Teile der 12. Infanteriedivision von Stupizza gegen den Monte Juanes anzusteigen begonnen hatten, ergab sich, dass die Gefahr in dieser Hinsicht überwunden war.

Das Armeeoberkommando bearbeitete schon jetzt den Befehl für die Fortsetzung der Operationen in der Ebene. Dabei wurde unter Zugrundelegung der Vereinbarungen mit dem Kommando der Südwestfront die Südgrenze der Armee über Udine (einschließlich) und San Marco zum Tagliamento hin gezogen. Für sechzehn Divisionen der Armee waren zehn durchlaufende Straßen vorhanden, das musste im Notfall genügen. Der nördlichste Punkt für den Vormarsch war die Eisenbahnbrücke von Cornino. Alle italienische Befestigungen im oberen Talgiamentotale und in der Ebene (Monte Festa, Tarcento, Osoppo, Tricesimo, Fagagna, Ragogna) sollten möglichst durch Handstreich genommen werden. Eine Hauptsorge bildete für das Armeeoberkommando die baldige Herstellung eines Gleisanschlusses im Isonzotal von St. Luzia zur Natisonetalbahn.

Von den Armeereserven war am 26. Oktober die k. u. k. 13. Schützendivision mit der Hauptmasse bis Woltschach gelangt, einzelne Teile, insbesondere die Artillerie, waren jedoch noch immer zurück. Die k. u. k. 4. Infanteriedivision stand noch immer bei Ponikve und St. Veitsberg, die 33. bei Podmelec. Ein weiteres Vorziehen der Divisionen blieb im Hinblick auf die Verstopfung der Straßen noch immer unmöglich.

Am 26. Oktober hatten unsere Flieger fünfzehn feindliche Flugzeuge abgeschossen und nur vier eigene verloren. Überhaupt bestand auf Seite der Verbündeten eine entschiedene Luftüberlegenheit.

Am Abend wurde beim Armeeoberkommando bekannt, dass an der Westfront bei Pinon – Vauxaillon ein recht erheblicher Einbruch in die deutschen Stellungen erfolgt sei, der auch einen nennenswerten Verlust an Artillerie zur Folge gehabt habe. Es stand zu befürchten, dass dieser Vorgang demnächst seine Wirkung auch bis auf die 14. Armee ausstrahlen werde.“[110]

Das war gewiss ein nicht zu unterschätzender Rückschlag für die Mittelmächte nach der erfolgreichen Durchbruchsschlacht von Flitsch und Tolmein, der die weiteren operativen Planungen der 14. Armee in gewisser Hinsicht durchkreuzte. Denn der Gedanke war verlockend, nach ihrem unerwartet schnellen Vorstoß die Vernichtung des gesamten italienischen Heeres durch einen konzentrischen Angriff aus Südtirol heraus herbeizuführen. „Da beim weiteren Vormarsch der Raum zwischen Gebirge und Meer für die an der Isonzofront angehäuften Truppen ohnehin zu eng werden musste, konnte man ihnen ohne Bedenken Kräfte entnehmen.“[111] Aber zunächst musste der ganz große Sieg noch durch eine kühne Operation herbeigeführt werden.

„Die lockend aufgerollte Ebene forderte Below heraus, am Tagliamento links einzuschwenken und Cadornas 2. und 3. Armee vom Rückzug über den Strom abzuschneiden, südwärts zu werfen und im Zusammenwirken mit Boroević in den Lagunen der fernher blinkenden Adria zu vernichten. Der strategische Ausblick auf ein ‚Sedan‘ von nie gesehener Größe tat sich auf. Besaß Arz von Straußenburg die Kraft und die Entschlussfähigkeit, diesen Augenblick zu ergreifen und das Schema zu verlassen, das den Vormarsch der Armeen pedantisch geregelt hatte, gelang es ihm und seinem Helfer Waldstätten, den Kaiser für Schlieffensche Gedankengänge zu gewinnen, gab Arz sofort den Befehl zur Linksschwenkung, ohne sich um die 4. Armee Cadornas zu kümmern, die noch tief im Gebirge verstrickt lag, und war er imstande, die Reibungen zu beseitigen, die aus dem Ineinanderverschieben der Verbündeten am Unterlauf des Tagliamento entstehen konnten, so war an einem Erfolge von geschichtlicher Größe nicht zu zweifeln.

Wir wissen nicht, wie weit man sich im Lager Karls der Erkenntnis der Lage erschloss, aber wir sehen Below aus eigenem Antrieb handeln. Tief und tiefer bohrten sich die eisernen Keile der 14. Armee am 26. Oktober in die letzte Bergflanke. Below setzte alles dran, die Linie Venzone – Gemona – Tacento – Cividale zu gewinnen, in der Cadorna seine planlos herumgeschenkten Brigaden geordnet und

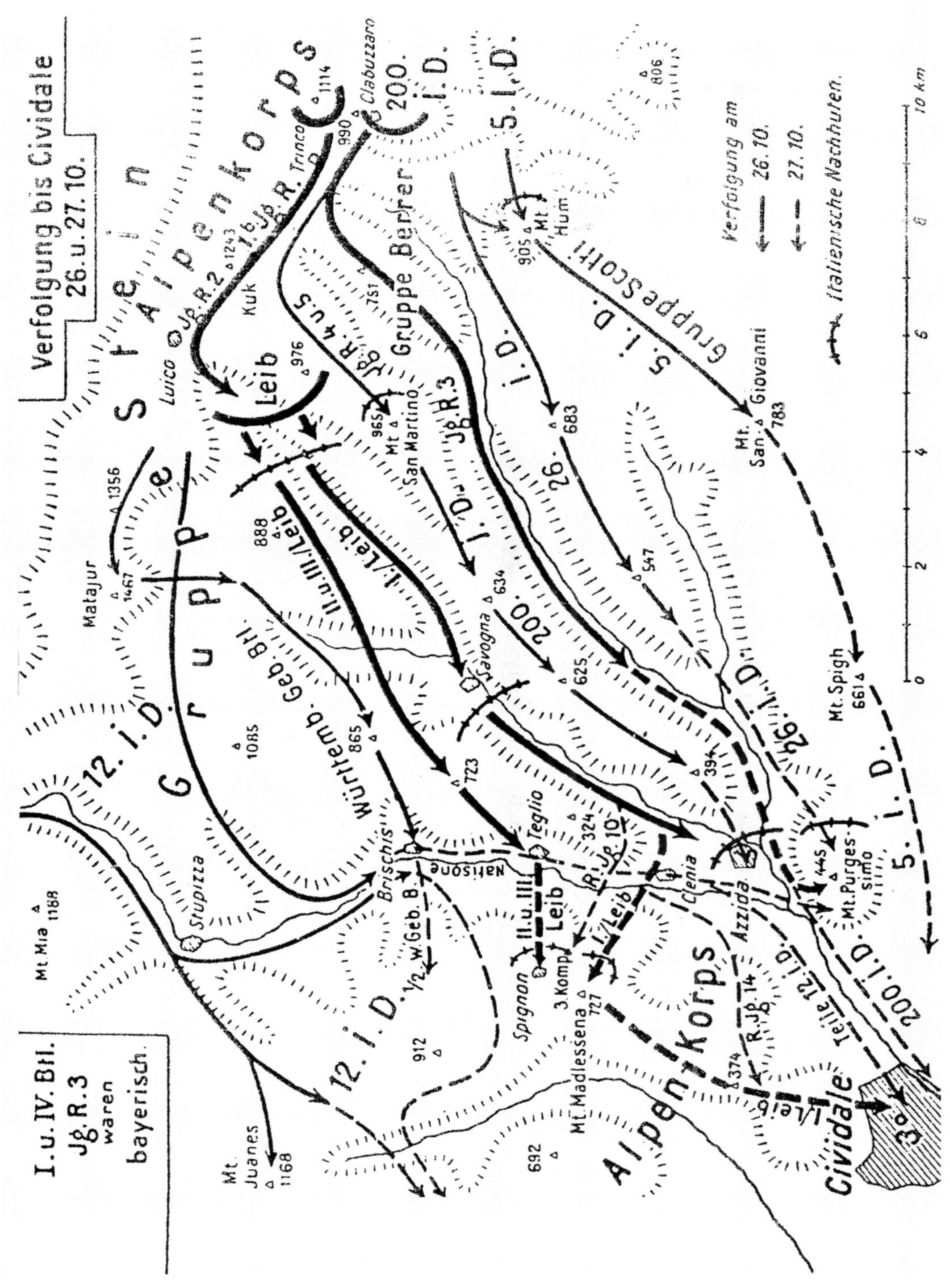

Auf der Karte sind Truppenverläufe der Mittelmächte in Richtung der im nordostitalienischen Friaul gelegenen Stadt Cividale einzusehen.

neue Artilleriestellungen ausgehoben hatte. Krauß rückte kämpfend, Wege bauend und Kanonen schleppend auf Resiutta, Venzone und Gemona. Steins und Berrers Divisionen stürzten wie Lawinen vom Monte Juanes bis Rocchin über die Berghänge und in den Talzügen der Torrente auf Cividale hinab. [...] Hätte Below Panzerwagen, Radfahrer und Heereskavallerie besessen, so wäre kein Italiener entronnen. Da keine Verfolgungstruppen zur Stelle waren, lag die Last der Verfolgung auf der Infanterie. Sie hatte Alpengipfel gestürmt und Torrenten durchwatet und trat jetzt, vom Anblick der Ebene berauscht, dem Feind in Gewaltmärschen auf die Hacken. Je rascher sie Raum gewann, desto größer wurde Cadornas Niederlage."[112]

Diese weitreichenden operativen Überlegungen wurden fast gleichzeitig von der Obersten Kriegsleitung, von Feldmarschall Conrad von Hötzendorf und von Generalleutnant Krafft von Dellmensingen als Chef des Generalstabes der 14. Armee der österreichisch-ungarischen Heeresleitung vorgetragen. Dass die alles entscheidende Schlacht dann doch verwässert wurde, müssen wir vor folgendem Hintergrund sehen.

Bereits am Abend des 26. Oktobers 1917 hatte General Erich Ludendorff, „anschließend an die Frage des Angriffsstreifens der 14. Armee, einerseits den Angriff der 1. Isonzoarmee mit starkem rechten Flügel über Görz auf Cormons angeregt, um die weiter nördlich noch im Gebirge stehenden italienischen Kräfte abzufangen, andererseits gesagt:

Ob es möglich sei, die Heeresgruppe Conrad für einen Angriff auf Asiago zusammenzuziehen oder nach Einnahme von Görz aus der Isonzoarmee zu verstärken, entziehe sich seiner näheren Beurteilung, Zuführung deutscher Truppen nach Tirol beabsichtigte er jedenfalls nicht. Er sah die deutsche Beteiligung an den Operationen gegen Italien – entsprechend den im August und September getroffenen Abmachungen – mit Erreichen des Tagliamento als im Wesentlichen abgeschlossen an."[113]

Da sich die Lage an der Westfront – insbesondere in Flandern – für die deutschen Armeen dramatisch verschärfte, drahtete General Ludendorff noch am 27. Oktober 1917 an General von Arz: „Nachdem der Schlag gegen Italien zu einem vollen Erfolge herangereift, muss ich an eine Stärkung der sehr angestrengten deutschen Westfront denken."

Mehr noch: Ludendorff bat die Österreicher gar, eine k. u. k. Division der Isonzofront in Galizien einzusetzen, damit dort deutsche „Westdivisionen" herausgelöst werden können. Das war eine Bitte, der dann auch entsprochen wurde.

Feldmarschall Conrad von Hötzendorf hatte am 26. Oktober 1917 seinerseits vorgeschlagen, bei einem weiteren Fortschreiten der Isonzooffensive auch seine Heeresgruppe am Angriff gegen Italien zu beteiligen. Hierzu benötigte er allerdings Verstärkungen – und zwar aus Teilen der k. u. k. 10. Armee, die durch das Vorgehen der deutschen 14. Armee nach Südwesten demnächst ohnehin aus der Front herausgedrückt werden würde. Generalleutnant Krafft von Dellmensingen hatte sich „vor allem wegen der Anhäufung von Divisionen auf der Grenze der 14. und 2. Isonzoarmee sowie der daraus entstandenen schweren Verkehrsstockungen“[114] am Vormittag des 27. Oktobers unmittelbar an Generalmajor von Waldstätten mit der Bitte gewandt, „die hinteren Divisionen der 2. Isonzoarmee zunächst anzuhalten, um sie später je nach der Lage zu verwenden. Für eine Offensive in Tirol hatte er vorgeschlagen, jetzt schon alle an der Isonzofront entbehrlichen Kräfte über den Brenner und durch das Pustertal zugleich abzufahren.“[115] Das war eine durchaus logische Maßnahme, um den großartigen operativen Erfolg mit einem schlachtentscheidenden strategischen Sieg zu krönen.

Aber das Schicksal der Donaumonarchie, ja das der Zentralmächte, nahm einen anderen, geradezu tragischen Verlauf. Es waren gerade die k. u. k. Generalstäbler, die verhängnisvoll in das Räderwerk der optimal verlaufenden 12. Isonzoschlacht eingegriffen haben, denn die „österreichisch-ungarische Heeresleitung stand der Frage eines Angriffs aus Tirol heraus mit Bedenken gegenüber“[116], da der Chef der Operationsabteilung, Generalmajor Freiherr von Waldstätten, aufgrund seiner persönlichen Erfahrungen während der unbefriedigend verlaufenden Frühjahrsoffensive im Kriegsjahr 1916 die Geländeverhältnisse auf der Hochfläche der „Sieben Gemeinden“ für außerordentlich schwierig und kaum überwindbar hielt. Gleichzeitig befahl die k. u. k. Heeresleitung der Heeresgruppe Conrad am 27. Oktober 1917, die „Offensive aus Tirol heraus vorzubereiten und ehemöglichst zu beginnen.“[117]

An Verbänden sollten zwei Divisionen der 1. Isonzoarmee, deren Abtransport bereits am Abend des 28. Oktobers 1917 begann, und eine abgesessene Kavalleriedivision von der Ostfront zugeführt werden. Als Angriffsbeginn war der 10. November 1917 vorgesehen. In diesem Monat schneite es in den Alpen in der Regel schon heftig, sodass hoher Schnee die Pässe und Joche unpassierbar macht.

Aber noch war es nicht soweit. Zunächst vervollständigte sich „das Bild von der Niederlage des Gegners [...] im Laufe des 27. Oktobers immer mehr. [...] Nicht enden wollende Gefangenenmassen strömten auf den engen Gebirgsstraßen zurück, die Zahlen des erbeuteten Kriegsgeräts stiegen immer höher. Im Fellatal erfolgte der Abbau der italienischen Funkstationen, ebenso vor der 1. Isonzoarmee. Vor dieser deuteten auch gewaltige Feuersbrünste und Sprengungen auf Rückzugsabsichten des Gegners. Es schien, dass er erst hinter dem Tagliamento wieder Front machen werde.“[118]

Angesichts dieser Erkenntnis über die teils chaotischen Rückzugsbewegungen des Feindes lag es auf der Hand, dass das nächste Ziel der deutschen 14. Armee die Eroberung der Brücken über den Tagliamento war. An festen Brücken, die für eine weiterreichende Operation in Norditalien über den Tagliamento hinweg in Frage kamen, bestanden unweit des Golfes von Venedig eine Eisenbahn- und eine Straßenbrücke bei Latisana, eine Straßenbrücke bei Madrisio, zwei Eisenbahn- und eine

Straßen- sowie eine unfertige Straßenbrücke bei Codroipo, bei Dignano eine hölzerne Straßenbrücke, östlich von Spilimbergo Brückenstege, bei Pinzano zwei Straßenbrücken und schließlich bei Trasaghasi eine Straßenbrücke. Sämtliche Eisenbahnbrücken waren für Truppentransporte brauchbar.

„Hiervon waren die Brücke bei Madrisio, die dritte Brücke bei Codroipo, der Übergang von Dignano (Bonzicco), die nördliche Brücke von Pinzano ebenso wie die am Westufer des Tagliamento von Braulins über Peonis nach Cornino angelegte neue Straße der verbündeten Führung leider unbekannt und in den Karten nicht eingezeichnet. Diese Unkenntnis war darauf zurückzuführen, dass die österreichischen Flieger ihre Flüge vor der Offensive nicht so weit auszudehnen vermochten, und die deutschen, in der kurzen Vorbereitungszeit mit anderen vordringlichen Aufgaben beschäftigt, ebenfalls eine systematische Aufklärung des Tagliamento noch nicht hatten durchführen können. Dieser Umstand", so Krafft von Dellmensingen rückschauend, „ist nicht ohne Einfluss auf die späteren Verfolgungskämpfe geblieben."[119]

Ernest Hemingway nach seiner Verwundung als Sanitäter an der Isonzofront beim Spaziergang mit Schwestern. Links seine Pflegerin, die sieben Jahre ältere Agnes Hannah von Kurowsky, seine erste große Liebe, die er heiraten wollte.

14. Ernest Hemingway als Sanitäter an der Isonzofront

Der weltberühmte amerikanische Schriftsteller und Literaturnobelpreisträger Ernest Hemingway war als freiwilliger Sanitäter und Krankenwagenfahrer im Ersten Weltkrieg an der Isonzofront tätig. Mit seinen beiden Büchern vom oberitalienischen Kriegsschauplatz übertraf er bei Weitem die Lobeshymnen und den rasch verwelkten militärischen Ruhm der Generalität während der zwölf Isonzoschlachten. Eine der rührigsten Liebesgeschichten zwischen der Krankenschwester und einem Offizier hinter der Front schilderte er auf diesem Kriegsschauplatz in seinem frühen autobiografischen Roman „In einem andern Land“:

Der junge Amerikaner Frederic Henry wollte in Italien Architektur studieren. Dort wird er jedoch in den Krieg hineingezogen und leistet in der Uniform eines Leutnants freiwillig Dienst im Sanitätswesen der italienischen Armee, die gegen Österreich-Ungarn kämpft. Er ist vielfach verantwortlich für Lastwagentransporte. In einer kleinen Stadt lernt er die englische Krankenschwester Catherine (Cat) Barkley kennen, deren Bräutigam gefallen ist. Anfänglich wehrt sie sich gegen sein Liebeswerben im Gedenken an ihren toten Verlobten. Aber dann zieht es sie doch mit all ihren Sinnen zu ihm hin.

Ohne formelle Heirat gehören fortan beide einander an und suchen zu einem gemeinsamen Leben zu kommen. Als Kind ihrer Liebe erhoffen sich beide ein kleines „Catherinchen“. Aber was ihr Leben bestimmt, ist nicht eitel Sonnenschein, sondern ein glückzerstörender Regen. Auf einer Tour bekommt Henry eine schwere Beinverletzung, die von einem Chirurgen vortrefflich behandelt wird, sodass er seinen Dienst weiter ausüben kann.

Viele Menschen sind in Italien des Krieges müde. Die kämpfenden Soldaten haben es schlecht, während die Schieber und Etappenfürsten im Hinterland ein Luxusleben führen. Der Religion stehen viele fremd gegenüber, ein ehrenwerter Priester wird vielfach angeödet. Wörter wie „heilig“, „ruhmreich“ und „Opfer“ klingen aus seinem Munde schal und bitter. Bei einem geordneten Rückzug bleiben die Wagen von Henrys Kolonne völlig im Schlamm stecken. Er und seine Männer suchen sich durchzuschlagen. Nach zahlreichen Hindernissen findet Henry seine verloren gegangene Cat wieder: „Ich hatte meinen Separatfrieden gemacht“, entfuhr es ihm. In einer regenverhangenen Novembernacht flüchten beide über den Lago Maggiore in die Schweiz bis nach Lausanne. Tapfer erträgt Cat die qualvollen Stunden ihrer Niederkunft. Sie bringt einen toten Knaben zur Welt und stirbt bei der Geburt ohne jede Angst vor dem Tod. In ihrer höchsten Not hat Henry wieder das Beten gelernt. Aber er wird nicht erhört.[120] „A farewell to arms“ ist Hemingways dichterischer Niederschlag seiner Erlebnisse im Ersten Weltkrieg, der zu einem Bestseller wurde.

Die sieben Jahre ältere Agnes Hannah von Kurowsky, die er heiraten wollte, war im Frontalltag seine erste große Liebe. Sein bewegtes und abenteuerliches Leben war bereits zu seinen Lebzeiten zu einer Art Mythos geworden, aber auch der Ursprung seiner Werke.

Das Ziel seiner Prosa ist, wie Hemingway es selbst deutete, zu einer „vierten und fünften Dimension" zu gelangen, die „viel schwieriger als Poesie" sei. „Die gottverdammt traurige Wissenschaft des Krieges", die Liebe und der Tod sind die Grundthemen seiner melancholisch skeptischen Kurzgeschichten wie „Der alte Mann und das Meer" und seiner Romane wie zum Beispiel „Wem die Stunde schlägt".

„Manchmal", so Hemingway in seinem fast klassisch gewordenem Meisterwerk „In einem andern Land", „hörten wir in der Dunkelheit Truppen unter unserm Fenster marschieren und Kanonen vorbeikommen, die von Traktoren gezogen wurden. Nachts war viel Verkehr, und auf den Straßen eine Menge Maultiere, die auf beiden Seiten ihrer Packsättel Munitionskisten trugen, und graue Lastautos mit Soldaten beladen und andere Lastwagen voll Fracht, mit Planen bedeckt, die im Verkehr langsamer fuhren.

Manchmal wurden auch Tags schwere Geschütze von Traktoren vorbeigeschleppt, die langen Kanonenrohre unter grünen Zweigen verborgen, und die Traktoren mit grünbelaubten Zweigen und Weinreben bedeckt. Nach Norden zu konnten wir ein Tal und einen Wald aus Kastanienbäumen überblicken und dahinter einen zweiten Berg diesseits des Flusses. Auch um den Berg wurde gekämpft, aber es war nicht erfolgreich. [...]

Ich war bis zum Brückenkopf in Plava den Fluss hinaufgefahren. Dort sollte die Offensive einsetzen [...] denn die Österreicher hielten ein Stück flussabwärts noch einen Brückenkopf.

Die österreichischen Schützengräben lagen oberhalb auf dem Hügelhang nur ein paar Meter von den italienischen Linien entfernt. [...] Sobald die Straße fertig war, würde die Offensive beginnen."[121]

Ernest Hemingway war der erste verwundete Amerikaner an der italienischen Isonzofront. Nicht weniger als achtundzwanzig Granatsplitter konnten gleich aus seinen verletzten Beinen entfernt werden, mindestens ebenso viele blieben drinnen, weil sie zu tief eingedrungen waren. Zu seinem Glück setzen die Truppenärzte nicht gleich die Knochensäge an. In Mullbinden wie eine Mumie eingewickelt, wurde er fünf Tage später nach Mailand in das „Ospedale Croce Rossa Americana" transportiert, wo fünfzehn Schwestern den schwerverwundeten amerikanischen Sanitäter von der Isonzofront in Empfang nahmen. Hauptmann Dr. Sammarelli stand als Chirurg mit dem Skalpell im Operationssaal bereit ... Als Hemingway aus der Narkose erwachte, stand Schwester Agnes Hannah von Kurowsky vor seinem Krankenbett. „Sie war ziemlich groß. Sie trug etwas, was mir wie Schwesterntracht aussah, war blond und hatte eine gebräunte Haut und graue Augen. Ich fand sie sehr schön", bekannte der Schriftsteller in seinem Werk.[122]

Hemingway verehrte sie und schrieb: „Agnes war lustig, flink, sympathisch, mit einem überaus stark entwickelten Sinn für Humor, eine geradezu ideale Krankenschwester." Agnes, eine sechsundzwanzigjährige Bibliothekarin aus Washington, war die Tochter einer Amerikanerin und eines deutschen Einwanderers. Sie sprach fließend Deutsch und Französisch. Ihr Wunsch, Europa kennenzulernen, ging in Erfüllung, als der Erste Weltkrieg ausbrach und freiwillige Krankenschwestern gebraucht und nach entsprechender Ausbildung in französischen Lazaretten und später auch in italienische abkommandiert wurden.

In seinem späteren Roman „Über den Fluss und in die Wälder" hat der amerikanische Nobelpreisträger den Fortgang der Isonzooffensive auf dem oberitalienischen Kriegsschauplatz unter anderem zwischen Monfalcone, dem Tagliamento und der Piave abgehandelt.

„Wenn man das alte Bett der Piave hatte", so Hemingway, „konnte man, wenn die erste Stellung nicht hielt, auf die Sile zurückfallen. Jenseits der Sile war nichts als arschnacktes Flachland und ein gutes Straßennetz in die venezianische Ebene und die Ebenen der Lombardei, und die Österreicher griffen des Winters wieder und wieder und wieder an, um zu versuchen, auf diese gute Chaussee zu kommen, auf der sie jetzt entlangrollten und die direkt nach Venedig führte. [...]

Die Angriffe der Österreicher waren zwar schlecht koordiniert, aber pausenlos und erbittert, und zuerst kam das schwere Geschützfeuer, das einen außer Gefecht setzen sollte, und dann, wenn es erhöht wurde, prüfte man die Stellungen und zählte seine Leute. Aber man hatte keine Zeit, sich um die Verwundeten zu kümmern, da man wusste, dass der Angriff sofort erfolgen würde, und dann erschoss man die Männer, die durch den Morast gewatet kamen und ihre Gewehre über Wasser hielten und so langsam herankamen wie eben Männer, die bis zum Bauch im Wasser waten.

Wenn sie das Artilleriefeuer nicht erhöht hätten, wenn es losging, hatte der Oberst, damals ein Leutnant, oft gedacht, weiß ich nicht, was wir hätten tun können. Aber sie erhöhten es immer und legten es vor die Spitze des Angriffs. Sie gingen immer nach dem Reglement. Wenn wir die alte Piave verloren hatten und an der Sile standen, verlegten sie es bis zur zweiten und dritten Stellung, obschon solche Stellungen ganz unhaltbar waren. Sie hätten ihre Geschütze alle ganz dicht heranbringen und die ganze Zeit, während des Angriffs, in uns hineinbummern müssen, bis sie eine Bresche geschlagen hätten. Aber gottlob führte immer ein alter Trottel in hoher Stellung den Befehl, dachte der Oberst, und so blieb es immer Stückwerk."[123]

15. Die Verfolgung zum Tagliamento

General Krafft von Dellmensingen charakterisierte den italienischen General Graf Lugio Cadorna als eine Persönlichkeit von hoher Begabung, untadeligem Rufe und seltener Energie, der kaltblütig und hartnäckig auf sein Ziel losging. „Ungemein pflichtbewusst und fleißig, lehnte er, wo er irgend konnte, die Mitarbeit anderer ab. Sein Selbstbewusstsein reichte an die Grenzen des Hochmuts heran und machte ihn unzugänglich. Er schloss sich von seiner Umgebung ab und gelangte allmählich zur Einbildung der Unfehlbarkeit, die schließlich seine Schwäche wurde. Gegen die Untergebenen war er drakonisch streng, ohne andererseits Verständnis für ihre Verdienste zu haben. Das erzeugte Verantwortungsscheu und das Misstrauen lähmte jede Selbsttätigkeit. Die Kluft, die General Cadorna von der Regierung trennte, klaffte daher auch zwischen ihm, seinen Unterführern und seiner Truppe auf. Eine maßlose Verschwendung mit den Führerkräften setzte ein. Die Maßregelungen durch Enthebung vom Kommando erreichten bis zum Oktober 1917 die Zahl von 307 Generalen und Obersten. In zehn Monaten stürzten vierundzwanzig Korpskommandanten. Das Regiment 144 hatte im Oktober 1917 den 31. Kommandeur seit Kriegsbeginn! Die Folge war ein Mangel jedes innigen Zusammenhanges in der Führerschaft von oben bis unten. Die wenig begeisterten Truppen wurden immer wieder in blutigen Materialschlachten gegen befestigte Stellungen frontal vorgetrieben, die, wie wir zu unserem Leid erfahren haben, auch die Schärfe des ganz anders gehärteten deutschen Schwertes so erschreckend rasch abzustumpfen vermochten. Dabei wurde die Truppe äußerst streng behandelt, jedes Versagen aufs Schärfste geahndet. Bald zeigte sich, dass der an sich nicht allzu kräftige Bogen überspannt war. Die Missstimmung wuchs von Tag zu Tag. Die Zahl der Desertierten stieg von April bis August 1917 von 2.000 auf 6.000 und am 1. November 1917 befanden sich im Hinterlande neben 48.000 überhaupt nicht Eingerückten noch 66.000 Deserteure. Schon im März 1917 meuterten ganze Brigaden beim Marsche in die Stellung. Das Oberkommando suchte die Disziplin durch unglaubliche Härte aufrechtzuerhalten. Milde Strafgerichte setzten ein. [...]

Der Zustand der italienischen Armee war allerdings geeignet, an einem geschlossenen Gegenangriff zu verzweifeln. Die brüchige Moral der Truppen und ihre offenkundige Kriegsmüdigkeit hatten sich schon in den ersten Kampftagen in erschreckender Weise gezeigt. Bereits wenige Stunden nach Beginn des Kampfes eilten Artillerieabteilungen mit ihren Offizieren aus dem Kampfe zurück. Leute ohne Waffen flüchteten in Massen von der Front. Man hörte rufen: ‚Der Krieg ist aus!', ‚Nachhause!'. Immer weiter griff die tolle Panik und die unaufhaltsame Flucht nach Westen um sich. Man erhielt das Bild eines förmlichen Militärstreiks. Selbst die frisch eingesetzten Reserven, die zum Teil aus Tirol herangeholt waren, zeigten keinen besseren Halt. Auch die Bevölkerung, die von den fliehenden Soldaten ausgeplündert wurde, fasste der Schrecken, sodass sie sich der allgemeinen Flucht vielfach anschloss. Besonders war dies in Cividale und später in Udine der Fall, weniger in den Dörfern. Die anrückenden Reserven wurden mit dem Rufe ‚Streikbrecher' verhöhnt. Dichtgedrängt saßen die Soldaten auf den Fuhrwerken. Nachts röteten zahlreiche Brände den Himmel, Betrunkene johlten und raubten in Stadt und Land. Die Behörden waren machtlos gegen dieses Treiben. Die ganze 2. Armee lief schließlich nach Hause, warf die Waffen weg, entfernte die Gradabzeichen. Viele Soldaten kleideten sich in Zivil, bildeten Banden und brandschatzten die Bauern. Die Unordnung wurde durch die vielen flüchtenden Landeseinwohner ins Riesenhafte gesteigert, die Straßen waren bald so zerfurcht, dass die noch brauchbaren Reserven die größte Mühe hatten, sich durchzuarbeiten und vielfach zu spät kamen."[124]

Allein bei der Gruppe Stein betrug die Kriegsbeute innerhalb einer Woche vom Durchbruch am Isonzo bis zum Tagliamento über 80.000 Gefangene, 700 Geschütze, unzählige Maschinengewehre und Heeresgerät aller Art sowie die Trains von mindestens sechs Divisionen.[125] Angesichts dieser Beutezahlen und der außer Kontrolle geratenen Lage beim Gegner sollte die Masse der italienischen Isonzoarmee unter allen Umständen noch diesseits, spätestens jedoch jenseits des Tagliamento überholt und vernichtet werden. Hierzu erließ General der Infanterie von Below am Abend des 27. Oktobers 1917 folgenden Befehl:[126]

Armeehauptquartier, 27. Oktober 1917, 22.00 Uhr

Armeebefehl

1. Tagliamentobrücken bei Ragogna – Diagnano – Codroipo gewinnen, ehe Feind sie zerstört.
2. Gefechtsstreifen:
   Krauß links: Colloredo (ausschließlich) – Daniele Süd (einschließlich) – Vacile (einschließlich),
   Stein links: Plaino (einschließlich) – Silvella (einschließlich) – Gradiska (einschließlich),
   Berrer links: Chiavris (einschließlich) – San Marco (einschließlich) – Coderno (einschließlich) – Arzenutto (einschließlich),
   Scotti links: Eisenbahn Udine – Codroipo (einschließlich) – Casarsa (einschließlich).
3. Armeeoberkommando am 28. Oktober Kneza, am 29. Oktober Karfreit.
   Höchstkommando Krainburg.

Damit zeichnete sich ab, dass im weiteren Verlauf der 12. Isonzoschlacht durch die fruchtbare Ebene Norditaliens breite Flussläufe zu überwinden waren. Während der sommerlichen Trockenperiode sind diese sogenannten Torrente – periodische oder episodische Wasserläufe mit stoßweiser Wasserführung nach heftigen Niederschlägen – alles andere als ein ernst zu nehmendes Hindernis. Aber im Herbst, wenn es unaufhörlich regnet, dann gebärden sich diese berüchtigten, meist breiten oder tief eingeschnittenen Gebirgsflüsse wild und schäumend in ihrer jahrtausendealten Urgewalt, alles stark und unaufhaltsam mitsichreißend, ungebändigt und ungezähmt. Um sie zu überqueren, wurde eigens aus Rumänien schweres Brückengerät herangeschafft, mit dem große Kriegsbrücken über die Flüsse Tagliamento und Meduna geschlagen werden konnten. Im Hinblick auf den weiteren Vormarsch erhielten sowohl die 12. Infanteriedivision als auch das Alpenkorps „je eine weit tragende 15-cm-Kanonenbatterie zugeteilt, um", so Dellmensingen, „auf große Entfernung Straßenknoten und Bahnhöfe beschießen und so den Schrecken weit hinter den Tagliamento tragen zu können."[127]

Um den letzten Widerstand der Italiener noch vor den Wasserhindernissen zu brechen, befand sich die gesamte deutsche Front seit dem Morgengrauen des 27. Oktobers auf dem Vormarsch. Vor dem Alpenkorps lag zunächst das Tal des Natisone. Die Brücken über den Fluss waren gesprengt. Aber nicht nur das. Am jenseitigen Ufer erhoben sich die befestigten Höhen des Monte Purgessimo und des Monte Madlessena. Ein Mitkämpfer des I. Bataillons der „Leiber" schildert uns den weiteren Verlauf der Offensive:[128]

„Die Kompanie trat an und lief im Laufschritt den steilen Hang hinab in Richtung auf San Pietro. An einem Hause dieses Dorfes bewegten sich Gestalten. Sie trugen Stahlhelm und den langen italienischen Kragen. Es mussten Italiener sein, die dort eine Feldwache hatten. Genaueres konnte man wegen der noch vorherrschenden Morgendämmerung nicht unterscheiden. Also drauf mit Hurra! Wie staunten die vorderen Leute, als ihnen gemütliche deutsche Gesichter entgegengrinsten! Deutsche waren es, die sich einen italienischen Überwurf requiriert hatten. Also weiter! Auf einer Hängebrücke ging es hinunter über den Natisone. Noch störte kein Schuss das Vorgehen der Kompanie. Die Arbeit war noch lange nicht getan. In höchster Eile, ja beinahe im Laufschritt ging es den jenseitigen Hang des Natisone, den Madlessena, hinauf. Die braven Mannschaften der Maschinengewehre leisteten übermenschliches.

Mit einem Male begann es vom Kamm aus lebendig zu werden. Ein heftiges Infanterie- und Maschinengewehrfeuer brauste ins Tal hinab und störte das Vorgehen unserer Reserven, die nun im Tageslicht vom Feinde bemerkt wurden. Darum musste der Graben am Kamme genommen werden. Der tapfere Schmid Engelbrecht hatte sein Maschinengewehr bereits in Stellung und konnte es nicht mehr erwarten loszulegen. Allmählich war die Kompanie in Sturmentfernung angekommen und lag in Schützenlinie dem ahnungslosen Gegner gedeckt etwa zwanzig Meter gegenüber. Ein kurzes Schützen- und Maschinengewehrfeuer, ein kräftiges Hurra und unser war der Graben mit etwa hundert Italienern und zwei Maschinengewehren. Drunten waren sie uns dankbar, denn mit einem Male war Luft und das feindliche Feuer ins Tal hinab hatte aufgehört. Die nächste Kuppe kostete härteren Kampf", erfahren wir dann von dem Mitkämpfer der 3. Kompanie der „Leiber" weiter. „Als die Welschen merkten, dass wir kommen, als sie unsere Seitengewehre blitzen sahen, wedelten weiße Taschentücher. Wir traten an und wollten den Graben nehmen. Ein Teil der Besatzung ergab sich jedoch nicht. Er schoss und fügte uns schmerzliche Verluste bei. Mit Hurra wurde auch diese Besatzung erledigt. Da kannte aber die Wut unserer Leiber keine Grenzen. Diese Schufte. [...] Die einen winkten mit dem Taschentuch, die anderen schießen! Ich ließ die etwa zweihundert Mann starke Abteilung von Gefangenen antreten. Was hätten wohl die Italiener in einem solchen Falle mit uns getan? Die Antwort ist einfach. Wir waren gnädiger. Aber es war wohl mehr als begreiflich, dass diese Burschen mit den Fäusten unserer sonst so gutmütigen Leute Bekanntschaft machten und in fabelhafter Schnelligkeit den Fuß des Berges erreichten.

Unter dem Schutze der leichten Maschinengewehre wurde auch der Hauptgipfel erstürmt. Eine abfahrende Batterie wurde überrascht, die Pferde abgeschossen, unaufhaltsam drängte die Kompanie nach. Inzwischen war auch die 4. Kompanie eingetroffen. Der Führer des I. Bataillons – Hauptmann Graf Bothmer – entschloss sich, nach Cividale zu marschieren. Rechts im Tale drängten unübersehbare Kolonnen flüchtender Italiener zurück. Ein prachtvolles Ziel für unsere leichten Maschinengewehre, die, sechs nebeneinander, eine glänzende Wirkung erzielten. Es wird wohl selten vorgekommen sein, dass leichte Maschinengewehre unmittelbar nebeneinander wirken konnten."

Aber es blieb keine Zeit, um sich auf den wohlverdienten Lorbeeren ausruhen zu können. Denn noch in der Nacht vom 27. auf den 28. Oktober 1917 traf in dem überfüllten Campeglio folgender Befehl des Alpenkorps ein:[129]

„a) Nördliche Kolonne über Campeglio – Roncchis – La Locanda – Rizzolo – Tavagnacco – Brazzaco, Führer Major Bronsart v. Schellendorff, Kommandeur Jägerregiments 2. Dieser befahl folgende Marschordnung: Vorhut: Württembergisches Gebirgsbataillon, halbes 3. Chevaulegersregiment 4, Württembergische Gebirgsartillerieabteilung 4, halbe Pionierkompanie 283, Führer Major Sproesser, Kommandeur Württembergisches Gebirgsbataillon – Gros: Jägerregiment 2 (Jäger 10, Reservejägerregiment 10, Reservejägerregiment 14), Sanitätskompanie 201.

b) Südliche Kolonne über Togliano – Il Casone – Ziracco – Grions – Salt – Cavalicco – Feletto – Torreano, Führer Generalmajor vom Kleinhenz, Kommandeur Bayerische Jägerbrigade 1, Bayerisches Infanterieleibregiment, Bayerisches

Jägerregiment 1 (Jäger 1, 2, Reservejägerregiment 2), Gebirgsmaschinenwehrabteilung 205, halbes 3. Chevaulegersregiment 4, Bayerische Gebirgsartillerieabteilung. 6, Pionierkompanie 102.

Die fahrende Artillerie war noch zurück im Tale von Savogna."

Nun setzte das Deutsche Alpenkorps bei strömendem Regen, bei Blitz und Donner den Verfolgungsmarsch in der Ebene in den beiden Kolonnen fort. Ein derartiges Sauwetter – anders konnte man es nicht nennen – ist für jede marschierende Truppe unangenehm. Aber dieser Wolkenbruch war mehr: Er war von operativer, ja sogar von strategischer Bedeutung. Denn er verwandelte innerhalb kürzester Zeit sowohl das ausgetrocknete Flussbett des Torrente Torre als auch das des Tagliamento in unüberwindliche Hindernisse, die den deutschen Vormarsch entscheidend verzögerten – und zwar so entscheidend, dass Italien vor der endgültigen Niederlage nochmals so viel Zeit gewann, um sich mit Hilfe der Entente über die kriegentscheidende Runde retten zu können.

„Unerbittlich strömt der Regen vom Himmel und die kleinsten Bäche sind zu Riesen angeschwollen", berichtet Fritz Weber.

Alles hängt von den armen, geschundenen Füßen der Infanterie ab. Aber diese Füße marschieren, marschieren rastlos Tag und Nacht, sie arbeiten sich durch die Täler vorwärts, klimmen Gipfel um Gipfel hinan, waten durch Bäche und Flüsse, ringen dem Feind Kilometer um Kilometer ab. Die größte Niederlage der Weltgeschichte wird durch die unvergleichliche Leistung dieser vierzigtausend Paar Füße entschieden.

Wir erhalten Befehl, die Straße über den Stolrücken zu erkunden. Die Batterie soll mit anderen dem Eilmarsch der Schützen folgen, um bei einem geschlossenen Widerstand der Italiener eingesetzt zu werden. Ich reite mit Korporal Baumgärtl und mit Niedermooser als Pferdewärter voraus. Überall die Spuren unseres Feuers und der überstürzten Flucht des Feindes. Schwere Geschütze an der Straße, unter großen Anstrengungen beiseite geschoben, zum Teil umgeworfen. Trümmer von Wellblechhütten, in denen die Italiener Gewehrmunition eingelagert hatten, die sie vor ihrer Flucht sprengten. Zu Hunderttausenden liegen geplatzte Messinghülsen umher, auf fünfzig Meter im Umkreis ist alles damit besät. Stapel von Lebensmitteln, angekohlte Konservenkisten, Weinfässer mit eingeschlagenen Böden. Nur die Artilleriemunition ist nicht vernichtet. Man vermied es offenbar, das Chaos durch die Detonationen dieser Riesenmengen von Granaten und Schrapnellen zu vergrößern und die Flüchtenden zu gefährden.

Dann ein Schlachtviehdepot, oder vielmehr die scheußlichen Überreste eines solchen. Dieser Anblick rückt die Unerbittlichkeit moderner Kriegführung näher als eine zertrümmerte Stellung samt den Gefallenen es vermöchte: kein Bissen dem verhassten

Feind! Was nicht weggeschleppt werden kann, wird vernichtet. Die Vernichtung war hier auf unmenschliche Weise vollzogen worden. Man hatte sich nicht die Zeit genommen, die Tiere einzeln zu töten. Rings um einen Pferch von gewaltigen Ausmaßen lagen ausgebrannte Benzinbarrels. Die Rinder, Hunderte an der Zahl, waren bei lebendigem Leib verbrannt, erstickt, grässlich zu Tode gemartert worden. Sie lagen zu Haufen getürmt, halb verkohlt, ein unentwirrbares Durcheinander von Rümpfen, Köpfen, Beinen, fürchterlichen Gestank verbreitend.

Unter den immensen Vorräten, die gefunden wurden, drohte der Wein gefährlich zu werden. Überall gab es Wein, in den Depots der italienischen Armee, auf verlassenen Wagenkolonnen in den Dörfern. Niemand nahm sich Zeit zum Essen, aber der Wein konnte sozusagen im Laufschritt vertilgt werden. Die Spunde herauszuschlagen war zu umständlich. Ein Gewehrschuss in den Fassboden ließ das Nass sprudeln, die Menageschalen und Feldflaschen wurden gefüllt, der Rest lief aus.

In einem Städtchen, ich glaube es war Cervignano, ersoffen zwei Infanteristen buchstäblich im Wein. Sie hatten einen Keller aufgestöbert, ihren Durst gelöscht und als nichts mehr durch die Gurgel wollte, eine wilde Schießerei auf die Fassböden eröffnet. Der Wein floss und floss, die beiden lagen schlafend auf dem Boden und erstickten schließlich im Traubensaft.

Es war schwer, die Leute von diesen Orgien abzuhalten. Krieg und Plünderung sind seit dem Anfang aller Tage unlöslich miteinander verbunden. Allzulange waren diese Hunderttausenden im öden Karstgestein gelegen, hatten gedarbt, gehungert, gedurstet. Jetzt kamen sie in ein Land, das Brot und Wein im Überfluss bot und das sie für alles Leid entschädigen musste."[130]

Der 27. Oktober 1917, der beim Infanterieleibregiment im Zeichen des Sturmangriffs auf den Madlessena gestanden hatte, endete mit einem glänzenden Sieg. Die eingebrachte Beute betrug sechs Maschinengewehre, sechs Schnellfeuergewehre und drei Geschütze. Das erscheint auf den ersten Blick wenig. Wenn man aber berücksichtigt, dass bei jenem Sturmlauf auch noch 1.500 Italiener gefangen wurden – für sie bedeutete die Kriegsgefangenschaft meist eine Erlösung, denn eine Niederlage! –, dann wird der einzigartige Erfolg an jenem Oktobertag erst in das rechte Licht gerückt.

Nicht umsonst wurde der Führer der 3. Kompanie des I. Bataillons der „Leiber" Leutnant Halt für die Erstürmung des Monte Madlessena mit dem begehrten Bayerischen Max-Joseph-Orden ausgezeichnet. Hauptmann Fischer von den Goslarer Reservejägern erhielt den Hohenzollernschen Hausorden. Die deutsche 14. Armee übermittelte in einem Befehl vom 27. Oktober 1917 folgenden Dank an die vorzügliche Truppe:

„In harten Kämpfen haben Meine braven Truppen, vereint mit den tapferen Verbündeten, in wenigen Tagen glänzende Erfolge errungen. Freudig bewegt sage ich allen, allen für ihr zielbewusstes und heldenmütiges Verhalten in den schweren Kämpfen Meinen wärmsten Dank und spreche allen Führern, allen Kommandanten und allen Truppen Meine vollste Anerkennung aus. Mit Gottes Hilfe weiter!

	Karl
Armeeoberkommando 14	v. S. des Armeeoberkommandos
27. Oktober 1917	Der Oberquartiermeister:
	Jochim“

Der Fronttruppe, die nur in den Kategorien und Dimensionen ihres jeweiligen begrenzten Gefechtsstreifens denkt und handelt, waren die übergeordneten operativen oder gar strategischen Überlegungen und Zusammenhänge ihrer militärischen Führung selbstverständlich verschlossen geblieben. Das war auch gut so, denn so konnte sie sich vor Ort mit aller Energie ganz ihrem jeweiligen Kampfauftrag widmen. Und der sah beim Bayerischen Infanterieleibregiment zunächst einmal folgendermaßen aus:

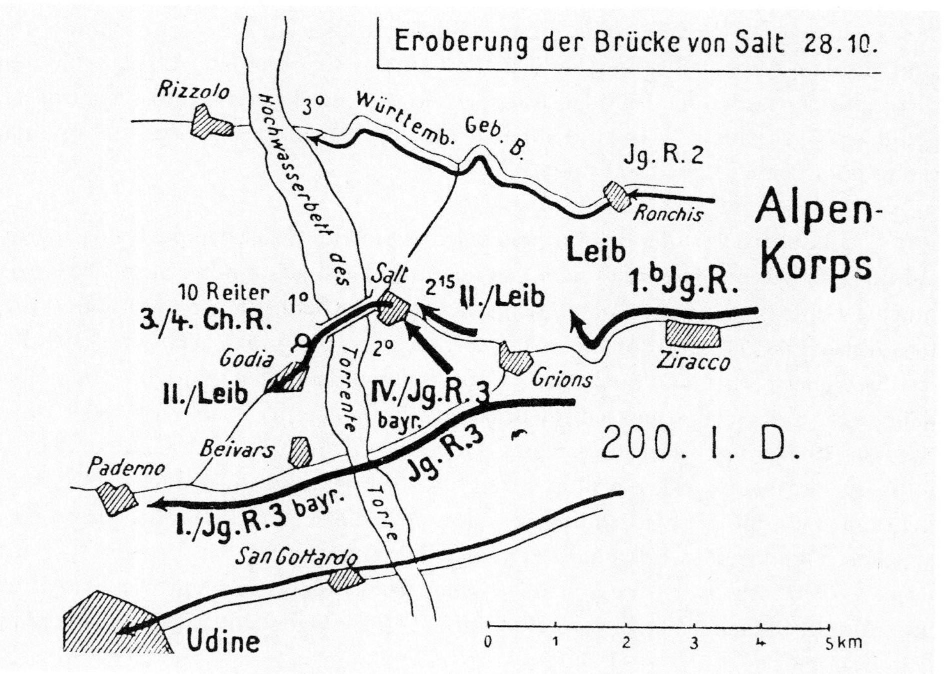

Die Karte zeigt die operativen Überlegungen der deutschen Streitkräfte, um die Brücke von Salt zu erobern.

Um die südliche Kolonne zu sichern, wurde die 5. Kompanie vorgeschoben, um über Il Casone gegen Ziraeco Aufklärung zu betreiben. „Bei wolkenbruchartigem Regen, der kaum hundert Meter weit sehen lässt, geht es vorwärts. Vor der Kompanie ist noch eine Kavalleriespitze, ein paar Chevaulegers unter Wachtmeister Schmid. Die kleinsten Bäche, sonst wasserlose Rinnsale, sind durch den anhaltenden Regen zu metertiefen Flüssen angeschwollen. Mehrmals müssen die Männer bis an die Brust durchs Wasser waten. In Grions macht die Spitzenkompanie eine kurze Rast. Da kommt in schnellstem Tempo ein Chevaulegers zurückgejagt und meldet, dass die Kavalleriespitze die Brücke über den Torrente Torre bei Salt angegriffen und dreißig Mann der Brückenkopfbesatzung gefangen, jetzt aber starken Infanteriegegner gegenüber habe. Die 5. Kompanie tritt sofort zur Unterstützung der Kameraden von der Kavallerie an, ihr Führer Leutnant Kammerer reitet mit dem Meldereiter voraus. Kaum sind die beiden Reiter durch die Ortschaft Salt durch, als sie vom jenseitigen Brückenkopf Maschinengewehrfeuer erhalten."[131]

Nun hatten die bereits geschlagenen und völlig demoralisierten Italiener unverhofft einen Verbündeten bekommen: die Wassermassen, die mit einer unheimlichen Gewalt als unüberwindliche Naturereignisse zwischen Freund und Feind, zwischen die vorwärtsstürmenden Deutschen und die flüchtenden Italiener daherschossen.

„Die Kompanie vor mir", so General Balck in seinen Erinnerungen, „durchfurtet noch den Torrente. Meiner Kompanie, der letzten, ging das Wasser bis ans Koppel. Die Leute mussten sich gegenseitig festhalten, um nicht fortgerissen zu werden. Ein unsäglich komischer Anblick, als sich jeder mit aufgespanntem Regenschirm, den man schnell organisiert hatte, durch das Wasser quälte.

Ein Tragtier am Schlusse der Kompanie wurde mit seinem Führer fortgerissen. Der Feldwebel Wiederholt, mein bester und tapferster Zugführer, rettet den Tragtierführer unter Einsatz seines Lebens und erhielt die Rettungsmedaille. Das uns folgende Reservejägerbataillon 10 konnte den Torrente nicht mehr überschreiten.

Zwar gelang es, noch, Seile über den Torrente zu ziehen, an denen sich die Jäger halten sollten, aber alles war vergebens, sie wurden von der Gewalt des Wassers fortgerissen. Schließlich musste das Reservejägerbataillon 10 alle Versuche, den Torrente Grivo zu queren, einstellen.

Etwa eine halbe Stunde hatte es gedauert. Vom Augenblick an, an dem das Wasser kam, bis zur Unmöglichkeit, den Torrente zu durchwaten."[132]

Aus dem gewaltigen, ausgetrockneten Geröllbett des Torrente Torre war also plötzlich ein reißender Strom geworden. Die Italiener nahmen ihr unverhofft herbeigeeiltes Kriegsglück beherzt in ihre Hände, indem sie die neue, aber noch nicht ganz fertiggestellte Brücke vom jenseitigen Ufer aus einem Dauerbeschuss aussetzten. Erst unter dem Schutz einer Haubitzbatterie der 200. Infanteriedivision gelang es, ein Bataillon des Jägerregiments Nr. 3, das hier wieder mit dem Deutschen Alpenkorps Schulter an Schulter im harten Kampfeinsatz stand, und zwei Kompanien des Bayerischen Infanterieleibregiments allmählich in großen Abständen über die Brücke zu schleusen. Nachdem man auf dem Westufer einen Brückenkopf gebildet hatte, ging man gegen San Bernardo vor, das der Gegner noch besetzt hielt. Am anderen Morgen war die Ortschaft jedoch geräumt. Der Feind war wie vom Erdboden verschluckt.

General der Infanterie von Below traf seine weitere Entscheidung im Sinne der Vorgaben seines Generalstabschefs Krafft von Dellmensingen, dessen Verdienst es ist, „dem Unternehmen diese weitreichende Bedeutung und Wirkung über das ursprüngliche Ziel hinaus gegeben zu haben."[133] Infolgedessen erging für den 30. Oktober 1917 folgender Armeebefehl:[134]

„1.) Vor 14. Armee nur schwache zurückgehende Abteilungen. Die vom unteren Isonzo zurückgehenden italienischen Heeresteile haben anscheinend den Tagliamento noch nicht überschritten.

2.) Die Verfolgung wird bis zur Vernichtung des italienischen Heeres fortgesetzt.

3.) Von der 14. Armee gehen die Gruppen Krauß, Stein (ohne 117. Infanteriedivision) [...] und Hofacker (bisher Berrer) mit rechtem Flügel am Gebirgsrande entlang, mit linkem Flügel über S. Vito.

4.) Gefechtsstreifen:[Diese waren in allgemein südwestlicher Richtung so festgelegt, dass dem linken Flügel der Gruppe Krauß die Brückenstelle von Pinzanzo der Gruppe Stein die von Dignano/Bonzicco, der Gruppe Hofacker die von Codroipo zufiel.] Die durch 117. Infanteriedivision verstärkte Gruppe Scotti stößt über die Linie Basagliapenta – Pozzuolo – Lanzacco (in allgemeiner Richtung Latisana) vor Verbindungsaufnahme mit rechtem Flügel 2. Isonzoarmee. [Die österreichisch-ungarische 4. und 33. Infanteriedivision sollten auf Cividale, die österreichisch-ungarische 29. Infanteriedivision hinter dem rechten Flügel der 2. Isonzoarmee auf Udine folgen. An die Oberste Heeresleitung, die österreichisch-ungarische Heeresleitung und das Kommando der Südwestfront wurde durch Funkspruch gemeldet:] Verfolgungsabteilungen nähern sich Tagliamento Gemona – Codroipo [...] Absicht: Durch Fortführung der Operation über Tagliamento und Angriff von Udine gegen Latisana Italiener zu vernichten."

Welche weiteren operativen Ziele strebten nun die deutsche Oberste und die österreichisch-ungarische Heeresleitung angesichts des stürmischen Vormarsches an? Erich Ludendorff, dieser geist- und erfindungsreiche, leidenschaftliche und ehrgeizige General, der nach der Entlassung des Reichskanzlers von Bethmann Hollweg im Juli 1917 immer mehr zum „selbstherrlichen Diktator" aufstieg, dessen Entscheidungen in der Obersten Heeresleitung sich sogar Kaiser Wilhelm II., die Regierung und der Reichstag unterordneten, dieser Willensmensch saß auch in der Nacht zum 29. Oktober 1917 noch lange an seinem Schreibtisch und marterte sein Gehirn mit operativen und strategischen Planungen.

Aber erst im Laufe des darauffolgenden Tages schien er die operative Lösung für den Fortgang der 12. Isonzoschlacht gefunden zu haben. Wie von einer zentnerschweren Last befreit, drahtete er am Nachmittag an die Österreicher, dass er größten Wert darauf lege, von den deutschen Truppen in Italien möglichst wenig wegzuziehen und die Offensive dort nicht zu stoppen. Ferner schlug er vor, „von der Isonzofront statt der deutschen Divisionen sechs bis acht, noch in zweiter Linie befindliche österreichisch-ungarische Divisionen abzufahren, um mit diesen deutsche Ostdivisionen für den Westen frei zu machen."[135]

Ludendorff wäre nicht Ludendorff gewesen, wenn er nicht permanent alle Möglichkeiten der Kriegskunst, aber auch die der Kriegslist durchdacht hätte. Da er für Anfang November 1917 fest mit dem Einsatz von französischen Truppen auf dem oberitalienischen Kriegsschauplatz rechnete, legte er dem österreichischen General von Arz am 31. Oktober 1917 in einer Mitteilung seine weiteren operativen Zielvorstellungen wie folgt dar:[136]

„Westlich des Tagliamento hat der Weitermarsch zunächst „bis an die Livenza nicht mehr den ausgesprochenen Charakter der Verfolgung, sondern den einer geschlossenen Vorwärtsbewegung, aus der jederzeit zur Schlacht übergegangen werden kann, anzunehmen. Die Versorgung an Munition gewinnt an Bedeutung, ebenso wie die Festigung der rückwärtigen Verbindungen, namentlich Vervollständigung des Eisenbahnnetzes. Während die 10. Armee den Schwerpunkt ihres linken Flügels nach Belluno legt, muss auch die 14. Armee Teile ihres rechten Flügels, der besonders stark zu halten ist, auf den Höhen am Nordrande der italienischen Tiefebene im Anschluss an die 10. Armee entlangführen.

Südlich der 14. Armee muss eine der Isonzoarmeen in geschlossenem Vormarsch, wenn auch zunächst gestaffelt, belassen werden. Die weniger beweglichen Teile sind bis westlich des Tagliamento vorzuziehen, um hier Brückenköpfe als Rückhalt auszubauen, so einen südwestlich Pinzano (Pinanzo al Tagliamento), einen westlich Casarsa (Casarsa della Delizia), einen bei Portogruaro. Die 11. Armee ist möglichst zu verstärken, Feldmarschall von Conrad und die 10. Armee haben daraufhin die Höhen nördlich Bassano und südlich Feltre – Belluno zu gewinnen."

Am 1. November 1917 antwortete General von Arz, „dass auch er, in Übereinstimmung mit dem Kommando der Südwestfront, das Erreichen des Piave als vorläufiges Ziel der gemeinsamen Operation betrachte. Den Aufgaben, die der Heeresgruppe Conrad und der 10. Armee zugedacht seien, stimmte er zu."[137] Nachdem wir uns kurz auf der obersten Führungsebene aufgehalten und einen Einblick in die operativen und strategischen Zielvorstellungen der Mittelmächte gewonnen haben, steigen wir wieder in die Niederungen der mittleren und unteren Truppenführung hinab. Das Deutsche Alpenkorps eilte kampflos auf Straßen, die regelrecht von Tausenden von weggeworfenen Waffen und Ausrüstungsgegenständen, mit umgestürzten Wagen und Autos der panikartig zurückflutenden Italiener übersät waren, dem Tagliamento zu. Nur mit viel Mühe konnten sich die Kolonnen einen Weg durch das hinterlassene Chaos des Feindes bahnen. Es war das Schlachtgemälde einer geschlagenen Armee.

Für den 30. Oktober 1917 hatte das Kommando des Deutschen Alpenkorps befohlen, „die Tagliamentobrücke bei Dignano – Bonzicco in die Hand zu nehmen. Major Sproesser erteilte der Abteilung Rommel entsprechenden Befehl“, heißt es hierzu in der Chronik der Württembergischen Gebirgsschützen. „Oberleutnant Rommel mit Kraftwagenmaschinengewehrzug Leutnant Calwer und mit den Radfahrern stieß aber auf den Einspruch des Bayerischen Infanterieleibregiments, das die Wegnahme der Brücke von Dignano – Bonzicco für die ihm ausdrücklich übertragene Aufgabe erklärte. Oberleutnant Rommel erkundete daher über Carpacco gegen Spilimbergo und stellte fest, dass Übergang hier ohne Brückenschlag nicht möglich war. Hier war nur eine tiefe Furt. Als das Infanterieleibregiment am 30. Oktober vor der Brücke von Dignano – Bonzicco angelangte, war ihr Ostufer schon seit 24 Stunden von Jägern der 200. Infanteriedivision besetzt, die Brücke selbst nahe dem Westufer derart unterbrochen, dass ihre Benützung ausgeschlossen war. Das Richtige wäre gewesen“, schlussfolgerten die Württembergischen Gebirgsschützen, „wenn Infanterieleibregiment, Württembergisches Gebirgsbataillon und die Jäger der 200. Infanteriedivision gemeinsam schon am 28. Oktober alle erforderlichen Kräfte auf das Höchste angespannt hätten, um unter allen Umständen so schnell als möglich diese wichtige Brücke für das Alpenkorps, für die 200. Infanteriedivision und für die ganze Offensive zu gewinnen!“[138]

Krafft von Dellmensingen schilderte diese entscheidende Phase am Tagliamento so: „Das Alpenkorps meldete später, es habe durch Landeseinwohner erfahren, dass die Brücke bei Bonzicco am 29. durch das Hochwasser zerstört worden sei. Am Nachmittag dieses Tages seien daher die in Richtung Bonzicco zurückgehenden Italiener auf Pinzano, Spilimbergo, Codroipo abgebogen. Diese Angaben sind aber recht unwahrscheinlich. Wahrscheinlicher ist, dass die Brücke planmäßig zerstört worden ist, denn auch an den stehengebliebenen Teilen wurden später zahlreiche angesägte Brückenbalken festgestellt.“[139]

Um das westliche Tagliamentoufer zu gewinnen, setzte das Alpenkorps wie bisher auch am 30. Oktober 1917 den Vormarsch in zwei Kolonnen fort. „Das Gebirgsbataillon mit Gebirgsartillerieabteilung 4 als Vorhut der Kolonne von Bronsart gelangte von Fagagna über Coseanetto nur neun Kilometer weit bis Coseano, dann wurde der Vormarsch eingestellt. In dem engen und nassen Coseano lag man herum und stand mehr oder weniger ratlos da. Da kam nachmittags von der rechts nördlich benachbarten 12. Infanteriedivision, die von Faedis über Tricesimo – Caporiacco nach San Daniele vorgegangen war, die Nachricht, dass sie nordwestlich San Daniele im Kampfe stehe um die Brücke von Pinzano, weiter nördlich versuche die Gruppe Krauß bei Cornino den Tagliamento zu überschreiten.

Vom Kommando des Alpenkorps wurde das verstärkte Württembergische Gebirgsbataillon bestimmt, über Rodeano – Villanova auf dem linken Flügel der 12. Infanteriedivision einzugreifen. Jägerregiment 2 ohne Reservejäger 10 mit Gebirgsbatterie 4 ohne 13 verblieb in Coseano. Die südliche Kolonne des Alpenkorps war von San Vito di Fagagna über Silvella – Nogaredo – Flaibano mit dem Stabe der Jägerbrigade 1 und mit dem Infanterieleibregiment bis Maseriis – Cisterna, mit dem Jägerregiment 1 bis Vidulis – Dignano – Bonzicco gelangt.

Das Marschziel Gradisca jenseits des Tagliamento war vom Feinde besetzt und in der 900 Meter langen Schiffbrücke, die hinüberführte, klaffte eine Lücke von etwa dreißig Metern Breite, dahinter hatte sich italienische Infanterie mit Maschinengewehren, vier leichten und zwei schweren Batterien in dem unübersichtlichen Gelände zwischen Spilimbergo und Gradisca eingenistet. Jägerregiment 1, verstärkt durch II. Abteilung des Feldartillerieregiments 204 und Pioniere, erhielt Befehl, den Übergang zu erzwingen.“[140]

Dieses Vorhaben scheiterte allerdings am 2. November 1917 unter erheblichen Verlusten. Der Tagliamento, während der Sommermonate im Oberlauf ein kleiner Gebirgsfluss, im Friaul und am Unterlauf ein gewaltiges Geröllbett, war wie die anderen Torrente im östlichen Oberitalien durch die starken Regenfälle unversehens zu einem reißenden Strom angeschwollen. Die sintflutartigen Regenfälle waren es letztlich, die einerseits das demoralisierte und geschlagene italienische Heer vor der völligen Vernichtung und somit den italienischen Staat vor dem politischen Zusammenbruch retteten, die andererseits den zügigen Vormarsch der Mittelmächte stoppten und ihnen damit den Endsieg raubten.

„Warum“, so die sorgenvollen Blicke der Deutschen, „müssen immer – wie seinerzeit an der Marne – außergewöhnliche Ereignisse ihren greifbaren militärischen Erfolg in buchstäblich letzter Minute zunichte machen?“

Nachdem verschiedene Verbände und Einheiten der 14. Armee in drei Tagen fünfunddreißig Kilometer zurückgelegt hatten, und nachdem diese nunmehr dicht an das Ostufer des Tagliamento herangerückt waren, hörte die Trennung in zwei Marschkolonnen beim Alpenkorps auf. Die gesamte Infanterie trat wieder unter den Befehl der Bayerischen Jägerbrigade 1. Diese befahl daraufhin, dass das Württembergische Gebirgsbataillon am 1. November 1917 von Villanova nach Cisterna vorzurücken habe, und zwar an Stelle des Infanterieleibregiments, das von Cisterna nach San Vito, Ciconicco und Fagagna in vierter Linie zurückmarschierte und dort zur Ruhe lag, bis der Übergang über den Tagliamento erzwungen war.

In Cisterna stand das Württembergische Gebirgsbataillon am 2. November in zweiter Linie alarmbereit, um sofort über den Fluss zu gehen, wenn der Übergangsversuch des verstärkten Bayerischen Jägerregiments 1 bei Dignano – Bonzicco glücken sollte. Obwohl die Pioniere des Regiments und des Korps mit den beiden Jägerregimentern in den nächsten Tagen wiederholt versuchten, auf Pontons den Uferwechsel zu erzwingen, scheiterten die Versuche allesamt an der Aufmerksamkeit des Gegners.[141]

Am Ostufer gingen daraufhin die Batterien des Korps, die Abteilungen der Feldartillerie, die Gebirgsartillerieabteilung 4 und die Gebirgsbatterie 6 in Stellung. Jetzt wurde mit Gewalt versucht, was nicht mit List gelungen war. Aber der Übergang gelang wieder nicht und wurde daher auch nicht weiter angestrebt. Nun wurde vielmehr befohlen, im Gefechtsstreifen der 12. Infanteriedivision um San Daniele die technischen und artilleristischen Mittel mehrerer Divisionen zusammenzufassen, um auf breiter Front den Übergang über den Tagliamento zu erzwingen. Als das gelungen war, marschierte das Deutsche Alpenkorps über diese Brücke und folgte dann in zweiter Linie den westwärts strebenden Divisionen der vorderen Angriffsspitzen.

Bei Cison gab es einige Ruhetage. Vom Feind war weit und breit nichts zu sehen. Er sei, hieß es, hinter die Piave zurückgegangen und habe dort Unterstützung durch französische und englische Divisionen erhalten. So war es in der Tat. Bereits am 26. Oktober 1917 hatte die französische Regierung der italienischen Heeresleitung angesichts des deutsch-österreichischen Durchbruchs am Isonzo den Vorschlag unterbreitet, ihr Verstärkungen zu schicken.

Denn „die Gefahr, die über Italien schwebt, kann tatsächlich ernst werden", schrieb Marschall Ferdinand Foch in seinen Kriegserinnerungen. „Wenn der Feind tief in dieses Land eindringt, so wird es ihm möglich, die Verbindung der Verbündeten mit Nordafrika, Ägypten, Palästina, Griechenland beträchtlich zu stören. Es wird also ein Spiel von höchster Bedeutung gespielt. Darüber ist sich die französische Regierung so vollkommen klar, dass sie nicht zögert, den Chef ihres Generalstabes mit großen Vollmachten über die Alpen zu schicken. Während am 28. die ersten französischen Truppen verladen werden, verlässt General Foch Paris. Am 30. am frühen Morgen ist er in Treviso, sucht sofort General Cadorna auf und lässt sich über die genaue Lage unterrichten."[142]

Unterdessen zogen die Mittelmächte eine erste Bilanz, die sich wirklich sehen lassen konnte. Am unteren Tagliamento, bei Codroipo, hatten am 30. Oktober 1917 insgesamt 60.000 Italiener von drei Armeekorps der 3. Armee die Waffen gestreckt und waren in die Gefangenschaft marschiert. Die Masse der italienischen 4. Armee zog sich währenddessen vor den nachdrängenden k. u. k. Truppen aus Kärnten in den Raum zwischen der Brenta und Piave zurück.

Bis dato hatte die deutsche 14. Armee des Generals der Infanterie von Below eine Leistung vollbracht, die man guten Gewissens zu den ruhmreichsten des Ersten Weltkrieges zählen durfte. Nach einer Zusammenstellung des Kommandos der Südwestfront waren bis zum 2. November 1917 insgesamt 260.000 Gefangene und 2.500 Geschütze – davon allein 200.000 Gefangene und 1.700 Geschütze bei der 14. Armee – als Beute gemeldet worden. Ferner rechnete man mit weiteren feindlichen Verlusten von rund 40.000 Mann, sodass die italienischen Streitkräfte nach den Prognosen der Mittelmächte an der Isonzo- und Karnischen Front auf etwa 150.000 Mann und 700 Geschütze zusammengeschmolzen sein dürften.

Dem stand auf deutscher und österreichisch-ungarischer Seite ein Verlust von etwa 30.000 Mann – davon rund 4.400 Deutsche – gegenüber. So gesehen war mit verhältnismäßig geringen Verlusten der Zentralmächte schon zu diesem Zeitpunkt ein grandioser Sieg, dessen Ausmaß von keiner Seite auch nur im Entferntesten vorausgesehen werden konnte, und der die kühnsten Erwartungen bei Weitem übertraf, errungen worden.

In diese Zeit der allgemeinen Euphorie befahl die deutsche 14. Armee, dass das Württembergische Gebirgsbataillon aus dem Alpenkorps auszuscheiden habe und an die deutsche Jägerdivision abzugeben sei. Daraufhin ergingen folgende Befehle an die Truppe:

„Kommando Deutschen Alpenkorps Korpsstabsquartier, 3. November 1917
I ((Zeichen)) Nr. 5334 op.

Korpsbefehl

Das Württembergische Gebirgsbataillon scheidet aus dem Verband des Deutschen Alpenkorps.

Durch heldenhafte Leistung in den rumänischen Grenzbergen schon früher fest mit uns verwachsen, hat es in den letzten großen Kämpfen seinen alten Ruhm bewährt. Die Erstürmung des Kolovratrückens brachte den gesamten Bau des feindlichen Widerstandes zum Einsturz. Das Württembergische Gebirgsbataillon unter seinem zielbewussten Führer Major Sproesser und seinen wagemutigen Offizieren hat hier in erster Linie mitgewirkt. Die Wegnahme des Kuk, der Besitz von Luico, die Durchbrechung der Matajurstellung durch die Abteilung Rommel leiteten die unaufhaltsame Verfolgung im Großen ein. Bei Azzida reichten die Württemberger Schützen der noch schwer ringenden 200. Infanteriedivision im entscheidenden Augenblick die

Hand. In Cividale, dem ersten deutschen Siegespreis, zogen sie unter den vordersten Truppen des Alpenkorps ein.

Ich beglückwünsche das Württembergische Gebirgsbataillon beim Scheiden zu seinem frisch erworbenen Waffenruhm und danke im Namen des Deutschen Alpenkorps für seine Waffenhilfe.

Glückauf zu neuen Taten!

von Tutschek
Generalmajor und Führer des Deutschen Alpenkorps."

„Königlich bayerische Jägerbrigade Nr. 1 Brigadestabsquartier, 4. November 1917

Brigadetagesbefehl

Mit Bedauern sehe ich das tapfere Württembergische Gebirgsbataillon aus dem Verbande der Brigade scheiden. Das Württembergische Gebirgsbataillon hat im Verbande der Brigade während der kurzen Tätigkeit das gehalten, was seine früheren Taten im Verbande des Alpenkorps von ihm erhoffen ließen: Einen Siegeslauf vom Isonzo zum Tagliamento. Tausende von Gefangenen, ansehnliche Kriegsbeute zeugen von den Taten der tapferen Bezwinger des Mont Matajur.

Die Brigade verdankt ihre schönen Erfolge nicht zum geringsten Teil den schneidigen Württembergern und ihrem ritterlichen Kommandeur. Meine besten Wünsche begleiten das Württembergische Gebirgsbataillon auf seinem neuen Siegesweg!

von Kleinhenz."

Solchermaßen mit Lob und Anerkennung überschüttet, meldete Major Sproesser sich beim Armeeoberkommando 14 in Udine. Der Chef des Generalstabes begrüßte ihn mit den Worten: „Nun, dieses Mal haben Sie ja Ihre Freunde schön an die Wand gedrückt!" Generalleutnant Krafft von Dellmensingen spielte damit auf die Reibereien zwischen dem Württembergischen Gebirgsbataillon und dem Bayerischen Infanterieleibregiment während des Rumänienfeldzuges an.

„Eure Exzellenz!", erwiderte Sproesser, „Wir haben in treuer Waffenbrüderschaft das Höchste zu leisten versucht!"

„Ich beglückwünsche das Gebirgsbataillon zu seinen gewaltigen Erfolgen", antwortete daraufhin der General.

Dann unterrichtete der Ia der 14. Armee Major Sproesser über die Lage und über die Gründe für das Ausscheiden seines Bataillons aus dem Deutschen Alpenkorps:

„Es handelte sich", so Major Freiherr von Willisen, „darum, aus der Gegend nördlich San Daniele den Tagliamento zu überschreiten und das Gebirge zwischen Tagliamento und Piave in Richtung Longarone so schnell als möglich zu durchstoßen, um die vor der Front der k. u. k. 10. Armee auf dem Karnischen Kamm stehenden oder zurückgehenden Italiener abzuschneiden. Dies war eine der Aufgaben des k. u. k. I. Korps der Gruppe Krauß."[143]

Damit wurde die weitere Verfolgung vom Tagliamento zur Piave unumstößlich eingeleitet. „Am 4. November begann bei sonnigem, warmem Wetter die Fortsetzung der Verfolgung", erinnerte sich Krafft von Dellmensingen. „Die Grundlagen dafür waren schon seit dem 30. Oktober festgelegt, der entsprechende Befehl (vom 3. November), der die Ziele bis zur Linie Vittorio – Conegliano angab, bereits in Händen der Truppe, die geregelte Abgrenzung zur 2. Isonzoarmee wiederhergestellt. Der Übergang über den Tagliamento war vorläufig erst bei Cornino und Pinzano erzwungen und noch in der ersten Entfaltung auf dem Westufer begriffen. [...]

Am späten Abend des 4. Novembers traf beim Armeeoberkommando ein neuer Befehl des Kommandos der Südwestfront ein. Er verlangte eine unausgesetzte Verfolgung, die es dem Feind unmöglich machen sollte, sich am Piave zu setzen. Das Mindestziel des Angriffs sollte nunmehr die Brenta sein! Im Übrigen ging aus dem Befehl hervor, dass die Heeresgruppe Conrad bereits für den 10. November einen Angriff mit fünf Divisionen bei Asiago plane. Die 10. Armee rückte über Pieve di Cadore – Longarone – Belluno – Feltre auf Primolano vor, um dann zusammen mit der Heeresgruppe Conrad den Südrand der Hochfläche der ‚Sieben Gemeinden' (Sette Comuni) zu erobern. Die 14. Armee hatte durch ihre Verfolgung auch der italienischen 4. Armee alle über Belluno und Feltre gegen die Brenta führenden Straßen zu verlegen. Von der Heeresgruppe Boroević sollten wenigstens Teile rasch nachdrängen und Venedig besetzen.

Der Vormarschraum der 14. Armee war hiernach im Norden mit Rücksicht auf die k. u. k. 10. stark eingeengt, die neue Grenze sollte über den Monte Piombad (südwestlich Tolmezzo) – Monte Rossa (nordwestlich Meduno) – Monte Frugna – Monte Dolada – entlang dem Lauf des Piave bis zur Brücke bei Busche – Punkt 563 östlich Feltre – Monte Tomatico – Monte Cama auf Arzignano laufen. Das war erheblich weiter südlich, als noch am 3. November mit dem Heeresfrontkommando vereinbart, denn damals war doch der Raum bis nordöstlich Longarone – Monte Citta der 14. Armee überwiesen worden, welche daraufhin eine starke Gruppe von vier Divisionen auf die Straßen längs des Gebirgsrandes und nördlich angesetzt hatte."[144]

16. Vom Tagliamento zur Piave

Nachdem einer österreichischen Division der Übergang über den Tagliamento am Austritt des Gebirges bei San Daniele geglückt war, konnte das Deutsche Alpenkorps am 8. November 1917 mit dem Übergang über die inzwischen verstärkte Pionierbrücke bei Rinzano beginnen.

„Strömender Regen. Nass bis auf die Haut", erinnerte sich Hermann Balck. „Auf allen Straßen tiefer Schlamm, Kolonne neben Kolonne. Drei Tage marschierten wir über die Brücke. Alles ist nervös, übermüdet, gereizt und betrachtet jeden Mitmenschen als persönlichen Feind. Dazu Regen, Regen und immer wieder Regen. Drei Minuten vorzotteln, eine halbe Stunde Halt, eine Minute vorwärts, eine Stunde Halt und das drei Tage lang, und der Regen strömt, wie er nur kann. Die morgens aufgehende Sonne wird jeden Tag von unseren zahllosen Mulis mit nicht enden wollendem grauenhaftem Geschrei begrüßt.

Aber der Soldat ist erfinderisch, nach einiger Zeit hatte jeder einen Stuhl und einen Regenschirm. Saß fröhlich bei langem Halt unter sicherem Schirmschutz. Ging es weiter, nahm er die paar Schritte, die es vorwärts ging, Stuhl und Schirm mit. Es war der berühmte Nachtstuhlmarsch des Alpenkorps über den Tagliamento.

Wir hatten oft über den italienischen Oberbefehlshaber Cadorna gelacht, der fast immer seine Offensive wegen schlechten Wetters einstellte. In der Karikatur erschien er stets mit einem Regenschirm. Dem Mann war bitter Unrecht geschehen. Als nach drei Tagen ein zehn Kilometer langer Weg und der Tagliamento hinter uns lagen, war aus der Verfolgung ein frontales Nachdrängen geworden. Das Alpenkorps folgte in zweiter Linie."[145]

Wie sollte es jetzt weitergehen, nachdem man zu Beginn der 12. Isonzoschlacht ursprünglich „nur" die Tagliamentolinie als operatives Ziel anvisiert hatte? Am 6. November 1917 unterbreitete General Ludendorff der k. u. k. Heeresleitung für die weiteren Operationen folgenden Vorschlag:

Ob sich die Italiener, so der Erste Generalquartiermeister, „hinter die Piave, der Brenta oder der Etsch wieder zum Kampf stellen werden, ist noch nicht zu übersehen. Der weitere Vormarsch der verbündeten Armeen bis zur erwünschten kürzesten Front in der allgemeinen Linie Rovereto – Venedig ist in erster Linie abhängig von den Eisenbahnen und der Bewegungsfähigkeit unserer Truppen, er muss nunmehr aber in Betracht gezogen werden."

Hierzu hätten vorzugehen: Die Heeresgruppe Conrad und die k. u. k. 10. Armee westlich der Brenta mit dem linken Flügel bis südlich von Bassano, die deutsche 14. Armee nach Überschreiten der Piave im Raume von Feltre bis östlich des Montello mit dem linken Flügel über Campo S. Piero sowie die Heeresgruppe Boroević mit starkem rechten Flügel gegen die Linie Campo S. Piero – Venedig.[146]

„Hält der Gegner am Piave stand“, schlussfolgerte General Ludendorff, „so wird ein etwa gleichzeitiges Überschreiten der Linie Asiago – Montello – Piave durch die verbündeten Armeen und ein Vorgehen in ihren Marschstreifen sie in die Lage versetzen, die Italiener vernichtend zu schlagen und auf das Adriatische Meer zu werfen.“ So oder so: Das Räderwerk der 12. Isonzoschlacht bewegte sich noch immer unaufhaltsam weiter.

1) **Gliederung der Front gegen Italien am 7. Nov.:**

Hgr. Conrad (14 Div.):
Mitte: ö.-u. 11. Armee, Gen. Ob. Graf Scheuchenstuel mit 11 Div.
Linker Flügel: XX. Korps mit 1½ Div.

Südwestfront:
ö.-u. 10. Armee (3 Div.):
ö.-u. 94. J. D.
Gr. des Gen. d. Inf. von Hordt mit ö.-u. 59. und 29. Geb. Brig. und Edelw. D.
14. Armee (14 Div.):

bis 7. Nov.	ab 8. Nov.
Gr. Krauß: D. Jäg. D., öst. 22. Sch. D., ö.-u. 50. und 55. J. D.	Gr. Krauß: D. Jäg. D., öst. 22. Sch. D. und ö.-u. 55. J. D.
Gr. Stein: 12. J. D., öst. 13. Sch. D. und Alp. K.	Gr. Scotti: ö.-u. 50. J. D. und Alp. K. (später auch ö.-u. 1. J. D.)
Gr. Hofacker: 117. und 26. J. D.	Gr. Stein: 12. J. D. und öst. 13. Sch. D. (später auch 200. J. D.)
Armeeres.: 200. und 5. J. D.	Gr. Hofacker: 117. und 26. J. D.
Gr. Scotti mit ö.-u. 1., 4., 33. J. D.	Armeeres. (nach Abgabe der 200. und ö.-u. 1. J. D.): 5. J. D., ö.-u. 4. und 33. J. D.

Hgr. Boroevic (18 Div.):
ö.-u. 2. Isonzo-Armee (6 Div.): am rechten Flügel ö.-u. II. Korps (28. und 57. J. D.)
ö.-u. 1. Isonzo-Armee: 8½ Div.
Reserven der Südwestfront: 3½ Div.

Die Gliederung der Front gegen Italien am 7. November 1917.

„Der 8. November“, schrieb Krafft von Dellmensingen, „musste die Entscheidung darüber bringen, ob der Gegner noch östlich der Piave der Verfolgung stärkeren Widerstand entgegensetzen würde. […] Aus Einwohneraussagen war zu entnehmen, dass an den Stellungen auf dem westlichen Piaveufer schon seit dem 25. Oktober von Zivilarbeitern gebaut wurde. Das Gleiche sollte übrigens am Po der Fall sein. Fliegermeldungen ergaben eine starke Besetzung des westlichen Piaveufers. […] Das

Armeeoberkommando erhielt an diesem Tage Kenntnis von einer angeblich zuverlässigen Agentennachricht, diese besagte, dass General Foch den Oberbefehl in Italien erhalten habe, Cadorna ihm unterstellt sei. Führer der 360.000 Mann starken französisch-englischen Unterstützungsarmee für Italien sei General Mangin.

Gegen den Willen Fochs, der hinter die Etsch zurückgehen wollte, habe Cadorna, unterstützt von Lloyd George, Painlevé und Orlando, durchgesetzt, dass der Piaveabschnitt gehalten werde. Bereits an der Livenza habe den Verbündeten Aufenthalt bereitet werden sollen. Drei französische Divisionen seien am 3. November, vier englische am 4. November nach Mestre, vierhundert englische Feldgeschütze an den Piave abtransportiert worden. Das Gros des französischen Hilfskorps sollte jedoch vorläufig in der Gegend westlich Verona zurückgehalten werden, da der Gegner eine Offensive aus Westtirol befürchtete.

Wenn diese Nachricht zutraf, so musste mit einer Stärke der französisch-englischen Hilfsarmee von etwa zwanzig Divisionen gerechnet werden. Da der Feind aber auf seinen beiden großen Bahnlinien (Küstenbahn und Monte-Cenis-Bahn) täglich höchstens vierundzwanzig Züge befördern konnte, war ihm innerhalb vier Wochen kaum die Heranführung von mehr als zehn bis zwölf Divisionen möglich – es sei denn, dass er auch über See transportierte. Das ganze Hilfskorps würde also nach deutscher Berechnung erst Ende November in Italien versammelt sein können.

Für die Verbündeten kam es jedenfalls jetzt darauf an, durch rasches Vordringen den Rückzug der Italiener bis über die Etsch und einen möglichst uneinheitlichen Einsatz ihrer Unterstützungen zu erzwingen. Um den Widerstand an der Piave zu beseitigen, konnte, falls der Frontalangriff nicht schnell genug glückte, nur das gleiche Manöver in Frage kommen, wie es am Tagliamento schon eingeleitet war: den Widerstand vom Oberlaufe des Stromes her zu beseitigen. Die hierzu erforderlichen Maßnahmen waren ja bereits ergriffen."[147]

Kaum noch nennenswerten Widerstand leistend, zogen die Italiener sich vom Tagliamento bis hinter die 220 Kilometer lange Piave zurück, die sich wie ein Rückgrat durch Oberitalien zieht. Dieser „heilige Fluss des Vaterlandes" entspringt am Monte Peralba in den Karnischen Alpen, erreicht das Becken von Belluno und durchbricht zwischen Feltre und dem Montebelluna die Venezianischen Voralpen, bevor er in einem künstlichen Flussbett das Adriatische Meer nordöstlich von Venedig erreicht.

Dort also, am Piave, baute der Nachfolger des auf Druck der Entente abberufenen Generals Luigio Cadorna, General Diaz, bisher Kommandierender General des VIII. Armeekorps und in Lybien besonders bewährter General, mit Hilfe englischer und französischer Truppen eine neue Widerstandslinie auf. Cadorna wurde nach seiner „ehrenvollen Kaltstellung" Vertreter Italiens bei dem am 5. November auf einer Ententekonferenz in Rapallo neu gebildeten gemeinsamen „Obersten Kriegsrat", der monatlich in Versailles zusammentreten sollte. „Ein erster Angriff der Gruppe Stein scheiterte. Um den italienischen Widerstand dort zu brechen, war von Vittorio über Belluno – Feltre die Gruppe des k. u. k. Generals Alfred Krauß zum Angriff auf dem westlichen Piaveufer angesetzt. Diese drang längs dem Piave bis Alano vor und gelangte noch bis auf die letzte Höhe vor der Ebene, den Monte Tomba, den die deutsche Jägerdivision erstürmte. Dort erlahmte aber ihr Angriff. Auch das nachträglich dorthin über Vas vorgeführte Alpenkorps vermochte bei dem vom General Ritter von Tutschek geleiteten Angriff Mitte November nicht mehr durchzudringen. Da die Franzosen und Engländer starke Kräfte herangeführt hatten, der Zweck des Feldzuges mehr als erreicht war, und wichtigere Aufgaben im Westen der Deutschen warteten, wurde der Angriff abgebrochen."[148]

Doch noch war es nicht soweit. Vorerst waren „die Straßen [...] übersät mit italienischen Ausrüstungsgegenständen, vornehmlich Stahlhelme und Waffen lagen herum, Fuhrwerke, mit Pferden bespannt, und Lastautos standen vereinsamt auf den Straßen, Rinderherden irrten hungernd auf den Wiesen herum", beschrieb Franz Ircher den Vormarsch des k. k. Steirischen Freiwilligen Schützenbaons.

„Besonders auf den Lager- und Ruheplätzen blieben die Spuren des wirren Durcheinanders zurück, rauchte das Feuer noch, brodelte die Suppe und kochte das Fleisch in den Kesseln, überall zeigte sich das traurige Bild der geschlagenen, in Hast zurückflutenden welschen Truppen. Nachzügler wurden eingefangen und andere kriegs- und kampfesmüde ‚Kazzolini' trotteten gemächlich die Straßen einher und wanderten, zufrieden mit ihrem Schicksale, in die Gefangenschaft. [..]

Die ersten Hiebe saßen tüchtig, in voller Auflösung suchten die vermeintlichen ‚Sieger in elf Isonzoschlachten' Heil und Rettung in überstürzter Flucht. Lauten Jubel löste die Kunde des großen Ersterfolges aus, neuen Hass über die welsche Niedertracht erregte jede Nachricht, neue helle Begeisterung wurde erweckt. Jeder wollte mittun, jeder der Erste sein, hinausstürmen über die gewundenen Hindernisse gegen den Erbfeind. Nicht zu wundern, dass auch die Schützen in ihrer zügellosen und jugendlichen Kampfbegeisterung, im heißen Drange nach vorwärts glühten und den Moment kaum erwarten konnten, wo auch an sie der Befehl ‚Drauf und dran und hurra!' ergehen sollte."[149]

Der weitere Verlauf der 12. Isonzoschlacht zeigte nun ganz deutlich die Folgen des Kompromisses in der Planung auf, die letztlich durch die zurückhaltende, ja ängstliche Haltung des k. u. k. Armeeoberkommandos in Baden war. Nach dem deutschen Konzept der Obersten Heeresleitung sollte ja ein durch Truppen der Isonzoarmee verstärkter Stoßkeil der „Heeresgruppe Conrad" aus Südtirol in den Rücken der fliehenden italienischen Armee vorgetrieben werden, wie dies auch von General

Cadorna befürchtet worden war, um die Piavefront von der nördlichen Flanke her aufzurollen und so die endgültige Niederlage der Italiener zu besiegeln. Infolge des wieder einsetzenden schlechten Wetters mit seinen ergiebigen Regenfällen und dem damit verbundenen Hochwasser gelang es dem umsichtigen neuen Oberbefehlshaber des italienischen Heeres angesichts der direkten Bedrohung Oberitaliens – in nächster Nähe lag bereits Venedig! –, seine Truppen hinter der Piave zu ordnen und die bereits von ihm zu Beginn des Krieges in weitblickender Voraussicht angelegten Befestigungen und Galerien am Monte Grappa zu besetzen. So verlief nicht von ungefähr ab November1917 die Gebirgsfront an der Piave entlang zum Monte Grappa und von dort weiter über die Hochfläche der „Sieben Gemeinden" zur Vallarsa und in das Etschtal. Nachdem einerseits erhebliche Verstärkungen durch französische und englische Verbände von rund 360.000 Mann in Oberitalien eingetroffen waren, und nachdem andererseits die schlechten Nachschubwege der Mittelmächte immer länger geworden waren, kam die Offensive der Zentralmächte an der Piave zum Stillstand. Denn trotz der massiven Unterstützung durch ihre Verbündeten konnten auch die Italiener für die nächste Zeit keine Gegenoffensive mehr durchführen. Dass der Abzug der alliierten Truppen die deutsche Westfront zunächst für gewisse Zeit spürbar entlastet hatte, soll an dieser Stelle nicht unerwähnt bleiben.

Obwohl das nachgeschobene, ursprünglich gar nicht in Erwägung gezogene, und nun weitgesteckte Ziel, nämlich ganz Norditalien von Südosten her aufzurollen aufgrund widriger Umstände nicht mehr erreicht werden konnte, war die 12. Isonzoschlacht praktisch beendet und zwar mit einem bedeutenden Sieg für Österreich-Ungarn. Daran hatte die deutsche 14. Armee mit ihren Gebirgsverbänden – Deutsches Alpenkorps und 200. Infanteriedivision, Bayerisches Infanterieleibregiment und Jägerregiment Nr. 3, Württembergisches Gebirgsbataillon und die entsprechenden Gebirgsartilleriebatterien, um nur einige zu nennen – einen entscheidenden Anteil.

Der vielfach verklärte und nostalgisch befrachtete namenlose „Trompeter von Karfreit", der am Anfang der Offensive das Deutsche Alpenkorps durch sein Signal vor den Italienern gewarnt und dann die entscheidende Schwenkung zum Durchbruch auf Karfreit eingeleitet hatte, konnte seinen Kameraden 400 Kilometer vom Isonzo entfernt die Siegesfanfare blasen. Er wurde später zum Sinnbild der neuerbauten „Karfreitkaserne" im ehemaligen Gebirgsstandort der Wehrmacht und Bundeswehr im oberbayerischen Brannenburg-Degerndorf am Inn.

Die klassische Durchbruchsschlacht der modernen Kriegsgeschichte im Gebirge, der Durchbruch zwischen Flitsch und Tolmein, einer der großartigsten Siege des Ersten Weltkrieges, würdigte der ehemalige k. u. k. Generalstabsoffizier und Direktor des Österreichischen Kriegsarchivs, der spätere Minister im österreichischen Ständestaat und General im Oberkommando der Deutschen Wehrmacht Edmund Glaise von Horstenau und der Feldmarschallleutnant Theodor Konopitzky, während der 12. Isonzoschlacht Generalstabschef des Feldmarschalls Erzherzog Eugen, im Jahr 1927 mit den pathetischen Worten:[150]

„Die Ergebnisse der großen Isonzooffensive gehören heute allesamt der Geschichte an. Eines aber sollte Dauer haben. Bei Flitsch und Tolmein im Rahmen der 14. Armee standen – zum ersten Mal seit den Befreiungskriegen – Deutsche aller Stämme, aus dem Reiche und aus der Ostmark, vom Rhein und von der Donau, von der Elbe und von der Etsch auf enger Walstatt zusammen. Brandenburger und Schlesier kämpften und bluteten neben Deutschböhmen und Männern aus Österreich ob der Enns. Salzburger und Kärntner hauchten neben Hannoveranern ihr Leben aus. Schwaben und Bayern siegten und starben in enger Kampfbereitschaft mit Tirolern und Steirern für die eine heilige Sache [...] Flitsch-Tolmein", so die deutsch-national gesinnten österreichischen Generalstabsoffiziere abschließend, „war vielleicht der deutscheste aller Siege, die im Weltkriege errungen worden sind."

Zu den Hauptwerken des Soldaten, Historikers und Politikers Glaise von Horstenau zählen „Die Katastrophe" (1929) und „Franz Josephs Weggefährte, Generaloberst Graf Beck-Rzikowsky" (1930). „Unter seiner Leitung – wenn auch nur unter verhältnismäßig geringer eigener Beteiligung – wurde bis 1938 das amtliche Generalstabswerk „Österreich-Ungarns letzter Krieg" in sieben Textbänden, sieben Beilagebänden und zehn Ergänzungsheften fertiggestellt. Die Autoren verstanden sich als selbstbewusste Verteidiger des traditionsreichen altösterreichischen Soldatentums. Glaises wissenschaftliche Leistung wurde 1932 durch die Verleihung des Ehrendoktorats der Philosophischen Fakultät der Universität München und 1934 durch die Habilitation zum Dozenten für Neuere Kriegs- und Heeresgeschichte an der Wiener Universität gewürdigt.

Wie groß Österreich-Ungarns letzter Sieg vor dem Untergang der Donaumonarchie wirklich gewesen war, kann man erst dann richtig einordnen, wenn man sich die Beute, die von den Mittelmächten eingetrieben wurde, vor Augen führt. Laut eigener Angaben verloren die Italiener während der 12. Isonzoschlacht im Zeitraum vom 24. Oktober bis zum 10. November 1917 neben den Provinzen Görz und Friaul die personelle und materielle Ausstattung und Ausrüstung von nicht weniger als drei Armeen: 10.000 Tote, 30.000 Verwundete, 293.000 Gefangene und 350.000 Versprengte sowie 50.000 Fahnenflüchtige, also insgesamt 733.000 Mann, ferner 3.152 Geschütze, 1.772 Minenwerfer, 1.600 Kraftwagen, 3.000 Maschinengewehre und 300.000 Gewehre. Die Verluste der Mittelmächte betrugen etwa 65.000 Soldaten, davon 10.600 bei den deutschen Verbänden.

„Dieser einzigartige Erfolg hatte verschiedene Ursachen. Die operative Überraschung war den Mittelmächten zwar nicht gelungen, dafür aber die taktische in einem Ausmaß, wie sie kaum je vorher oder nachher erzielt werden konnte. Dem Einsatz neuer Kampfstoffe (Blaukreuz), dem zeitlich und räumlich scharf zusammengefassten Artilleriefeuer sowie dem neuen Angriffsverfahren, das in überaus rasch und ohne Rücksicht auf Flankenbedrohung geführten Talstößen gipfelte, war die italienische Armee nicht gewachsen.

Unter dem Einfluss der deutschen Führung hatte der Krieg an der Südwestfront für kurze Zeit die Großkampfformen der Westfront angenommen. Dazu kam die außerordentliche Leistung der Truppe. Die vor 1914 vor allem für den Angriff ausgebildeten Soldaten der Mittelmächte gaben ihr Letztes. Ihre untere und mittlere Führung erwies sich als geradezu meisterhaft. Die Aussicht, aus der Karsthölle am Isonzo herauszukommen, verstärkte den Angriffsschwung der österreichisch-ungarischen Infanterie wesentlich.

Die italienische Armee hingegen befand sich schon vor der 12. Isonzoschlacht in einer schweren inneren Krise. Die außerordentlich großen Blutopfer blieben nicht ohne Rückwirkung auf die Haltung der Truppe. Den Streitkräften war von der Staatsführung ein Auftrag erteilt worden, der mit den zur Verfügung gestellten Mitteln nicht zu erfüllen war.

Die italienische Armee hat sich übrigens trotz des Eindruckes der Niederlage, bis zum Jahr 1918 erstaunlich rasch erholt. In diesem Zusammenhang spielte der Befehl des italienischen Königs, dass sich die Armee aus eigener Kraft, also ohne unmittelbaren Einsatz alliierter Kräfte, am Piave zu festigen habe, eine bedeutende Rolle."[151]

In dem Bericht der Untersuchungskommission über die Ursachen ihrer Niederlage nahmen die Italiener zur 12. Isonzoschlacht wie folgt Stellung: „Mit dem Freimut, der demjenigen zusteht, der den Endsieg erfocht", heißt es dort, „müssen wir anerkennen, dass der gegnerische Angriffsplan genial und äußerst kühn war und dass er mit Scharfsinn, Entschlossenheit und nach einem bisher nicht bekannten Verfahren durchgeführt wurde, wobei sich die Überraschung, die Grundlage jeder Kriegshandlung, nicht sosehr durch die Wahl des Angriffsraumes als durch die Raschheit in der Ausnützung des ersten Erfolges ergab. Der Gegner wusste diesen über alles Erwarten hinausgehenden Erfolg bis zum äußersten auszunützen, indem er ohne Ruh und Rast und unbekümmert um die Gesetze der Kriegskunst die Verfolgung aufnahm und bis zur letzten Grenze der menschlichen Leistungsfähigkeit forttrieb."

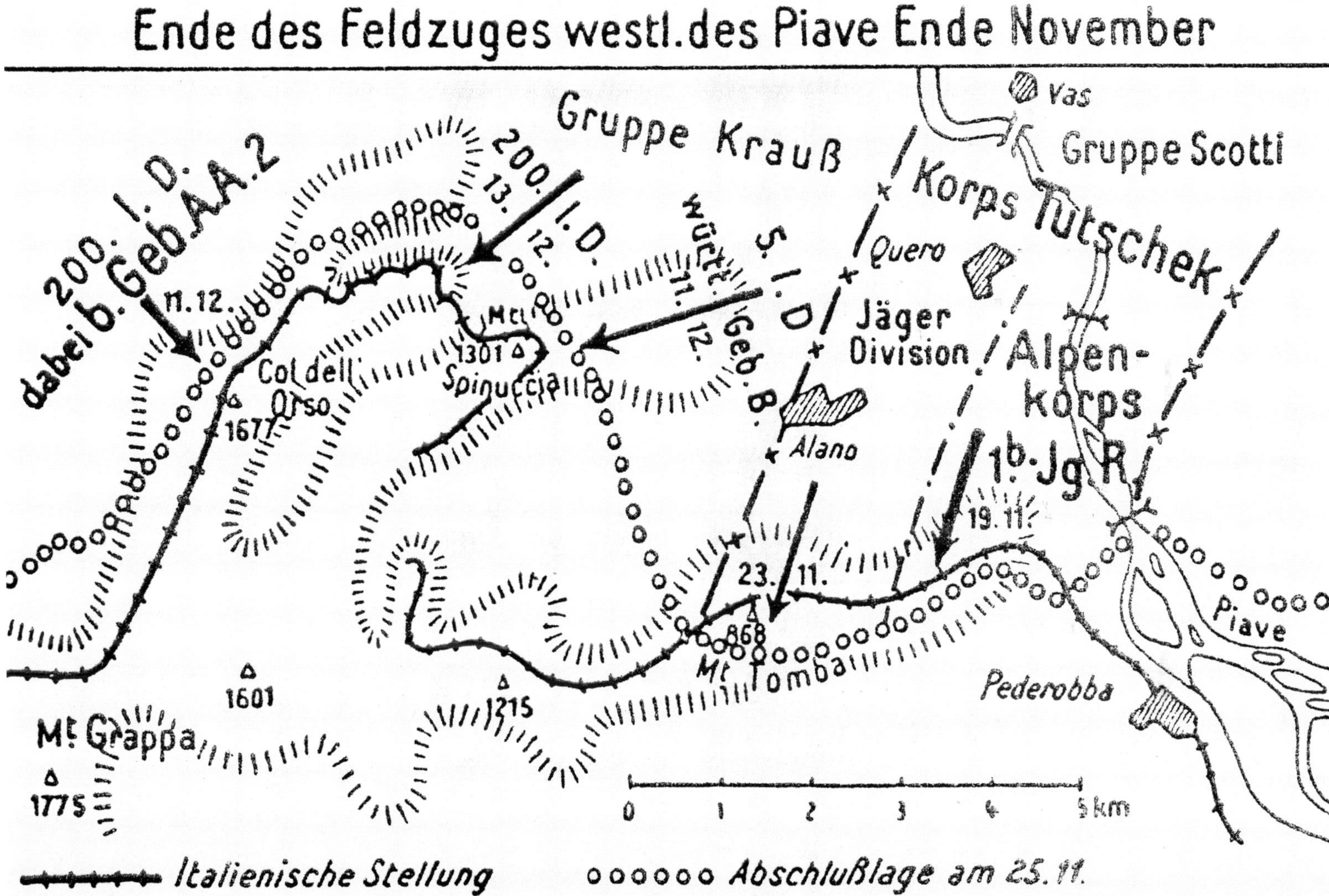

Die Karte gibt Aufschluss über die letzten Truppenbewegungen der Mittelmächte während des Feldzuges westlich der Piave Ende November 1917.

17. Die Kämpfe um das Monte-Grappa-Massiv

„Während Krauß und Krobatin in zersplitternden, kraftverzehrenden Gebirgskämpfen talwärts drängten, war die Verfolgung in der Ebene vom Tagliamento über die Livenza gewälzt worden. Die Zerstörung der Brücken, der Mangel an Material, an berittenen Truppen und Panzerwagen und die Schwierigkeiten des Nachschubes forderten von Belows und Boroevićs Infanterie gewaltige Marschleistungen. Da der Feind mit der Schnelligkeit auf Rettung bedachter Armeen wich und Kavallerie, Pioniere, reitende Artillerie und mit Rädern und Kraftwagen ausgerüstete Bersaglieri hinter sich gestreut hatte, um Raum und Zeit zu gewinnen, tat die Verfolgung dem italienischen Heere zwischen den Strömen Venetiens keinen Abbruch mehr.

Trotzdem rollte die Bewegung weiter, denn die Verbündeten durften nach solchen Erfolgen am Tagliamento nicht stehen bleiben. Es galt, dem Feind, der Provinzen opferte und mehr als 300.000 Mann nebst 3.000 Geschützen eingebüßt, zuletzt das Rüst- und Lagerzeug dreier Armeen liegen gelassen hatte und sogar die Küste preisgab, um sich als geschlossene Masse in Sicherheit zu bringen, an der Klinge zu bleiben."[152]

So entstand die Front am Monte-Grappa-Massiv als neuer Eckpfeiler infolge der 12. Isonzoschlacht. Sie bildete nach dem letzten Sieg Österreich-Ungarns auch den Anfang vom Ende der Donaumonarchie, weil hier die Stoßkraft der k. u. k. Armee zu versiegen begann. Denn „der Feind hatte auf dem Grappamassiv seine besten Truppen eingesetzt", konstatierte Krafft von Dellmensingen. „Die Kämpfe der letzten Tage hatten gezeigt, dass die nahe Ententehilfe ihnen den Rücken gestärkt hatte. Im Gegensatz zu früher zeigten sich die Gefangenen sehr zuversichtlich, sie waren überzeugt, dass die Piave – Grappalinie unbedingt gehalten werden würde.[153]

Daher entwickelte sich die Schlacht am Monte Grappa und Asolone zu einer reinen Materialschlacht, in der die Truppen der Entente ihre modernste Waffentechnik einsetzten, unter anderem zahllose Kraftfahrzeuge, die hier erstmals an der Italienfront in großer Anzahl zum Einsatz kamen und damit den Transport an Menschen und Material beschleunigten.

Es war nicht zu übersehen: Die Italiener hatten sich gefangen, nachdem ihnen englische und französische Divisionen, die, so der französische Marschall Ferdinand Foch in seinen „Kriegserinnerungen", ab „20. November [...] der italienischen Armee als eine sehr kräftige Stütze [...] dienen"[154], zu Hilfe geeilt waren.

Dennoch hofften die Mittelmächte, dass sie den feindlichen Widerstand an der Piave schon bald überwinden könnten, zumal auch die „Heeresgruppe Conrad" auf dem Plateau der „Setti Comuni" bei Asiago – Arsiero zum Angriff angetreten war.

Als Gebirgstruppe war es selbstverständlich, dass das Deutsche Alpenkorps naturgemäß über die Piave in die Berge vorverlegt werden sollte. Nach „fürchterlichen

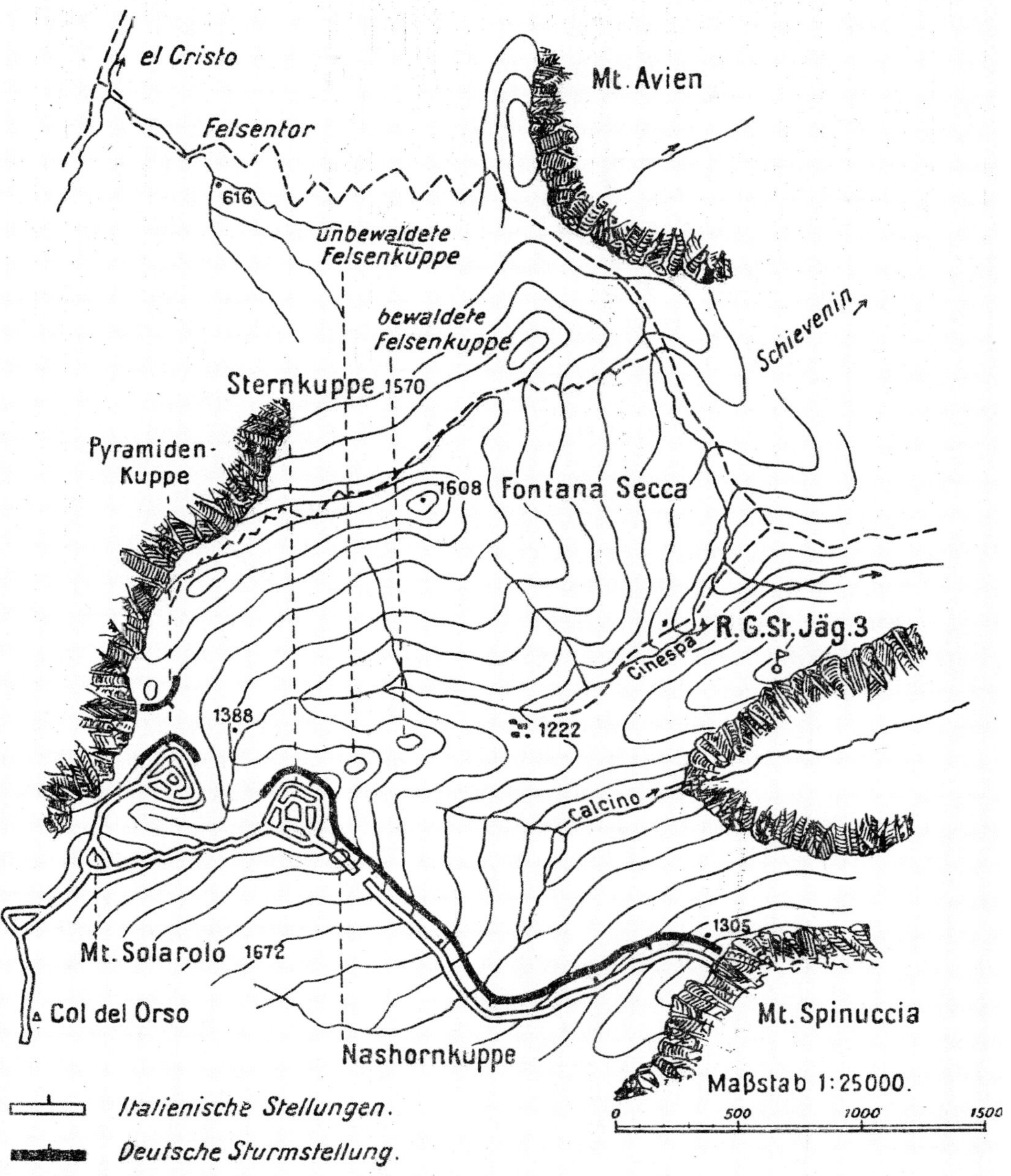

Eine Übersichtsskizze zu den Kämpfen im Monte-Grappa-Gebiet im Dezember 1917.

Reibungen“ wurde dieser Fluss bei Valdobbiadene erreicht. Hier erzwingt er sich seinen Weg aus den Venetianischen Voralpen in die oberitalienische Tiefebene. Die Front, die sich in der Ebene längs des Flusses von Norden nach Süden stabilisiert hatte, machte in Valdobbiadene einen scharfen rechten Winkel und verlief dann in den südlichen Venetianischen Voralpengipfeln direkt von Osten nach Westen. Sehen wir uns in diesem neuen Einsatzgebiet der Mittelmächte etwas genauer um.

Wie ein mächtiges Bollwerk liegt das wuchtige, 1.775 Meter hohe Gebirgsmassiv des Monte Grappa zwischen der Piave und der Brenta am Rande der venezianischen Ebene. Er war der letzte Bergklotz, der imstande war, die südliche Ebene vor dem Ansturm der deutschen und der k. u. k. Verbände zu schützen. Nimmt es da Wunder, dass dieser gigantische Gebirgsstock, der unversehens zur Schlüsselstellung und zum Dreh- und Angelpunkt der gesamten Gebirgsfront geworden war, nach dem siegreichen Vormarsch der Mittelmächte mit dem verzweifelten Mut der Italiener, Franzosen und Engländer erbittert verteidigt wurde, um einen weiteren Durchbruch des Gegners, dieses Mal in die oberitalienische Tiefebene, zu verhindern?

Die im Piavetal heranmarschierenden Regimenter, Bataillone und Batterien des Alpenkorps – allen voraus das 1. Jägerregiment, dann das Jägerregiment 2 und als letztes das Infanterieleibregiment – waren gewarnt. Schon türmte sich jenseits des breiten Flussbettes, das von unzähligen Sandbänken regelrecht übersät war, die massige Gestalt des östlichen Stützpunktes der neuen italienischen Piavefront, der Monte Tomba, wie ein monolithischer Sperrriegel aus seiner Umgebung empor. Hinter ihm türmten sich die noch gewaltigeren Gebirgsstöcke des Monte Pallone und des Monte Grappa, auf denen man die neu angelegten Verteidigungslinien des Gegners deutlich erkennen konnte, auf.

Der Auftrag für das Alpenkorps lautete: Unterhalb der zerstörten Brücke von Fener, wo der Höhenrücken mit seinen letzten Ausläufern, dem Monte Perlo von Osten und dem Monte Tomba von Westen, dicht an die Piave herantritt, sollte es am 15. November 1917 den Übergang über den Fluss, der für die Mittelmächte viel zu viel Wasser mit sich führte, erzwingen. Es kam allerdings ganz anders. Da man einige Maschinengewehrnester und Stellungssysteme der Italiener nicht erkannt hatte, scheiterte der für 21.00 Uhr angesetzte Flussübergang durch das gegnerische Feuer. Nun sollte das Westufer der Piave nicht mehr im Tale, sondern durch Umfassung von Norden her gewonnen werden.

Im Rahmen dieser Umfassungsoperation trat die deutsche Jägerdivision im Tal der Piave über Feltre zum Vormarsch nach Süden mit dem Ziel an, sich am Fuße des Monte Tomba, der den Austritt aus dem Gebirge in die Ebene blockiert, zum Angriff auf diesen Berg bereitzustellen. Dieser Sturmlauf wurde auf den 18. November 1917 angesetzt. Von den Truppen der verstärkten Jägerdivision stieg an jenem Morgen das zur Sicherung der Flanke entsandte Württembergische Gebirgsbataillon von Alano gegen den Monte Fontana Secca und den Monte Spinuccia in zwei Marschkolonnen gegen den Punkt 1.222 und den Spinucciagipfel auf. Dort gerieten sie in so schwere Kämpfe gegen starke feindliche Kräfte, dass es ihnen nicht gelang, den Gegner aus seinen zäh verteidigten Hauptstellungen zu werfen.

Die Bataillone der deutschen Jägerdivision arbeiteten sich unterdessen über einen Steilhang zum Kamm des Monte Tomba heran. Obwohl sie dem Flankenfeuer der italienischen Artillerie am Monte Pallone auf den kahlen Hängen schutzlos ausgesetzt waren, konnte das Ziel, der Kamm des relativ breiten Tombarückens beiderseits des Punktes 715, erreicht werden. Damit war die Angriffskraft allerdings restlos erschöpft. Sie reichte nur mehr dazu aus, um feindliche Gegenstöße erfolgreich abzuwehren und das eroberte Gelände zu halten. Der Gipfel des Monte Tomba blieb allerdings in italienischer Hand.

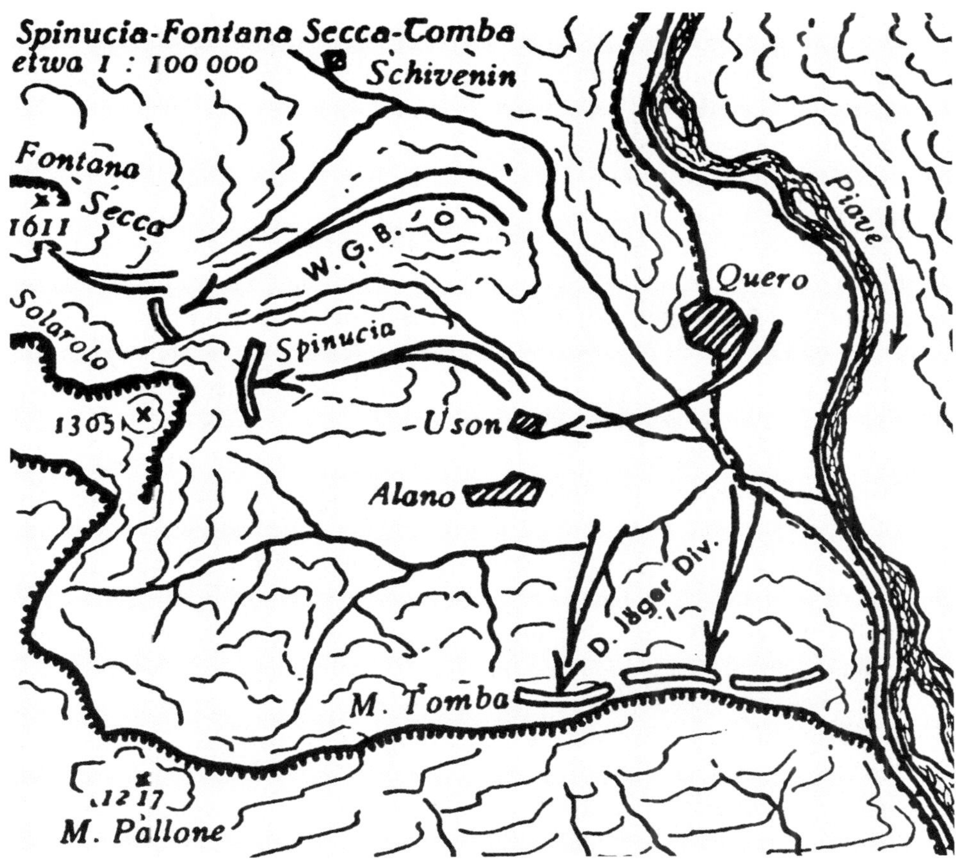

Die Übersichtskarte zeigt die Truppenbewegungen von Teilen des Deutschen Alpenkorps im Umkreis der wuchtigen Gebirgsmassive.

Der harte Gebirgskrieg vom Monte Tomba bis zum Monte Grappe zeigte überaus deutlich, dass die italienische Armee wieder festen Boden unter den Füßen bekommen hatte und nicht mehr bereit war, weiter zurückzugehen und kostbare Heimaterde preiszugeben. Während an der Piave noch um den Besitz des Monte Tomba erbittert gerungen wurde, lagen die Regimenter und Bataillone, die Abteilungen und Kompanien des Deutschen Alpenkorps in den Ortschaften um Miane im Quartier. Aber schon recht bald überschritt das I. Jägerbataillon am Vormittag des 18. Novembers 1917 bei Vas die Piave. Das 1. Jägerregiment wurde nun über Valdobbiadene nach Vas und Segusino vorgezogen und an der Piave der deutschen Jägerdivision, die dem Kommando des Alpenkorps unterstellt wurde, zur Verfügung gestellt. Dann folgte das Jägerregiment 2 und schließlich auch das Infanterieleibregiment als letzter Verband.

Zur Fortsetzung des Angriffs auf die italienische Bergstellung im Monte-Grappa-Massiv wurde aus der deutschen Jägerdivision und dem Alpenkorps die Gruppe von Tutschek gebildet, die nach dem Führer des Alpenkorps benannt wurde. Der Angriff erfolgte auf der gesamten Front im Bergland des Pertica, des Col dell' Orso, des Monte Solarolo und des Col della Berretta bei der Gruppe Krauß, deren Führer bekanntlich durch seinen erfolgreichen Talstoß aus dem Becken von Flitsch heraus die italienische Front am mittleren Isonzo überrannt hat und damit in die Geschichte des Gebirgskrieges eingegangen ist.

Wenn den Generalen Krauß und von Tutschek nach ihrem Handstreich am Isonzo auch noch der Übergang über die Piave gelingen sollte, dann war es um die Italiener geschehen. Das wusste man auch im Lager der Alliierten und so versuchten sie, den deutschen und österreich-ungarischen Vormarsch mit allen Mitteln zu stoppen. Infolgedessen wurde auf den schluchtenreichen Höhen des Monte Tomba um jeden Quadratmeter erbittert gefochten. In diese Kämpfe griff auch italienische Artillerie, die von französischen Batterien unterstützt wurde, ein. Sie belegte mit derart schwerem Feuer den Nordhang, dass der Nachschub der Mittelmächte unterbrochen wurde.

„Brot gab es nicht", erinnerte sich der spätere Panzergeneral Hermann Balck. „Tagelang kratzten wir aus dem Schnee die Esskastanien heraus. Merkwürdigerweise gab es auch kein Salz. Acht Tage kaltes, salzloses Essen, dazu halbgefrorene Esskastanien. Als Witterungsschutz eine dünne, zugige Zeltbahn. All das genügte, auch ohne das ununterbrochene feindliche Feuer den Berg zum Inferno zu machen. Monte Paura, den Berg des Grauens, nannten unsere österreichischen Kameraden den Monte Tomba. Dem war nichts hinzuzufügen."[155]

Dann erfahren wir von Balck, wie „nachts auf den schmalen Gratwegen eine Völkerwanderung stattfand. Ablösung herauf und herunter, Trägerkommandos, Munition, Minen, Verpflegung, Verwundete, alles bewegte sich in zwei ununterbrochenen Bändern in heftigstem Minenfeuer hin und her. Abstieg noch schwieriger als der Aufstieg, da man dauernd rutschte und fiel. Plötzlich der Schrei: ‚Sanitäter!' Ein Mann wird in der Dunkelheit gepackt, von den Sanitätern in eine Zeltplane gestopft, eine Stange hindurch, vier Mann schleifen den ‚Verwundeten' herunter. Kein Soldat lässt einen Kameraden im Stich. Unten ein Erschöpfungshalt. Die Träger fielen erschöpft zu Boden [...] und der Verwundete springt auf und verschwindet im Dunkel. Ich habe nur einmal im Leben Menschen vor Wut und Zorn so heulen hören."[156]

Hermann Balck erinnerte sich aber auch an eine andere Episode: „Manchmal schwieg das Feuer. Man reckte sich, sah am Horizont von einer Stelle aus die Adria, Venedig und unter uns lag Fener wie aus einer Spielzeugschachtel aufgebaut. ‚Lauf herunter in die Bahnhofswirtschaft und hol mir eine Flasche Sekt', rief Jung, unser unverwüstlicher und immer zu Späßen aufgelegter Bataillonsadjutant einem Jäger zu. Dieser lief tatsächlich hinunter, 400 Flaschen Marsala war das Resultat. Die Wirkung auf unsere ausgemergelten Körper, die kaum vernünftige Nahrung bekamen, war grauenhaft. Das Bataillon war bis zum letzten Mann außer Gefecht gesetzt."[157]

Auf derartige Einfälle kam allerdings nur eine Truppe, die entweder schon durch einige „Stahlgewitter" abgehärtet worden war oder die allzu viel Zeit für alle möglichen Gedankenspiele hatte. Das war meist dann der Fall, wenn ein Angriffsbeginn immer und immer wieder von einem Tag auf den nächsten verschoben wurde. Die Nerven waren dann, je nach dem Naturell des betreffenden Soldaten, äußerst angespannt oder völlig abgestumpft. In beiden Fällen wirkte der Befehl zum Sturmlauf dann wie eine Befreiung. So war es auch vor Angriffsbeginn am Monte Tomba.

„Auf steilem Rücken lag die italienische Stellung", berichtet General Hermann Balck. „Ein schmaler Grat lief von uns auf den italienischen Hauptstützpunkt zu. Rechts sollten die Leiber angreifen und Flankierungen ausschalten. Artilleriefeuer liegt auf der italienischen Stellung.

09.00 Uhr. Der Infanteriesturm soll beginnen. Nichts zu hören und zu sehen. Plötzlich ein rasendes Krachen und Schwirren von Splittern und Steinen. Alles ist in Rauch und Qualm gehüllt. Mine auf Mine saust heran. Von vorne ist nichts zu hören. Jede Verbindung ist abgebrochen. Endlich ein Leichtverwundeter der 2. Kompanie. Der Italiener hat sich in die Lücke zwischen uns und dem Leibregiment hereingeschoben und unsere angreifende 2. Kompanie am Drahthindernis von rückwärts gefasst. Der Sturm ist abgeschlagen. Fürchterliche Verluste. Alle Offiziere gefallen, die Kompanie ist in die Ausgangsstellung zurückgeflutet. Die Schlucht liegt gerüttelt voller Menschen. Mit voller Wucht schlägt das italienische Minenfeuer ein. Jeder Schuss ein Treffer. Man sah die Minen deutlich ankommen, hörte sie mit ohrenbetäubendem Krach bersten und nach jedem Einschlag: ‚Sanitäter, Sanitäter'.

12.45 Uhr. Italienische Gruppen treten zum Gegenstoß an. Ein Gebirgsgeschütz wird vorgeschoben, wenn auch einige Leute weichen, so erwacht doch der niedersächsische Kampfeszorn. Teile der 1. Kompanie, unter Feldwebel Falcke treten zum sofortigen Gegenstoß an. Unsere Maschinengewehre hämmern und mit letzter Kraftanstrengung wird der Feind in seine Ausgangsstellung zurückgeworfen. Dann kommt Hilfe. Dichte Nebelschwaden ziehen über den Berg und decken mitleidig das Bergen der Verwundeten und Zurücknehmen der vordersten Teile.

Ein Verwundeter nach dem anderen kommt zurückgehumpelt, den Arm in der Binde oder wird getragen. Einer war irrsinnig geworden, schrie und weinte wie ein Kind, wollte nicht an uns vorbei. Ein anderer war verschüttet, hatte das Gehör verloren, brüllt laut, er höre nichts mehr. Es war schrecklich. Anständigerweise schossen die Italiener nie auf zurückgehende oder getragene Verwundete. Sie stoppten ihr Feuer, Das war einmalig im Weltkrieg. Reservejägerbataillon 10 löste uns ab. In einem Biwak im Tale dicht am Eisenbahntunnel rasteten die Trümmer des Bataillons. Es war das erste und einzige Mal im Weltkrieg", resümierte Balck, „dass ein Angriff des Jägerbataillons 10 abgeschlagen war", und er nannte auch gleich die Gründe: „Das Artilleriefeuer hatte bei uns und dem Leibregiment schlecht gelegen, wesentliche Teile des Gegner nicht gefasst. Infolgedessen war das Leibregiment verständlicherweise nicht zum Sturm angetreten und so die Flankierung nicht ausgeschaltet worden. Die Nachricht hiervon hatte uns nicht erreicht."[158]

Der Monte Tomba ließ das Jägerbataillon 10 immer noch nicht ganz los. Es musste zunächst nochmals für einige Tage hinauf und das Reservejägerbataillon 10 ablösen, bevor es dann endgültig zurückkehrte. Etwa zur gleichen Zeit, Anfang Dezember 1917, erhielt das Bayerische Infanterieleibregiment den Befehl, die stark gelichteten Jägerbataillone auf dem Monte Tomba abzulösen und die Bergstellungen auf dem Tombarücken zu übernehmen.

„Es sind keine rosigen Gefühle", berichtet Martin Breitenacher, „die die ‚Leiber' auf ihrem Marsche hinauf zur Stellung begleiten. Gleich die Täler am Fuße des Tomba sind vergast, dann beginnt das mühselige Steigen auf vereisten Pfaden und in steilen Rinnen, während auf den Hängen einschlagende Minen und Granaten Geröll und Felsbrocken umherschleudern. Nach stundenlangem Mühen wird der Kamm des Berges erreicht und kurz darauf die wenige Meter davor am Südhang gelegene erste Linie. Sie besteht aus einzelnen Erdlöchern, die weit voneinander liegen und aus einigen Grabenstücken, die keine Verbindung miteinander haben. Der Hang vor der Stellung ist unübersichtlich von Buschgruppen bewachsen, während der breite Rücken des Tomba im Übrigen ein großes Trichterfeld ist. Drahtverhau oder auch Stolperdrähte gibt es nicht. Der Gegner ist vierzig bis fünfzig Meter entfernt.

In den Erdlöchern liegen die Männer tagsüber zu Zweien oder Dreien. Nur nachts dürfen die Löcher verlassen werden. Dem Gegner ist der Verlauf der deutschen Stellung nicht überall bekannt. Sie hat deshalb noch kein Artilleriefeuer erhalten. Diesen Vorzug sollen die ‚Leiber' befehlsgemäß auch weiterwahren und es ist ihnen deshalb das Schießen, selbst bei Gefahr verboten. Die große Nähe des Feindes und die vollkommene Schutzlosigkeit der Stellung bedingt dauernde Alarmbereitschaft. Schlafen darf nur immer einer im Loche, während seine beiden Kameraden vorsichtig durch die Äste, mit denen die Erdlöcher getarnt sind, das Vorgelände beobachten. [...] Es herrscht klares, kaltes Winterwetter."[159]

Nach mehreren Tagen, die die „Leiber" frierend in ihren Erdlöchern und Stellungen auf dem Monte Tomba verbracht hatten, erschien plötzlich wie aus heiterem Himmel ihr Regimentskommandeur Franz Epp mit einigen Offizieren seines Stabes in der vordersten Linie.

„Nun, Leute, wie geht es euch denn?", frug er leutselig.

„Schlecht, Herr Oberstleutnant", kam die Antwort. „Nichts zu essen, keine Kohlen zum Wärmen, keine Bewegung tagsüber und dabei einen Durchfall, dass sich keiner mehr zu helfen weiß."

„Wie lange sollt ihr denn noch in der Stellung bleiben?"

„Noch zehn Tage, Herr Oberstleutnant!"

„Aber das geht ja nicht", wandte sich da der Regimentskommandeur an die ihn begleitenden Bataillons- und Kompanieführer. „Die Leute werden mir ja allesamt noch krank."

Mit dem Versprechen: „Ich werde dafür sorgen, dass ihr abgelöst werdet!" verabschiedete sich Epp von seinen vordersten Kampfeinheiten auf dem Monte Tomba. Epp, der am 12. Dezember 1917 zum Oberst befördert wurde, hielt sein Wort, denn die Ablösung erfolgte in der Tat. Die Stellungen sollten an ungarische Einheiten übergeben werden. Die Chronik der „Leiber" berichtet darüber folgendermaßen:[160]

„Die Nacht ist dunkler als je. Es regnet und schneit zugleich. Unaufhörlich brüllen die Geschütze, rauschen die feindlichen Granaten hinunter nach Fener und Faveri, auf Brücken und Straßen, auf Quero und Segusino. Unheimlich wechselt das Aufblitzen unserer Batterien mit dem Aufleuchten der feindlichen Einschlüge.

Es ist 11.00 Uhr. Jetzt müssten sie kommen. Aber bei der Finsternis, dem Feuer auf allen An- und Abmarschwegen? Aber mit einem Male stapft's und stampft's und hustet's bergauf und Flüche dringen herauf und zwar ungarische! Es gibt keinen Zweifel, sie kommen! ‚Wie brav sie marschieren!' Es ist wirklich keine Kleinigkeit bei der Glätte und der Steigung. Aber selbst wenn unter drei Schritten einer rückwärts geht, es geht vorwärts. Die letzte Kompanie hatte in Fener schwere Verluste, die anderen waren gut durchgekommen. Kurz nach Mitternacht ist alles da, Mann für Mann wird auf seinen Posten gestellt, in sein Loch gesetzt. Die Verständigung ist dadurch, dass sie fast nur mit den Händen geschieht, wesentlich vereinfacht. Und dann beginnt der Abstieg, eigentlich mehr der Abrutsch. In rasendem Tempo geht's bergab."

Sieben lange Tage und sieben noch viel längere Nächte hatten die „Leiber“ auf dem Monte Tomba in vorderster Stellung ausgehalten und dabei schwere Verluste erlitten. Nun waren sie ins Tal abgestiegen, um sich dort zu erholen. Aber dann hieß es abermals hinauf zum Monte Tomba! Der Winter hatte nun vollends Einzug gehalten, so massiv, dass der tagelang tobende Schneesturm jede Gefechtstätigkeit unterband.

Als das Wetter nach ein paar Tagen aufklarte, setzte an der gesamten Gebirgsfront wieder eine rege Gefechtstätigkeit ein. Die deutsche Artillerie eröffnete das Schlachtkonzert. Dann fielen die knatternden Maschinengewehre, die Gebirgsgeschütze und schließlich die Minenwerfer ein. Trotz des meterhohen Schnees stürmte sowohl das Korps Wedel als auch das „Edelweißkorps“ der k. u. k. Armee gegen die feindlichen Stellungen an. Zunächst kamen sie zügig vorwärts. Aber dann wurden sie durch einen feindlichen Gegenstoß wieder zurückgeworfen.

Gebannt verfolgten die Kommandeure die Kämpfe bei den Nachbardivisionen. Man wusste, dass das eigene Vorwärtskommen auch von diesem Kampfgeschehen abhing. Als nach tagelangem Ringen alle diese Angriffe im Eis und Schnee des winterlichen Hochgebirges erstarrten, entfiel auch für das Deutsche Alpenkorps die Fortsetzung des Angriffs auf dem Monte Tomba.

Kaum hatte man sich auf einen Stellungskrieg im winterlichen Hochgebirge eingestellt, da traf Mitte Dezember 1917 beim Alpenkorps ein Befehl ein, der wie ein Lauffeuer die Runde machte: Ablösung zwischen dem 15. und 17. Dezember! Zum letzten Male stiegen, nein rutschten und stolperten die „Leiber“ und Jäger die Hänge des Monte Tomba hinab, überstiegen den Monte Perlo und marschierten dann über Valdobbiadene nach Miane zurück. Im Raum nördlich von Pordenone bezog die Truppe ihre wohlverdienten Ruhequartiere.

Währenddessen übte der Korpsstab noch bis zum 4. Januar 1918 die Befehlsgewalt über jene Verbände aus, die an den Nordausläufern des Monte-Grappa-Massivs eingesetzt waren. Es waren dies die deutsche Jägerdivision und die 200. Infanteriedivision mit dem Jägerregiment Nr. 3, an deren Stelle später die k. u. k. Schützendivision und zuletzt noch die k. u. k. 50. Infanteriedivision trat.

Das Bayerische Infanterieleibregiment bezog in Cordenons sein Quartier. Dort überreichte Oberst Epp, der jetzt vertretungsweise das Deutsche Alpenkorps führte, am Heiligen Abend des Kriegsjahres 1917 dem Leutnant der Reserve Ferdinand Schörner den Orden Pour le Mérite für die Erstürmung des Kolovratrückens. Dieser begehrte preußische Orden war dem Führer der 12. Kompanie der „Leiber“ bereits am 5. Dezember 1917 von Kaiser Wilhelm II. verliehen worden. Der spätere Generalfeldmarschall des Zweiten Weltkrieges hatte damit als einziger bayerischer Kompanieführer im Ersten Weltkrieg diese höchste deutsche Tapferkeitsauszeichnung erhalten.[161]

Erst an der Piave war der Angriff der Mittelmächte zum Stehen gekommen. Nachdem das Jägerregiment Nr. 3 den Feind noch bis zur Stadt Codroipo und von dort bis zum Tagliamento verfolgt hatte, rückte es nach einigen Ruhetagen zur Piave vor, um an den südlichen Ausläufern der Venetianischen Voralpen wieder in vorderer Linie eingesetzt zu werden. Diese Verschiebung brachte das Ausscheiden der 200. Infanteriedivision aus der Gruppe Hofacker mit sich. Sie kam nun zur Gruppe Stein, wurde dem Generalkommando des III. Bayerischen Armeekorps unterstellt und kämpfte fortan wieder in einem Verband mit den Bergkameraden vom Deutschen Alpenkorps.

Der Aufenthalt des Jägerregiments Nr. 3 in der Ebene von Friaul war nicht von langer Dauer, denn zu weiteren Kampfhandlungen kam es dort nicht mehr. Nun sollte versucht werden, die Piavefront von Norden her durch einen Angriff aus dem Gebirge aufzurollen. Es verdient, festgehalten zu werden, dass in jener Zeit die Bagagen bei den Gebirgsregimentern in zwei Staffeln neu eingeteilt wurden: Die erste Staffel für das Gefecht, die zweite als große Bagage.

„Die Einteilung dieser Staffeln wird wiederum nach den Gesichtspunkten der Verwendung in der Ebene einerseits, für das Gebirge andererseits getroffen", erfahren wir aus der Chronik des Jägerregiments Nr. 3, in der es dann weiter heißt: „Die Pferdeausrüstung eines Bataillons beträgt dreihundert Tragtiere und Zugpferde. Die Bataillone haben sich in Codroipo vorsorglich reichlich mit schweren Pferden versehen, im Ganzen herrscht aber das Maultier vor."[162]

Obwohl die österreichischen Truppen dem Gegner bei seinem Rückzug aus den Hochgebirgsstellungen der Karnischen Alpen und der Dolomiten hart auf den Fersen geblieben waren, konnten sie nach hoffnungsvollen Anfangserfolgen der Heeresgruppe Conrad, die am 10. Oktober 1917 ihre Offensive bei schwierigsten Wetterverhältnissen mit meterhohem Neuschnee begonnen hatte, nicht verhindern, dass sich die Italiener westlich des Piavetales auf dem letzten Bergkamm vor der Ebene in gut vorbereiteten und ausgebauten Felsstellungen festsetzten.

Zwar waren den italienischen Einheiten dort Ende November und Anfang Dezember 1917 schon eine Reihe von Gipfeln in heldenhaften Sturmangriffen entrissen worden, aber der Hauptkamm – der Monte Grappa und der vorgelagerte Monte Solarolo, die Pyramiden- und die Sternkuppe – befand sich nach wie vor fest in der Hand des Gegners. Denn der Durchstoß im Tal der Piave war am feindlichen Widerstand auf dem Monte Tomba gescheitert.

Dieser Rückschlag sollte nun wettgemacht werden. Nachdem wenige Tage zuvor die 1.608 Meter hohe Fontana Secca mit ihren Ausläufern erobert worden war, stiegen die Jäger des Regiments Nr. 3 am 11. Dezember 1917 aus einem engen Felstal wieder hinauf. An den Kämpfen der 200. Infanteriedivision, die an jenem 11. Dezember im Monte-Grappa-Massiv um den Col dell' Orso entbrannten, nahm auch die bayerische Gebirgsartillerieabteilung 2 allen Schwierigkeiten zum Trotz, die das verschneite und vereiste Gebirge verursachten, erfolgreich teil.[163] Der Kampfeinsatz war besonders hart, denn auf den Bergen hatte General Winter sein bitterkaltes Hauptquartier aufgeschlagen. Alle Hänge waren mit fest gefrorenem Schnee überzogen, die Felsen vereist. Daher waren selbst die schmalen Bergpfade nur mit Steigeisen begehbar. Bei diesen widrigen Winterverhältnissen stieß der Nachschub an Munition und Verpflegung durch die Tragtiere auf die allergrößten Schwierigkeiten. Dennoch gingen die 3er-Jäger in den nächsten Tagen zum Angriff über. So stand der 14. Dezember 1917 ganz im Zeichen der Erstürmung der Sternkuppe. Der Befehl der Gruppe Thümmel gliederte die Angriffstruppen wie folgt:[164]

1. Gruppe Schreyer mit I. Bataillon des Jägerregiments 3 gegen die Pyramidenkuppe, demnächst gegen Solarolo (1.672 Meter).
2. Gruppe Noell mit Reservejägerbataillon 5, III. und IV. Bataillon des Jägerregiment 3 in Richtung Solarolo – Knickstützpunkt – Col dell' Orso.
3. Gruppe Migeod mit Reservejägerbataillon 17 vom Knickstützpunkt an der Gruppe Noell entgegenarbeitend.
4. I. Bataillon des Jägerregiment 52, dem Major Noell mit unterstellt, greift die feindliche Stellung südlich der Sternkuppe an.

In einem beispiellos geführten, erbitterten Kampf gelang es dem III. und IV. Bataillon des Jägerregiments Nr. 3 die von italienischen Alpini und französischen Alpenjägern zäh verteidigte Sternkuppe dem Gegner zu entreißen. Der angesetzte Angriff gegen die Pyramidenkuppe scheiterte allerdings an der Schwierigkeit des Geländes. Am 19. Dezember gaben die Italiener einen Tagesbericht heraus. In ihm wird der Kampfwert der 200. Infanteriedivision und der des Jägerregiments Nr. 3 besonders hervorgehoben wenn es heißt: „Im Brentatal beschränkte sich am 16. Dezember der Kampf auf den rechten Flügel der Italiener am Monte Solarolo. Die feindliche Oberleitung hatte zu diesem Zwecke eine Division auserwählter und frischer Truppen aufgeboten, nämlich die aus dem 3., 4. und 5. Jägerregiment bestehende 200. Infanteriedivision. Es handelt sich um wohlausgerüstete und im Gebirgskrieg erfahrene Regimenter. Das 3. Jägerregiment ist aus vier Skiläuferbataillonen zusammengesetzt, die sich zumeist aus bayerischen Bergbewohnern rekrutieren. Diese Division hat bei Beginn der Offensive an den Unternehmungen zur Erstürmung der Jeza teilgenommen." Aufgrund des gegnerischen Widerstandes, der sich nicht zuletzt wegen der unerschöpflichen materiellen und personellen Reserven der Alliierten immer mehr versteifte, wurde von der Obersten Führung der Zentralmächte die Einstellung der Offensive angeordnet. Die Regimenter und Bataillone mussten sich fortan darauf beschränken, die gewonnenen Stellungen gegenüber den wiederholt einsetzenden feindlichen Gegenangriffen zu verteidigen und zu halten.

Weihnachten 1917 wurden die tapferen Jäger abgelöst, die nicht weniger als vierzehn Tage und Nächte ohne ausreichenden Schutz unter ihren Zeltbahnen im vereisten Felsgestein und unter starker feindlicher Artillerieeinwirkung ausgehalten hatten. Wenn schon gesunde und bergerfahrene Soldaten unter diesen widrigen Witterungs- und Geländebedingungen sehr zu leiden hatten, dann kann man sich in etwa die Qual und Pein der zahlreichen Verwundeten vorstellen, die über die schroff abfallenden Berghänge in das rund 1.200 Meter tiefer gelegene Tal transportiert werden mussten. In diesen extremen Situationen bewährte sich wieder einmal mehr die unverbrüchliche Kameradschaft der Fronttruppe. Es war eine verschworene Gemeinschaft, bei der auch in den ausweglosesten Lagen und Situationen der unversehrte Kamerad seinen Verwundeten nicht einfach sang- und klanglos im Stich ließ, um seine Haut zu retten.

Wenn der Eroberung der Sternkuppe auch bei Weitem nicht die Bedeutung zugemessen wurde wie seinerzeit der Erstürmung der Jeza zu Beginn der 12. Isonzoschlacht, so muss sie dennoch als eine Waffentat bezeichnet werden, die sich unter dem Gesichtspunkt des Gebirgskrieges sehen lassen kann. Es sollte im Übrigen für die Jäger des Regiments Nr. 3 die letzte Bewährung im Gebirge gewesen sein. Denn im Januar 1918 rückte das Deutsche Alpenkorps westlich und östlich des Tagliamento in die Gegend von Spilimbergo – San Daniele, um dann Ende des Monats bei Görz die bereitstehenden Transportzüge in Richtung des westlichen Kriegsschauplatzes zu besteigen, wo es zunächst am Kemmel und dann während der Abwehrschlacht an der Somme zum Einsatz kam.[165]

Mit dem Abzug der deutschen Truppen vom oberitalienischen Kriegsschauplatz stellte sich aber ein weiterer geplanter „Angriff der Verbündeten als ein unsicheres Abenteuer dar, dessen Erfolgsaussichten sehr gering waren, das aber dem Feinde unter Umständen einen unschweren Sieg eintragen konnte“, resümierte Krafft von Dellmensingen.

„Überhaupt war die Aussicht, die Italiener nochmals allein zu treffen, endgültig dahin. Um aber das italienische Heer und die nach Oberitalien gebrachte französisch-englische Hilfsarmee gemeinsam schlagen zu können, waren ganz andere Vorbedingungen nötig, als sie jetzt bei dem nur möglichen, rein frontalen Angriff gegeben waren. Mit diesem Frontalangriff musste unbedingt ein sehr starker Stoß gegen die allein empfindliche Nordflanke des Feindes verbunden werden. Jetzt war das aber nicht mehr zu erreichen, denn eine derartige Operation hätte eine bedeutende Erweiterung der Angriffsfront in Tirol mit umfangreichen Vorbereitungen bedingt, welche nun, unmittelbar vor Eintritt des sich bereits ankündigenden, strengen Winters im Hochgebirge, gar nicht mehr durchführbar waren. Dieser Angriff musste daher zum Frühjahr vertagt werden. Einstweilen blieb eben nichts anderes übrig, als die Offensive einzustellen.

Wenn auch die endgültige Entscheidung über die weiteren Maßnahmen den beiden Heeresleitungen vorbehalten bleiben musste, so bezweifelte das Oberkommando der 14. Armee doch von vornherein, dass die deutsche Heeresleitung sich auf eine Fortsetzung des Feldzuges in Italien im dargelegten Sinne einlassen werde, denn das hätte bedingt, den Schwerpunkt des Krieges auf geraume Zeit hierher zu verlegen und dementsprechend noch viel mehr deutsche Truppen in Oberitalien einzusetzen, als bisher. Und selbst dann noch war der letzte Erfolg ungewiss. Blieb aber der Angriff gegen Italien auf halbem Wege stecken, so brachte er nicht nur keine Verbesserung der Gesamtlage und der Friedensaussichten, sondern vielmehr eine Erweiterung der verwundbaren Front. Vor allem aber würde Deutschland auch durch einen vollen Erfolg in Italien niemals der Notwendigkeit enthoben werden, Frankreich, England und Amerika durch entscheidende Schläge auf dem westlichen Kriegsschauplatz zum Frieden geneigt zu machen. Andererseits war es doch bereits gelungen, Österreich Italien gegenüber in eine recht günstige und gesicherte Lage mit ganz erheblich (um 200 Kilometer) verkürzter Front zu bringen und den Italienern wohl auf lange Zeit jede Lust an ernsten Angriffen zu nehmen. [...]

Wenn somit eine neue, entscheidungssuchende Offensive in Italien kaum zu erwarten war, schien es auch nicht zweckmäßig, die augenblicklichen Operationen weiter, als bis zum Gewinnen einer gesicherten Dauerstellung für das k. u. k. Heer fortzuführen. An der Piave war diese sichere Stellung bereits erreicht. Ein Vorgehen bis zur Brenta, das jetzt nur unter verlustreichen und vermutlich recht wechselvollen Kämpfen möglich gewesen wäre – ein Vordringen bis zur Etsch kam überhaupt nicht mehr in Frage! – würde keine vermehrte Sicherheit bringen. Für die Bergfront am Monte Grappa brachte das Vorverlegen der Front bis etwa in die Linie Bassano – Montello wohl eine Verbesserung der Lebensbedingungen und eine günstigere Ausgangsstellung für eine etwaige spätere Fortsetzung des Angriffs, dafür bot sie aber auch dem Feind im vermehrten Maße die Möglichkeit zu Gegenstößen. Sicherer, wenn auch unbequemer, stand man im Gebirge. Dort blieb allerdings noch die Aufgabe, das Grappa-Massiv zu nehmen. Damit würde dann eine sowohl für einen künftigen Angriff, wie auch für die Verteidigung gleich günstige Grundlage geschaffen sein."[166]

An den Kampfhandlungen um das Monte-Grappa-Massiv beteiligte sich unter anderem auch das traditionsreiche k. u. k. Infanterieregiment Nr. 7 Graf von Khevenhüller. Darüber lesen wir in der „Festschrift 300 Jahre k. u. k. Infanterieregiment Graf von Khevenhüller Nr. 7" aus dem Jahre 1991:[167]

„Wieder verschiedenen Gefechtsgruppen zugeteilt, griffen die Bataillone im weitläufigen Grappa-Massiv als Teil jener Kräfte an, die zwischen Brenta und Piave in die oberitalienische Ebene durchstoßen sollte. Am 14. November nahm das I. Bataillon des Infanterieregiment Nr. 7 den Monte Tomatico, am 16. fühlte das IV. Bataillon des Infanterieregiment Nr. 7 als Spitze gegen den Monte Grappa vor. Doch lächerlich wenige Kilometer vor dem Austritt ins Flachland, vor den letzten Höhen, scheiterte der Angriff an überlegenen, durch Franzosen und Engländer verstärkten und mit Material reichlich versorgten italienischen Truppen.

Am 26. November folgte eine kurze Retablierungsphase im Raum Feltre, das V. Bataillon aber stand bis 18. Dezember am Monte Pertica im erbitterten Abwehrkampf gegen den nun erstarkten Gegner. Am 13. Januar 1918 wurde es zum Ausgleich der Verluste auf die anderen Verbände aufgeteilt. Am 18. Dezember stürmten die 7er, unter Kälte und Schnee, auf deckungslosen vereisten Hängen, den Monte Asalone, wobei sich der später im Kärntner Abwehrkampf so bedeutende, Oberleutnant Steinacher durch besonders initiatives Handeln auszeichnete.

Ein ruhiger Tag im Asaloneabschnitt.

Die Überlegenheit des Feindes an Menschen und Material äußerte sich in pausenlosen Fliegerangriffen, Trommelfeuer der Artillerie und wütenden Sturmangriffen. Die Khevenhüller verloren bis 21. Dezember achtundsechzig Prozent ihres Standes, die Stimmung nach der Ablösung am 24. Dezember im Kantonierungsort Fonzase war ernst und gedrückt.

Bereits am 29. Dezember aber wurde das Regiment wieder auf den Asalone befohlen, die Kampfstärke betrug nunmehr sechsunddreißig Offiziere, 647 Feuergewehre und zwanzig Maschinengewehre, schon am 3. Januar 1918 folgte die nächste Ablösung durch ein bosnisch-herzegowinisches Regiment. Bezeichnend für den Zustand der k. u. k. Armee war, dass ab nun, bei jedem Wechsel in den Stellungen, den nachfolgenden Truppen nicht nur Decken, Öfen und Winterschuhe, sondern sogar

Teile der persönlichen Ausstattung, zum Beispiel Munition bis auf vierzig Schuss pro Mann und die Verpflegung bis auf jeweils eine Dose übergeben werden musste!"

„Bis Belluno dauerte für das Baon der Siegeszug", berichtet Franz Irscher vom Kampfeinsatz des k. k. steierischen Freiwilligen Schützenbaons in den Venetianischen Voralpen. „Hier stockten die Truppenmassen. Die lange, eine Woche dauernde Rast, die das Baon mit anderen Truppen, die von der Kärntnerfront vorgestoßen waren, in der schönen Stadt genoss, ließ auf große Verschiebungen schließen. Gerüchte erzählten davon, und stündlich klangen sie verschieden. Am 26. November marschierte das Baon nach Feltre weiter in der allgemeinen Direktion und dem Endziel Südtirol, wie knapp vor dem Abmarsche bekannt geworden war.

Feltre war ein Heereslager. Wie in der heimatlichen Hauptstadt während der sonntäglichen Promenaden am Ring, so schoben sich österreichisch-ungarische und deutsche Truppen durch die Straßen. Regimenter und Baone eilten siegesfroh zur Front, abgemüdete Truppen vom Grappa und dem Monte Tomba marschierten in Retablierung. Verwundete schleppten sich mühsam keuchend weiter, Sanitäts- und Trainkolonnen fuhren in die Stadt und verließen sie, Autos lärmten dazwischen. Nicht leicht war es, sich in diesem bunten Chaos zurechtzufinden und noch schwerer, sich den Weg hindurch zu bahnen. Von der Ferne dröhnten die schweren Geschütze und in den Lüften schwirrten die Flugzeuge ununterbrochen zur Abwehr feindlicher Flieger, die etwa Lust empfinden konnten, nach Feltre zu schauen."[168]

Sprengtrichter auf dem Monte Cimone-Süd mit Eingang zum großen Stollen.

18. Gebirgskrieg in den Venetianischen Voralpen

Knapp zwei Wochen nach der Eroberung des Monte Matajur zwang der „Wüstenfuchs“ des Zweiten Weltkrieges das launische Kriegsglück erneut auf seine Seite. In pausenloser Verfolgung war Erwin Rommel mit ein paar Kompanien, den anderen Einheiten des Württembergischen Gebirgsbataillons wieder einmal weit vorauseilend, durch die enge, wilde und nur wenige Kilometer lange Vajontschlucht in das Tal der Piave vorgestoßen.

„Die Straße führt, in 200 bis 300 Meter hohe senkrechte Felswände eingesprengt, zunächst auf der Nordseite. Die Mitte der Schlucht überspannt eine vierzig Meter lange Brücke 150 Meter über dem rauschenden Gebirgsbach. Von dieser Brücke ab verläuft die Straße auf der Südseite der Schlucht. Verschiedene Seitenschluchten sind überbrückt. Häufig führt die Straße durch längere Tunnels. Eine Sprengung an geeigneter Stelle würde genügen, um den Weg nach Longarone für Tage zu sperren. Ja, ein Maschinengewehr, am Eingang eines Tunnels aufgebaut, könnte uns hier schon lange aufhalten. Aus der Karte wäre das alles zu ersehen gewesen, jedoch zu ihrer gründlichen Prüfung hatte ich bisher keine Zeit“, beschreibt Rommel die Ausgangslage in seinem Buch „Infanterie greift an“.[169] Der Zeitdruck, dem die angreifenden Soldaten ausgesetzt waren, ließ keinen großen Spielraum für eine detaillierte Planung des Angriffes. Schlimmer noch: Plötzlich erschütterte eine gewaltige Explosion die Schlucht. Eine jener Seitenbrücken wurde von den Italienern gesprengt. Nachdrängende Württembergische Gebirgssoldaten konnten aber über die Reste der gesprengten Brücke glücklicherweise noch das jenseitige Straßenstück erreichen. Doch der Dreh- und Angelpunkt des Unternehmens lag noch vor Erwin Rommel und seinen Männern.

„Wieder liegt eine Brücke vor uns, mit ihren vierzig Metern Spannung und ihrer Höhe von 150 Metern über den wilden Wassern ist sie die höchste Brücke Italiens. Auf beiden Seiten sehen wir deutlich die Sprengladungen in tiefen, viereckigen Löchern mitten auf der Fahrbahn. Ob die Ladungen schon gezündet sind? Der Feind jenseits der Brücke stellt das Feuergefecht ein und lässt sich am Tunneleingang nicht mehr sehen. Ob er wohl zurückgegangen ist? – fliegt die Brücke vor uns in die Luft, dann kann es Tage dauern, bis wir das so nahe Piavetal erreichen.

Es muss jetzt rasch zugegriffen werden. Dem Unteroffizier Brückner der 2. Kompanie, den ich als besonders wagemutigen, beherzten Soldaten kenne, gebe ich den Befehl: ‚Nehmen Sie ein Beil, springen Sie über die Brücke, schlagen Sie jenseits sämtliche Drahtleitungen durch, die auf die Brücke zuführen. Sobald dies geschehen, kommen wir alle geschlossen nach und reißen unterwegs die Zündschnüre heraus.‘ Da mehrere tiefhängende Kabel auf die Brücke zuführen, fürchte ich eine elektrische

Sprengung der Brücke. Der vortreffliche Unteroffizier Brückner führt den Befehl sofort aus. Als das letzte Kabel fällt, springe ich mit den Radfahrern nach, unterwegs die Zündschnüre aus den Sprengladungen herausreißend. Die Brücke ist damit unversehrt in unserer Hand."

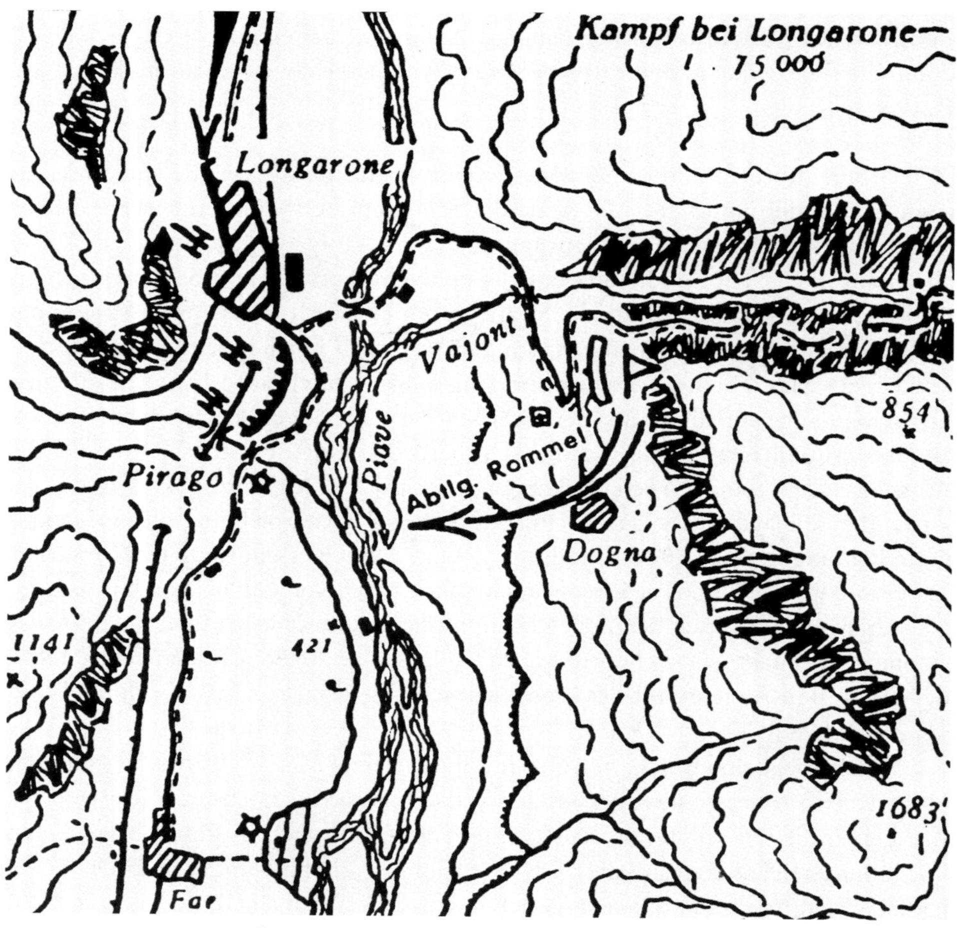

Die Übersichtskarte zeigt den Vorstoß der Abteilung Rommel nach Longarone.

Damit war die Entscheidung gefallen. Der Weg nach Longarone war frei. Erwin Rommel eilte nun mit wenigen Männern voraus und stand kurz nach Überwindung der Brücke am Ausgang dieser schicksalsträchtigen Hochgebirgsschlucht. Bei Longarone angekommen, erkannte der schneidige Offizier starke Feindkräfte, die mit Front nach Norden im Kampfe standen. Augenblicklich beschloss er, diesen Gegner abzuschneiden und zu vernichten. Mit seinem grenzenlosen Selbstvertrauen stellte er sich mit seinen getreuen Gebirgssoldaten, die für ihn das Letzte gaben, dem Gegner zum Kampf. Mit der buchstäblich letzten Patrone wehrte er nicht nur die verzweifelten nächtlichen Durchbruchsversuche des Feindes ab, sondern tags darauf gelang es den Württembergern auch noch, eine ganze italienische Division zur Übergabe zu zwingen.

„Die Italiener hatten in allen Tälern und Schluchten Gefangene verloren. Alpinikompanien, Linienbataillone und die geschlossen marschierenden Brigaden ‚Victoria' und ‚Parma' waren abgeschnitten worden. Als sich die Entronnenen, 10.000 Mann stark, bei Longarone zum Abmarsch nach Belluno ballten, fiel Feuer von den Talwänden auf sie und täuschte ihnen zahlreiche Feinde vor. Sie sahen sich von Kaiserschützen und Württembergischen Jägern umstellt und streckten nach kurzem Kampf das Gewehr."[170]

Lassen wir nun die Ereignisse des Württembergischen Gebirgsbataillons an Hand der vorliegenden Chroniken, Aufzeichnungen und Befehle Revue passieren.[171] Dabei werfen wir zunächst einen Blick auf die Kräfteverteilung. Die Gruppe Krauß bestand aus zwei Korps: rechts der Feldmarschallleutnant Goiginger – nunmehr k. k. Edelweißdivision, 4. und 94. Infanteriedivision – mit dem rechten Flügel im Brentatal, links der Generalmajor Ritter von Tutschek – nunmehr Deutsches Alpenkorps, deutsche Jägerdivision, k. k. 22. Schützendivision – mit dem linken Flügel an der Piave.

„Die inneren Flügel dieser beiden Korps berührten sich wie bisher vor Solarolo derart, dass Monte Peurna – Monte d' Avien zu dem Korps Tutschek, das Stizzonetal zu dem Korps Goiginger gehörte", heißt es in der Chronik der Württembergischen Gebirgsschützen.

„Mit dem rechten Flügel östlich der Piave stand die Gruppe Scotti, zunächst mit k. u. k. 50. Infanteriedivision, dann mit 200. Infanteriedivision, dann wieder mit k. u. k. 50. Infanteriedivision, bei Segusino – Valdobbiadene vor Fener – Pederobba an der Piave, in zweiter Linie dahinter waren k. u. k. 55. Infanteriedivision, 200. Infanteriedivision und Alpenkorps hin- und hergeschoben worden.

Die deutsche Jägerdivision hatte seit 20. November zu dem Korps Tutschek gehört, das damals noch auf dem rechten Flügel der Gruppe Scotti und als linker Nachbar der Gruppe Krauß den Durchbruch aus dem Becken von Alano – Fener über Tomba – Monfenera erstrebt hatte (Alpenkorps, Jägerdivision und 5. Infanteriedivision).

Am 28. November war die Jägerdivision durch die 5. Infanteriedivision am Monte Tomba abgelöst und zur Verfügung der Gruppe Krauß in den Raum Belluno gelegt worden. Am 2. Dezember war Korps Tutschek aufgelöst worden, das Alpenkorps vor

Monfenera unmittelbar unter Gruppe Krauß getreten. 200. Infanteriedivision vor Spinuccia und 5. Infanteriedivision vor Tomba waren zum Korps Wedel vereinigt worden.

Korps Wedel setzte die Bemühungen, über Fontana Secca und Spinuccia vorzudringen, im Dezember nachhaltig fort mit dem Erfolg, dass einige Kuppen südlich der Fontana Secca [...] genommen wurden, darüber hinaus kamen aber die Karpathen-Jäger und die Brandenburger nicht mehr vorwärts, weder gegen Solarolo-, noch gegen Mont Meate-Grappa."[172]

Noch standen die Zeichen bei den Mittelmächten auf Sieg. Aus diesem Grunde wurde das Württembergische Gebirgsbataillon dazu bestimmt, mit der 200. Infanteriedivision von Solarolo anzugreifen. Mitten in die Angriffsvorbereitungen hinein elektrisierte am Morgen des 13. Dezember 1917 folgender Fernspruch die Württembergischen Gebirgsschützen:[173]

„Deutsche Jägerdivision. Divisionsstabsquartier, 13. Dezember 1917.
II. 2.322

Divisionstagesbefehl

1. (II.) Chef Militärkabinett Freiherr von Lyncker drahtet:

Seine Majestät der Kaiser haben
Major Sproesser, Kommandeur des Württembergischen Gebirgsbataillons,
Oberleutnant Rommel im Württembergischen Gebirgsbataillon,

den Orden Pour le Mérite vergeben (Armeeoberkommando 14 II c 6.136 vom 12. Dezember 1917) von Dassel."

„Fernspruch über Korps Wedel, 14. Dezember 1917, 13.20 Uhr aus Stuttgart (6.902):
Major Sproesser, Württembergisches Gebirgsbataillon, Bataillonsstab.
Zu der seltenen, so wohlverdienten Auszeichnung spreche ich Ihnen und Oberleutnant Rommel, selbst dadurch sehr stolz auf die Anerkennung des tapferen Bataillons und seines Kommandeurs, die herzlichsten Glückwünsche aus.

Wilhelm."

Voller Stolz erließ Major Sproesser daraufhin folgenden Tagesbefehl an seine ausgezeichnete Truppe:

„Württembergisches Gebirgsbataillon. Stabsquartier, 13. Dezember 1917.

Tagesbefehl

Seine Majestät der Kaiser haben den Kommandeur und dem Oberleutnant beim Stabe des Württembergischen Gebirgsbataillons den Orden Pour le Mérite Allergnädigst zu verleihen geruht. Damit wollen Seine Majestät der Kaiser dem Württembergischen Gebirgsbataillon die höchste Anerkennung bekunden für Haltung, Leistungen und Erfolge am Isonzo, Tagliamento und an der Piave.
Kameraden! Der Kaiserliche Dank gilt Euch, den Offizieren, Unteroffizieren und Schützen, durch deren unvergleichlichen Schneid das Menschenmögliche erreichbar war! Es ist eine Ehre, dem königlichen Württembergischen Gebirgsbataillon anzugehören – die höchste Ehre ist es, sein Kommandeur zu sein!

Sproesser."

Derart motiviert, bereiteten die Württemberger sich mit der 200. Infanteriedivision zum Angriff gegen Solarolo – Col dell' Orso vor. Zunächst erging am 13. Dezember 1917, Punkt 15.00 Uhr, ein Befehl der 5. Infanteriedivision an die 10. Infanteriebrigade, in dem es hieß:

„An Stelle des an 200. Infanteriedivision vorübergehend abgegebenen III. Bataillons des Infanterieregiments 52 ist durch die Brigade ein halbes Württembergisches Gebirgsbataillon und eine Maschinengewehrkompanie von Schievenin nach Höhe 1.222 heranzuziehen. Eintreffen spätestens 10.00 Uhr vormittags der Division zu melden. Das Bataillon ist Divisionsreserve. Ein Offizier meldet sich Blockhaus Höhe 1.222 (Brigadegefechtsstand)"[174]

Daraufhin erließ das Württembergische Gebirgsbataillon noch am Abend desselben Tages einen Befehl mit folgendem Inhalt:

„Württembergisches Gebirgsbataillon. Stabsquartier, 13. Dezember abends.

Bataillonsbefehl

1. 200. Infanteriedivision und rechter Flügel 5. Infanteriedivision greifen 14. Dezember, 10.00 Uhr in Richtung Monte Solarolo an.
2. Das ganze Württembergische Gebirgsbataillon ist Reserve der 5. Infanteriedivision.
3. Oberleutnant Rommel mit 2., 4., 6. Gebirgskompanie, Nachrichtenkompanie, 1. und 3. Maschinengewehrkompanie verbleibt in Schievenin.

4. Oberleutnant Füchtner mit 1., 3., 5. Gebirgskompanie und 2. Maschinengewehrkompanie steht um 10.00 Uhr gefechtsbereit bei Höhe 1.222 südlich Fontana Secca. Meldung bei der Gefechtsstelle der 10. Infanteriebrigade (Blockhaus 1.222).
5. Stab verbleibt Schievenin.

Sproesser.“

Das weitere Kriegsgeschehen lässt sich leicht anhand der uns vorliegenden Divisions-, Brigade- und Bataillonsbefehle verfolgen:[175]

„Divisionsbefehl:

Die in Schievenin verbleibenden Teile des Württembergischen Gebirgsbataillons haben am 15. Dezember sonach Höhe 1220 östlich Höhe 1222 abzumarschieren, dass sie dort um 10.00 Uhr eintreffen. Der Kommandeur des Bataillons meldet sich zu dieser Zeit beim Führer der 10. Infanteriebrigade, Oberleutnant Kersten, auf Höhe 1220.

Württembergisches Gebirgsbataillon. 14./15. Dezember, Mitternacht.“

„Bataillonsbefehl:

1. Gebirgsbataillon schließt am 15. Dezember auf Abteilung Füchtner auf.
2. Abteilung Rommel mit Stab und Nachrichtenkompanie trifft um 10.00 Uhr vormittags bei Höhe 1.222 ein.
3. In Schievenin verbleiben Bataillonsgefechtszimmer, Gefechtsbagage und Revierkrankenstube.
4. Ich gehe 06.00 Uhr vormittags nach Schievenin nach Höhe 1.222.

Sproesser.“

Am Nachmittag des 15. Dezembers 1917 wurden die eigenen und die feindlichen Stellungen auf der Pyramidenkuppe, dem Solarolo und der Sternkuppe erkundet. Dabei kam man zu folgendem Ergebnis:

„Feind auf Pyramidenkuppe, im Verbindungsgraben am Nordosthang des Solarolo und auf Südostrippe der Sternkuppe. II. Bataillon/Jägerregiment 3 im Ringgraben, IV. Bataillon/Jägerregiment 3 auf Ostrippe Sternkuppe. Nach Westen kein unmittelbarer Anschluss, dagegen Kuppe dicht nördlich Pyramidenkuppe von eigenen Truppen besetzt.“[176] Aufgrund dieses Erkundungsergebnisses wurde folgender Befehl der 200. Infanteriedivision erarbeitet und herausgegeben:[177]

„200. Infanteriedivision. 16. Dezember 1917.

Divisionsbefehl:

Aufgrund des Ergebnisses der gestrigen Erkundungen wird der Angriffsbefehl Ia 434 op. wie folgt abgeändert:

1. Angriffstag 17. Dezember Angriffsziel zunächst Wegnahme des Monte Solarolo (1.672).
2. Durchführung des infanteristischen Angriffs:
   Leitung: Jägerbrigade 2
   Bereitstellung der Angriffsinfanterie auf der Sternkuppe
   Vorderste Angriffsgruppe Reservejägerbataillon 17
   Ein halbes Reservejägerbataillon 6 und Württembergisches Gebirgsbataillon
   Führer dieser Angriffsgruppe: Kommandeur Württembergisches Gebirgsbataillon.

Aufgabe: Vorgehen beiderseits der von Sternkuppe zum Monte Solarolo laufenden feindlichen Stellung. Starke Staffelung links. Pyramidenkuppe wird nicht angegriffen, sondern während der ganzen Angriffshandlung durch starkes Artilleriefeuer niedergehalten. Reserven haben der vordersten Angriffsgruppe dichtauf zu folgen. Sogfältige Organisation des Nachschubs an Handgranaten ist besonders wichtig.

5. Infanteriedivision wird gleichzeitig mit einem Bataillon die feindliche Riegelstellung südöstlich der Sternkuppe angreifen. Der Führer dieses Bataillons wird sich mit dem Kommandeur des Württembergischen Gebirgsbataillons wegen seiner Bereitstellung und der Durchführung seines Angriffs unmittelbar in Verbindung setzen.

von Kleinhenz.“

Daraufhin gab die mit der Leitung beauftragte Jägerbrigade 2 einen Befehl folgenden Inhalts heraus:[178]

„Jägerbrigade 2. 16. Dezember 1917.

Brigadebefehl:

1. Der Angriff wird am 17. Dezember fortgesetzt. Erstes Angriffsziel ist die Besitznahme des Monte Solarolo und der Pyramidenkuppe. Kommt der Gegner ins Wanken, so ist ihm unverzüglich zu folgen.

2. Dem Oberst Thümmel, Leiter des Infanterieangriffs, bleiben die Gruppen Röll und Sproesser unterstellt.
   Der Angriff ist in der Weise zu führen, dass Angriffsgruppe Sproesser (Reservejäger 17, Württembergisches Gebirgsbataillon) stark links gestaffelt von der Sternkuppe aus die feindlichen Stellungen auf dem Westhang der Sternkuppe aufrollend über die Sattelstellung vorgeht und den Solarolo nimmt. Die Pyramidenkuppe wird vor und während dieses Angriffs durch schweres Artilleriefeuer niedergehalten.
   Sie ist erst nach geglücktem Angriff und damit erfolgter Abschnürung durch Teile der Gruppe Sproesser von Süden her zu nehmen. Bereitstellung von Stoßtrupps des I. Bataillons des Jägerregiments 3 in Gegend 1.385 zum Angriff von Süden gegen Pyramidenkuppe!
3. Gruppe Röll (drei Bataillone des Jägerregiments 3, Reservejägerregiments 5, ein halbes Reservejägerregiments 6) übernimmt die Sicherung der Sternkuppe.
4. Überhöhendes Maschinengewehrfeuer von der Sternkuppe und Fontana Secca nach Anordnung von Oberst Thümmel.
5. III. Bataillon des 52. Infanterieregiments ist am 16. Dezember in seiner Stellung zu belassen, es übernimmt das Aufrollen der von der Sternkuppe nach dem Calcinotale verlaufenden Riegelstellung, deren Sturmreifmachen durch 5. Infanteriedivision erfolgt. Enge Verbindung!
6. Artilleriekommandeur 62 macht die feindlichen Stellungen sturmreif (Westhang Sternkuppe, Sattelstellung, Solarolo 1.672 bis zur Kuppe). Die Pyramidenkuppe ist durch mehrere schwere Haubitzbatterien und eine Mörserbatterie restlos niederzuhalten, sie bleibt während des ganzen Angriffs unter schwerstem Feuer. Besondere Niederhaltung der Südostrippe der Pyramidenkuppe ist erforderlich. Die Gebirgsartillerie ist hauptsächlich zur Niederhaltung der feindlichen Maschinengewehrnester und zum flankierenden Feuer auf die von der Sternkuppe nach 1.672 verlaufenden Gräben einzusetzen. Eine schwere Batterie muss bereit sein, Bewegungen in den feindlichen Lagern südwestlich Sternkuppe sofort unter Feuer zu nehmen. Hierzu ist ein Beobachter auf dem Spinucciarücken einzusetzen.
7. Beobachter der schweren und der Gebirgsartillerie sind auf der Sternkuppe einzusetzen in engster Fühlung mit den Führern der Infanterieangriffsgruppe.
11. Die Bereitstellung ist in der Nacht vom 16./17. durchzuführen. Ablösung der jetzt auf der Sternkuppe eingesetzten Teile durch Gruppe Sproesser hat bis zum 17. Dezember, 14.00 Uhr zu erfolgen.
12. Einschießen der Artillerie, sobald die Sichtverhältnisse dies zulassen, Wirkungsschießen von 08.30 Uhr bis 11.00 Uhr vormittags, höchste Feuersteigerung von 10.45 Uhr ab. Antreten zum Sturm 11.00 Uhr vormittags.

13., 14. und so weiter.

Lehmann.
Führer der 200. Infanteriedivision."

Als Führer der Angriffsgruppe erließ Major Sproesser nun folgenden Befehl:[179]

„Gruppe Sproesser. Befehlsstelle, 16. Dezember, 22.30 Uhr.

Gruppenbefehl:

1. Feind hält Pyramidenkuppe, Solarolo, Sternkuppe Südhang und Südosthang, sowie Westhang Spinuccia. Auf Sternkuppe Jägerbataillon 5, auf dem Osthang das halbe Jägerregiment 3, auf Höhe südwestlich 1.222 III. Bataillon des 52. Infanterieregiments.
2. 200. Infanteriedivision greift am 17. Dezember 1917 Col dell' Orso und Solarolo an.
   a) Rechte Gruppe aus nordwestlicher Richtung mit linkem Flügel gegen Col dell' Orso.
   b) Linke Gruppe unter Führung des Obersten Thümmel, Kommandeur des Jägerregiments 5 mit rechtem Flügel von Sternkuppe über Solarolo gegen Col dell' Orso.
3. Die Artillerie der 200. und 5. Infanteriedivision bereitet den Angriff 09.30 Uhr bis 11.00 Uhr vor und hält die Pyramidenkuppe auch nachher unter schwerem Feuer. Vom Südwesthang der Fontana Secca hält Gruppe Hauptmann Schreier mit zahlreichen Maschinengewehren und Minenwerfern die feindliche Besatzung auf Solarolo und Südosthang Sternkuppe unter Feuer.
4. Den Angriff gegen Solarolo führt Gruppe Major Sproesser: Württembergisches Gebirgsbataillon und Reservejägerbataillon 17 verstärkt durch Maschinengewehrabteilung 209 und Minenwerferabteilung 173.
5. Verstärktes Reservejägerbataillon 17 hat am 16. Dezember abends Jägerbataillon 5 auf Nord- und Osthang Sternkuppe abgelöst und sich zum Angriff gegen Solarolo bereitgestellt. Antreten zum Sturm 11.00 Uhr vormittags. Oberleutnant Fürchtner mit einem Drittel des Württembergischen Gebirgsbataillons – 1. und 5. Gebirgs-, 2. Maschinengewehrkompanie – löst am 17. Dezember vor Tagesanbruch Teile desselben Bataillons auf Sternkuppe Südhang ab und stellt sich bereit, um beim Angriff die linke Flanke des Reservejägerbataillons 17 zu sichern und die feindliche Batterie am Südhang Sternkuppe zu nehmen.

6. Das III. Bataillon des Infanterieregiments 52, dem weitere Teile der 5. Infanteriedivision und der Jägerdivision folgen, wird sich mit Teilen dem Vorgehen der Abteilung Füchtner anschließen, um den Südosthang der Sternkuppe aufzurollen und in Richtung 1.193 vorzudringen.
7. Oberleutnant Rommel mit Zweidrittel des Württembergischen Gebirgsbataillons löst am 17. Dezember vor Tagesanbruch das halbe Jägerregiment 3 auf Osthang Sternkuppe ab und folgt dem Angriff in zweiter Linie. Nach Wegnahme des Solarolo durch Reservejägerbataillon 17 ist Pyramidenkuppe, falls noch nötig, durch Sturmtrupps des Württembergischen Gebirgsbataillons zu säubern.
8. Zu meiner Verfügung stehen zwei Kompanien des Reservejägerbataillons 6 bei 1.222 (Munitionsträger). [...]

Sproesser
Major und Kommandeur Württembergisches Gebirgsbataillon."

Der Angriff gegen den Solarolo – Coll dell' Orso stand kurz bevor. In der Nacht vom 16. auf den 17. Dezember 1917 war Neuschnee gefallen. Noch vor Anbruch des Tages stieg die Abteilung Füchtner über einen steilen und gefrorenen Schneehang zur Sternkuppe hinauf.

Dicht nördlich von ihr ging die Abteilung Rommel in Stellung. Da das Wetter dunstig und nebelig war, fiel die Feuerunterstützung durch Gebirgsgeschütze, Minenwerfer und Maschinengewehre von der Fontana Secca gegen den Solarolo bedauerlicherweise zunächst einmal aus. Erst von 07.30 Uhr an konnte mit der Artillerievorbereitung begonnen werden. Aber um welchen Preis, denn nun verstärkte der Gegner die Besatzung seiner vordersten Gräben. Schlimmer noch: „Von 10.00 Uhr vormittags ab feuern feindliche Batterien leichten und mittleren Kalibers aus Richtung Grappa, Spinuccia Südwesthang und Pallone konzentrisch auf die Sternkuppe, gegen die Batterien auf Fontana Secca und bei Höhe 1.222. 11.00 Uhr vormittags brechen die Sturmtrupps der Abteilung Füchtner und des Reservejägerbataillons 17 gleichzeitig vor. Das Aufrollen der Südostrippe der Sternkuppe durch Abteilung Füchtner geht sehr rasch vonstatten. Binnen Kurzem ist die feindliche Stellung bis zum Nashorn in unserer Hand, die feindliche Batterie am Südhang der Sternkuppe zieht sich eiligst zurück. [...] Beute: drei Maschinengewehre und 120 Gefangene des Infanterieregiments 38 der Brigade ‚Ravenna'."[180]

Unterdessen war die Abteilung Rommel zunächst bei Angriffsbeginn gegen die Sternkuppe aufgestiegen. Als sie jedoch die Meldung erhielt, dass das Reservejägerbataillon 17 durch einen starken Gegenangriff im Sattel nordöstlich der Solarolo zurückgeschlagen worden und in seine Ausgangsstellung zurückgekehrt sei, verblieb sie am Nordosthang der Sternkuppe. Damit war klar, dass der rechte Flügel der Gruppe Sproesser weder gegen die Pyramidenkuppe noch gegen den Solarolo vorwärts gekommen war. Andererseits brachen wiederholt vorgetragene Gegenangriffe der Italiener gegen den Südosthang der Sternkuppe im Feuer der Deutschen zusammen. Im Laufe des Abends wurde das III. Bataillon des 52. Infanterieregiments durch Teile des Jägerregiments Nr. 3 abgelöst.[181] Major Sproessers Gruppenbefehl vom 17. Dezember 1917 gab darüber Auskunft, was nun zu tun sei:

„Gruppe Sproesser. 17. Dezember, 21.30 Uhr.

Gruppenbefehl:

1. Die Gruppe richtet sich auf Sternkuppe (verstärktes Reservejägerbataillon 17) und in der neu gewonnen Linie über Felskuppe ‚Nashorn' bis zum Steilabfall südöstlich ‚Nashorn' (Württembergisches Gebirgsbataillon) zur hartnäckigen Verteidigung ein.
2. Gebirgsartilleriegruppe Major Butz ist der Gruppe unterstellt. Die gesamte Artillerie hat sich auf Sperrfeuer vor die Front der Gruppe Sproesser eingeschossen.
3. Auf dem rechten Flügel hat Jägerbataillon 17 neben der Verteidigung der Sternkuppe das obere Cinespatal gegen Pyramidenkuppe zu sichern. Auf dem linken Flügel hat das Württembergische Gebirgsbataillon engen Anschluss an Garde-Reservejägerbataillon herzustellen.
4. Die feindliche Stellung vor der Front des Württembergischen Gebirgsbataillons ist genau zu erkunden. Bietet sich die Möglichkeit einer überraschenden Unternehmung, so ist sie auszunutzen.
5. Als Rückhalt steht hinter dem rechten Flügel der Gruppe das halbe Reservejägerbataillon 5 dicht nordöstlich der Sternkuppe (der Gruppe Nöll unterstellt) – hinter dem linken Flügel zwei Kompanien des Jägerregiments 3 auf Sternkuppe Osthang (zu meiner Verfügung). Die Gruppenreserve (zwei Kompanien des Reservejägerbataillons 6) steht nördlich Höhe 1.222.
6. Im Laufe der Nacht vom 17./18. sind abzulösen: Gebirgsmaschinengewehrabteilung 209 durch Gebirgsmaschinengewehrabteilung 239, zwei Kompanien des III. Bataillons des 52. Infanterieregiments durch das Württembergische Gebirgsbataillon.
7. und 8. usw.

Sproesser
Major und Kommandeur Württembergisches Gebirgsbataillon"

Am 18. Dezember 1917 griff der Feind im Schutze des Frühnebels den linken Flügel des Reservejägerbataillons 17 an. Unbemerkt drangen die Italiener dicht massiert bis auf wenige Meter an die deutschen Linien heran.

Nur durch den glücklichen Umstand, dass die rasch alarmierten leichten Maschinengewehre der 4. Gebirgskompanie rechtzeitig zur Stelle waren, konnte der Gegner zurückgeworfen werden. Bei diesem Gefechtsstand traf um 12.00 Uhr mittags folgender Befehl ein:[182]

„Gruppenbefehl:

1. Gruppe Sproesser wird aufgelöst.
   Dem königlich-preußischen Reservejägerbataillon 17, der königlich-bayerischen Gebirgsmaschinengewehrabteilung 209 und der königlich-bayerischen Gebirgsartillerieabteilung 2 Major Butz – spreche ich für schneidige Waffenhilfe im Verbande des Württembergischen Gebirgsbataillons Dank und vollste Anerkennung aus.
2. Nach näherer Anordnung des Major Nöll wird die Gruppe bis 19. Dezember früh durch das königlich-bayerische Jägerregiment 3 und Gebirgsmaschinengewehrabteilung 202 und 239 abgelöst. Nach erfolgter Ablösung rückt Jägerbataillon 17 nach Rasai-Porzen, Württembergisches Gebirgsbataillon zur Deutschen Jägerdivision nach Feltre.

Sproesser."

So geschah es dann auch. Nachdem der Feind bei Einbruch der Dämmerung nach einem kurzen artilleristischen Feuerüberfall den Abschnitt des Württembergischen Gebirgsbataillons nochmals angegriffen hatte und dann abgewiesen wurde, erfolgte die Ablösung ohne weitere Zwischenfälle, sodass am Abend des 18. Dezembers die Kompanien nach einem Marsch über Rocca Cisa Schievenin erreichten. Dorthin hatte die Feldpost zwei kleine Päckchen gebracht. Sie enthielten zwei Orden: einen Pour le Mérite für den Major Sproesser und einen für Oberleutnant Rommel! Was sich in den kommenden Tagen ereignete, das hat der Unteroffizier Brenner für die Nachwelt festgehalten: „Vom 20. bis 26. Dezember 1917 lagen wir in Zermen in Ruhe. Der 1. Zug lag teilweise im Schulhaus, der 2. und 3. Zug in Privatquartieren. [...] Weihnachten, das Fest der Freude fiel gerade in jene schöne Ruhezeit. Es kamen Pakete aus der Heimat von den Lieben und vom Roten Kreuz, sodass man herrlich und in Freuden leben konnte. Zudem fehlte es an dem guten Italienerwein auch nicht, sodass der Krieger wieder einmal alles Gute auf einmal hatte."[183]

Am Heiligen Abend gedachte man beim Württembergischen Gebirgsbataillon aber auch der Gefallenen, Verwundeten und Kranken. Die Gesamtverluste betrugen vom 10. bis zum 24. Dezember 1918: acht Tote, neun Schwer- und einundzwanzig Leichtverwundete sowie 219 Kranke. Die hohe Zahl der Kranken bestand hauptsächlich aus Erfrierungen, Verstauchungen und andere Verletzungen sowie Bronchialkatarrhe und Rheumatismus. Sie erklärt sich aus den übermenschlichen Strapazen des letzten halben Jahres aufgrund der geschwächten Widerstandskraft der Mannschaften.

Abschließend wollen wir noch die Einsätze der Württembergischen Gebirgsschützen während der letzten Tage des Kriegsjahres 1917 anhand der Truppengeschichte Revue passieren lassen:[184]

„25. Dezember 1917 löst Oberleutnant Rommel mit 2., 4., 6. Gebirgs- und der 2. und der halben 3. Maschinengewehrkompanie das Reservejägerbataillon 1 im Abschnitt Pallone II ab. Die Feldwache der 2. und 4. Gebirgskompanie, die Reservemaschinengewehrkompanie „Lenze“ und der Stab sind in Häusern untergebracht. Die 6. Gebirgskompanie liegt in Zelten im Schnee. Die ganze Bergmulde, in der die Abteilung liegt, ist von allen Seiten vollkommen eingesehen (Spinuccia, Pallone, Forca, Tomba), bei Tag darf sich niemand zeigen, Feuer zu machen ist unmöglich.

26. Dezember schießt sich der Gegner mit schweren Kalibern ein, auch nachts liegt starkes Artilleriefeuer auf den Verbindungswegen des Abschnitts.

27. Dezember. Feindliches Artilleriefeuer, lebhafter als in den vorhergehenden Tagen, liegt auf Tomba und Pallone I/II. Gegner schießt sich auf die Schluchten des Ornigotales planmäßig ein, von 15.00 Uhr bis 16.15 Uhr kreisen feindliche Flieger über dem Tal. 18.00 Uhr übernimmt Major Sproesser den Regimentsabschnitt Pallone.

28. Dezember. Seit 12.00 Uhr schweres feindliches Artillerie-und Minenfeuer auf der ganzen Tombafront und auf dem linken Flügel des Regimentsabschnitts Pallone.

14.40 Uhr feindlicher Angriff gegen Monte Tomba. Sperrfeuer wird angefordert, der Angriff abgeschlagen. Abends Artilleriefeuer gegen Ornigoschlucht und Alano. In der Nacht schweres feindliches Artilleriefeuer auf der Anmarschstraße Quero – Campo – Alano.

29. Dezember. Nachmittags lebhaftes feindliches Artilleriefeuer auf Monte Tomba. Zwischen 20.00 Uhr und 21.00 Uhr löst Oberleutnant Füchtner mit 1., 3. und 5. Gebirgs-, 1. Maschinengewehrkompanie das Jägerbataillon 2 im Abschnitt Pallone I ohne Zwischenfall ab.“

Am 31. Dezember 1917 versammelte sich das Württembergische Gebirgsbataillon eine halbe Stunde vor Mitternacht. „Im menschenleeren Becken von Quero herrschen zeitlos Tod und Zerstörung“, schrieb Helmut Schittenhelm am Ende seines Berichtes.

„Die Ortschafen liegen in Trümmern, kein Glockenton wird den Übergang vom alten in das neue Jahr verkünden. Kreuz an Kreuz hebt sich von den mattleuchtenden Schneefeldern neben der von Granaten aufgewühlten Straße. Es ist genau zwölf Uhr, als die stillen Kompanien am großen Kriegerfriedhof bei Campo vorbeimarschieren. Das Jahr Neunzehnhundertachtzehn beginnt.“[185]

Über den Feldzug in Italien heißt es in „Stegemanns Geschichte des Krieges“ ohne Schönfärberei: „Als das Jahr zu Ende ging, hatte Krauß sich zwar der Vorberge und der Westflanke des Grappamassivs bemächtigt, aber den Hauptstock, der 1.779 Meter aus der Mitte aufragt, und die große Tallinie Valstagna – Cornuda nicht erstritten. [...]

Die italienische Front bildete fortan die rechte Flanke der Weltmächte. Ging von ihr auch keine so harte Drohung aus, wie von der Flankenstellung bei Saloniki, so war sie doch geeignet, die Kriegsführung der Entente zu stärken, denn die deckte Frankreichs verwundbare Alpengrenze und die Überlandverbindung mit dem Orient und fesselte das ganze österreichisch-ungarische Heer.

Als die Armee Below um die Jahreswende von der Piave schied und die deutschen Divisionen den Marsch nach Westen antraten, um ihre siegreichen Fahnen unter die Banner zu mischen, die Deutschland nach dem Ausscheiden Russlands aus dem Weltkriege zum Entscheidungskampf auf den blutigsten Schlachtfeldern des Krieges vereinigte, sank das italienische Kriegstheater zum Nebenschauplatz herab. Das Heer Viktor Emanuels atmete auf. Eine der größten Paniken der Kriegsgeschichte war über es hingegangen, aber es lag wieder streitbar im Felde. Da die italienische Front – gleichviel wo sie stand – aufgerichtet blieb, zählte Italien im Lager der Entente nach wie vor als aktive Größe. War seine Politik richtig orientiert, so konnte es die größten Niederlagen verschmerzen, und wie in den Jahren 1859 und 1866 die Siege seiner Bundesgenossen zur Erfüllung nationaler Wünsche ausnutzen, um Österreich-Ungarn aus den Tälern Südtirols und von den Ufern der Adria zu verdrängen.

Als die Österreicher zur Erkenntnis kamen, dass sie diesen Erwägungen und dem Verhältnis des Koalitionskrieges Rechnung tragen mussten und im Juni 1918 noch einmal zur Offensive schritten, um die italienische Front zu zertrümmern, Italien aus der Arena zu werfen und dadurch den Kampf Deutschlands auf den Entscheidungsfeldern des Westens zu erleichtern, war die letzte Frist zur Erreichung eines solchen Zieles verstrichen und der große Augenblick versäumt. Er kehrte nicht mehr wieder.“[186]

19. Abschließende Betrachtungen zur 12. Isonzoschlacht

„Der Marsch an die Piave vollzog sich ohne bedeutende Gefechte. Als Halt befohlen wurde, begriff niemand den Grund. Wahrscheinlich wird er mit den wenigen Wissenden ins Reich der Vergessenheit hinüberschlummern", resümierte der Chronist des Alpenkrieges Fritz Weber voller Bitterkeit.

„Die Schlacht in zwölfter Stunde hatte sich in die zwölfte Isonzoschlacht verwandelt.

Für die Größe dieses Sieges gab es kein Beispiel in der Geschichte. Weder vorher, noch später hatte sich der Untergang der Armee einer Großmacht mit solcher Schnelligkeit vollzogen. Am 24. Oktober war der Durchbruch eingeleitet worden, am 9. November standen wir an der Piave, rund hundert Kilometer Luftlinie von Flitsch entfernt, hundert Kilometer durch Schnee und Regen, über Bergketten und reißende Ströme hinweg, ohne Eisenbahnen, ohne Brücken, die ja zerstört waren, auf schmerzenden Füßen, in wassertriefenden Sätteln, keinen trockenen Faden am Leib, aber geführt von Männern, denen wir vertrauten, getragen von einer Begeisterung, wie sie uns nie vorher durchglüht hatte.

Die Italiener beschönigten ihre Niederlage nicht, sie war zu groß, um geleugnet zu werden: 10.000 Tote, 30.000 Verletzte und 300.000 Gefangene. 3.200 Geschütze, fast ebenso viele Maschinengewehre und 1.800 Minen- und Granatwerfer, riesenhafte Vorräte an Munition und Lebensmitteln und eine reiche Provinz waren in Feindeshand gefallen. Der Rest der Armee aber schien kaum mehr fähig, Widerstand zu leisten: über 400.000 Versprengte fluteten durch die venetianische Ebene und konnten zum Großteil erst an den Pobrücken, dreihundert Kilometer hinter der Front, aufgehalten werden.

Völlig niederschmetternd für sie war die Tatsache, dass keine zahlenmäßige Überlegenheit des Angreifers diese Niederlage herbeigeführt hatte: Nach ihren eigenen Quellen standen im Durchbruchsraum von Tolmein bis Flitsch die 171 Bataillone der Deutschen und Österreicher-Ungarn nicht weniger als 238 Bataillonen der Armee Cadornas gegenüber.

Nur die Kühnheit des Talstoßes bei Flitsch und der beispiellose Marsch der 12. deutschen Division von Tolmein nach Saga hatten den Durchbruch erzwungen. Dass er zur Katastrophe wurde, war der unvergleichlichen Ausdauer unserer Infanterie zu verdanken, dieser rastlosen Hetzjagd an den oberen Tagliamento, die einem Naturereignis glich.

Ein Sieg, der den Weltkrieg hätte entscheiden können. Mit Otto von Below und Alfred Krauß wären wir bis Genua gezogen, hätten uns den Weg nach Südfrankreich erkämpft. Kein Ziel schien uns zu weit gespannt, kein Traumgebilde zu fantastisch, als dass es nicht Wirklichkeit hätte werde können. Hinter uns lagen die elf blutigen Abwehrschlachten am Isonzo, die Höllen des Monte Santo, des Gabriele, des Doberdò, der Hermada, vor uns eine weltgeschichtliche Tat, die zur Vollendung nur eines mannhaften Entschlusses bedurft hätte.

Aber niemand von denen, die ganz oben saßen, begriff den Stern der Stunde. Ängstlich krochen die Finger auf den Landkarten dem Triumphmarsch der Armee nach. Perücken wurden geschüttelt und es entstäubte ihnen der Moder von anno Hofkriegsrat. Wie? Was? Österreichs Soldaten an der Livenza? An der Piave? Hatte man nicht den Tagliamento als äußerste Grenze ihres Vormarsches bestimmt? Und nun waren sie bis an die Piave gelaufen?

Nein, sie begriffen nichts von der Bedeutung dieses Sieges. Wir überschritten die Piave, sahen neuen, ungeheuren Raum vor uns aufgerissen, sahen uns in neuen Gewaltmärschen hinter den Trümmern der italienischen Armee herjagen, sie immer wieder treffen, zermalmen, vernichten. Ein Befehl rief uns zurück. Wir gruben uns in die Erde und warteten.

Die Eisenbahnen in unserem Rücken wurden hergestellt. Wir warteten. Die deutschen Truppen gingen nach Flandern und in die Champagne. Wir warteten. Ein langer Winter kam, unsere Gräben liefen voll Wasser, wir froren, hungerten und warteten. Indessen mussten Österreichs beste Regimenter, die Sieger von Flitsch, in nutzlosen Angriffen auf die verschneiten Berge der Sieben Gemeinden verbluten. Ein alter Plan, von Perücken genehmigt, wollte es so. Die Lehre von Flitsch war umsonst gewesen. Man focht wie um die ‚beherrschenden Höhen'. Und das im Dezember!

Wir an der Piave aber warteten weiter. Der größte Sieg des Weltkrieges zerbröckelte zu einem Trümmerwerk nichtiger Episoden. Als wir uns im Juni 1918 noch einmal aufraffen sollten, stand Altösterreichs Schicksalsspruch schon flammend in den Himmel geschrieben: Zu spät!“[187]

In der Tat war das Anhalten der Angriffsverbände Österreich-Ungarns und des Deutschen Reiches im Kriegsjahr 1917 an der Piave die Ursache für den Untergang der k. u. k. Donaumonarchie. Die große Chance, Italien nach dem letzten Sieg der k. u. k. Armee vernichtend zu schlagen wurde allzu leichtfertig vertan. Die Italiener sammelten sich daraufhin mit einer unvorstellbaren, nicht mehr für möglich gehaltenen Widerstandskraft jenseits des Flusses und bauten das gesamte Massiv des Monte Grappa zu einer unbezwingbaren Bergfestung aus.

Denn jetzt ging es den Italienern um italienische Heimaterde, in der der Krieg nach dem Durchbruch am Isonzo und dem schnellen Vormarsch der Zentralmächte voll entbrannt war. „Jetzt erhielt der Kampf auch einen Sinn für jene italienischen Soldaten, die vor der Offensive 1917 kaum einen Sinn darin erblickten, gegen die Donaumonarchie auf überwiegend österreichisch-ungarischen Boden zu kämpfen. Das leicht entflammbare nationale Gewissen der Italiener riss diese zu größter Begeisterung im Kampf gegen Österreich-Ungarn hin."[188] Eine aufgeblähte Militärbürokratie in der k. u. k. Armee feilte währenddessen wie eh und je an ihrer „feldmäßigen Organisation", sodass sich die Nachschubverhältnisse an Menschen und Material für die österreichisch-ungarische Front am Monte Grappa ohne erkennbare äußere Ursachen katastrophal entwickelten und den letzten Sieg Österreich-Ungarns in eine beispiellose Niederlage verwandelte, die die k. u. k. Doppelmonarchie zertrümmerte.

Es ereignete sich zwischen dem Ersten und Zweiten Weltkrieg in der mittelalterlichen Stadt Goslar. General Erich Ludendorff weilte dort, um am Treffen des Infanterieregiments 165, das bei Lüttich unter seinem Kommando gestanden hatte, teilzunehmen. Bei dieser Gelegenheit wurden die Offiziere des Jägerbataillons 10 auf dem Kasernenhof dem ehemaligen Generalquartiermeister vorgestellt. Da geschah es:

„Wo haben Sie den Hohenzollern-Orden erhalten?" fragte Ludendorff den späteren General der Panzertruppen Hermann Balck.

„Bei Tolmein, Euer Exzellenz.", kam die Antwort wie aus der Pistole geschossen.

Gedankenschwer sah Ludendorff Balck an und sagte dann fast schwermütig ob der ganz großen verpassten Chance, die sich seinerzeit für die Mittelmächte unversehens eröffnet hatte:

„Ja, wenn damals die Österreicher [...]."

„Mir lag es", so Balck, „auf den Lippen zu antworten: Ich dachte, wir sollten gar nicht so weit vorstoßen."[189]

Was General Ludendorff nicht ausgesprochen hatte: Er hatte erstens der Offensive in der Moldau den Vorzug vor dem Beginn der 12. Isonzoschlacht gegeben. Damit geriet der Angriffsplan gegen Italien in die Regenperiode, wobei die Flüsse Tagliamento, Piave und all die anderen Torrente, die man während der spätsommerlichen Trockenperiode an jeder beliebigen Stelle ohne weiteres durchfurten kann, zu unüberwindlichen Wasserbarrieren wurden.

Zweitens hatte man sich ursprünglich keinerlei weitreichende operative Ziele gesteckt, da man die Isonzofront ja nur mit einem kurzen Stoß entlasten wollte, denn die Höhere Führung gab sich am Isonzo durchweg mit beschränkten militärischen Zielen zufrieden, sodass die außerordentlich günstige Lage zu Beginn der 12. Isonzoschlacht nicht optimal ausgenutzt wurde. Erst später, nach den unverhofften großen und vor allem schnellen Anfangserfolgen hatte man sich weitreichende operative Ziele zunächst über den Tagliamento – und noch viel später, als es bereits zu spät war, über die Piave hinaus gesetzt.[190]

Doch die Piave war durch die starken Regenfälle des Spätherbstes 1917 unversehens zu einem breiten Hindernis geworden. So hatten die Italiener genügend Zeit gewonnen, um sich nach der Zuführung von englischen und französischen, aber auch von amerikanischen Hilfstruppen für einen nachhaltigen Widerstand zu formieren. Aber nicht nur das. Die Italiener waren an der Piave auch plötzlich bereit, die Entscheidungsschlacht anzunehmen.

Die Aussicht auf die herannahende Hilfe der Westmächte gab ihnen neue Zuversicht. Demgegenüber reichte die Angriffskraft der zunächst nur mit schwachen Teilen und mit nur ganz geringer Munitionsausstattungen an den Fluss herankommenden Verfolger nicht mehr für einen vernichtenden Vorstoß aus.[191]

In der venezianischen Tiefebene gelang es nirgends, in einem raschen Vorstoß auf dem anderen Piaveufer festen Fuß zu fassen. Umso mehr wandte sich die Hoffnung der Zentralmächte dem Angriff durch das Gebirge zu, wo man am Oberlauf des Flusses schon frühzeitig auf beiden Ufern stand. Damit bot sich die Möglichkeit, wie zu Beginn der Offensive am Isonzo und wenig später am Tagliamento, so auch am Piave und vielleicht auch noch später die feindliche Front von der Nordflanke aus Südtirol und den Venetianischen Voralpen her zu Fall zu bringen. Der Schwerpunkt der weiteren Operation lag daher im Gebirge. Vom Gelingen des Angriffs auf das Monte-Grappa-Massiv und dem Vorstoß der Heeresgruppe Conrad aus Südtirol heraus hing der Schlachtausgang ab.

Das Problem lag allerdings nicht so sehr auf Seiten der Angriffsbataillone als vielmehr im Bereich der Bereitstellung des Nachschubes und der Versorgung. „Seitens der oberen Führung ist wohl alles geschehen, um den Nordflügel der 14. Armee so stark als möglich zu machen. [...] Das Nachziehen der Artillerie über zerstörte Brücken kostete Zeit, und erst recht war ausreichende Munitionszufuhr in Frage gestellt, zumal da alsbald auch die gesamte Verpflegung nachgeführt werden musste."[192]

Zu alledem stießen die Mittelmächte bei ihrer Offensive an der Monte-Grappa-Front „auf frische Truppen, die in vorbereiteter Stellung zu zähem Widerstande entschlossen waren."[193] Damit sollen die einmaligen militärischen Leistungen der k. u. k. Elitetruppen unter General Krauß, die sich neben dem Deutschen Alpenkorps und den anderen deutschen (Gebirgs-)Verbänden in der Durchbruchsschlacht zwischen Flitsch und Tolmein besonders ausgezeichnet haben, in keinster Weise geschmälert werden. Gegen die Zweckmäßigkeit des von General Krauß befohlenen, fast ausschließlichen Talangriffes sind schon vor und während der Durchführung von vorgesetzten wie untergebenen militärischen Stellen Bedenken geäußert worden.

„Nach dem, was über den Gegner bekannt ist, kann kein Zweifel darüber bestehen, dass ein Angriff, bei dem der Schwerpunkt von Haus aus auf den Höhen gelegt wurde, trotz der Schwäche der zunächst nur zur Verfügung stehenden Kräfte beim ersten Anlauf bessere Ergebnisse gebracht hätte," heißt es in dem Werk „Der Weltkrieg 1914 bis 1918". „Vielleicht wäre sogar der Monte Grappa selber genommen worden. Von Tag zu Tag aber wurde der Angriff auch auf den Höhen schwieriger und erforderte damit den Einsatz stärkerer Kampfmittel und schließlich auch frischer Truppen. Dass es Wochen dauerte, bis beide, und auch dann nur mit beschränkter Munition heran kamen, hat nicht an irgendwelcher Unterlassung von Führung oder Truppe, sondern an den schwierigen Verkehrs- und Nachschubverhältnissen im Gebirge gelegen."

Abschließend wird noch versucht, die Frage zu beantworten, „ob nicht der Angriff im Grappagebiet durch gleichzeitigen Angriff der Heeresgruppe Conrad auf dem westlichen Brentaufer wirkungsvoller unterstützt werden konnte. Dazu wäre allerdings nötig gewesen, die Angriffskraft dieser Heeresgruppe durch Zuführung geeigneter Truppen und reichlicher Artillerie nebst Munition rechtzeitig entscheidend zu stärken. Nun war bereits am 27. Oktober [...] angeregt worden, alsbald starke Kräfte von der nunmehr allzu dicht besetzten Isonzofront der Tiroler Front zuzuführen.

Dafür standen zwei Bahnen, über den Brenner und durch das Pustertal, zur Verfügung. [...] Tatsächlich sind aber nur zwei Divisionen, beginnend am 29. Oktober, zur Heeresgruppe Conrad gefahren worden. [...] Da an der Front gegen Russland Ruhe herrschte, kann es an verfügbaren österreichisch-ungarischen Kräften nicht gefehlt haben. Weitere Zuführung deutscher Divisionen verbot dagegen die Lage im Westen, wo gleichzeitig in Flandern, bei Laffaux und schließlich bei Cambrai schwer gekämpft wurde."[194]

Diesen letzten Satz sollten wir uns nochmals recht genau durchlesen, denn er beinhaltet im Grunde nichts anderes, als dass den Mittelmächten an den jeweiligen Fronten – ob im Westen oder Osten, auf dem Balkan oder in Norditalien – immer wieder jene entscheidenden operativen Kräfte und Reserven fehlten, um dem unerschöpflichen Menschenpotential der Entente den kriegsentscheidenden „Coup de grâce" zu versetzen.

So fehlten Österreich-Ungarn und dem Deutschen Reich letztlich auch auf dem italienischen Kriegsschauplatz wieder einmal mehr „nur" ein paar Armeekorps und Divisionen – aber eben die entscheidenden! –, um nach dem ungestümen Verfolgungsmarsch vom Tagliamento bis zur Piave durch einen gleichzeitigen Angriff der Heeresgruppe Conrad aus Südtirol heraus deren Gegner durch einen Vernichtungsschlag ein für alle Mal auf den Boden zu zwingen.

In dem bereits oben genannten militärhistorischen Werk „Der Weltkrieg 1914 bis 1918" wird folgendes Resümee gezogen: „Sieht man von der vielleicht vorhandenen Möglichkeit ab, die italienische Nordflanke durch rasche Inbesitznahme des Grappablockes und wirksames Eingreifen der Heeresgruppe Conrad zum Einsturz zu bringen, so hat die Offensive in Italien schließlich durch die Gesamtverhältnisse ihren natürlichen Abschluss gefunden. [...] Die Truppe selber war von den Kämpfen und Märschen schließlich schon erheblich mitgenommen, als sie vor die neue, besonders schwere Aufgabe gestellt wurde, die von Natur starke und hartnäckig verteidigte

Grappa- und Piavefront zu überwältigen. So führte hier das Gleichgewicht der Kräfte zum Stellungskriege."[195]

Aber auch „der Feldzug der Italiener war gescheitert. Statt Triest zu erobern, galt es, Venedig zu verteidigen, und auch dazu bedurfte Italien des Beistandes seiner Bundesgenossen, denn das um Hunderttausende geschwächte, der Artillerie zweier Armeen und seines Belagerungsgeschützes beraubte Heer fühlte sich von Glück, Kraft und Stern verlassen und wähnte sich nicht mehr stark genug, dem Feind allein die Stirn zu bieten. Ganz Italien erbebte unter dem kimbrischen Schrecken, der vor Belows Divisionen herging, der italienische Kriegsschauplatz rückte in den Mittelpunkt des Geschehens. Aus einem Störungsmanöver war eine Kriegshandlung geworden, die den Mittelmächten noch einmal ungeahnte Ausblicke erschloss.

Am 5. November 1917 war die dritte Front der ringsum gelagerten Feinde Deutschlands und Österreich-Ungarns durchstoßen und dem Zusammenbruch nahe. Hätte Österreich alles auf einen großen Wurf gesetzt, hätte es den Durchbruch am Isonzo durch einen Einbruch starker Kräfte in die Trentiner Nordflanke ergänzt und die Offensive dadurch zu einem Doppelangriff auf die Flügel des italienischen Heeres gestaltet, und Viktor Emanuels Streitmacht zwischen Tagliamento und Etsch auf zwei Fronten angegriffen und geschlagen, so wäre das strategische Problem des großen Krieges für die Mittelmächte wesentlich vereinfacht worden. Die Zertrümmerung der italienischen Heeresmacht hätte nach der Lähmung Russlands, die Niederwerfung Serbiens und der Niederlage Rumäniens entscheidende Bedeutung gewinnen können, denn die Südflanke der Weltmächte wäre dadurch so ernst bedroht worden, dass das centrum gravitatis sich sofort von Ypern nach Lyon verschoben hätte. Aber zur Ausfüllung solcher strategischen Perspektiven mit taktischen Erfolgen reichten die zum Gegenstoß in Italien bereitgestellten Mittel nicht. Der Erfolg, den Below und seine Generale bei Flitsch und Tolmein erkämpft hatten, übertraf ohnedies alle Vorstellungen.

Die Julischen Alpen waren wie aufgestellte Theaterkulissen durchbrochen worden. Ohne die Reibungen der Befehlsgewalten, die durch das Verhältnis des Koalitionskrieges und den Eigensinn Boroevićs verschuldet wurden, hätte dieser blendende Erfolg in der Vernichtung der Armee des Herzogs von Aosta gegipfelt. Er blieb auch so, an den Verhältnissen gemessen, die Frucht einer Kriegshandlung von unerhörter Energie der Durchführung und tauchte den ganzen strategischen Rundbau des europäischen Kriegstheaters in ein neues Licht."[196]

Es war den Mittelmächten trotz eines überwältigenden Sieges während der 12. Isonzoschlacht insgesamt gesehen nicht gelungen, eine derart totale Entscheidungsschlacht herbeizuführen, um wenigstens einen Kriegsgegner ein für alle Mal auszuschalten.

Das war die eine Seite der Medaille. Die andere war moralischer Art, denn „die Zuversicht Deutschlands und selbst Österreichs auf die Leistungsfähigkeit ihrer Heere war am Ende dieses Feldzuges doch gewachsen. Die Leistung der dritten Obersten Heeresleitung hatte das fast mythische Ansehen des Paares Hindenburg – Ludendorff neu bestätigt. Das war freilich nötig, weil die Unruhe der Völker, le malaise de peuples, bei den Mittelmächten sehr viel stärker war als bei den nach Amerika blickenden Völkern der Entente."[197]

Im Rahmen dieser abschließenden Betrachtungen zur 12. Isonzoschlacht ist es gewiss aufschlussreich, zu erfahren, wie die Italiener die militärischen Vorgänge und die Moral ihrer Truppe bewertet haben.

Denn knapp ein Jahrzehnt nach Beginn der Offensive griff der ehemalige Oberbefehlshaber des italienischen Heeres zur Feder und schrieb dem General der Artillerie Krafft von Dellmensingen, dem letzten Chef und Erzieher des bayerischen Generalstabes, der ja am grandiosen Erfolg des Durchbruchs zwischen Flitsch und Tolmein in ganz besonderem Maße beteiligt war, hierzu „in vollkommenem Freimut und mit militärischer Offenheit einige Bemerkungen", nachdem der italienische Marschall Graf Luigi Cadorna Dellmensingens „schönes Buch ‚Durchbruch am Isonzo' mit großem Interesse", wie er sich ausdrückte, gelesen hatte:[198]

Übersetzung

Marschall Cadorna.

Pallanza (Lago Maggiore)
30. September 1926

Herr General!
Mit großem Interesse habe ich Ihr schönes Buch „Durchbruch am Isonzo" gelesen, in dem die militärischen Vorgänge von Ende Oktober 1917 klar, folgerichtig und genau geschildert sind. Gestatten Sie mir deshalb, daß ich Ihnen hierüber in vollkommener Freimut und mit militärischer Offenheit einige Bemerkungen mache.

Zweifellos wurden die Operationen der 14. Armee (von Below) mit großem Scharfsinn, klarer Auffassung der materiellen und vor allem der moralischen Lage des Gegners und mit viel Entschlusskraft durchgeführt. Andererseits steht es jedoch außer Zweifel, dass sie gescheitert wären, wäre der Geist des italienischen Heeres der gleiche gewesen, wie zwei Monate vorher, als es die österreichischen Stellungen auf der Hochebene von Bainsizza in einer Tiefe von zwöf Kilometern einstieß, oder auch wie wenige Tage später am Piave und auf dem Grappa, als es alle Angriffe der Deutschen und Österreicher zum Scheitern brachte, die vom 10. November bis zum Ende des Monats wüteten! Sie lehren mich, dass der Erfolg oder Misserfolg zum großen Teil von der Moral der Kämpfenden abhängt. Wie ließe es sich sonst erklären, dass ein durch die Niederlage und durch den unglücklichen Rückug auf die Hälfte seiner Kraft vermindertes Heer einige Tage später siegreich die wiederholten Angriffe des Siegers hätte aushalten können in Stellungen, die weniger stark und weniger ausgebaut waren, als jene, die es am Isonzo innehatte? General Konopicky, der damalige Generalstabschef des Erzherzoges Eugen, hat in einer seiner Schriften, betitelt „Vom Isonzo zur Piave" (veröffentlicht im 5. Bande des großen Werkes von Schwarte: „Der große Krieg 1914–1918") auf die „staunenswert rasch gehobene Krampfkraft der Italiener" hingewiesen und beigefügt:

„Man hätte kaum für möglich gehalten, dass sich ein Heer nach einer so ungeheuren Katastrophe, wie die von Caporetto es gewesen ist, so schnell wieder zu fassen vermöge."

Jetzt hatten alle begriffen, dass es sich um Leben und Tod handelte, und Land und Heer standen zusammen, fest entschlossen zur Verteidigung

Das Ganze ist demnach eine Frage der Moral, und der moralische Zustand unseres Heeres stand im Oktober 1917 nicht hoch. Es ging gerade durch eine Krisis hindurch ähnlich derjenigen, die auch andere große Heere betroffen hat, eine durch die Länge des Krieges sehr erklärliche Krisis. Das Unglück wollte, dass es (das Heer) gerade im schlimmsten Stadium der Krisis angegriffen wurde. Wenn das französische Heer im Mai – Juni 1917 angegrriffen worden wäre, als die Meutereien am meisten tobten, was hätte sich da wohl ereignet?

Viele Mängel in unserem Heere, auf die Sie in Ihrem Buche hinweisen, sind sehr wahr: Sie rührten her von der Sorglosigkeit der militärischen Behörden, und der demokratischen Regierungen, die in einem Zeitraume von mehr als fünfzig Jahren einander in der Macht gefolgt waren. Es war nicht möglich gewesen, diese Mängel in der beschleunigten Vorbereitungszeit der zehn Monate Neutralität vollkommen abzustellen. Sie haben jedoch das Heer nicht daran gehindert, sich in elf Angriffsschlachten tapfer zu schlagen (wie dies die außerordentlich schweren Verluste beweisen) gegen einen tapferen, auf jahrhundertelange Überlieferung zurückblickenden Feind, der außerordentlich stark und gut ausgebaute Stellungen innehatte, (die General von Falkenhayn in seinen „Erinnerungen" als „ideal für die Verteidigung" bezeichnet), sodass dieser sich nach der elften Schlacht genötigt sah, deutsche Hilfe anzurufen. Unter diesen Angriffsschlachten möge außer der bereits genannten auf der Hochfläche von Bainsizza vor allem auch die sechste in die Erinnerung zurückgerufen werden, in der die Italienier mit Elan den Görzer Brückenkopf eroberten, den die Österreicher für uneinnehmbar hielten.

Wenn nicht ebenso viel in der zwölften Schlacht erreicht wurde, so hat dies seinen Grund darin, dass der Geist der Truppen durch eine ruchlose Propaganda gegen den Krieg vergiftet war, von der Sie ja selbst in Ihrem Buche die schlagendsten Beweise bringen. Dieser Hetze legte unsere außerordentlich schwache Regierung in keiner

Weise Zügel an trotz der heftigen, in meinen vier Schreiben enthaltenen Einsprüche, die in Ihrem Buche auch erwähnt werden. Ich kann mit gutem Gewissen behaupten, dass der Zuammenbruch nicht eingetreten wäre, wenn wir während des Krieges die jetzige starke Regierung gehabt hätten.

Mit Vergnügen habe ich festgestellt, wie Sie mehrmals meine Gedanken durchaus zutreffend ausgelegt haben.

Und wenn ich denn meine 144 Bataillone starke Reserve nicht in das Durcheinander hineingeworfen und versucht habe, die Lage wiederherzustellen, so liegt der Grund darin, dass ich kein Vertrauen hatte, dies erreichen zu können, im Hinblick auf den moralischen Zustand, der sich überraschenderweise im Heere gezeigt hatte, in seinem größtem Ausmaße vom 24. an.

Wenn ich seit diesem Tage an einen Rückzug bis zum Piave gedacht habe, anstatt am Tagliamento Halt zu machen, so geschah dies aus folgenden Gründen: 1. weil ich bei der großen Niederlage der 2. Armee den Tagliamento (einen eigentlich immer durchwatbaren Torrente) auf 75 Kilometer zwischen dem Monte Covria und dem Meere mit nur vier Korps der 3. Armee nicht verteidigen konnte. 2. weil, wenn ein gleichzeitiger Angriff der Armeegruppe Conrad gegen das Trentino stattgefunden hätte und dieser erfolgreich gewesen wäre, nahezu das ganze Heer in der venetianischen Tiefebene eingekreist worden wäre. 3. weil es nach der großen Niederlage der 2. Armee am Isonzo geboten war, einen genügend großen Sprung nach rückwärts zu machen, um Zeit zu gewinnen, wobei der Feind gezwungen wurde, Zeit zu verlieren, da er aus den Bergen heraustreten und zuerst seine ganzen Artilleriemassen heranbringen musste.

Erst die Linie Piave – Monte Grappa genügte diesen Bedingungen. Gerade auf ihr glaubte ich, bestimmt den Gegner aufhalten zu können, wie er ja auch tatsächlich aufgehalten wurde. Am Tagliamento beabsichtigte ich nur einige Tage Halt zu machen, um den Feind Zeit verlieren zu lassen und einigermaßen das Heer wieder in Ordnung zu bringen.

Und in der Tat, die vier Tage Halt auf dieser Linie genügten, sodass das Heer den Rückzug in Ordnung und in einem schon viel besseren Geiste wieder antrat.

Wenn ich den Rückzug nicht umittelbar nach dem Fall des Monte Stols befohlen, sondern gewartet habe, bis der Monte Maggiore gefallen war, geschah es stets deshalb, um Zeit zu gewinnen – (es war nicht leicht, eine Million Kämpfer durch eine kaum fünfzig Kilometer breite Ebene zum Tagliamento zurückzunehmen!), und weil ich glaubte, den Fall des Monte Maggiores abwarten und dann erst den Rückzugsbefehl zum Tagliamento geben zu können, obwohl die Brücken von Pinzano und Cornino vom Monte Maggiore halb so weit entfernt waren, wie Görz und der Karst von den Brücken von Codroipo und Latisana. Allein gerade um die nötige Zeit für den Rückzug der Mitte und des rechten Flügels der Armee zu gewinnen, entsandte ich das

Korps des Generals di Giorgio, um den Tagliamento zwischen Cornino und Pinzano zu verteidigen, in der Voraussicht, dass der Feind seine Hauptanstrengungen auf seinen rechten Flügel längs des Fußes des Gebirges machen werde.

Schließlich werden Sie mit mir übereinstimmen, dass der sehr schwierige Rückzug gut geleitet und gut durchgeführt wurde. Wenn es nicht so gewesen wäre, hätte er mit einer vollständigen, nicht wieder gut zu machenden Katastrophe geendet!

Und jetzt gestatten Sie mir, einige Worte persönlicher Natur anzufügen. Ich danke Ihnen für die schmeichelhaften Dinge, die Sie über mich auf den Seiten 162/163 Ihres Buches schrieben, allein ich bin genötigt, viele Vorbehalte zu den Behauptungen auszudrücken, die sich auf den Bericht der Untersuchungskommission stützen. Auf Seite 161 erachten sie diesen Bericht als ein „einzigarties geschichtliches Dokument", und versichern zwei Seiten weiter, „die Ursachen der Niederlage sind in diesem Berichte mit einer seltenen Aufrichtigkeit klargelegt."

Ich verstehe, wie schwer es sein mag, sich einen genauen Begriff vom historischen Werte eines Dokumentes eines anderen Landes zu machen, und dass Sie deshalb bei Ihrer Beurteilung recht hatten, sich auf ein offizielles Dokument zu stützen. Allein ich muss, um der Wahrheit die Ehre zu geben, sagen, dass dieses Schriftstück in Italien durchaus gering geschätzt wird. Wenn dies nicht so wäre, hätte ich nicht am 4. November 1924 zum Marschall von Italien ernannt werden können. Wenn ich aber zum Marschall ernannt worden bin, so ist es deshalb geschehen, weil eine solche Ernennung von der öffentlichen Meinung ausging, die jenes Dokument als vollkommen unbegründet erkannt hat und mir dauernd hohe Beweise ihrer Achtung schenkt, wie es in diesem Monat in Triest sich ereignete, wo 40.000 Menschen mir zujubelten und mich nötigten, an sie vom Palast der Präfektur aus das Wort zu richten.

Die Hauptschuldigen an dem Unglück konnten niemand anderes sein, als der Generalstabschef der Armee militärischerseits und der Minister des Innern, weil der defaitistischen Propaganda freien Lauf gelassen wurde, ohne ihr Zügel anzulegen. So ergab sich denn der merkwürdige Fall, dass jener Minister des Innern, der am 30. Oktober zum Ministerpräsidenten aufgestigen war, die Untersuchungskommission und damit also auch die Richter ernannte, die auch über ihn hätten zu Gericht sitzen sollen! Diese Tatsache dürfte genügen, das ganze Werk der Untersuchungskommission zu desavouieren.

Es ergab sich, dass die Kommission, um denjenigen zu schonen, der sie ernannt hatte, und der an der Spitze der Regierung blieb, während sie die Untersuchung führte, die ganze Schuld an dem Unglück auf die militärischen Behörden wälzte. Und da man mich nicht schwerer Fehler in der strategischen Führung bezichtigen konnte, versuchte man, den Anschein zu erwecken, ich hätte den Unwillen der Kämpfenden durch ausgesuchte Härte und Strenge in der Handhabung der Disziplin und des Strafgesetzes erregt.

Wenn dies wahr gewesen wäre, was wäre die logische Folge gewesen? Dass die früheren Frontkämpfer mich bis in den Tod hassen müssten. Im Gegenteil, gerade Sie sind es, die mir die höchsten Ehren erwiesen haben und dauernd erweisen und soweit gehen, mich trotz meines Widerstrebens auf den Schultern über den großen Platz von Santa Croce in Florenz zu tragen! Und ihnen vor allem verdanke ich die vollständige Wiedergutmachung, die mir mit der Ernennung zum Marschall von Italien gegeben worden ist – eine Wiedergutmachung, die alle Folgerungen des Untersuchungsausschusses annulliert hat – und ich bin stolz, dass sie von meinen Feldkameraden veranlasst wurde!

Und schließlich wurde mir durch öffentliche Subskription diese Villa zum Geschenk gemacht, die ich in Pallanza bewohne, in der Stadt, in der ich geboren bin. Um von Grund aus die Schlussfolgerungen und die falschen Behauptungen der Untersuchungskommission zu zerstören, habe ich ein Buch geschrieben, das zu gegebener Zeit erscheinen wird. Augenblicklich halte ich es nicht für angezeigt, es zu veröffentlichen.

Ich bin sicher, dass Sie in Ihrer Rechtschaffenheit als Soldat in einer späteren Ausgabe Ihres Buches all dem, was ich Ihnen geschrieben habe, Rechnung tragen werden.

Inzwischen bitte ich Sie, die Gefühle meiner hohen Wertschätzung entgegenzunehmen.

Ergebenst
Graf Luigi Cadorna, Marschall von Italien

Was die Haltung und Moral der Italiener nach der verheerenden Niederlage von Karfreit anbetraf, darüber hat der Herausgeber der führenden Zeitschrift „La Voce", Giovanni Prezzolini, einen überaus aufschlussreichen Beitrag verfasst:

„Caporetto", also Karfreit, heißt es dort, „hat wesentlich dazu beigetragen, den Geist des Landes zu ändern. Man kann sagen, dass bis Caporetto ein Großteil Italiens nicht wusste, was der Krieg war, in dem Sinne, in dem ihn Frankreich und die Mittelmächte verspürten. Nach Caporetto aber spürten sogar die Städte, die, wie Rom, weit vom Kriege entfernt waren, seinen schweren Atem vorüberziehen.

Der Anblick der Flüchtlinge aus Venetien bewegte sogar den skeptischen und kritischen Geist Toskanas. Mit ihren verängstigten Gesichtern, mit dem Häuflein der Kinder, mit ihren Bündeln brachten sie ganz Italien den Hinweis auf jene Wirklichkeit, die sich da oben abspielte, eine Wirklichkeit, die man in den rhetorischen Worten der Zeitungen nie wirklich zu Gesicht bekam. Das Land besserte sich, ebenso wie die Front. Nein, alle Anklagen, die man dem Lande macht, wirken nicht, wenn man daran denkt, dass es die Bataillone des Jahrganges 1899, also die Achtzehn- und Neunzehnjährigen waren, die an der Piave Italien nach Caporetto gerettet haben.

Diese Bataillone waren aus jungen Leuten zusammengesetzt, die noch vor vier oder fünf Monaten bei ihren Eltern gelebt, ihre Gespräche gehört und ihr Beispiel gesehen hatten. Wenn das Land wirklich defätistisch gewesen wäre, hätten sie nicht widerstanden. Im Lande war die Fähigkeit, Entbehrungen erdulden zu können und Widerstand zu leisten nicht weniger groß als an der Front. Italien war nach Caporetto einig, groß im Erdulden und groß im Widerstand."[199]

Was die Zielsetzung der 12. Isonzoschlacht anbetraf, so erinnerte sich der k. u. k. General der Infanterie Alfred Krauß in seinen „Erinnerungen und Urteilen aus dem Weltkrieg" an folgende Begegnung mit dem Chef des Generalstabes der deutschen 14. Armee, die am Nachmittag des 20. Septembers 1917 stattgefunden hatte:

„Generalleutnant von Krafft besprach die Aufgabe der Armee mit mir. Er war mit dem gesteckten Ziel des Angriffes, Cividale und, wenn es gut gehe, des Tagliamento, unzufrieden und meinte, man müsse doch etwas Bestimmtes wollen und das mindeste sei das Vordringen bis an die Etsch. Ich antwortete, wenn es auf mich ankäme, gäbe es nur ein Ziel der Offensive: Lyon. So waren wir also einer Ansicht, dass die unglaublich enge Begrenzung der Offensive ein schwerer Fehler war, sie zeigte, dass der ganze Angriffsgedanke nur der eigenen Not entsprach, nicht dem Willen des einzig richtigen strategischen Entschlusses, der allein den Frieden einleiten und bringen konnte: Italien niederzuwerfen. Der beschränkte, schwächliche Entschluss war die Ursache dafür, dass auch die Mittel für den Angriff beschränkt blieben und den Verhältnissen Venetiens nicht entsprachen."[200]

In seinem Vorwort zur 2. Auflage seiner „Erinnerungen und Urteile aus dem Weltkrieg" schrieb General Krauß: „Die Oberste Heeresleitung hatte das Mittel, das Gefüge Österreich-Ungarns zu festigen. Allerdings lag es nicht in ‚Warnungen und Mahnungen', die nur verletzen und verbittern mussten, sondern es lag in dem verständnisvollen Eingehen auf die Bedürfnisse, die sich aus der Eigenart der Monarchie ergaben, eines war die gemeinsam erzielte Vernichtung des von allen Völkern der Monarchie gehassten alten Feindes Italien.

Die Vernichtung der italienischen Armee war somit nicht nur ein Gebot der strategischen Lage, sondern auch ein politisches Gebot, ein Gebot der Rücksichtnahme auf die inneren Verhältnisse Österreichs, die man nehmen musste, wie sie waren. Da man dies nicht erkannte, da man Österreich dieses ‚Opfer', das keines war, nicht bringen wollte, ging auch Deutschland als Besiegter aus dem Kriege hervor. Ich wiederhole daher meine Behauptung: Die Mittelmächte sind nicht der überlegenen Führung der Ententeheere unterlegen, sondern den schweren Fehlern der eigenen militärischen Führung, die trotz ihrer vielfach glänzenden Erfolge in den grundlegenden Entschlüssen nur zu oft fehlgriff."[201]

Grollend trat der k. u. k. General sudetendeutscher Herkunft von der italienischen Front zurück und übernahm von Juli bis November 1918 das Kommando in der besetzten Ukraine, um in dieser Etappe, einem Dorado der Drückeberger und Schieber, für Ordnung und Gerechtigkeit zu sorgen. Hier erlebte Alfred Krauß den Zusammenbruch der Donaumonarchie. Mach Kriegsende lebte er zurückgezogen und vergrämt in Wien, wo er sich als deutschnationaler Politiker für den Anschluss Österreichs an das Deutsche Reich einsetzte.

Es war ihm noch vergönnt, den Anschluss und all die daran geknüpften Hoffnungen zu erleben. Es blieb ihm aber erspart, das bittere Ende und alle Enttäuschungen zu erleiden, die eine falsche und maßlose Eroberungspolitik mit sich brachten. Als Militärschriftsteller verfasste er die Bücher „Die Ursachen unserer Niederlage" (1920), „Das Wunder von Karfreit" (1926), „Der Irrgang der deutschen Königspolitik" (1927), „Gestalter der Welt" (1932) sowie „Theorie und Praxis in der Kriegskunst" (1936).

In seinem im Januar 1920 in Wien veröffentlichten Erstlingswerk wandte sich der General der Infanterie Alfred Krauß mit folgenden Worten an das deutsche Volk: „Dir, deutsches Volk, gewidmet von einem Deiner Söhne, die obwohl im Raume angrenzend, auch von Dir getrennt sind. Erkenne Dich selbst, deutsches Volk, und Du wirst den Willen und die Kraft haben, alle Deutschen zu vereinigen und damit den Weg zu Deiner Größe betreten."

Nach Krauß und anderen weitsichtigen Generalen wurde die historische Stunde also nicht ausgenutzt, um den Krieg mit einer Fortsetzung nach dem Durchbruch in der 12. Isonzoschlacht zu entscheiden. Ludendorff zögerte nämlich, den Österreichern zu einem vollkommenen Sieg zu verhelfen, weil man im deutschen Hauptquartier zu Kaiser Karl I. wenig Vertrauen hatte. Man befürchtete nicht ganz unbegründet, das Ausscheiden Italiens aus dem Krieg könnte auch Österreich-Ungarn zum Abspringen bewegen.

„Anfang Dezember gewann ich nach Rücksprache mit General von Krafft den Eindruck, dass von einer Fortsetzung der Operation über den Piave nichts mehr zu erwarten sei", schrieb General Erich Ludendorff in seinen Kriegserinnerungen. „Wir schlugen daher dem General von Arz vor, den Befehl zum Einstellen der Operation zu geben und deutsche Truppen zum Abtransport nach dem Westen bereitzustellen. Die Operation gegen Italien hatte das erreicht, was von ihr nur erhofft werden konnte. Die italienische Armee war gründlich geschlagen und brauchte Stützung durch ihre Bundesgenossen. Die k. u. k. Armee sowie die Westfront waren entlastet. Österreich-Ungarn und seine Armee hatten neuen Auftrieb erhalten. Da auch Russland jetzt

Waffenstillstand schloss, schien sich die Doppelmonarchie wieder auf weiteren Krieg einzustellen."[202]

Lassen wir an dieser Stelle auch den Generalfeldmarschall Paul von Hindenburg zu Worte kommen. Wie beurteilte er, der die kühne Entscheidung getroffen hatte, die neue deutsche 14. Armee an die Südfront zu werfen, um damit den Durchbruch der Mittelmächte zwischen Flitsch und Tolmein zu erzwingen, den Ausgang der 12. Isonzoschlacht?

„So sehr ich mich der errungenen Erfolge in Italien freute", bekannte der spätere Reichspräsident in seinen Erinnerungen, „so konnte ich mich doch eines Gefühls des Unbefriedigtseins nicht völlig entziehen. Der große Sieg war schließlich doch unvollendet geblieben. Freilich, unsere prächtigen Soldaten kehrten mit berechtigtem Stolze auch aus diesem Feldzuge zurück. Doch die Freude der Soldaten ist nicht immer auch diejenige ihres Führers."[203] Im II. Teil seines umfassenden Werkes „Der Durchbruch am Isonzo" zog General der Artillerie Krafft von Dellmensingen eine insgesamt gesehen überaus positive Bilanz seines Waffenganges, in dem er schrieb:[204]

„Der Siegeslauf vom Isonzo bis zum Piave hatte somit endgültig sein Ende erreicht. Allen Teilnehmern wird er in seiner wuchtigen Geschlossenheit, seinem atemhemmenden Zeitmaß und seinem herzerfrischenden Verlauf eine unvergessliche Erinnerung bleiben. Einem künftig heranwachsenden Soldatengeschlecht mag er als ein Quell reicher Lehren dienen.

Über den Forschungs- und Erinnerungswert hinaus möge sein Bild aber auch als eine Hoffnung für die Zukunft dastehen. Der Feldzug war die letzte, gemeinsame große Kampfhandlung, in die die beiden Waffenbrüder, das alte deutsche Heer und die alte österreichisch-ungarische Wehrmacht, in edlem Wetteifer zusammengewirkt und der staunenden Welt unvergängliche Taten und unerhörte Erfolge gezeigt haben. Unter dem Decknamen ‚Waffentreue' liefen ihre Vorbereitungen und Waffentreue war ihr Wesen. Die Schlacht des Oktobers und Novembers 1917 am Isonzo und in der friaulischen Ebene zeigt, welch' unvergleichliche Kraft in den beiden Heeren steckte und welch' unbegrenzter Leistungen Führer und Völker, zumal die deutscher Zunge, fähig waren, wenn ihnen die rechten Ziele gezeigt wurden.

Möge die Erinnerung an diese Siegestage in allen deutschen Stämmen das Streben nach Einigung stärken, in der Erkenntnis, dass die geeinigten Deutschen der Zukunft unbesiegbar sein werden!"

Diese Ansicht über die „Waffentreue" und den Ausgang der 12. Isonzoschlacht fand jedoch nicht bei allen Kommandeuren und Frontsoldaten eine uneingeschränkte Zustimmung. Denn am wenigsten hatten die opferbereiten Soldaten die Schuld am Pyrrhussieg der Mittelmächte. Sie wollten nämlich bis nach Venedig und in die

Poebene, um dem tausendfachen Tod ihrer Kameraden auf dem Schlachtfeld wenigstens einen Sinn zu geben.

Mit gespitzter Feder und scharfen Formulierungen vermerkte unter anderem der Kommandeur der Württembergischen Gebirgsschützen, Generalmajor Theodor Sproesser, nach dem Erscheinen des Werkes „Der Durchbruch am Isonzo“, Teil I „Die Schlacht von Tolmein und Flitsch“ in einer kleinen Schrift mit der Überschrift „Die 12. Isonzo-Schlacht“ die Irrtümer des Reichsarchivs zusammengefasst mit dem Erfolg, dass in dem II. Teil „Die Verfolgung über den Tagliamento bis über den Piave“ das Reichsarchiv auf den Seiten 296 bis 298 einen Anhang bringt mit angeblichen Berichtigungen und Ergänzungen zum „Durchbruch am Isonzo“, Teil I.

In einer Fußnote zur Seite 292 lehnte das Reichsarchiv mit seinen konfliktscheuen, unterwürfigen Regierungs- und Hofräten jedoch die Schilderung der Kämpfe durch den Generalmajor Sproesser rundweg ab, weil sie angeblich unsachlich sei.[205] Um der historischen Wahrheit Willen werden daher auch die kritischen Anmerkungen des Kommandeurs der Württembergischen Gebirgsschützen an dieser Stelle als ein Beitrag zur historischen Wahrheitsfindung in ungekürzter Länge abgedruckt:[206]

Waffentreue.

Die Bezeichnung „Waffentreue“ für den gemeinsamen Angriff gegen Italien ist ein Treppenwitz der Weltgeschichte, denn — wie seit 1000 Jahren immer — so ist im Land Italien auch 1917, im Oktober bis Dezember das deutsche Volk, das deutsche Heer, der deutsche Kaiser belogen, betrogen und verraten worden. Daher die Verstimmungen der politischen Leiter (I. 36), denn unter der Decke stand Habsburg heimlich in Verbindung mit dem Feind! Man schonte den Italiener, obwohl man in der Lage war, ihn zu vernichten.

Für Habsburg war ein Frieden grundsätzlich nur denkbar nach der Zermalmung (écrasement) Deutschlands (Kaiser Karl an Poincaré).

„Wenn es zwischen Österreich und Deutschland zum Bruch kommt, muß ich auf militärische Unterstützung der Entente rechnen können!“ — Die Stellung von Entente-Truppen wurde denn auch Kaiser Karl wiederholt zugesagt! Die Nemesis hat ihre Rache schon genommen — siehe Professor Fester: „Die Politik Kaiser Karls und der Wendepunkt im Weltkrieg“, und das Buch des ungarischen Grafen Tamas von Erdödy: Habsburgs Weg von Wilhelm zu Briand! — Auch die 12. Isonzo-Schlacht war ein Glied in der Riesenkette von Lug und Trug am deutschen Volke, an dessen Vernichtung schon seit mehr als 2000 Jahren unsere vielen Feinde arbeiten. „Die Schlachten des Weltkriegs“[1]) gehen glatt an dem Verrat vorbei, der unser Volk um den Erfolg des gewaltigen Ringens 1914—1918 gebracht hat.

Eine sclche Geschichtsschreibung sollte nicht nur erschwert, sondern völlig verhindert werden, weil sie vor unserem armen Volke nicht verantwortet werden kann. „Der Durchbruch am Isonzo“ deckt nicht die tieferen Gründe unseres furchtbaren Unglücks auf. Über die kleinen Verräter sind zu viele Worte gemacht und über die Erzverräter ist der Mantel christlicher Liebe gebreitet.

Den Durchbruch bei Flitsch von dem bei Tolmein zu trennen, erscheint merkwürdig, denn zwischen den Gruppen der Generale Krauß bei Flitsch und Frhr. v. Stein bei Tolmein bestand schon am Isonzo Tuchfühlung, die bis an die Piave nie verloren ging.

Die Gliederung und Stärke der Heeresgruppen Conrad und Boroewic zu wissen, wäre erwünscht.

---

[1]) Der Durchbruch am Isonzo I und II.

Anmerkungen des Kommandeurs der Württembergischen Gebirgsschützen Theodor Sproesser zu den Durchbruchsschlachten am Isonzo – Seite 1.

A.O.K. 14.

„Der Durchbruch am Isonzo I und II" enthält den Versuch einer Rechtfertigung des ehemaligen Chefs des Generalstabs der 14. Armee wegen des Mißerfolgs der Offensive. Er spricht zwar (II. 270) von einem Siegeslauf in wuchtiger Geschlossenheit, in atemhemmendem Zeitmaß und von herzerfrischendem Verlauf. Richtig! Ganze 4 Tage hat er gedauert, dann blieb er stecken aus Gründen, welche nicht der Truppe, sondern der Führung in die Schuhe geschoben werden müssen.

Des Langen und des Breiten redet man vom Talstoß, und wenn er mal gelingen könnte, geschieht bestimmt das Menschenmögliche, ihn zu verhindern. Am 27. 10. 17 abends gab es nur eine Lösung: Den Talstoß aus der Linie Gemona—Cividale—Richtung Verona!

Nun findet man im „Durchbruch am Isonzo" (I. 135, II. 171), daß die Ebene von Friaul zu klein für mehrere Armeen war! Zum erstenmal im ganzen Weltkrieg hatten wir dort mehr Soldaten als Gelände und wußten nichts mit ihnen anzufangen!

Der Kommandant der K. u. K. Südwestfront, Erzherzog Eugen, durfte am 27. 10. 17 abends etwa befehlen:

1. Die Heeresfront gewinnt Peschiera—Mantua—Rodrigo.
2. In erster Linie geht die 14. Armee im Talstoß bis zum Mincio, Marschrichtung Verona.
3. In zweiter Linie folgt die Heeresgruppe Boroevic mit der 2. Isonzo-Armee über Cividale nach Conegliano, mit der 1. Isonzo-Armee über Palmanova nach Mestre. Ziel: Padua und Po vom Mincio bis zum Meer!
4. Die 10. Armee säubert das Gebirge zu beiden Seiten des oberen Tagliamento und der oberen Piave.
5. Das Kommando der Südwestfront verbleibt vorläufig in Marburg, A.O.K. 14 in Krainburg.

Dieser Befehl hätte der 14. Armee die Bewegungsfreiheit gewährt, deren sie bedurfte. Die Gruppen Krauß und Stein hätten selbsttätig zu handeln gewußt — auch ohne ihr A.O.K.!

Rechts überholen und den Italiener nach links ins Meer werfen! (II. 252) — Nichts anderes wollte Generalleutnant v. Hofacker am 29./30. 10. 17. A.O.K. 14 hat ihn daran gehindert, aus der Linie Codroipo—Pozzuolo mit 5 Divisionen — 200., 26., 5., 117., K. und K. 1. — selbsttätig nach Süden abzuschwenken, um die italienische 3. Armee am Unterlauf des Tagliamento abzuschneiden. Mindestens 300 000 Italiener wären an den Brücken von Madrisio und Latisana gefangen worden! Dann konnte die Gruppe Hofacker durch Marsch in Richtung Pordenone sämtliche Tagliamento-Brücken aufrollen (Codroipo, Bonzicco, Pinzano, Pontaiba und Cornino), — als Heeresvorhut ging sie schon am 31. 10. über die Livenza. Am 1. 11. konnte die Piave, am 2. 11. die Brenta, am 3. 11. Mincio und Po gewonnen sein. Die Gebirgsstellungen auf Grappa und in den 7 Gemeinden brachen zusammen, die Heeresgruppe Conrad stand am Gardasee!

Das ist kein nachträgliches Besserwissen — wir alle merkten schon am 28. 10. 17, daß und wie hinten gebremst wurde! Am 29./30. 10. 17 hat A.O.K. 14 die italienische Rettungsmedaille verdient, am 31. 10. 17 kam A.O.K. 14 um 1 Tag zu spät. Der Feind entkam!

A.O.K. Baden.

Der Versuch, die 10. und 14., die 2. und 1. Isonzo-Armee in gleichlaufenden Gefechtsstreifen über den Tagliamento zu führen, entsprang dem Wunsche des A.O.K. Baden, die ganze venezianische Ebene mit ihren herrlichen Unterkunftsorten der Heeresgruppe Boroevic einzuräumen. Vor allem aber mußten die 15 Angriffs-Divisionen der 14. Armee angehalten und in das schwierigste Gebirgsgelände von Europa hineingedrängt werden. Dort waren sie gut aufgehoben und unschädlich gemacht! Das war ja der Zweck der Bitte um deutsche Hilfe gewesen! General Ludendorff hatte alle Ursache, die deutschen Angriffsdivisionen baldigst zurückzuholen. Was hier verschwiegen wird, das ist die Wahrheit, und was im „Durchbruch am Isonzo" steht, ist Dichtung. — Hemmungen haben zweifellos stattgefunden — von Wien aus aber sicher stärkere und mehr als wie von Kreuznach! „Der K. u. K. Bedrückungsgeneral" kann nachträglich nicht mehr abgeleugnet werden!

Die K. u. K. 10. Armee der Heeresgruppe Conrad wegzunehmen und sie dem Kommando der Südwestfront zu unterstellen, bestand kein triftiger Grund. — Höchstens ein höfischer! Der Wechsel in der Unterstellung hat sich keineswegs bewährt. Spätestens vom 10. 11. 17 ab mußte die 10. Armee der Heeresgruppe Conrad zurückgegeben werden zum Angriff gegen Grappa.

Anmerkungen des Kommandeurs der Württembergischen Gebirgsschützen
Theodor Sproesser zu den Durchbruchsschlachten am Isonzo – Seite 2.

Verfolgung.

Aus der Linie Gemona—Cividale den Feind bis über den Tagliamento zurückzudrängen, dazu bedarf es keiner Verfolgung. Verfolgung ist etwas anderes — ein Wettrennen bis zum letzten Atemzuge über tiefen Raum. Verfolgen konnte die 14. Armee nur nach Südwesten, nach Westen geriet sie in die Berge und kam nicht vorwärts, auch ohne Italiener. General Krauß riet davon ab, das Gebirge wieder zu betreten, nachdem der Tagliamento überschritten war. Zur Belehrung erhielt er ausgerechnet das Kommando im Gebirge, in den Karnischen und Venezianischen Alpen, — und Feldmarschalleutnant Scotti übernahm die Verfolgung in der Ebene.

Der Kommandant der Südwestfront, Erzherzog Eugen, traf wohl das Richtige, als er die Grenze zwischen 14. und K. u. K. 10. Armee festsetzte ungefähr in der Linie Tolmezzo—Belluno—Piave (II. 178).

Dieser Befehl hätte den „wenigen einfachen Grundgedanken" des A.O.K. 14 entsprochen (II. 252). Er hätte über die Linien Aviano—Pordenone und Vittorio—Conegliano die 14. Armee kerzengeradeaus an die Piave geführt bis in die Linie Segusino—Susegana zum Stoß in Richtung Bassano—Castelfranco mit 35 km breiter Front an der Piave.

Statt dessen griff die 14. Armee hinüber über das Gebirge und dehnte ihren rechten Flügel aus bis über die Piave, ja bis zur Brenta auf 60 km Front. Die Artillerie, besonders unsere schwere, vermochte nicht zu folgen, die Infanterie sah sich in schwerstem Kampf allein vor Grappa.

War Grappa die schwächste Stelle der neuen feindlichen Front? (II. 186.) Die Heerführung hat sich im Grappa nicht weniger geirrt, als Gruppe Krauß! (II. 263.) Wo blieb das K. u. K. XX. Korps aus den Fassaner Alpen und wo die 10. Armee vom Karnischen Kamm? Nur A.O.K. Baden hatte Befehlsgewalt über die zwischen Brenta und Piave zusammenströmenden Truppen der Heeresgruppen Conrad und des Kommandos der Südwestfront. Cismon und Brenta als Grenze ihrer Gefechtsstreifen genügten nicht.

Ein tiefgegliederter Angriff der 14. Armee aus Linie Segusino—Susegana über die Piave wäre die wirksamste Unterstützung gewesen für die schweren Angriffe in den 7 Gemeinden und auf Grappa. (II. 186.) Die Heeresgruppe Boroevic hatte dann nur bereit zu sein, bei gelungenem Angriff der 14. Armee in Richtung Treviso—Padua zu folgen. Auch dort waren die Quartiere so vorzüglich, wie das die K. u. K. Isonzo-Armeen verlangen konnten.

Es ist kein Wunder, daß dem Angriff in der 12. Isonzo-Schlacht der strategische und politische Erfolg versagt blieb!

Höchsten Ortes wurden die Apenninen und die Balkan-Halbinsel als besondere Kriegsschauplätze angesehen. Ihr inniger Zusammenhang mit den feindlichen Hauptfronten im Westen und im Osten wurde verkannt. Das italienische Heer zwischen Triest und Trient bildete den nach Osten vorwärts gestaffelten südlichen Flügel der französisch-britisch-belgischen Front zwischen Mittelmeer und Nordsee. Die neutrale Schweizer Lücke änderte hieran nichts.

Diese rechte Flügelstaffel der Entente vom Isonzo zum Tagliamento zurückzudrängen, war zwecklos. Der Angriff in Italien verlor seinen Sinn, wenn er den Feind im Raume Mailand nicht zerschmetterte und seine Reste über die See-Alpen nach Südfrankreich zurückwarf, um von Südosten auf Paris zu drücken, genau wie aus Nordosten von der Somme. General Krauß hatte daher als Ziel des Angriffs vorgeschlagen: Lyon! Jedoch — genau wie in der Politik — so fehlte auch der Strategie das klare, feste Kriegsziel. Man wollte mit der Brenta sich begnügen und kam nicht weiter als bis zur Piave.

Vergeblich versucht der Bearbeiter, die Heerführung zu rechtfertigen gegen den Vorwurf, daß sie das nicht erreicht hat, was sie mit solchen Truppen hätte erreichen müssen. Auf die Anerkennung der Italiener darf diese Heerführung nicht stolz sein; aus der eigenen Front wird sie die Anerkennung ihrer Führung in Italien ebenso wenig finden, wie Dank für die von der Wahrheit abweichende Geschichtsschreibung!

Kritik

Kritische Beurteilungen liegen nicht im Rahmen der Schriftfolge „Schlachten des Weltkriegs". (II. 6.) Daher entsteht die Frage: Wer ist dann heute zur Kritik berechtigt und befugt? — Antwort: In erster Linie die Mitkämpfer von 1917!

Neu ist die Auffassung im Reichsarchiv, denjenigen zu einer solchen Kritik für besonders berufen zu erachten, gegen welchen die Kritik in erster Linie selbst sich richtet. Ebenso neu und eigenartig ist das Verfahren, den Feind zu kriegsgeschichtlicher Mitarbeit heranzuziehen.

Zu scharfer Kritik des „Durchbruch am Isonzo I und II" halten wir Württemberger uns für ganz besonders berechtigt. Kein Heer der ganzen Welt hat ehrlicher und gewissenhafter seinen schweren Dienst getan, als das königlich württembergische Heer.

Die Kriegsgeschichtsschreibung in Württemberg steht auf derselben hohen Stufe der Ehrlichkeit. Sie lehnt in erster Linie ab, auf Kosten anderer Truppen billige Lorbeeren zu erwerben.

Die württembergischen Gebirgsschützen sind über den Verdacht erhaben, daß sie mit fremden Federn sich zu schmücken und anderer Verdienste sich anzueignen suchen.

Cannstatt, Pfingstsonntag, 24. 5. 1931.

Theodor Sproesser, Generalmajor a. D.

Quellen:

Die Politik Kaiser Karls und der Wendepunkt des Weltkrieges. Von Prof. Dr. Richard Fester.
Militärwissenschaftliche und Technische Mitteilungen, Wien.
Die Ursachen unserer Niederlage. Von General d. Inf. Alfred Krauß.
Das Wunder von Karfreit. Von General d. Inf. Alfred Krauß.
Weltkriegserinnerungen. Von Generalleutnant v. Hofacker.
Der Durchbruch am Isonzo. Von General d. Art. Krafft v. Dellmensingen.
K. Bayer. Infanterie-Leib-Regiment. Von Hauptmann v. Bomhard.
K. Bayer. Jäger-Regiment Nr. 1. Von Oberst Paulus.
K. Bayer. Gebirgs-Artillerie-Abteilung Nr. 2. Von Oberstleutnant Butz.
Württembergische Gebirgs-Artillerie. Von Hauptmann Seeger.
Infanterie-Regiment Alt-Württemberg. Von Oberst v. Brandenstein.
Württembergs Kaiser-Friedrich-Musketiere. Von Generalmajor Stühmke.
Württembergische Jäger. Von Oberst Theodor Sproesser.
Die 12. Isonzo-Schlacht. Von Generalmajor Theodor Sproesser.
Kriegsakten des K. Württ. Gebirgs-Regiments.
Aufzeichnungen von Kriegskameraden.
Kriegstagebuch des Verfassers.

Karten:

Karta d'Italia e Regioni litaritrife 1:100 000. Serie A.
Bolzano — Monte Marmolada — Piave di Cadore — Ampezzo — Pontebba — Villach (XV — 11 — 12 — 13 — 14 — XVI).
Trento — Feltre — Belluno — Maniago — Udine — San Pietro el Natisone (XXII — 22 — 23 — 24 — 25 — 26).
Schio — Bassano — Conegliano — Pordenone — Palmenova — Gorizia (36 — 37 — 38 — 39 — 40 — XXV).
Verona — Padua — Venezia — San Dona — Foce del Tagliamento — Trieste (49 — 50 — 51 — 52 — 53 — XXIX).

Hinweis.

Die vom Verein Württ. Gebirgsschützen (E. V.) erreichten Berichtigungen zu den beiden Bänden des Reichsarchivwerkes „Der Durchbruch am Isonzo" sind im Verlag Gerhard Stalling, Oldenburg, als Sonderdruck erschienen. Die Berichtigungen gründen sich in der Hauptsache auf die Originalgefechtsberichte von Oberleutnant Rommel.

Fünfter Teil

Kriegsjahr 1918

„So gärt und wuchs und wogte von Jahr zu Jahr
Rastlos und überschwemmte das bange Land
Die unerhörte Schlacht, es hüllte
Dunkel und Blässe das Haupt der Menschen.“

Friedrich Hölderlin

„Wenn wir diesen Krieg verlieren sollten,
so geschieht das durch geschichtliche Notwendigkeit.“

Ernst Jünger

„Du altes Österreich, schlummere in Ruh'!
Lorbeer und Eichenlaub decken dich zu,
Wenn sie dich schmähen, lass es geschehen.
Einstens wird man dich besser verstehen!“

Conrad von Hötzendorf

1. Die allgemeine militärpolitische Lage

Die militärpolitische Lage hatte sich zu Beginn des Kriegsjahres 1918 in doppelter und zugleich gegensätzlicher Weise dramatisch verändert. Einerseits begannen die Vereinigten Staaten von Amerika – trotz der Friedenbotschaft ihres Präsidenten Wilson, die er am 8. Januar 1918 an den amerikanischen Kongress gerichtet hatte! – vom Frühjahr an zuerst langsam, dann aber in einem von Tag zu Tag immer rascher fließenden Strom, ihre personelle und materielle Überlegenheit in Europa zu entfalten. Andererseits war Russland zusammengebrochen. Damit waren die Mittelmächte endlich vom Druck des Zwei-Fronten-Krieges befreit.

Allerdings mussten zur Behauptung und Sicherung des riesigen Raumes im Osten, der ihnen im Siegfrieden von Brest-Litowsk zugefallen war, rund sechzig Divisionen, die jedoch zum größten Teil als nicht im Westen frontverwendungsfähig galten, in Russland belassen werden.[1]

Die neue bolschewistische Regierung hatte mit dem Deutschen Kaiserreich unverzüglich Friedensverhandlungen aufgenommen, um ihren wichtigsten Programmpunkt, den sofortigen Friedensschluss, zu verwirklichen. Die Forderungen des Generals Erich Ludendorff waren aber derart hart, dass die Verhandlungen von russischer Seite abgebrochen wurden. Daraufhin nahmen die deutschen Truppen den Vormarsch wieder auf, ohne auf nennenswerten Widerstand zu stoßen. Nun wurden die transkaukasischen Gebiete, die Ukraine und das Baltikum besetzt und mit der ukrainischen Volksvertretung am 9. Februar 1918 ein sogenannter „Brotfrieden" unterzeichnet, über den der Revolutionär Leo Trotzki spottete: „Der Einfluss der Ukraine reiche nicht weiter als das Zimmer, das ihnen Oberost zur Verfügung gestellt habe."[2]

St. Petersburg war bedroht. Derart in die Enge getrieben, entschloss sich Lenin nun doch zur Annahme der deutschen Forderungen. Daher wurde am 3. März 1918 der Friede von Brest-Litows mit folgenden Bedingungen unterzeichnet: Alle Randgebiete des Russischen Reiches – Finnland, die baltischen Länder Estland, Livland, Litauen und Kurland sowie Polen, die Ukraine, Armenien und Georgien – werden von Russland abgetrennt und sollen dem deutschen Einflussbereich geöffnet werden. Deutsche Truppen besetzten daraufhin die Ukraine, die beträchtliche Lebensmittellieferungen zu leisten hatte, und die Halbinsel Krim. Im Herbst 1918 wurden die deutschen Interventionstruppen gar bis zum Kaukasus transportiert, wo sie den Schutz der Republik Georgien gegen die „Roten" übernehmen sollten.

Das war ein großes Opfer, das Lenin aufbrachte. Aber er vertrat die Auffassung, dass der Gewinn an Zeit den Verlust an Raum rechtfertige, denn sein Land brauchte ruhige Fronten zur Erlangung der inneren Stabilität unter der neuen Führung. Dann könnten, so seine Rechnung, die verlorenen Gebiete wieder zurückgewonnen werden.

Damit sollte er später auch Recht behalten. Aber vorerst taumelte die bolschewistische Regierung in ihre schwerste Krise. Überall in Russland erhoben sich die teils monarchistischen, teils bürgerlich-demokratischen Gegner des neuen Regimes. Für rund drei Jahre zwischen 1918 und 1920 wurde das Riesenreich vom Bürgerkrieg zwischen den „Weißen" und den „Roten" erschüttert.

Während dieser umwälzenden militärpolitischen Ereignisse im Osten sahen die Mächte der Entente von jeder offensiven Militäraktion ab. Ihre Aufgabe bestand vorerst darin, standzuhalten, bis die amerikanische Hilfe sich voll auszuwirken begann. Für das Deutsche Kaiserreich gab es nun zwei Möglichkeiten: Entweder den – tatsächlich aber wenig aussischtsreichen – Versuch zu unternehmen, um zu einem annehmbaren Verständigungsfrieden zu gelangen, oder aber sein augenblickliches, aus dem Zusammenbruch Russlands gewonnenes Übergewicht zu einem Entscheidungsschlag im Westen einzusetzen.

General Ludendorff entschloss sich für die zweite Möglichkeit, die aus seiner Sicht logisch war und setzte nach seinen Worten „alles auf eine Karte". Dass damit die Kräfte der Zentralmächte jedoch auf eine unerträgliche Weise überspannt wurden, wollte oder konnte man seinerzeit nicht voraussehen.

„Das Jahr 1918 war an der Westfront das Schlimmste von allen", schrieb der Dramatiker Carl Zuckmayer in seinen Erinnerungen. „Die deutsche Heeresleitung versuchte noch einmal mit gewaltiger Anstrengung, das Kriegsglück auf unsere Seite zu zwingen. Durchbruchsschlacht folgte auf Durchbruchsschlacht. [...] Was habe ich [...] erlebt? Kaiserschlacht. Blut. Cambrai. Blut. Gasgranaten. Kemmelberg. Blut. Ekel. Kurz in Lille. Schnaps. Hure. Saufen. Armentières: Blut. Mord. Blut. Drei Schritte vom Wahnsinn. Man stumpft ab – das viehischste aller Kriegsschlagworte: ich stumpfe nicht ab – ich werd' immer wilder, und jeder Tote, den ich verkrampft und blutig sehe, starr grinsend, mit gelbem Gesicht, ist – jeder ist und bleibt für mich: der erste Tote! Und das Furchtbare: allein. Kein Mensch. Alle um mich her stumpfen ab. Nur ich nicht!"[3]

Es war am 21. März 1918, als der seit dem Spätherbst 1917 bis ins kleinste Detail vorbereitete deutsche Angriff zur sogenannten „Großen Schlacht in Frankreich" losbrach. Stoßrichtung war Amiens – Abbéville, das Operationsziel die Trennung des nördlich von dieser Linie stehenden britischen Heeres von den südlich von dieser Linie stehenden Franzosen sowie die völlige Einkesselung und Vernichtung der britischen Armee.

Trotz operativer Erfolge, wie sie die deutschen Angriffsdivisionen in den bisherigen Kämpfen des fast dreieinhalb Jahre währenden Stellungskrieges noch nie errungen hatten, muss das strategische Ergebnis dieser Schlacht als Erfolg der Entente gewertet werden, denn ihre Front – wenn auch gewaltig zurückgedrängt – zerriss wider Erwarten nicht, obwohl in weniger als zwei Wochen sechzig Kilometer von den deutschen Truppen vormarschiert wurde, vom 21. März bis Anfang April 90.000 Gefangene, 1.200 Geschütze und unermessliche Vorräte sowie Massen an Kriegsmaterial den Deutschen in die Hände fielen.

Die einige Tage lang äußerst bedrohliche Lage der Alliierten führte bei ihnen endlich dazu, dass die britische Regierung nun ihre Einwilligung zur Ernennung eines Generalissimus für die gesamte Westfront gab, um die militärischen Maßnahmen der beiden Verbündeten zu koordinieren.

Mit diesem wichtigen Oberkommando wurde kein geringerer als der französische Marschall Foch betraut. Bereits am 28. März 1918 unterstellte der amerikanische General Pershing, nach dem später die Pershing-I- und II-Raketen benannt wurden, seine Truppen ebenfalls dem Generalissimus Foch.

Auf der anderen Seite wurden Hindenburg und Ludendorff zunehmend zum ausschlaggebenden Machtzentrum in den innen- und außenpolitischen Fragen des Deutschen Reiches. „Bei aller Loyalität Hindenburgs gegenüber dem Kaiser“, so der Diplomat Ernst von Weizsäcker, „gehörte der Kaiser selbst doch auch zu den durch die Heeresleitung ausgeschalteten Instanzen.“[4]

Nachdem der deutsche Angriff in den ersten Apriltagen knapp vor Amiens stecken geblieben war, versuchten Hindenburg und Ludendorff noch im April – allerdings ebenso erfolglos – einen zweiten Schlag mit dem Durchbruch in Flandern, im Juni in der Champagne und im Juli mit einem Vorstoß gegen Paris aus dem im Juni gebildeten weiten Frontbogen an der Marne. Die deutschen Truppen blieben auch in der zweiten Schlacht an ihrem Schicksalsfluss nach einem viertägigen, ununterbrochenen Siegeslauf, bei dem sie eine Breite von rund zwanzig Kilometern erreicht hatten, am Abend des 30. Mais 1918 stecken.

Nun holte Marschall Foch zum Gegenschlag aus: Mit über 300 Tanks griff er am 18. Juli bei Villers-Cotteret, südlich von Soissons, die gegen die Marne vorspringende Ausbuchtung der deutschen Front so massiv an, dass er die Deutschen zu einem verlustreichen Rückzug zwang. Doch damit nicht genug. Am 8. August 1918 wandten die Alliierten die gleiche Angriffstaktik bei Amiens an. Diese Schlacht wurde für das deutsche Westheer fast zur Katastrophe.

Nur mit äußerster Mühe gelang es, die aufgelösten und demoralisierten deutschen Truppen in weit zurückliegenden Verteidigungsstellungen zu sammeln. Nicht umsonst nannte General Ludendorff den 8. August in seinen Erinnerungen den „schwarzen Tag“ des deutschen Heeres.

Jedem Eingeweihten war mit einem Male klar: Der Erste Weltkrieg war nach diesem Debakel militärisch so gut wie entschieden. Die Deutschen waren unter schwersten Verlusten in die Verteidigung zurückgeworfen worden, während die Angriffskraft der Entente sich dank der immensen amerikanischen Unterstützung, die die Franzosen und Engländer in diesem gewaltigen Ausmaße kaum mehr erwartet hatten und nun schlagartig die Moral der Franzosen angehoben hat, von Woche zu Woche erstarkt. Standen im März 1918 erst 300.000 amerikanische Soldaten auf europäischem Boden, so erhöhte sich diese Zahl bis zum August 1918 auf eineinhalb Millionen und bis zum November 1918 gar auf über zwei Millionen! Andere Quellen sprechen von 70.000 Amerikanern bis zum 1. April 1918, von 210.000 Amerikanern bis zum Juni 1918 und von 450.000 Amerikanern bis zum 1. Juli 1918. Gleichzeitig sank die durchschnittliche Gefechtsstärke eines deutschen Bataillons an der Westfront von knapp 600 auf weniger als 150 Mann!

Dennoch bezeichnete der General der Infanterie Erich Ludendorff in völliger Verblendung knapp eine Woche nach dem „schwarzen Tag" des deutschen Heeres in einem Kronrat vom 14. August 1918 die militärische Lage als „ernst, aber keineswegs hoffnungslos" und widersprach in erregter Stimmung allen einzuleitenden Friedensschritten.

Da eröffnete die „Saloniki-Armee" der Entente am 15. September 1918 den Angriff auf die bulgarischen und österreichisch-ungarischen Stellungen. Innerhalb von wenigen Tagen lösten sich die bulgarischen und k. u. k. Verbände in einem chaotischen Wirbel auf.

Am 29. September kapitulierte Bulgarien. Damit war es nur noch eine Frage von Tagen, wann das autokratische Osmanische Kaiserreich zusammenbrechen würde – und eine Frage von wenigen Wochen, wann Österreich-Ungarn kapitulieren müsse. Noch vor Jahresende müsste mit dem Untergang der Habsburger Doppelmonarchie dann das Deutsche Reich an der Ostgrenze Bayerns eine neue Verteidigungsfront errichten. Aber damit nicht genug der Hiobsbotschaften.

Denn Dutzende von deutschen Divisionen, die weit im Südosten im Kampfeinsatz standen, würden somit vom Reich abgeschnitten werden. Gegenüber dieser deprimierenden Lagebeurteilung blieb es fast bedeutungslos, dass die deutsche Westfront sich dennoch, wenn auch mühsam und ständig zurückweichend, gegen den übermächtigen Druck der personell als auch materiell aufgefüllten Armeen der Alliierten noch einigermaßen behaupten konnte.

Angesichts dieser militärischen Ausgangslage schien General Ludendorff plötzlich seine permanent überspannten Nerven nicht mehr länger beherrschen zu können. Denn wie sonst ist es zu verstehen, dass er am 29. September 1918 aus heiterem Himmel erklärte, dass der Kampf aussichtlos geworden und dass aus diesem Grunde sofortige Friedensschritte einzuleiten seien.

Diese Forderungen kamen unvorhergesehen vom „bedeutendsten Soldaten des Ersten Weltkrieges", der unübertroffen an Energie wie an militärischer Intelligenz, in der Planung wie in der Organisation war. Im Winter 1918/1919 verfasste er in nur drei Monaten seine 628 Seiten umfassenden Kriegserinnerungen, die ihresgleichen suchen. „Ohne jede Tagebuchaufzeichnung, nur nach dem Gedächtnis, beschrieb er

Friedensbotschaft

des

Präsidenten Wilson

am 8. Januar 1918 an den amerikanischen Kongreß gerichtet.

Vollständiger Text.

Anmerkung: Die Stellen, welche in der deutschen Presse nicht wiedergegeben wurden, sind unterstrichen.

Meine Herren!

Wieder einmal, wie schon wiederholt vorher, haben die Wortführer der Zentralmächte dem Wunsch Ausdruck gegeben, die Kriegsziele und womöglich eine Grundlage für einen allgemeinen Frieden zu besprechen. In Brest-Litowsk haben Verhandlungen zwischen Vertretern der Zentralmächte und Rußlands stattgefunden, auf welche die Aufmerksamkeit aller Kriegführenden gelenkt wurde, um in Erwägung zu ziehen, ob es möglich sei, diese Besprechungen zu einer allgemeinen Friedenskonferenz zu erweitern.

Die Vertreter Rußlands haben nicht allein eine festumschriebene Darlegung der Grundsätze, nach denen sie bereit wären, Frieden zu schließen, sondern auch ein ebenso klares Programm für die praktische Anwendung dieser Grundsätze vorgelegt. Die Vertreter der Zentralmächte legten ihrerseits den Entwurf zu einer Vereinbarung vor, der, wenngleich viel weniger klar, einer Auslegung im liberalen Sinne fähig schien, bis erörtert wurde, wie die Einzelpunkte ihres Programms in der Praxis zur Ausführung kommen sollen.

Das Programm der Zentralmächte

trug weder der Souveränität Rußlands noch den Wünschen der Völker, deren Schicksal in Frage stand, Rechnung, sondern erklärte kurzerhand, daß die Zentralmächte beabsichtigen, jeden Fuß breit Landes, das ihre bewaffneten Massen besetzt halten, jede Provinz, jede Stadt und jeden wichtigen Punkt als dauernden Zuwachs ihres Gebiets und ihrer Macht zu behalten.

Die Vermutung ist berechtigt, daß die zuerst vorgeschlagenen allgemeinen Grundsätze eines Übereinkommens von den liberalsten Staatsmännern Deutschlands und Österreichs stammten, von jenen Männern, welche im Begriffe sind, die Macht der Gedanken und der Wünsche ihres eigenen Volkes zu fühlen, während die eigentlichen Bedingungen des wirklichen Abkommens von den militärischen Führern herrührten, die keine anderen Gedanken haben, als zu behalten, was sie erobert haben. Die Verhandlungen wurden abgebrochen. Die russischen Vertreter hatten aufrichtig und im Ernst gesprochen. Sie können solche Eroberungs- und Herrschaftsgelüste nicht unterstützen.

Der ganze Zwischenfall ist bedeutungsvoll, aber auch sehr verwirrend. Mit wem verhandeln eigentlich die Vertreter Rußlands?

In wessen Namen sprechen die Vertreter der Zentralmächte?

Sprechen sie im Namen der Mehrheitsparteien ihrer Parlamente oder im Namen der Minderheitsparteien, etwa im Namen jener militaristischen und imperialistischen Minorität, die bisher nicht nur Deutschlands innere Politik beherrscht hat, sondern auch die Geschäfte der Türkei und der Balkanstaaten so geführt hat, daß diese Staaten in die Zwangslage

Der vollständige Text der Friedensbotschaft, die der US-amerikanische Präsident Woodrow Wilson an den amerikanischen Kongress richtete – Seite 1.

versetzt wurden, ihre Bundesgenossen in diesem Kriege zu werden?

Die russischen Vertreter haben sehr richtig und klug und im wahren Sinne der modernen Demokratie darauf bestanden, daß die Besprechungen, die sie mit den deutsch-österreichischen und türkischen Staatsmännern führten, bei offenen und nicht bei verschlossenen Türen stattfinden sollten, und, ihrem Wunsche gemäß, war die ganze Welt Zeuge ihrer Verhandlungen. Wessen Meinung hörten wir nun? War es die Meinung derer, die im Sinne der Resolution des deutschen Reichstags vom 19. Juli vorigen Jahres sprechen, das heißt im Geiste und mit den Absichten der liberalen Führer und Parteien Deutschlands? Oder war es die Meinung derer, die diesen Geist in herausfordernder Weise bekämpfen und auf Eroberung und Unterjochung anderer Völker bestehen? Oder haben wir tatsächlich beide Teile vor uns, die unversöhnt und in unvereinbarem Widerspruch zu einander stehen? Das sind sehr ernste und wichtige Fragen. Von ihrer Beantwortung hängt der Friede der Welt ab.

Aber, welches auch das Ergebnis der Verhandlungen von Brest-Litowsk sein möge, welches auch die Folgen der Beratungen und der in den Äußerungen der Redner der Zentralmächte ausgesprochenen Vorschläge sein mögen, diese Mächte haben es wieder einmal versucht, der Welt ihre Kriegsziele bekannt zu geben, und sie haben wieder einmal ihre Gegner aufgefordert zu sagen, welches ihre Ziele seien und welche Art Lösung sie für gerecht und befriedigend erachten würden.

Es besteht kein triftiger Grund, warum diese Aufforderung nicht beantwortet werden sollte; vielmehr soll sie mit der größten Offenheit beantwortet werden. Wir hatten auf diese Aufforderung nicht gewartet: nicht nur einmal, sondern immer und immer wieder haben wir aller Welt unser ganzes Denken und Trachten verkündet, und zwar nicht nur in allgemeinen Ausdrücken, sondern jederzeit mit genügender Bestimmtheit, damit jedermann genau wisse, welcher Art das endgültige Übereinkommen notwendigerweise sein muß. Im Laufe der letzten Woche hat Herr Lloyd George mit bewunderungswürdiger Aufrichtigkeit und Offenheit im Namen des Volkes und der Regierung Groß-Britanniens gesprochen.

Unter den Gegnern der Zentralmächte gibt es keine Meinungsverschiedenheit, keine Unsicherheit über die Grundsätze, keine Unklarheit in bezug auf die Einzelheiten.

Geheimtuerei, ängstliche Unaufrichtigkeit

und das Fehlen einer genauen Bestimmung der Kriegsziele fällt einzig und allein Deutschland und seinen Verbündeten zur Last. Leben und Tod hängt von diesen bestimmten Erklärungen ab. Kein Staatsmann, der auch nur ein Fünkchen von Verantwortungsgefühl besitzt, dürfte es auf sich nehmen, diese tragische und erschreckende Verschwendung von Gut und Blut auch nur einen Augenblick fortzusetzen, es sei denn, daß er über allen Zweifel hinaus gewiß ist, daß diese Blutopfer für das wahre Leben der menschlichen Gesellschaft unbedingt notwendig sind, und daß das Volk, in dessen Namen er spricht, seine Überzeugung teilt, daß diese Opfer gerecht und unvermeidlich sind.

Überdies tönt eine Stimme zu uns: sie verlangt, daß wir unsere Grundsätze und unsere Absichten bekannt geben; das ist eine Stimme die, wie es mir scheint, lauter ruft und mehr zu Herzen geht, als irgend eine von den vielen rührenden Stimmen, welche durch die erregte Welt schallen.

Es ist die Stimme des russischen Volkes.

Dieses Volk ist, so möchte es scheinen, niedergeworfen und ganz und gar hilflos vor der grimmigen Macht Deutschlands, welches bisher weder Nachgiebigkeit noch Mitleid gekannt hat. Die Kraft des russischen Volkes ist anscheinend gebrochen. Und doch ist seine Seele nicht unterjocht. Dieses Volk wird nicht nachgeben, weder in seinen Grundsätzen noch in der Anwendung derselben. Es hat die Bedingungen, welche nach seiner Auffassung von Gerechtigkeit, Menschlichkeit und Ehre angenommen werden können, mit einer Freimütigkeit, mit einem weiten Verständnis, mit einer Großherzigkeit verkündet, welche jeden Freund der Menschheit zur Bewunderung zwingt; und es hat sich geweigert, von seinen Idealen etwas abzulassen oder andere Völker im Stich zu lassen, um sich selbst in Sicherheit zu bringen. Es fordert uns auf, zu erklären was wir wünschen; es fragt an, ob sich unsere Absichten und unsere Auffassung von den seinen unterscheiden; und ich bin überzeugt, daß das Volk der Vereinigten Staaten von mir eine mit größter Klarheit und größtem Freimut gegebene Antwort erwartet.

Ob Rußlands gegenwärtige Führer es glauben wollen oder nicht, es ist unser inniger Wunsch und unsere sehnliche Hoffnung, daß ein Weg gefunden werde, der uns erlaubt, dem russischen Volke zu helfen, seine weitgesteckten Hoffnungen auf Freiheit und auf einen geordneten Frieden zu erfüllen.

Unser Wunsch, unsere Absicht ist dies

Wenn die Friedensverhandlungen begonnen haben, sollen sie ganz und gar öffentlich geführt werden und sollen demnach keinerlei Geheimabkommen enthalten oder ermöglichen. Die Tage der Eroberungen und Gebietserweiterungen sind vorüber; ebenso sind die Tage

Der vollständige Text der Friedensbotschaft, die der US-amerikanische Präsident Woodrow Wilson an den amerikanischen Kongress richtete – Seite 2.

der Geheimverträge verflossen, welche im Interesse einzelner Regierungen geschlossen werden und geeignet sind in einem unbedachten Augenblick den Frieden der Welt zu stören. Dies leuchtet jetzt glücklicherweise jedem Staatsmann ein, dessen Denken und Fühlen nicht in vergangenen Zeiten stehen geblieben ist, und dies ermöglicht jedem Volk, das nach Gerechtigkeit und Weltfrieden strebt, die Ziele, welche es im Auge hat, jeder Zeit öffentlich zu bekennen.

Wir sind in diesen Krieg eingetreten, weil das Recht gebrochen worden war auf eine Weise, die uns aufs tiefste verletzt hat; unserem Volke ist das Leben unmöglich gemacht, solange das Recht nicht wiederhergestellt ist, solange die Welt nicht gegen solche Rechtsbrüche gesichert ist.

Was wir in diesem Kriege fordern, ist also kein Vorteil, der uns allein zugute kommt. Die Welt soll so geordnet sein, daß das Leben darin sichergestellt ist; insbesondere wollen wir, daß Völker, die wie wir den Frieden lieben, die ihr eigenes Leben zu führen und sich ihre eigene Verfassung selbst zu bestimmen wünschen, unbehelligt bleiben und seitens der anderen Völker Gerechtigkeit und Achtung erwarten können; sie müssen gesichert sein gegen gewaltsame und selbstsüchtige Angriffe. Alle Völker der Welt haben dasselbe Interesse wie wir an dieser Forderung; was uns betrifft, so sehen wir klar, daß, so lange andern Völkern keine Gerechtigkeit zuteil wird, auch uns keine Gerechtigkeit wiederfahren kann.

Unser Programm

ist also das Programm des Weltfriedens und dieses unseres Erachtens allein mögliche Programm lautet folgendermaßen:

1. Alle Friedensverträge sind öffentlich und werden öffentlich geschlossen, und nach diesen Verträgen dürfen keine geheimen internationalen Vereinbarungen irgendwelcher Art mehr getroffen werden, sondern die Diplomatie soll immer offen und vor aller Welt geführt werden.

2. Vollkommene Freiheit der Schiffahrt auf dem Meere außerhalb der territorialen Gewässer im Frieden sowohl wie im Krieg, mit Ausnahme jener Meere, die ganz oder teilweise durch ein internationales Vorgehen zwecks Durchsetzung internationaler Verträge geschlossen werden.

3. Möglichste Beseitigung aller wirtschaftlichen Schranken und Errichtung der Gleichheit der Handelsbeziehungen unter allen jenen Nationen, die sich dem Frieden anschließen und sich zu seiner Aufrechterhaltung vereinigen.

4. Angemessene wechselseitige Garantien, um die Rüstungen eines jeden Landes auf das mit der inneren Sicherheit vereinbare Mindestmaß zurückzuführen.

5. Eine freie weitherzige und unbedingt unparteiische Beilegung aller kolonialen Ansprüche, gegründet auf der strengen Achtung des Grundsatzes, daß bei der Entscheidung aller solcher Souveränitätsfragen die Interessen der betroffenen Völker gleiches Gewicht haben wie die berechtigten Ansprüche der Regierungen, deren Rechtsanspruch festzustellen ist.

6. Die Räumung des gesamten russischen Gebietes und die Regelung aller Rußland betreffenden Fragen in der Art, welche die beste und freieste Mitarbeit der anderen Völker der Welt sichert, um Rußland die Möglichkeit zu geben, ungehemmt und unbeirrt eine unabhängige Entscheidung über seine eigene politische und nationale Entwickelung zu treffen, und um Rußland einen aufrichtigen Empfang in der Gesellschaft freier Nationen unter selbstgewählten Staatseinrichtungen zu sichern; und darüber hinaus, Unterstützung jeder Art, die es nötig hätte und selbst wünschen würde. Die Behandlung, die Rußland von seiten seiner Schwesternationen in den kommenden Monaten zuteil werden wird, ist der Prüfstein ihres guten Willens, ihres Verständnisses für seine Bedürfnisse, so verschieden sie auch von ihren eigenen sein mögen; sie wird ihre verständnisvolle und selbstlose Sympathie bezeugen.

7. Belgien muß — und darin stimmt die ganze Welt überein — geräumt und wiederhergestellt werden, ohne daß je versucht werden darf seine Souveränität, deren es sich in gleicher Weise wie alle anderen freien Nationen erfreut, einzuschränken. Keine andere Tat wird so wie diese dazu beitragen, bei den Völkern das Vertrauen wiederherzustellen in jene Gesetze, die sie sich selbst gegeben haben zur Regelung ihrer gegenseitigen Beziehungen. Wenn diese Wiederherstellung nicht stattfände, so wäre das Gebäude des internationalen Rechts erschüttert für immerdar.

8. Das gesamte französische Gebiet soll befreit und die mit Krieg überzogenen Teile wiederhergestellt werden; das Unrecht, das Preußen im Jahre 1871 in bezug auf Elsaß-Lothringen der französischen Nation zugefügt hat, dieses Unrecht, welches seit nahezu fünfzig Jahren den Weltfrieden in Frage gestellt hat, soll wieder gutgemacht werden, damit der Frieden im Interesse Aller wieder sichergestellt werden kann.

Der vollständige Text der Friedensbotschaft, die der US-amerikanische Präsident Woodrow Wilson an den amerikanischen Kongress richtete – Seite 3.

9. Die Berichtigung der italienischen Grenzen soll vorgenommen werden nach den klar erkennbaren Scheidelinien, welche die Nationalitäten umgrenzen.

10. Den Völkern von Österreich-Ungarn, deren Platz wir unter den anderen Nationen sichergestellt zu sehen wünschen, soll die erste Gelegenheit zu einer autonomen Entwickelung gegeben werden.

11. Rumänien, Serbien und Montenegro müssen geräumt, die besetzten Gebiete wiederhergestellt werden. Serbien soll einen freien und sicheren Zugang zum Meere erhalten und die Beziehungen der Balkanstaaten zu einander müssen durch freundschaftlichen Verkehr, gemäß den historisch feststehenden Grundlinien von Zusammengehörigkeit und Nationalität bestimmt sein; für die politische und wirtschaftliche Unabhängigkeit und territoriale Unverletzlichkeit der verschiedenen Balkanstaaten sollen internationale Garantien geschaffen werden.

12. Den türkischen Teilen des jetzigen osmanischen Kaiserreichs soll eine unbedingte Selbstständigkeit sichergestellt werden, aber die anderen Nationalitäten, die jetzt unter türkischer Herrschaft stehen, sollen unbedingt ihres Lebens sicher sein und es muß ihnen erlaubt sein, sich vollkommen und ungehindert autonom zu entwickeln. Die Dardanellen sollen dauernd als freie Durchfahrt unter internationalen Garantien den Handelsschiffen aller Nationen geöffnet werden.

13. Ein unabhängiger polnischer Staat soll geschaffen werden, der alle von unbestreitbar polnischer Bevölkerung bewohnten Gebiete umfaßt; ein freier und sicherer Zugang zum Meere soll ihm gewährleistet werden; seine politische und wirtschaftliche Unabhängigkeit, seine territoriale Unverletzlichkeit soll durch internationalen Vertrag garantiert sein.

14. Eine allgemeine Vereinigung der Nationen muß gebildet werden durch besondere Vereinbarungen, welche eine gegenseitige Sicherheit bilden werden für die politische Unabhängigkeit und territoriale Unverletzlichkeit der kleinen wie der großen Nationen

In diesen äußerst wichtigen Forderungen, welche die Wiedergutmachung des Unrechts, die Wiederherstellung des Rechts erstreben, fühlen wir uns einig mit allen Regierungen und Völkern, die sich zusammengeschlossen haben, um gegen die imperialistischen Reiche zu kämpfen. Nichts kann uns trennen, weder unsere Interessen noch die Ziele, die wir verfolgen. Wir werden zusammenhalten bis zum Ende. Wir sind fest entschlossen für diese Vertragsbedingungen und Vereinbarungen zu kämpfen und den Kampf fortzusetzen, bis dieses Ziel erreicht ist: wir sind dazu entschlossen, weil wir den Sieg des Rechts, weil wir

einen gerechten und dauernden Frieden

erstreben, wie er nur erreicht werden kann durch die Beseitigung jener Ursachen, welche den Krieg herausfordern, die aber durch dieses Programm vernichtet werden sollen.

Wir hegen keinerlei Eifersucht auf Deutschlands Größe und dieses Programm enthält nichts, was diese Größe beeinträchtigt. Wir hegen keinerlei Neid auf die deutschen Errungenschaften, auf deutsche Wissenschaft und friedlichen Unternehmungsgeist, denen das deutsche Reich einen so glänzenden und bewunderungswerten Namen verdankt. Wir wollen Deutschland nicht schaden noch ihm in seinem rechtmäßigen Einfluß und in seiner Machtstellung nahe treten. Wir wünschen nicht das deutsche Volk mit den Waffen in der Hand oder durch feindselige Handelsverträge zu bekämpfen, wenn es bereit ist, Hand in Hand zu gehen mit uns und anderen friedliebenden Völkern der Welt und Verträge zu schließen, die auf Recht und Redlichkeit gegründet sind. Wir wünschen nur, daß es einen Platz einnehme mit gleichem Recht wie die anderen Völker in dieser erneuten Welt, in der wir jetzt leben, und nicht einen Platz der Vorrechte und Herrschaft. Auch haben wir keineswegs die Absicht, irgend eine Abänderuug seiner staatlichen Einrichtungen zu verlangen.

Aber — wir bekennen es offen — es ist unumgänglich notwendig, und das ist eine Vorbedingung für jede Beziehungen, die auf gegenseitigem Verständnis fußen sollen, daß wir wissen, in wessen Namen seine Wortführer sprechen, wenn sie zu uns sprechen. Sprechen sie im Namen der Reichstagsmehrheit oder im Namen der Militärpartei, das heißt jener Leute, die auf imperialistische Vorherrschaft schwören?

Wir sind sicher so gesprochen zu haben, daß unsere Worte jede weiteren Zweifel, und jede weiteren Fragen ausschließen.

Ein Grundsatz

zieht sich deutlich erkennbar durch das ganze Programm, das ich entworfen habe. Es ist der Grundsatz der Gerechtigkeit gegenüber allen Völkern und allen Nationalitäten; er verkündet das Recht aller Völker in gleichem Maße, die Freiheit und Sicherheit zu genießen, ob sie nun mächtig oder schwach sind.

Auf diesen Grundsatz muß gebaut werden, sonst wird kein Teil des Gebäudes der internationalen Gerechtigkeit sicher stehen. Das Volk der Vereinigten Staaten wird sich zu keinem anderen Grundsatz bekennen, und es ist bereit, sein Leben, seine Ehre und alles, was es besitzt, für ihn einzusetzen. Dieser größte und letzte aller Kriege für menschliche Freiheit bildet den sittlichen Höhepunkt dieses Grundsatzes; für ihn ist das amerikanische Volk bereit, seine ganze Kraft, sein höchstes Streben, seine Ehre und sein Herzblut zu opfern.

Der vollständige Text der Friedensbotschaft, die der US-amerikanische Präsident Woodrow Wilson an den amerikanischen Kongress richtete – Seite 4.

die Operationen, nannte er die Namen der Beteiligten, die Ziffern sämtlicher Armeen, Korps und Divisionen, schilderte er in allen Details das gigantische Organisationswerk der Obersten Heeresleitung, bezeichnete er Tag wie Stunde – und alles, alles stimmte. Es war beispiellos, einfach atemberaubend. Hier zeigte der General a. D. noch einmal die unübertroffene Konzentrations- und Energiefähigkeit, die ihn an die Spitze des deutschen Heeres katapultiert hatte. [...] Die Memoiren sämtlicher Generäle beider Seiten nach 1945", so das Urteil des renommierten Schriftstellers und Publizisten Dr. phil. Wolfgang Venohr, „sind dagegen Stümperei, werden im Vergleich zu Makulatur."[5]

Da die deutsche Öffentlichkeit bis dato durch die offizielle Propaganda und die Scheinerfolge der Frühjahrsoffensive in einen Zustand der unentwegten Siegeszuversicht versetzt worden war, wurde sie nun umso unvorbereiteter auf den Boden der Tatsachen herabgeholt. Mehr noch: Man fühlte sich vielerorts arglistig von der politischen und militärischen Führung getäuscht. Damit waren die psychologischen Voraussetzungen für die revolutionären Umwälzungen im November 1918 im Deutschen Kaiserreich sowie beim österreich-ungarischen Waffenbruder geschaffen.

Nun überschlugen sich die militärpolitischen Ereignisse: Am 4. Oktober 1918 richtete die Reichsregierung ein Waffenstillstandsgesuch an den US-Präsidenten Wilson, dessen „Politik am Ende des Krieges nicht nur unsicher, sondern in sich selbst widerspruchsvoll war."[6] Als Voraussetzung für den Abschluss eines Waffenstillstandes nannte die amerikanische Antwort vom 8. Oktober 1918 die Räumung aller besetzten Gebiete und die Bildung einer demokratischen Regierung.

„Die Befürchtung, dass wir Deutschen uns rasch wieder erholen könnten, wenn uns auch nur ein Augenblick der Ruhe gelassen würde, beherrschte völlig den feindlichen Gedankenkreis. So gewaltig war der Eindruck, den unsere Leistungen auf unsere Gegner gemacht hatten und vielleicht jetzt noch machten. Für uns ein stolzes Gefühl mitten in alledem, was um uns zurzeit vorging und noch vorgehen sollte!", schrieb Generalfeldmarschall Paul von Hindenburg in seinen Erinnerungen und stellte dann abschließend fest:[7]

„Wie Siegfried unter dem hinterlistigen Speerwurf des grimmigen Hagen, so stürzte unsere ermattete Front, vergebens hatte sie versucht, aus dem versiegenden Quell der heimatlichen Kraft neues Leben zu trinken. Unsere Aufgabe war es nunmehr, das Dasein der übriggebliebenen Kräfte unseres Heeres für den späteren Aufbau des Vaterlandes zu retten. Die Gegenwart war verloren. So blieb nur die Hoffnung auf die Zukunft."[8]

Jetzt begann sich der Ablauf des militärischen Zusammenbruchs und der Waffenstillstandsverhandlungen mit den revolutionären Vorgängen in Deutschland und Österreich-Ungarn zu verflechten. Am 26. Oktober 1918 warf General Ludendorff das Handtuch und trat völlig überraschend als Erster Generalquartiermeister zurück.

1925 bricht er mit Hindenburg. „Damit bricht er die letzten Brücken zu seinem bisherigen Leben ab. Fortan gibt es nur noch neue Ufer für ihn.“[9]

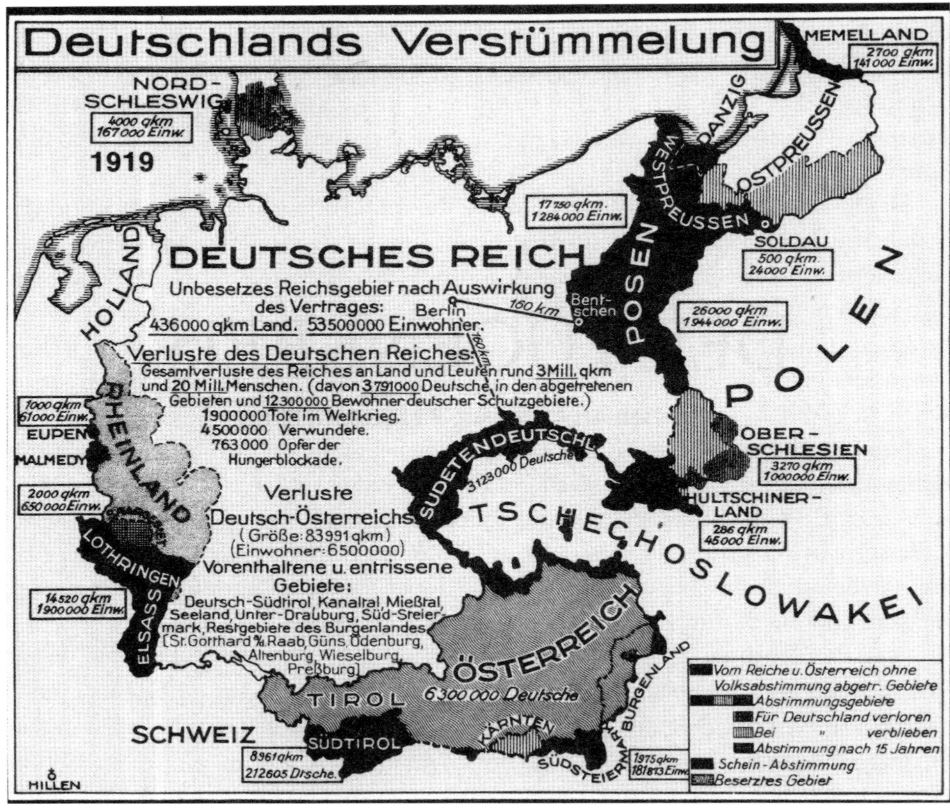

Im Schloss von Versailles unterzeichnete Deutschland den Friedensvertrag des Ersten Weltkrieges, der Reparationszahlungen an die Entente festlegte und zu Gebietsabtretungen Deutschlands führte. Viele Deutsche empfanden den Vertrag als Diktat.

Ludendorffs Nachfolger wurde General von Groener. Der 3. November 1918 war für das Deutsche Reich ein rabenschwarzer Tag. Denn in Kiel meuterten die Matrosen der Hochseeflotte, die befehlsgemäß „zum Angriff und schlagen gegen die englische Flotte eingesetzt werden“ sollte, um so die drohende Auslieferung der Schiffe an die Entente zu verhindern.

Das war der zündende Funke. Die Heizer rissen das Feuer aus den Kesseln, die Mannschaften, meist gewerkschaftlich organisiert, streikten und verweigerten den Dienst. Nun griff die Meuterei der Marine, auf die Kaiser Wilhelm II. ganz besonders stolz gewesen war, wie ein Buschfeuer auf alle großen deutschen Städte über. Wenn selbst der Spartakusbund und die Unabhängige Sozialdemokratische Partei Deutschlands (USPD) diese revolutionären Vorgänge förderten und versuchten, nach dem Vorbild der russischen Sowjets eine Räteorganisation aufzubauen, so handelte es sich bei diesen Novemberunruhen doch größtenteils um spontane Massenbewegungen, die aus dem Elend, der Verzweiflung und dem Willen, endlich den Krieg zu beenden, sowohl in Deutschland wie auch in Österreich-Ungarn resultierten. Die Mehrheitssozialisten, also die SPD, und die Gewerkschaften waren dabei im Deutschen Reich vorerst völlig unbeteiligt.

Am 9. November 1918 dankte Kaiser Wilhelm II. ab und flüchtete bei noch bestehendem Kriegszustand am 10. November auf Anraten seiner Umgebung nach Holland ins Exil, wo er sich zunächst in Amerongen und seit 1920 in Doorn aufhielt. Bei jedem einfachen Frontsoldaten wäre ein derartiges Verhalten als Fahnenflucht ausgelegt und mit der Todesstrafe geahndet worden.

In dem Buch „Ereignisse und Gestalten" rechtfertigte sich Wilhelm II. mit den Worten: „Den Bürgerkrieg wollte ich meinem Volke ersparen. Falls meine Abdankung tatsächlich das einzige Mittel war, um Blutvergießen zu verhindern, so wollte ich der Kaiserwürde entsagen, nicht aber als König von Preußen abdanken, sondern als solcher bei meinen Truppen bleiben. Denn die militärischen Führer hatten erklärt, die Offiziere würden im Falle meiner völligen Abdankung in Massen abgehen und das Heer werde dann führerlos auf das Vaterland zurückströmen und es schädigen und gefährden."[10]

Am Tage der Beisetzung des letzten deutschen Kaisers im Kriegsjahr 1941 notierte der Panzergeneral Hermann Balck in seinem Tagebuch: „Heute, am 9. Juni, wird in Doorn Kaiser Wilhelm II. beigesetzt. Ein tragisches Leben hat geendet. Blendend begabt, das Beste wollend, das Richtige erfühlend, aber kein Führer. Der Höhe des Intellekts entsprach nicht die Stärke von Charakter und Persönlichkeit. Dazu fehlende Menschenkenntnis, die die vorhandenen richtigen Persönlichkeiten nicht an den Start ließ (Tirpitz, Gallwitz, Goltz) und völlig ungeeignete in die höchsten führenden Stellen brachte (Bethmann, Moltke).

Sein Versagen in der beginnenden Revolution mache ich ihm nicht zum Vorwurf. Das Spiel war aus und er war nicht der Mann, das Ruder mit harter Hand selbst zu ergreifen. In den Augen des Volkes machte die Flucht nach Holland ihn und die Monarchie unmöglich. Ein Faktor, mit dem die deutsche Innenpolitik stets zu rechnen haben wird. Die Monarchie ist für Deutschland zu Grabe getragen."[11]

Mit dem Kriegsjahr 1918 hatten vier Kaiserreiche aufgehört, zu bestehen: das Heilige russische Zarenreich, das Osmanische Reich, das Wilhelminische Deutsche Kaiserreich und schließlich die Habsburger Doppelmonarchie Österreich-Ungarn.

Lassen wir abschließend die weltgeschichtlichen Ereignisse der letzten Monate des Kriegsjahres 1918 in geraffter Form nochmals Revue passieren:[12]

14. August 1918:	Konferenz im Hauptquartier in Spa. Die Oberste Heeresleitung erklärt die Fortführung des Krieges als aussichtslos.
29. September 1918:	Hindenburg und Ludendorff fordern ein sofortiges Waffenstillstandsangebot.
3./4. Oktober 1918:	Waffenstillstandsangebot der deutschen Regierung an US-Präsident Wilson auf der Grundlage der 14 Punkte.
28. Oktober 1918:	Beginn der Meuterei auf der deutschen Hochseeflotte in Kiel, die am Auslaufen gehindert werden soll.
3. November 1918:	Der Aufstand der Matrosen in Kiel greift auch auf andere Städte über. In den folgenden Tagen Ausbreitung der Revolution über viele große Städte des Deutschen Reiches. Bildung von Arbeiter- und Soldatenräten.
7. November 1918:	Revolution in München. Flucht des Bayerischen Königs Ludwig III. Ausrufung des „Freistaats Bayern". Absetzung der Dynastie Wittelsbach.
9. November 1918:	Revolution in Berlin. Prinz Max von Baden gibt die Thronentsagung des deutschen Kaisers Wilhelm II. sowie die des Kronprinzen bekannt und tritt zurück. Scheidemann (SPD) ruft die Deutsche Republik aus. In allen deutschen Ländern sind revolutionäre Vorgänge zu verzeichnen.
8.–11. November 1918:	Waffenstillstandsverhandlungen Fochs mit der deutschen Waffenstillstandskommission unter der Führung von Erzberger.
11. November 1918:	Abschluss des Waffenstillstandes.
18. Januar 1919:	Eröffnung der Friedenskonferenz zu Versailles ohne Vertreter des Deutschen Reiches. Bei den Verhandlungen traten die Grundsätze der 14 Punkte in den Hintergrund. Stattdessen setzten sich die weitgesteckten Kriegsziele der Alliierten, zum Teil aufgrund von Geheimverträgen, durch.
16. Juni 1919:	Abstimmung in der Nationalversammlung in Weimar, die sich mit 237 gegen 138 Stimmen unter Protest zur Annahme der Versailler Bedingungen entschließt.

Dann waren da noch die gewaltigen Verluste. Die Gesamtzahl der im Ersten Weltkrieg Gefallenen beträgt einschließlich der durch sonstige Kriegseinwirkungen Umgekommenen rund 10.000.000, die Gesamtzahl der Verwundeten rund 20.000.000 Menschen. Diese Verluste verteilten sich auf die einzelnen Nationen wie folgt:[13]

Nation	Gefallene	Verwundete	Gefangene
Deutschland	1.808.000	4.247.000	618.000
Frankreich	1.358.000	3.044.000	446.000
Großbritannien	947.000	2.122.000	192.000
Italien	460.000	947.000	530.000
Österreich-Ungarn	1.200.000	3.620.000	2.200.000
Russland	1.700.000	4.950.000	2.500.000
Türkei	325.000	400.000	
USA	115.000	206.000	4.500

Eine wahrhaft traurige Bilanz der deutschen, ja der europäischen Tragödie des Zwanzigsten Jahrhunderts mit ihrem letzten Akt, den Friedensverträgen von 1919 und 1920. Die Mächte der Entente schlossen insgesamt fünf Pariser Vorortsverträge ab – und zwar: Am 28. Juni 1919 in Versailles mit dem Deutschen Reich, am 10. September 1919 in St. Germain mit Österreich, am 27. November 1919 in Neuilly mit Bulgarien, am 4. Juni 1920 in Trianon mit Ungarn und am 10. August 1920 in Sèvres mit der Türkei.

Der Rest der 6. Feldkompanie nach der gescheiterten Offensive an der Piave im Juni 1918.

2. Die Lage Österreich-Ungarns im Frühjahr 1918

Ein weiteres Vorrücken über die Piave hinaus in die Venezianische Tiefebene bis zur Etsch hätte den Krieg gegen Italien bereits 1917 beendet und für die deutsche Westfront ein gewaltiges Entsatzheer geschaffen, denn es gab weder personelle, noch materielle oder gar geographische Hindernisse für eine derartige blitzartige Operation.

So groß der Sieg in der 12. Isonzoschlacht auch gewesen war, umso rätselhafter erscheint sein Haltebefehl an der Piave, der die Durchbruchsschlacht zum Pyrrhussieg degradierte. So aber blieb dem Gegner genügend Zeit, sich neu zu formieren und zu verstärken, um der Donaumonarchie dann den Todesstoß zu versetzen.[14]

Die rechtzeitige Hilfe der Franzosen und Engländer sowie im Jahre 1918 auch die der Amerikaner ersparte Italien die Niederlage. Inmitten dieser dann übermächtigen Kriegskoalition gegen die Zentralmächte gehörte Italien schließlich dann sogar zu den Siegermächten, allerdings „mehr scheinbar als wirklich“, wie sich der deutsche Historiker Hans Herzfeld ausdrückte.[15]

Die Lebensmittelversorgung hatte sich im sogenannten „Hungerwinter“ rapide verschlechtert, denn die Ernte des Jahres 1917 bleib in Österreich-Ungarn weit hinter den ohnehin schon pessimistischen Schätzungen zurück. Das Kriegsjahr 1918 begann daher für die Donaumonarchie und seine Regierung mit einer schweren Lebensmittelkrise. Beim k. u. k. Kriegsernährungsamt liefen immer wieder verzweifelte Berichte aus den Kronländern ein, die auf die dramatische Lage aufmerksam machten. Graf Coudenhove-Kalergi, der Statthalter in Böhmen, schrieb unter anderem am 11. Januar 1918 an den k. u. k. Außenminister, mit dem er gut befreundet war:

„Ich habe erst letzter Tage in Wien einen Einblick in die trostlose Gesamtlage gewonnen“, so sein Schreiben an den Grafen Czernin. „Ich und andere hatten bereits in den Monaten September und Oktober 1917 dringend eine Verkürzung der Kopfquoten verlangt, da die Regierung aber nicht darauf einging, hatte es den Anschein, als ob der Wirtschaftsplan solche Maßregeln nicht notwendig machen würde. Jetzt kommt die traurige Wirklichkeit zum Vorschein. Von Ungarn erhalten wir nur geringe Mengen, von Rumänien noch 10.000 Waggons Mais, es bleibt dann ein Abgang von mindestens 30.000 Waggons Getreide, ohne welche wir einfach zugrunde gehen müssen.“[16]

Die Ernährungslage war in der Doppelmonarchie so schlimm, dass am 14. Januar 1918 die Brotration in der österreichischen Reichshälfte von 200 auf 165 Gramm pro Tag herabgesetzt wurde. Tags darauf rief der k. u. k. Ernährungsminister das Ministerium des Äußeren an und teilte ihm mit, „dass die Erregung unter den Arbeitern der Industriegebiete um Wien einen revolutionären Charakter angenommen habe. Sowie die Kürzung bekannt wurde, veranstalteten etwa 10.000 Arbeiter der Daimlerwerke, darunter Heeresangehörige, eine Demonstration. Das Rathaus von

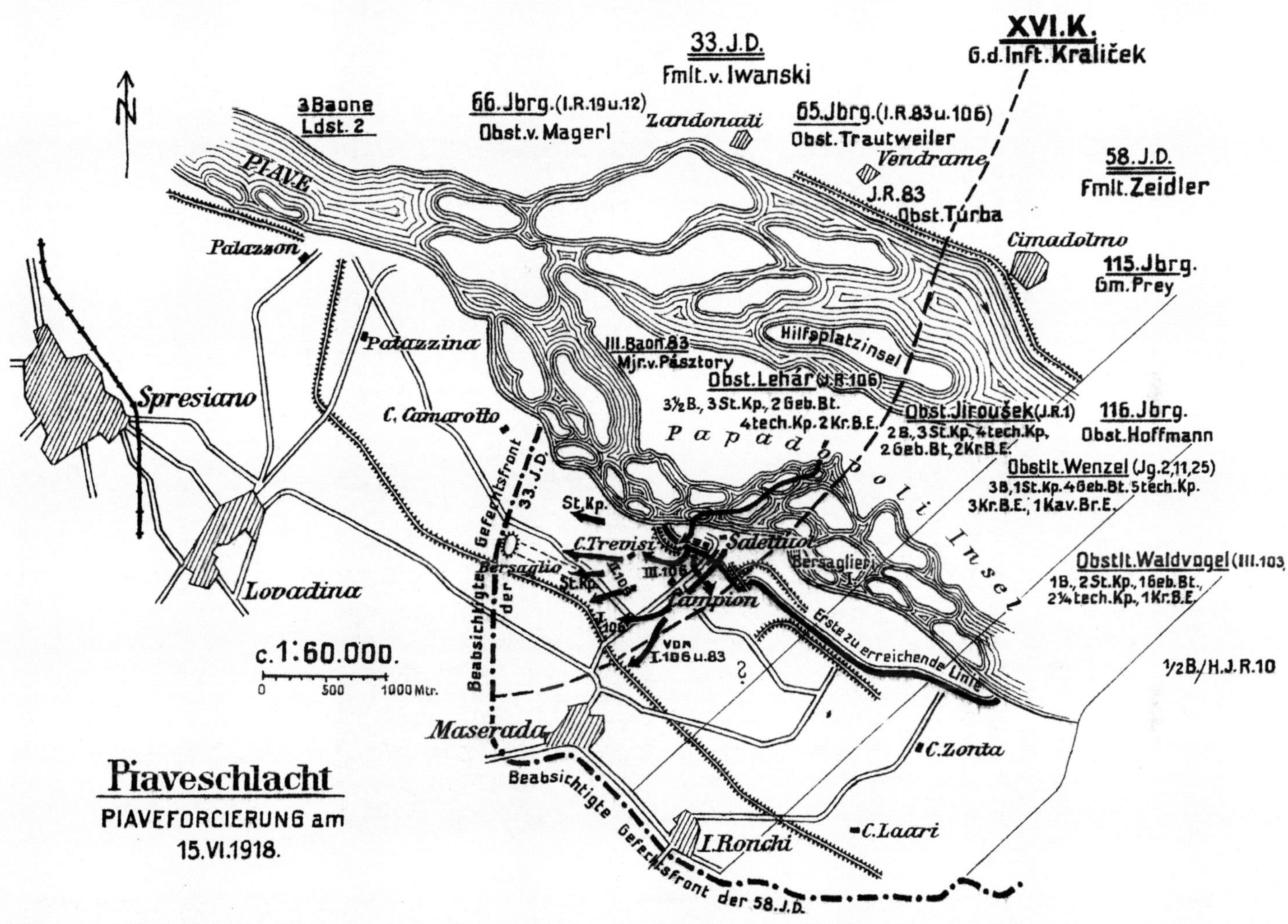

Die Übersichtskarte zur Piaveschlacht am 15. Juni 1918.

Wiener Neustadt wurde angegriffen und Rufe nach der Wahl von Arbeiterräten wurden laut."[17]

Doch damit nicht genug, denn diese spontanen Demonstrationen entwickelten sich zu einem Massenstreik, der sich von den Industriegebieten um Wien in die Länder ausbreitete. In den kommenden Tagen legten rund 95.000 Menschen in Niederösterreich die Arbeit nieder. Bald griff der Streik auch auf die Steiermark, Oberösterreich, Tirol und Brünn, die Hauptstadt Mährens, über. Das war aber nur der Anfang jener gewaltigen innenpolitischen Umwälzungen, an deren Ende ein sterbender Doppeladler in den lodernden Flammen einer neuen Zeitenwende verglühte. Die Streikwelle der Menschenmassen setzte sich als ein unübersehbares Zeichen einer neuen Epoche gewaltsamer Veränderung im gesamten Kriegsjahr 1918 in der k. u. k. Habsburger Monarchie fort.

Übersetzen mit Flachbooten, den sogenannten Zillen, über die Hochwasser führende Piave.

Davon blieb auch die traditionsreiche k. u. k. Armee nicht verschont. Von den mehr als neun Millionen mobilisierungsfähigen Männern des Ersten Weltkrieges waren zu Beginn des Kriegsjahres 1918 schon siebzig Prozent zu den Waffen gerufen worden. 780.000 Soldaten waren bereits gefallen, 500.000 als Invaliden aus den Streitkräften ausgeschieden und 130.000 als älteste Jahrgänge entlassen worden. Eine Million wehrfähige Männer waren als unabkömmlich in den Rüstungsbetrieben gebunden und 1.600.000 Soldaten waren in die Kriegsgefangenschaft geraten. Mit dem Stichtag

1. Januar 1918 befanden sich noch 4,41 Millionen Soldaten in der k. u. k. Armee, 2,85 Millionen bei der k. u. k. Armee im Felde sowie 1,56 Millionen bei den Ersatztruppenkörpern, den militärischen Behörden, Kommandos und Anstalten in der Heimat.[18]

Obwohl immer mehr Kriegsgefangene, Zivilarbeiter und weibliche Hilfskräfte in der Etappe eingesetzt wurden – zu Beginn des Kriegsjahres 1918 waren es bereits mehr als 400.000 Personen – erreichten die aufgefrischten und aufgefüllten gefechtsfähigen Divisionen der k. u. k. Armee nur eine Einsatzstärke von je 5.000 bis maximal 8.000 Soldaten anstelle der vorgeschriebenen Sollstärke von 11.567 Mann.[19]

Ab Januar 1918 konnten die Heimatbehörden nur noch geringe Kontingente für die Marschbataillone an die Front schicken. Lediglich 100.000 Mann standen der k. u. k. Armee für die gesamte Südwestfront zur Verfügung. Das waren weniger als die Hälfte der Zuteilungen des Vorjahres![20]

Doch damit nicht genug der Hiobsbotschaften. Denn die aus russischer Kriegsgefangenschaft heimgekehrten und wieder in die k. u. k. Armee eingegliederten Soldaten waren vielfach vom Gedankengut des Bolschewismus nachhaltig angesteckt worden, sodass sie ständig wehrkraftzersetzend auf die Moral der Truppe einwirkten.[21]

Damit einhergehend „kam noch die völlig unzureichende Ernährungslage. Der Ausdruck ‚Hungeroffensive‘, den der einfache Soldat für die Junischlacht prägte, ist sehr zutreffend, wenn man bedenkt, dass bereits die Hoffnung auf unsichere Beute beim Feind die Erwägungen im Planungsprozess der österreichischen Führung stark beeinflusste.“[22]

Ein weiteres Menetekel am südlichen Frontabschnitt des Ersten Weltkrieges ereignete sich am Schicksalsfluss Piave. Wie an der Westfront bei Verdun, wollte die Führung der k. u. k. Armee auch auf dem oberitalienischen Kriegsschauplatz durch eine großangelegte Offensive versuchen, das Kriegsglück auf seine Seite zu zwingen, um so doch noch den Weltkrieg zu Gunsten der Mittelmächte entscheiden.

Nach dem Friedensschluss mit Rumänien am 7. Mai 1918 verlegte Österreich-Ungarn starke Kräfte in den oberitalienischen Aufmarsch- und Kampfraum Venetien und an die Piave.

Denn um die italienischen Streitkräfte während des Winters 1917/1918 wieder kampffähig zu machen, wurden nicht nur englische und französische Divisionen, sondern auch Unmengen von Kriegsmaterial in diesen Kampfraum zugeführt. In den Frühlingstagen 1918 stand daher eine vielfache Übermacht an Menschen und Material den ausgebluteten Einheiten der k. u. k. Armee tief gestaffelt in einem ausgebauten Befestigungssystem gegenüber.

3. Die gescheiterte Piaveschlacht der k. u. k. Armee

Die Junischlacht in Venetien im Kriegsjahr 1918 zählt zu den umstrittensten und am meisten kritisierten militärischen Offensiven der k. u. k. Armee. Sie beinhaltet zwar nicht den letzten Angriff Österreich-Ungarns, aber seine letzte große Kraftanstrengung im Ersten Weltkrieg vor dem Untergang der Donaumonarchie.

„Den verstärkten Feind auf dem italienischen Kriegsschauplatz zu binden und das Abziehen von Kräften nach dem Westen zu verhindern", war nach den Worten des Chefs des Generalstabes, Generaloberst Arz, der Zweck der österreichisch-ungarischen Offensive. Der Hauptstoß sollte zwischen der Brenta und Piave erfolgen. Zum Angriff wurden 40 ½ Infanterie- und sieben (unberittene) Kavalleriedivisionen bereitgestellt.

Doch damit nicht genug: Die gesamte Donaumonarchie musste zugunsten der Vorbereitungen zur Junischlacht an der Piave große Opfer bringen. Unter anderem mussten lebenswichtige Getreidetransporte aus Rumänien für den Großraum Wien, der zivile Personenverkehr und zivile Gütertransporte, die Beförderung der Truppentransporte und viele Nachschubgüter an die Ostfront für die Zeit nach der Beendigung des Aufmarsches für die Piaveschlacht zurückgestellt werden.[23]

Schließlich verschärften sich die Transport- und Verteilungsprobleme derart, dass der für den 20. Mai 1918 angesetzte Angriffsbeginn auf den 11. Juni zurückverlegt werden musste. Anfang Juni meldete jedoch die Heeresgruppe Boroević dem Armeeoberkommando in Baden, dass die Truppe erst am 25. Juni angriffsbereit sei. In einem aufschlussreichen Bericht des Feldmarschalls Boroević an die Regierung in Wien heißt es über die Stimmung in der k. u. k. Armee ohne Schönfärberei:[24]

„Der wirtschaftlichen Notlage gemäß und wegen der langen Kriegsdauer strebt alles von der Front weg zu Verwendungen im Hinterland … Dass der Krieg den Kampf um Sein oder Nichtsein bedeutet, ist keineswegs mehr Allgemeinbewusstsein. Die nationalen Verhetzungen haben es so weit gebracht, dass Truppen verschiedener Nationalitäten einander nicht mehr voll vertrauen. Ungarische Verbände erhoben ernstlich die Beschuldigung, dass die Artillerie einer tschechischen Brigade absichtlich in sie hineingeschossen habe. Bei einer polnischen Division mit polnisch-tschechischer Mannschaft wurde dieselbe Beschuldigung gegen Honvédbatterien erhoben. Die Kroaten zeigten sich wieder darüber erbittert, dass Honvédtruppen magyarischer Herkunft in Kroatien im Hinterland sind und dort requirieren, während sie kämpfen müssten.

Der feste Zusammenhalt der Armee, das gute aktive Offizierskorps ist nicht mehr. Alle Reserveoffiziere und auch die Mannschaften politisieren. Alle zersetzenden Erscheinungen an der Front, Verrat, Überlaufen aus Hunger oder nationaler Verhetzung, sind Folgeerscheinungen der Zustände im Staat. Die Armee tut noch ihre Pflicht. Es muss aber immer schlechter werden, wenn nicht im Staat in jeder Richtung Ordnung gemacht wird.“

Feldmarschall Conrad von Hötzendorf, der ständig zur Offensive drängte, entschied sich trotz aller Warnungen und Vorbehalte für den 15. Juni 1918 als Angriffsbeginn, und das, obwohl die Vorbereitungsmaßnahmen aufgrund des schwierigen Geländes und der schlechten Wetterverhältnisse bei Weitem noch nicht abgeschlossen waren. So nahm das Schicksal zum Verhängnis der k. u. k. Armee und damit auch für Österreich-Ungarn seinen tragischen Verlauf.[25]

„Inzwischen steigert sich die Erwartung in den Räumen der Kommandokanzleien von Stunde zu Stunde“, beschreibt Anton Graf Bossi Fedrigotti die Ausganslage vor Beginn der Junischlacht an der Piave. „Die neuesten Meldungen besagen, am Piave herrsche Hochwasser! Es erheben sich sofort Stimmen, die Kritik üben. Das habe man doch voraussehen müssen. Jedes Kind würde in der Schule lernen, dass Gebirgsgewässer im Juni Schmelzwasser mit sich führen. Solle denn der entscheidende Angriff im hochgehenden Wasser der Piave ersaufen! Wie eine Erlösung wirkt dann die Nachricht, der Angriff stünde dennoch unmittelbar bevor. Was sich während dieser Stunden zwischen dem kaiserlichen Hofzug im – Vinschgau, dem Hauptquartier des Armeeoberkommandos in Baden und – Belluno abspielt, wird erst die spätere Geschichtsforschung aufhellen.

So war Kaiser Karl in Begleitung des früheren Armeeoberkommandanten Erzherzog Friedrich und des Chefs des Generalstabes Generaloberst Arz nach Südtirol gereist und hatte in der kleinen Station Schnalstal bei Naturns Aufenthalt genommen. Generalmajor Freiherr von Waldstätten, der Chef der Operationsabteilung des Armeeoberkommandos, hatte einen Teil seines Führungsstabes nach Belluno verlegt, um den Ereignissen näher zu sein und von dort aus die Verbindung nach Udine zu Boroević und zu Conrad in Bozen hergestellt. Die Folge war, dass sowohl der Hofzug, wie Belluno und Baden, aber auch die beiden Heeresgruppen, nur ‚nachrichtendienstliche Mittel‘ anwenden konnten, um entscheidende Entschlüsse zu fassen. ‚Boroević‘ hatte noch am 13. Juni telegrafiert:

> ‚Beide Armeen melden, Wetter macht Gasschießen jetzt und in nächster Zeit wegen Regen und Nässe wirkungslos. Kommando der Isonzoarmee fügt hinzu, Wasserstand des Piave schon jetzt zu hoch, schließt bei voraussichtlich weiterem Steigen Durchführung des Überganges speziell beim IV. Korps aus. Daher Antrag: Angriffsbeginn verschieben. Zunächst auf drei Tage.‘

Als Antwort erhält der Feldmarschall in Udine die Mitteilung aus Belluno, das Armeeoberkommando könne mit Rücksicht auf die Lage bei der 11. Armee und der anlaufenden Gegenaktion am Tonale keine Verschiebung des Angriffes in Aussicht nehmen. Eine endgültige Entscheidung würde jedoch erst am 14. Juni, abends gegen

18.00 Uhr, erfolgen. Eine Weisung, über die er auch den Hofzug verständigt und die auch nach Bozen weitergegeben wird. Allerdings mit dem Zusatz, das ‚AOK wäre der Ansicht, dass auch für den Fall, als das Piavehochwasser den Angriff (gemeint ist die 6. und Isonzoarmee, der Verf.) am 15. unmöglich mache, der Angriff der 11. Armee dennoch am 15. Juni zu erfolgen hätte.‘

Kein gleichzeitig einsetzender Offensivbeginn also, dessen Wucht den Gegner an allen Fronten treffen sollte, sondern ein durch das Wetter erzwungener, zeitlich gestaffelter Angriff. Dessen Beginn Conrad allerdings dringend für den 15. Juni verlangt, weil die ‚sehr knappen Verpflegungsvorräte es nicht gestatteten, die auf engem Raum versammelten Angriffstruppen längere Zeit zu versorgen.‘

An diesem 14. Juni weiß natürlich auch von den Führern des Ausbildungsstabes in Gröden niemand etwas von der Last der Verantwortung, welche die Entscheidungen der Männer an der Spitze der am Feind stehenden Armeen bestimmt. In diesen Stunden wird Conrads Drängen zum Losschlagen buchstäblich zum Pendel, welches die Zeiger der Schicksalsuhr vortreibt. Mit einem Mal hellt sich auch der Himmel über den Piaveufern auf. Am 13. Juni, gegen Mittag, hat es bereits zu regnen aufgehört. Sofort will Feldmarschall Boroević von seinen beiden Armeeführern wissen, ‚ob im Hinblick auf die eingetretene Besserung des Wetters, der Angriff am 15. doch noch durchführbar sei?‘

Der hierauf längst Geschichte gewordene Wortlaut der einlaufenden Meldungen bezeugt, trotz ihrer Nüchternheit, die dramatische Zuspitzung jener Stunden, während welcher sich ganz plötzlich ‚ein prachtvoller blauer Himmel über der venetianischen Ebene zu wölben‘ begann.

Um 17.00 Uhr des 14. Junis meldet der Führungsstab der 6. Armee:

‚Durchführbar!‘

Und die Isonzoarmee gibt durch:

‚Angriff ist sehr schwierig, zeitraubend, aber durchführbar. Verminderung beim Gasschießen wegen Bodennässe noch zu besorgen. Piave hoch und reißend. Angriffsvorbereitungen beendet.‘

Worauf Boroević um 17.15 Uhr befiehlt:

‚Der Angriff hat programmmäßig in der Nacht auf morgen zu beginnen.‘

Es ist 19.00 Uhr. Boroević wird persönlich am Telefon verlangt. Auf der anderen Seite der Leitung spricht Kaiser Karl:

‚Was geschieht morgen? Überlasse es unbedingt Ihrem Ermessen und Ihrer Verantwortung, ob Sache durchgeführt wird.‘

Und die Antwort des Feldmarschalls!

‚Wie ich gemeldet habe, wird morgen im Sinne der Anordnungen des Armeeoberkommandos angegriffen, da auch Heeresgruppe Conrad mitgeteilt hat, dass ein Verschieben des Angriffsbeginnes nicht mehr geht. Die hiesigen Vorbereitungen sind soweit gediehen, dass ein ferneres Verschieben nicht verantwortet werden könnte, umso weniger, als der Piave nahezu normalen Wasserstand hat.‘

Herüben entsteht eine Pause. Dann ertönt die Stimme des Kaisers:

‚Danke, sehr einverstanden, Schluss!‘

Das Pendel der Schicksalsuhr hatte langsamer zu schlagen begonnen!“[26]

Insbesondere für die geschundenen Frontsoldaten, die im Sommer 1918 bereits voller Zweifel waren. Sie verfluchten den Militarismus der verkrusteten Offizierskaste. „Ihr vermessener Wahnsinn ist die Sucht, das Blut ihrer Brüder zu vergießen und fruchtbares Gelände zu verwüsten, nur um über Totenäcker zu herrschen“, notierte der Kaiserjägeroberst von Cordier in seinem Kriegstagebuch.[27]

Die Gerüchte verbreiteten sich in Windeseile wie die Latrinenparolen in den Schützengräben, „dass sich die österreichische Infanterie an mehreren Frontabschnitten, krank und des Krieges überdrüssig, en masse ergeben hatte […] Die Männer verfluchten den ‚inkompetenten‘ Kaiser, das ‚Luxusleben‘ des Hofes, und die ‚ganze Clique der Eliteoffiziere‘, die die ‚betrogen‘ hatten, die an der Front standen.“[28]

„Die Tage vor der Junischlacht waren von übelster Vorbedeutung. Jedermann wusste alles, am meisten natürlich die Überläufer“, schrieb Fritz Weber, der Chronist des Alpenkrieges.

„Der mächtige Wille zum Sieg, der in der zwölften Isonzoschlacht alles beherrscht hatte, war verflogen. Es gab auch keinen einheitlichen Plan. Was schließlich als solcher auftrat, war ein Gemengsel aus vieler Leute Meinung und mehr oder minder großer Sachkenntnis. Diese Schlacht war die Schlacht der anonymen Militärbürokraten.

Der Zahl nach stand alles ausgezeichnet. Nie vorher war eine Armee von ähnlicher Stärke den Italienern gegenübergetreten, denselben Italienern, die ein halbes Jahr früher die Hälfte ihres Heeres und fast die ganze Artillerie eingebüßt hatten. Fünftausend Geschütze standen zwischen den Alpen und der Adria bereit, Berge von Munition und das gesamte Brückenmaterial der Monarchie waren angehäuft worden. Die Kämpfer von Flitsch-Tolmein hatten über all das in viel bescheidenerem Ausmaß verfügt. Was aber dort Geist, Wille, Tatkraft war, war hier die rohe Nachahmung früherer Durchbruchsschlachten.

Nur eine Erscheinung war neu und ihre Organisatoren mögen stolz darauf gewesen sein: überall hinter der Front standen Wagenzüge bereit, die als ‚Beutekolonnen‘ im Schlachtplan figurierten und genauere Befehle empfingen als die Kampftruppen. Man teilte die Bärenhaut, ehe man sie hatte. Wäre es überhaupt so weit gekommen, so hätte man sich vielleicht gegen das Dreinfahren und Beutemachen dieser Lumpensammler mit Gewalt schützen müssen. Sinnbildlich und daher tief verankert im Gefühl des Frontsoldaten drückte diese Einrichtung Folgendes aus: Wir wollen den

Feind nicht vernichten, wir wollen nicht den Weltkrieg entscheiden, indem wir den letzten unserer Gegner zu Boden strecken und dann an die Westfront gehen, wir wollen ihm nur ein bisschen auf die Nase schlagen, ihn zurückdrängen, uns seiner Magazine bemächtigen, die Fleischkonserven und Makkaroni einsammeln und uns dann ein paar Kilometer westlicher wieder in die Erde buddeln. Dort warten wir, bis sie neue Magazine errichtet haben und dann wiederholen wir das Spiel.

Die ganze Front entlang liefen Gerüchte über den vermutlichen Hauptangriffspunkt. Schließlich stellte sich heraus, dass es einen solchen überhaupt nicht gab. Die Führung vermaß sich, den Feind in der ganzen Breite anzugreifen. Und diese Vermessenheit wurde uns zum Verhängnis."[29]

Trotz aller Widrigkeiten eröffneten die Feldmarschälle Conrad von Hötzendorf und Boroević am 15. Juni 1918, um 03.00 Uhr, die Offensive. Hötzendorf im Kampfraum der „Sieben Gemeinden", der „Löwe vom Isonzo" an der Piave. Aber beide Heerführer wussten bei Angriffsbeginn eines nicht, dass bereits am 23. Mai ein tschechischer Offizier zum Gegner übergelaufen war und dort die bevorstehende Offensive verraten hatte, sodass der fest eingeplante Überraschungseffekt zunichte wurde.

Der Operationsplan Conrad von Hötzendorfs zerfiel in die beiden Heeresgruppen Boroević und Conrad, die sich bedauerlicherweise gegenseitig nicht ergänzten, sondern sogar behinderten. Boroević bezeichnete nach der verlorenen Schlacht in einem Brief an einen Freund den Plan als eine „fixe Idee" und erläuterte seine kritische Beurteilung mit den Worten:

„Conrads Idee, aus dem Gebirge ausgerechnet von der Hochfläche von Asiago aus anzugreifen, wo die britischen und französischen Divisionen standen, hieß nicht nur den Stier bei den Hörnern packen, sondern auch die Piavefront schwächen [...]"[30]

So begann unter anderem auch für das k. u. k. bosnisch-herzegowinische Infanterieregiment Nr. 6 seine letzte Offensive bei Asiago. Es war am 14. Juni 1918, gegen 23.00 Uhr, als feindliche Granaten in die Bereitstellungsräume der Bosniaken einschlugen. „Nur ein kurzer Feuerüberfall des Gegners, der offensichtlich über den Zeitpunkt des Beginns der Offensive genauestens informiert war", heißt es in der Chronik über die Elitetruppe des Kaisers. Dann erfahren wir weiter:[31]

„Im Raume Canove, circa drei Kilometer westlich von Asiago, lagen die Regimenter der 52. Infanteriedivision, bereit, den letzten Versuch zu wagen, die feindlichen Linien zu durchbrechen und in Venetien einzufallen.

Um 03.00 Uhr morgens, am 15. Juni 1918, begann die österreichisch-ungarische Artillerie konzentriert zu wirken. Zuerst zögernd, doch immer stärker werdend, setzte das Gegenfeuer der Italiener ein und trommelte auf die Sammelräume der Österreicher. Das anfangs so heftige eigene Trommelfeuer, welches die gegnerische

Artillerie lahmlegt und die im Waldgebiet befindlichen, gut getarnten Befestigungsanlagen des Feindes zerstören sollte, ließ nach etwa einer Stunde schon bedenklich nach, um später, noch lange vor dem Sturm, fast ganz zu verstummen. Das Feuer der Gegenseite aber steigerte sich zu immer größerer Heftigkeit. Schon damit wurde die enorme Materialüberlegenheit der Ententearmeen dokumentiert. Auch der Gegner war diesmal anders, seine Kampfmoral, seine Kampfesweise, die Ausgestaltung seiner Befestigungen. Es gab keine zusammenhängenden Verteidigungslinien, sondern fast nur bestausgestattete Nester, deren Wirkungsbereiche sich überschnitten. [...] So musste zwangsläufig der letzte Versuch einer entscheidenden Offensive scheitern. Die Taten der tapferen Bosniaken aber leuchten aus den Kämpfen und Gefechten hervor, wie Sonnenstrahlen das düstere Gewölk durchbrechend."

Zunächst drangen die Einheiten des Feldmarschalls Conrad noch in die Waldzonen der „Sieben Gemeinden" ein. Mit Todesverachtung griffen sie den Col del Rosso an, eroberten ihn und harrten dort aus. Das Linzer Hausregiment „14 Hessen" erlebte bei diesem Sturmlauf die schwersten Stunden des gesamten Krieges.

Die zweite Speerspitze der Piaveoffensive unter dem Feldmarschall Boroević stand am Ufer des Flusses zum Sturm und Übergang bereit. Aber unter welch' einem ungünstigen Stern. Denn seit dem 11. Juni stürzte heftiger Regen im gesamten Kampfgebiet sintflutartig hernieder und verwandelte den Fluss in ein reißendes Ungeheuer. Dennoch warf sich die Infanterie todesmutig in die Pontons und erreichte das jenseitige Ufer. Währenddessen errichteten die Pioniere Brücken und Stege. Einheiten des XXIII. k. u. k. Korps gewannen die Dammstellungen am jenseitigen Ufer und drangen anschließend in einer Breite von acht Kilometern und einer Tiefe von sechs Kilometern in das italienische Stellungssystem ein.

Mit Handgranaten, Bajonetten und Flammenwerfern wehrten sie zunächst die gegnerischen Gegenstöße ab. Doch das ansteigende Hochwasser der Piave riss alle Brücken und Stege fort und trennte somit die kämpfende Truppe von ihrem Nachschub. Damit begann die Wende, ja der Untergang der traditionsreichen k. u. k. Armee augenfällig und dauerte nur mehr einige Monate bis zu ihrem ruhmlosen Ende. Denn aller Kampfgeist und Heldenmut sind wirkungslos, wenn der Nachschub an Munition und Verpflegung ausbliebt.

„Österreich-Ungarns Pioniere, die Helden der Donau- und Saveübergänge, haben am 15. Juni 1918 traurigen Angedenkens ihren ehrenvollsten Tag erlebt. Er war zugleich der Tag ihrer Vernichtung", schrieb Fritz Weber verbittert. „Siebzig Brücken und Stege wurden von den Tapferen über die Piave gebaut. Das gesamte Brückenmaterial des Reiches ging dabei zugrunde, ungezählte Söhne unseres Vaterlandes ertranken in den Wellen des Flusses, der das Schicksal der Monarchie besiegeln sollte. Die Tausende lenkten alle Höllen der feindlichen Abwehr auf sich, um der alten Armee noch einmal den Weg zum Sieg zu bahnen – jeder von ihnen ein Winkelried und Märtyrer zum Heil des Ganzen. Dass wir unterlagen, war nicht ihre Schuld.

Aller Gegenwehr zum Trotz gelingt es in den ersten Vormittagsstunden, gewaltige Infanteriemassen über den Fluss zu schaffen.

Die italienische Dammstellung ist in unserer Hand, aber es ist kein Sieg, sondern eine furchtbare Enttäuschung: Auch hier hatten ungezählte Gasgranaten und Brisanzgeschosse vergeblich gewütet, die Stellungen waren schon vor Beginn unseres Feuers geräumt worden. Riesenmengen von Munition sind in leeren Gräben verpufft.

Das Wichtigste, den Gegner festzuhalten, ihn mit dem ersten wuchtigen Stoß zu zerschmettern, ist misslungen. Die wenigen Gefangenen – Posten, die zum Schein in der Stellung geblieben waren – erzählten niederdrückende Tatsachen: Das Gas, das in Kilometertiefe hätte wirken sollen, war so gut wie wirkungslos, weil die Füllung der Granaten minderwertig war und die Italiener über vorzügliche Masken verfügten. All das hatte man nicht gewusst. Verhängnis reihte sich an Verhängnis.

Noch hätte die Möglichkeit bestanden, die Schlacht abzubrechen, die Infanterie über den Fluss zurückzunehmen und auf günstigere Gelegenheit an einem anderen Frontabschnitt zu warten. Doch es geschah nichts. Die Führung ließ den Dingen freien Lauf. Als sie sich zum Unabwendbaren entschloss, war es zu spät.“[32]

Die Piave, die starkes Hochwasser führte, wurde schließlich in einer dreißig Kilometer breiten Frontlinie teilweise im Gasangriff von der Heeresgruppe Boroević überschritten und die feindliche Front bis zu einer Tiefe von fünfeinhalb Kilometern durchstoßen. Dieser Anfangserfolg konnte aber im weiteren Verlauf der Operation nicht ausgenützt werden. Denn der Schicksalsfluss der Donaumonarchie zeigte in der Nacht zum 19. Juni 1918 wieder einen sinkenden Wasserspiegel an, sodass am Nachmittag des 19. Junis gegen 15.00 Uhr der italienische Gegenangriff massiv einsetzte.

Zahlenmäßig mehr als doppelt so stark, stürmten sie entlang der gesamten Front gegen die Verteidigungsstellungen des Korps Goiginger vor. Erbittert und verlustreich vorgetragene Angriffe konnten von den k. u. k. Truppen zwar immer wieder erfolgreich abgewiesen werden, aber in manchen Abschnitten griff die italienische Infanterie bis zu sechs Mal unter hohen Verlusten an, sodass die Ausfälle in einem erschreckendem Ausmaße zunahmen.

„Es dauerte noch drei Tage und drei Nächte, bis man sich entschloss, die Schlacht abzubrechen und auf das linke Ufer zurückzugehen“, erfahren wir vom Chronisten der Isonzo- und Piaveschlacht Fritz Weber.

„Die Handlungsfreiheit war schon längst abhanden gekommen. Wir hielten aus, weil wir aushalten mussten. Fürchterliche Angriffe wurden verzweifelt abgewehrt.

"All the News That's Fit to Print."

The New York Times.

THE WEATHER

NEW YORK, SATURDAY, APRIL 7, 1917.—EIGHTEEN PAGES.

RESIDENT PROCLAIMS WAR; WARNS ALIEN ENEMIES HERE; 91 GERMAN SHIPS SEIZED AND SPIES PUT UNDER ARREST; NAVY MOBILIZED AT ONCE; CUBA AND BRAZIL MAY JOIN U

SHIPS TAKEN HERE
ernment May Use ers Later as Troop Transports.

MENOCAL DEMANDS WAR
President Urges Congress to Authorize Action; No Opposition Expected.

WHOLESALE PLOT ARRESTS
Sixty German Suspects in New York and Other Cities Locked Up.

President's Proclamation of a State of War, and Regulations Governing Alien Enemies

GOVERNMENT ACTS SWI
War Tidings Fly to N and Army When Wils Signs Resolution.

Der Kriegseintritt Amerikas zugunsten der Entente wirkt sich in seinem vollen Umfang im Kriegsjahr 1918 aus und führte schließlich zur Niederlage der Mittelmächte.

Kaiser Wilhelm II. auf Truppenbesuch in Flandern.

Kaiser Karl I. auf Truppenbesuch an der Piave. Die unrühmlich endende Schlacht, die an der Piave stattfand, galt als die letzte Angriffsaktion der k. u. k. Armee.

Die italienischen Streitkräfte werden bei ihrem Kampf gegen die Mittelmächte durch französische und britische Truppen verstärkt. General Joffre zu Besuch beim italienischen Generalstab. Links General Porro, rechts Generalstabschef General Cadorna.

Piaveübergang im gegnerischen Artilleriefeuer.

K. u. k. Truppen vor ihrer Stellung am Piavedamm im Frühjahr 1918.

Ein Verbandsplatz am Piavedamm 1918. In den Piaveschlachten versuchten die Streitkräfte der Donaumonarchie vergebens, die italienische Front zu durchbrechen.

Italienische Bersaglieri bereiten sich im Sommer 1918 zur Gegenoffensive an der Piave vor.

Einheit der k. u. k. Pioniere bei den Vorbereitungen einer Pontonbrücke über die Piave.

Zerstörte österreichische Pontonbrücke nach einem italienischen Feuerüberfall.

Truppen im oberitalienischen Feltre.

Zerschlagene k. u. k. Pioniereinheit nach der letzten Großoffensive Österreich-Ungarns an der Piave am Morgen des 15. Junis 1918.

Kaiser Karl I. und das letzte Aufgebot der k. u. k. Truppen in Venetien 1918.

Die letzte Kaisermesse „Oberster Kriegsherr" am 17. August 1918.

Österreich-Ungarns letzter Kriegsminister Rudolf Stöger-Steiner Freiherr von Steinstätten am Schreibtisch seines Arbeitszimmers am Stubenring.

Die militärische Führung der k. u. k. Armee Österreich-Ungarns verdrängte bis zuletzt die Niederlage der Donaumonarchie.

Aus den Kämpfen bei Asiago eingebrachte Gefangene.

Das monumentale Gefallenendenkmal der Italiener von Asiago.

Soldatenfriedhof bei Gallio mit dem Monte Sisemol.

Das italienische Beinhaus auf dem Monte Grappa.

Die Piazza Venezia in Trient im November 1918 nach dem Abzug der österreichisch-ungarischen Truppen.

Im Bahnhof Bozen verlassen die letzten nichtdeutschen Truppen Südtirol.

Am 18. Oktober 1921 wurden am Brenner – wie auch am Reschen – von italienischen Alpinioffizieren Grenzsteine gesetzt, auf denen in italienischer Sprache die Worte eingetragen waren: „Die duch den Friedensvertrag von Saint-Germain geheiligte Grenze."

„Der Letzte". Die Nummer 52 des offiziellen Kriegsbilderwerkes „Österreich-Ungarns Wehrmacht im Weltkriege" als Symbol für das Schicksal der k. u. k. Donaumonarchie.

Das halb vollendete Kaiserjägerdenkmal in Bozen, das von den Italienern nach Kriegsende weggesprengt wurde.

Die Grundmauern wurden für das 1928 errichtete Siegesdenkmal verwendet.

Das Parlament Deutsch-Österreichs hatte sich bereits am 12. November 1918 nach dem Zerfall der k. u. k. Donaumonarchie für den Anschluss an das Deutsche Reich ausgesprochen, der jedoch von den Alliierten verboten wurde. Als Südtirol an Italien abgetreten werden musste, suchte Tirol vergebens den Zusammenschluss mit Deutschland.

Frauen und Kinder bei einer Demonstration in Innsbruck zur Freilassung ihrer noch in italienischer Kriegsgefangenschaft befindlichen Männer und Väter um das Jahr 1920.

Nicht Befehle zwangen uns auf dem Westufer zu bleiben, sondern ein Naturereignis, das schließlich Zehntausende überflüssige Todesopfer forderte: im Oberlauf der Piave regnete es ununterbrochen, der Fluss war zum Strom angeschwollen und lag, ohne Brücken und Steg als ein absolutes Hindernis in unserem Rücken.

Der letzte Akt der Junitragödie nahm einen furchtbaren Verlauf. Um Morgengrauen gelang es uns, einen schweren Angriff der Italiener abzuwehren. Kurz darauf kam die Nachricht, dass nördlich von uns die Linie durchbrochen sei und alles in regelloser Flucht zurückgehe.

Gleich darauf kam es bei uns zur Katastrophe: die Reste der Infanterie räumten die Stellungen und flüchteten gegen den Strom. Rasendes Feuer peitschte hinter uns her, unter den Einschlägen der Granaten, den Explosionen der Schrapnells schien das gelbe Wasser zu kochen. Schwimmer und Nichtschwimmer warfen sich hinein und versuchten, das andere Ufer zu gewinnen.

Wie vielen es nicht gelang, wird nie festgestellt werden. Verzweifelte Hilferufe gellten durch das Krachen des Verfolgungsfeuers, unzählige Leichen trieben die hochgehende Piave hinunter. [...]

Wieder waren die Nächte laut vom Stampfen der Marschkolonnen, vom Ächzen der Räder und dem Schnauben der Pferde. Hinter einem dünnen Schleier der Verteidigung wurden die Angriffstruppen zurückgezogen und zur Rast über den Etappenraum bis in die Gegend von Udine verteilt.

Das alles geschah mechanisch, mit dem ordnenden Geist der Disziplin, der auch diesen Trümmerhaufen einer Armee noch überschattete. Aber hinter den Stirnen der Hunderttausenden, die dem Blutbad entgangen waren, grollten finstere Gedanken auf, Gedanken, die keine Atempause mehr verlöschen konnte.

Österreich-Ungarns letzte Schlacht war geschlagen. Wer sie überlebte, war bis zum Rand mit Bitternis und Hoffnungslosigkeit erfüllt: diese fünf Tage hatten zweihunderttausend Tote und Verwundete aus unseren Reihen gerissen, siebzigtausend Gefangene waren in Feindeshand gefallen. Unermessliche Mengen an Kriegsmaterial vernichtet worden. Vor uns stand ein Gegner, dem dieser Sieg aufs Neue den Nacken steifte, und hinter uns das ausgeblutete Vaterland, bettelarm und verzweifelnd an seinem Schicksal.

Einer großen Armee, Siegerin in vier harten Kriegsjahren, war mit dieser Schlacht das Rückgrat gebrochen worden. [...]

Das Feuer der Junischlacht erlosch jäh und unvermittelt, wie es aufgeflammt war. Wohl versuchte der Feind, seine Abwehr in einen großangelegten Angriff zu verwandeln, aber er erreichte auch im Mittellauf der Piave nur seine alten Stellungen, während wir an der Küste einen Teil des eroberten Bodens behaupten konnten.

Der Einbruch unserer Streitkräfte von der Hochfläche der Sieben Gemeinden in den Rücken der italienischen Front war, allen verzweifelten Anstrengungen zum Trotz, gescheitert. Englische Truppen standen dort in einem sechsfachen Stellungssystem, dessen Niederkämpfung Munitionsmengen erfordert hätte, wie wir sie seit langem nicht mehr zur Verfügung hatten. Die besten Regimenter der Monarchie verbluteten in tollkühnen Anstürmen gegen einen Wall aus Menschen und Maschinen, den unerschöpfliche Hilfsmittel nährten und der als uneinnehmbar gelten konnte, sie verbluteten ebenso zwecklos wie die zweihunderttausend Mann, die den Schicksalsfluss des sterbenden Reiches, die Piave, überschritten hatten.

Tiefe Niedergeschlagenheit bemächtigte sich aller, die noch guten Willens waren. Diese Schlacht konnte nicht als irgendeine in dem großen Ringen gelten. Die Blutopfer waren schwer gewesen, doch ebenso schwer, ja schwerer noch hatten Österreich-Ungarns Divisionen am Isonzo geblutet. Was aber diese Schlacht von allen andern unterschied, war der Ausblick in ein unabsehbares Elend, den sie vor den Augen aller Wissenden aufgerissen hatte: Unsere Kraft sank in steiler Kurve, während die des Feindes von Tag zu Tag anstieg. Hungernde Menschen fochten gegen satte, Kranke, Sterbensmüde, Verzweifelte gegen unendliche Massen gesunder, tatkräftiger Soldaten. Die Geschosse, die uns das Hinterland sandte, waren minderwertig, unsere Verluste an Geschützen und Flugzeugen, an Brückenmaterial, Automobilen und Maschinengewehren konnten nicht mehr ersetzt werden.

Die Verpflegungsportionen wurden aufs Neue gekürzt, jede Bitte um unentbehrliche Dinge, wie Zement, Eisen, Drahtkörbe und Bauholz, abgelehnt. Eine Papierflut sollte uns auf bessere Zeiten vertrösten, sie bedeutete aber jedem Denkenden nur das Eingeständnis aussichtsloser Ohnmacht.

Und zu all dem kam noch eine Tatsache, die, einem rasenden Feuer gleich, um sich fraß: Das Vertrauen in die Führung war dahin. Die Männer, die das Schicksal Hunderttausender in Händen hielten, hatten das Maß an Leidensfähigkeit auch der besten Soldaten überschätzt. Dieses Maß war voll, das Leben kein Leben mehr, nur unsägliche Qual. Den Glauben an einen guten Ausgang des Krieges hatten die Toten der Piaveschlacht ins Grab mitgenommen.“[33]

Denn die Junioffensive von 1918 war von österreichisch-ungarischer Seite vollkommen falsch geplant worden. Sie ging von falschen Voraussetzungen aus und scheiterte bereits in ihren Ansätzen unter schweren Verlusten an Menschen und Kriegsmaterial.

Von nun an hatte die italienische Armee dank der alliierten Unterstützung das Gesetz des Handelns endgültig an sich gerissen, während die k. u. k. Armee auch von innen heraus unter nicht mehr wegzuleugnenden Bedingungen zusehends auseinanderfiel.[34]

Die Schlacht an der Piave war nicht nur ein absoluter Fehlschlag, sondern die letzte Angriffsaktion der alten k. u. k. Armee, die unrühmlich endete. Die ganze Operation zerfaserte auf einem Raum von über hundertfünfzig Kilometern Breite und hatte von vornherein weder einen eindeutigen Schwerpunkt noch eine Stoßkraft. Auf der Hauptfront beiderseits der Brenta wurde kein nennenswerter Boden gewonnen.

„An der Piave gelang es nur der nördlichsten Angriffsgruppe, den Fluss mit stärkeren Kräften zu überschreiten und auf dem Montello festen Fuß zu fassen. Vergeblich versuchte man den Erfolg dort zu erweitern. Gewaltige Regengüsse verwandelten die Piave in einen reißenden Strom und erschwerten den Nachschub. An eine Fortsetzung des Angriffs war bald nicht mehr zu denken. Der Montello musste schließlich auch wieder aufgegeben werden."[35]

Nachdem der Nachschub völlig ausgeblieben, der Gegner immer stärker geworden war und die Lage ständig kritischer wurde, schrieb Feldmarschall Boroević in der Schlussphase des Angriffs an das Armeeoberkommando der k. u. k. Armee, indem er unmissverständlich verlangte:

„Es muss endlich ein Entschluss gefasst werden. Da die Monarchie ihre Bündnispflicht in loyalster Weise erfüllte und sich nicht der Gefahr aussetzen darf, wehrlos zu werden und an Gewicht zu verlieren, stelle ich den Antrag, die Heeresgruppe auf das östliche Piaveufer zurückzunehmen und später gegebenenfalls erneut zum Angriff überzugehen."[36]

Diesem Antrag, ja Hilferuf, entsprachen erst zwölf Stunden später die Generalstabsoffiziere im fernen Baden bei Wien. In dem durch die starken Regenfälle unwegsamen Gelände war die Rückführung der k. u. k. Verbände „eines der schwersten Manöver, die Boroević in seiner Laufbahn zu kommandieren hatte."[37] Der „Löwe vom Isonzo" kritisierte abschließend in einem Brief die Oberflächlichkeit der Armeekommandos, dass der Kaiser „sich zum Autokraten herausbilde", die Umgebung zu allem „Ja und Amen" sage, und resignierte schließlich, als er anmerkte: „Was soll man dazu sagen, wenn Seine Majestät auf meine Bemerkung, dass die Sache falsch aufgesattelt war, dies zugab, aber bemerkte, Conrad habe es so vorgeschlagen."

Der Wiener Historiker Ludwig Jedlicka fasst die Gründe der Niederlage während der Junischlacht an der Piave, die natürlich nicht nur in den strategischen und militärischen Mängeln, die Feldmarschall Boroević mit Recht kritisierte, lagen, folgendermaßen zusammen:[38]

„Wenn man Boroevićs Brief und die Verbitterung Pitreichs (Generalstabschef der Heeresgruppe Boroević) in das richtige Maß zu den allgemeinen, schon vorerwähnten sozialen und militärischen Missständen bringt, so fällt natürlich nicht nur auf den Kaiser und seine engsten Ratgeber, sondern auch auf Conrad von Hötzendorfs verhängnisvolle ‚fixe Idee' des Tiroler Angriffs ein schwerer Schatten.

Österreich-Ungarn war nicht mehr fähig, eine wirklich schlachtentscheidende Operation zu führen, wenn nicht in der Verteidigung der Linien, die man 1917 eingenommen hatte, eine wenn auch geringe Verhandlungsmöglichkeit für das allgemeine

Ende des Krieges im Sinne der politischen Führung erhalten werden sollte. Die Folgen der Junioffensive waren verheerend. Die Verabschiedung Conrads, die Aktivität der sich herausbildenden ‚Nationalräte' in den südslawischen und böhmischen Gebieten ließen das Schlimmste erwarten."

Die verlorene Junioffensive in Venetien hatte mit der Niederlage weitreichende Folgen für die k. u. k. Armee und somit auch für die Donaumonarchie. Denn dieses Scheitern versetzte ihr den Todesstoß, obwohl die Soldaten trotz gravierender Fehlentscheidungen ihrer Offiziere auch bei dieser letzten Offensive ihr Bestes gegeben hatten.

„Allerdings ging das Vertrauen in die mittlere und obere Führung verloren. Man musste zur Kenntnis nehmen, dass dies eine Offensive gewesen war, bei der das Armeeoberkommando (AOK) sowie die Kommandanten der Tiroler Front und der Piavefront gegeneinander geplant hatten."[39]

Damit wurde in geradezu tragisch-komischer Weise der seit langem gerne zum Besten gegebene Armeewitz bestätigt, der besagte, dass die Abkürzung AOK so viel wie „Alles ohne Kopf" bedeutet. Dem ist angesichts der verfehlten Planung und der daraus resultierenden Niederlage der k. u. k. Armee während der gescheiterten Junioffensive an der Piave nichts mehr hinzuzufügen.

Statt eines zumindest begrenzten Achtungserfolges waren die letzten strategischen Reserven der k. u. k. Armee nun aufgebraucht. Ihre Gesamtverluste betrugen 142.550 Mann.[40] Jetzt hatte Italien die Gewissheit, dass die österreichisch-ungarische Armee von diesem Zeitpunkt an nicht mehr in der Lage war, eine schlachtentscheidende Operation zu führen. „Materielle Überlegenheit der Alliierten zu Land, Luft und See drängte die k. u. k. Streitkräfte in aussichtslose Defensivpositionen. Die Erschöpfung der Kriegswirtschaft schlug nun umso härter durch und traf besonders den hungernden, schlecht gekleideten und mit mangelhafter Ausrüstung versehenen Frontsoldaten. Die Verpflegungskrise verschärfte sich in der Heimat, inzwischen kaum noch beherrschbar, weiter."[41]

Für Österreich-Ungarn war mit der gescheiterten Junischlacht an der Piave einerseits die letzte Möglichkeit eines Verständigungsfriedens mit Italien vertan, andererseits wurde mit dieser verlorenen Schlacht auch Südtirol, Unterkärnten und die Untersteiermark leichtfertig geopfert. Genauso geopfert wie die endlos langen, grauen und staubumhüllten Kolonnen der österreichisch-ungarischen Kriegsgefangenen. „Immer wieder wurden sie von italienischen Militärlastwagen überholt, die freigelassene italienische Kriegsgefangene vom Isonzo zurück ins Hinterland transportierten. Sie verhöhnten die österreichischen Kriegsgefangenen, beschimpften und verfluchten sie, spuckten auf sie, drohten ihnen mit den Fäusten und schlugen sie, wenn sie konnten."[42]

4. Die erfolgreiche italienische Gegenoffensive

Der schnelle Abfall der Verbündeten des Deutschen Kaiserreiches nach dem offensichtlichen Scheitern des deutschen Heeres in der „Großen Schlacht in Frankreich" hatte auch Rückwirkungen auf den österreichisch-ungarischen Bundesgenossen, dessen Kampfkraft und Moral seit der gescheiterten Junischlacht an der Piave stark angeschlagen war. Die k. u. k. Armee war länger von Entbehrungen verschont geblieben als die Zivilbevölkerung in den beiden Reichshälften.

Die Zahl der Fahnenflüchtigen nahm rapide zu. Die Truppen zeigten unübersehbar Zeichen der Erschöpfung. Die militärischen Befehlshaber wussten, dass Deutschland beim besten Willen der k. u. k. Armee nicht mehr wie seinerzeit in den Dolomiten, auf dem Balkan oder während der 12. Isonzoschlacht zu Hilfe kommen konnte. Die bewaffnete Macht Österreich-Ungarns musste nicht nur die zahlreichen überdehnten Fronten und Vorpostenstellungen mit Truppen besetzen, sondern auch für die Aufrechterhaltung der inneren Ordnung und Sicherheit in der in Aufruhr befindlichen Donaumonarchie starke Kräfte abstellen.

Zum Unterschied von Deutschland, das nach der bolschewistischen Oktoberrevolution in Russland rund vierzig Divisionen aus dem Osten an die Westfront werfen konnte, wurden lediglich sieben Divisionen der k. u. k. Armee von der russischen an die italienische Front verlegt, die jedoch bereits auf der Bahnfahrt dorthin auf dringendes Ansuchen der Zivilverwaltung zur Niederschlagung der Streiks im Januar 1918 herangezogen wurden.[43]

Währenddessen gab General Diaz an der italienischen Front am 25. September 1918 seiner Armee bekannt, an welcher Stelle der Piavefront sie zum Angriff überzugehen habe.

Es war genau am Jahrestag der siegreichen Durchbruchsschlacht der Mittelmächte zwischen Flitsch und Tolmein, an dem sich das Schicksal Italiens dem bevorstehenden Untergang zuzuwenden schien, als General Diaz seine Korps und Divisionen zum letzten und entscheidenden Angriff gegen die k. u. k. Armee der Donaumonarchie auf Drängen und energische Vorhaltungen des alliierten Oberkommandierenden, des französischen Marschalls Foch, antreten ließ.

Mit 7.700 Geschützen der ersten Feuerlinie eröffnete Diaz am 24. Oktober 1918 den Totentanz auf dem oberitalienischen Kriegsschauplatz. Seine Angriffe richteten sich gegen die mittlere Piave, das Monte-Grappa-Massiv und den Raum von Asiago. Die italienische Offensive traf die k. u. k. Armee – von den schwierigen Verhältnissen in der Heimat ganz zu schweigen – zu einem sehr ungünstigen Zeitpunkt. Denn aufgrund der unzureichenden Verpflegung und der daraus resultierenden Erhöhung der Krankenquote sowie wegen der zunehmenden Kriegsmüdigkeit der Soldaten und der daraus resultierenden Fahnenflucht – insbesondere bei den nichtdeutschen

Truppenteilen – war die Gefechtsstärke von 406.000 Mann im Sommer auf nunmehr 239.000 Mann gesunken. Der am 24. Oktober beginnende Großangriff der italienischen Armee mit einundfünfzig Divisionen hätte von der k. u. k. Armee, die noch immerhin über dreiundfünfzig Divisionen verfügte, rein numerisch noch abgewehrt werden können. Aber die italienischen Truppen wurden erstens von drei englischen, zwei französischen und einer tschechoslowakischen auf siebenfünfzig Divisionen aufgestockt, zweitens übertraf die Feuerkraft der italienischen Artillerie mit ihren 7.700 Geschützen die der österreichisch-ungarischen um rund 1.000, und schließlich war die Kampfmoral der Österreicher aus den bereits geschilderten Gründen verständlicherweise stark angeschlagen.[44]

Dennoch hielt die österreichisch-ungarische Front zunächst den gegnerischen Angriffen stand. Doch dann wurde ein allmähliches Zurückweichen der k. u. k. Verbände von dem immer stärker werdenden Druck unausweichlich. Während es im Gebiet der „Sieben Gemeinden" relativ ruhig blieb, entbrannte nördlich der Brenta eine große Schlacht auf einer Frontbreite von sechzig Kilometern. An vielen Stellen wurde der Übergang über die Piave versucht. Die Engländer stießen von der Piaveinsel Papadopoli aus vor. Die nachfolgenden Tagesmeldungen über die Kämpfe im Monte-Grappa-Gebiet kennzeichnen Ende Oktober 1918 wohl am deutlichsten, dass dieser Frontabschnitt neben dem an der Piave zu den heißumstrittensten zählte:[45]

24. Oktober 1918:
„Nach heftiger Artillerievorbereitung setzte am 24. Oktober früh der lange erwartete feindliche Angriff gegen die ganze Front von der Ghelpachmündung bis zur Piave ein. Fast alle Anstürme des Gegners sind an der tapferen Haltung unserer braven Truppen gescheitert.

Nach starkem Artillerie- und Minenfeuer, das gegen Morgen seine höchste Intensität erreichte, erfolgte etwa um 05.00 Uhr der feindliche Infanterieangriff. In wiederholten Anstürmen gelang es dem Feind, zunächst gegen Col Caprile, am Monte Asolone und Monte Pertica in unsere Gräben einzudringen und Raum zu gewinnen. Die zum Gegenstoß und Gegenangriff eingesetzten eigenen Kräfte warfen die Italiener in erbitterten Kämpfen wieder völlig hinaus und behaupteten tagsüber unsere Linien gegen wiederholte neuerliche Angriffe. Vorstöße des Feindes am Westhang des Orsorückens zwangen zur Räumung einzelner Feldwachen. Ein starker Angriff auf mehrere Bataillone gegen unsere Gräben am Monte Solarolo brach in unserem Abwehrfeuer verlustreich zusammen. Die sogenannte Sternkuppe (ein Kilometer östlich des Monte Solarolos) ging in wechselvollem Kampfe verloren."

25. Oktober:
„Seit 07.00 Uhr sind zwischen Brenta und Monte Spinucchia erneuert schwere, wechselvolle Kämpfe im Gange. Bis zum Einbruche der Dunkelheit währte das er-

bitterte Ringen um den Besitz des Monte Asolone und Pertica, die wiederholt zurückgewonnen wurden. Abends waren beide Kuppen in Feindeshand. Wiederholte Anstürme gegen unsere Front nordöstlich Monte Pertica wurden blutig abgeschlagen. Südlich der Fontana Secca vermochte der Feind etwas Raum zu gewinnen. Am Monte Spinuccia, wo das Infanterieregiment 129 (Deutsche, Magyaren, Serben, Rumänen) bereits am 24. fünfmalige Angriffe feindlicher Bataillone restlos abgewiesen hatte, scheiterten auch am 25. alle Anstürme des Gegners. Unsere Feldwachenstellungen im Alanobecken konnten gegen schwächere feindliche Angriffe voll behauptet werden."
26. Oktober:
„Zwischen Brenta und Piave wurde wieder den ganzen Tag über erbittert und zäh gekämpft. Die Brennpunkte Col Caprile, Asolone und Pertica sowie die Stellungen bei Ost. del Forceletto wechselten wiederholt den Besitzer …"
27. Oktober:
„Zwischen Brenta und Piave fanden die schweren Kämpfe ihre Fortsetzung. In den Morgenstunden brachte ein einheitlicher Angriff den Monte Pertica wieder ganz in eigenen Besitz. Tagsüber wurden fünf starke italienische Angriffe gegen diese heißumstrittene Höhe abgewehrt, ein sechster drängte schließlich unsere Verteidiger etwas auf den Nordhang des Pertica zurück. Die Gegenangriffsgruppe des Oberst Grafen Zedtwitz entriss dem Feinde die in den letzten Tagen schwer erkämpften Höhen südlich der Fontana Secca wieder vollständig und hielt die zurückgenommenen Stellungen gegen alle weiteren feindlichen Anstürme.

Auch an den übrigen Frontteilen wurden den ganzen Tag über heftig gekämpft, so namentlich am Monte Asolone, nordöstlich des Monte Pertica, am Monte Spinuccia und südwestlich Alano. Alle heftigen, wiederholten Anstürme des Gegners brachten ihm keinerlei Erfolge. Der Feind erlitt schwere Verluste. Einige hundert Gefangene blieben in unseren Händen."
30. Oktober:
„Nach heftigem Artilleriefeuer griff der Feind neuerlich unsere Stellungen am Monte Asolone und Pertica an. Auch dieser Ansturm brach an der tapferen Haltung unserer Verteidiger zusammen."

Während in den Venetianischen Voralpen die Truppen der k. u. k. Armee gegen feuerspeiende Felsstellungen stürmten, schrieben Zeitungen im Hinterland vom „Unsinn des Weiterkämpfens", sprach man öffentlich von der „verlorenen Schlacht". Der nahende Zusammenbruch warf bereits seinen immer länger werdenden Schatten voraus …

Zuvor, Ende September 1918, musste die ungarische Regierung zum Schutz ihrer bedrohten Südgrenze, gegen die nach dem bulgarischen Zusammenbruch die Franzosen, Serben und Engländer vormarschierten, die ungarischen Einheiten der

k. u. k. Armee an der Italienfront zur Rückkehr in die Heimat auffordern. Das bedeutete eine entscheidende Schwächung der Piavefront, ja ihre Auflösung.

„Die Ungarn marschieren aus der Stellung, haben über Befehl die Gräben verlassen, sammeln sich hinter dem Damm", schildert Fritz Weber die ausweglose Lage der untergehenden k. u. k. Armee. „Andere Kompanien, Tschechen und Ruthenen, hätten ihre Offiziere abgesetzt, trügen slawische Kokarden an den Helmen, sängen nationale Lieder. Nurmehr Deutsche wären in den Stellungen. [...]

Das war das Ende, die Katastrophe! Denn vor uns stand noch der Feind, der so lange nach einem Siege gelechzt hatte, der sich die Lorbeeren nun nicht entgehen lassen würde. Es gab keine Verständigung zwischen hüben und drüben. Wenn die Italiener nachstießen, war das Blutbad fertig. Hinter uns Wasser, Sümpfe, wenige Dammstraßen, die Vernichtung!

Ich telefoniere hierhin, dorthin. Niemand weiß etwas Bestimmtes, will nichts wissen, alle Kommandanten sind wie vor den Kopf geschlagen. Dazwischen Andeutungen, die unfasslich klingen: Höherer Befehl ... Abstimmung bei den Truppen, ob Monarchie oder Republik ... Schutz des ungarischen Vaterlandes ..., die Flotte den Südslawen übergeben ..."[46]

Ein Angriff der Entente im Raum Asiago, Monte Sisemol, Sasso Rosso und am Monte Grappa hatte anfangs nur geringe Erfolge erzielt. Aber der Vorstoß gegen die Übergänge am Piave beiderseits des Montellos war dafür umso erfolgreicher. Dort feierten die Alliierten ihren berühmten „Sieg von Vittorio Veneto", wie der italienische General Caviglia ihn nannte, über den an anderer Stelle noch zu sprechen sein wird, bei dem als wirklich im Kampf gegen die k. u. k. Armee errungene Frontlinien der Raum um Asiago, das Alanobecken zwischen der Brente und Piave, der Raum um Vittorio Veneto und das Gebiet nordöstlich der Piave in Richtung Pordenone mit einer Verschiebung der Front um rund fünfzig Kilometer zu betrachten ist.

Das war der vielfach verklärte sogenannte italienische „Sieg von Vittorio Veneto", der mit annähernd 40.000 Gefallenen auf italienischer Seite teuer erkauft wurde. Jeder weitere Geländegewinn der Italiener nach dem 30. Oktober 1918 resultierte aus einer reinen Marschleistung der italienischen Armee gegen einen nicht mehr kämpfenden Gegner, wobei es gelegentlich zu kleineren Scharmützeln gegen Nachhuten oder Widerstandsnester der k. u. k. Truppen gekommen ist.[47]

Die Auflösung der k. u. k. Armee vollzog sich im Rahmen des Rückzuges innerhalb von Tagen. Den Ungarn, die bereits Richtung Pusta unterwegs waren, schlossen sich polnische, tschechische und südslawische Einheiten der altehrwürdigen Macht Österreich-Ungarns an. Feldmarschall Erzherzog Eugen versuchte noch persönlich bei den auf der Hochfläche der „Sieben Gemeinden" eingesetzten ungarischen Truppen

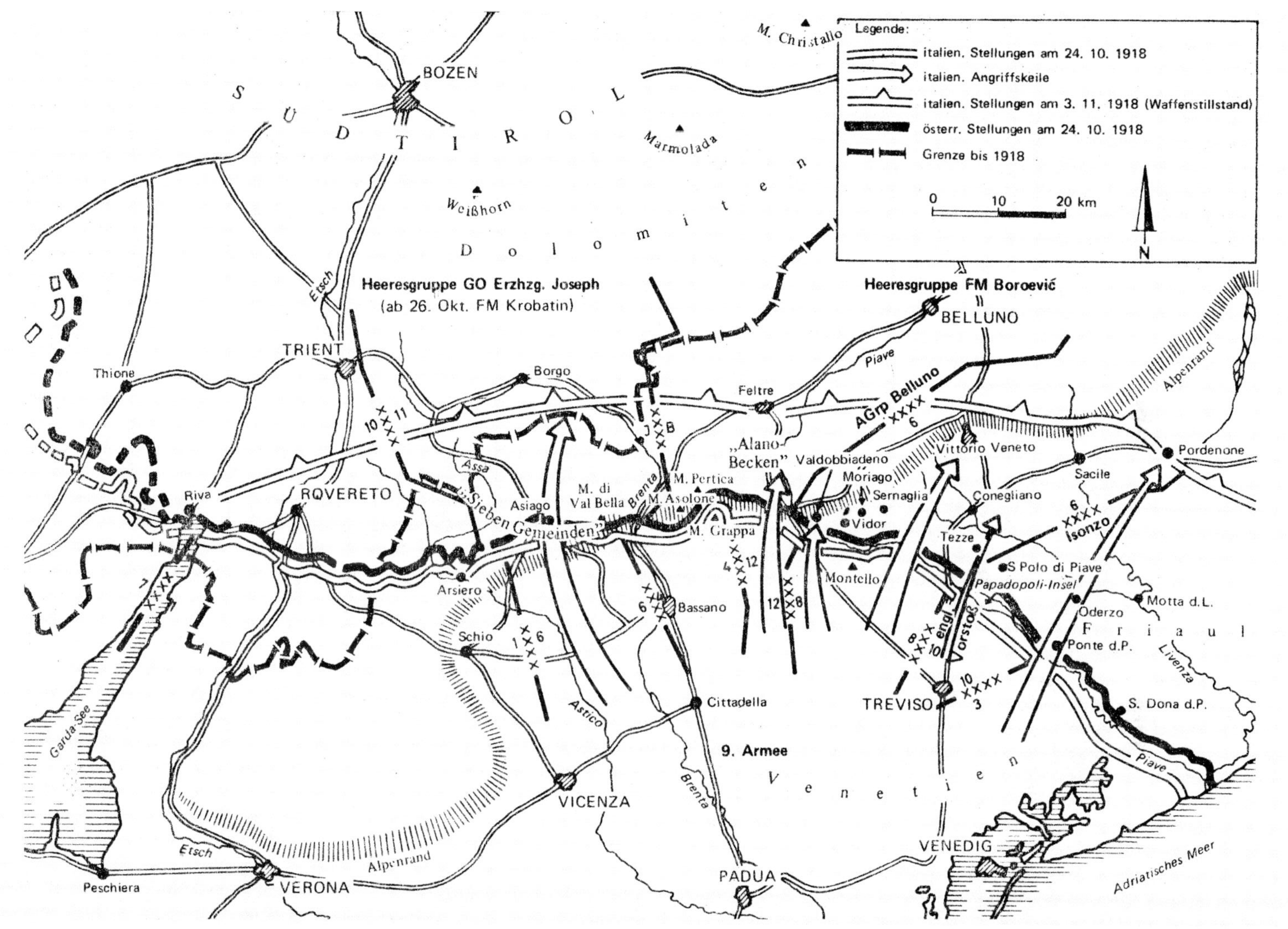

Die letzten Kampfhandlungen auf dem oberitalienischen Kriegsschauplatz zwischen Italien und Österreich-Ungarn.

zu intervenieren, um sie zum weiteren Kampf auf der Seite ihrer österreichischen Kameraden zu überreden. Doch er musste nur resigniert an das Armeeoberkommando in Baden berichten:

„Als ich mit einzelnen Leuten sprach, erklärten von mehreren Kompanien, ohne gefragt zu sein, Infanteristen im Namen ihrer Kompanien, dass sie nicht in die Stellung gehen werden. Sie versprachen, bis zum letzten Atemzug tapfer, diszipliniert und treu zu kämpfen, aber in Siebenbürgen, an ihrer Grenze, um nicht nochmals das erleben zu müssen wie 1916, dass Eltern oder Frauen und Kinder durch die Rumänen ermordet werden, bevor sie hinkommen. Daher sei ihr rechtzeitiger Abtransport nach Siebenbürgen ihre dringendste Bitte. Ich habe alles aufgeboten, um die Leute eines Besseren zu belehren. Sie antworteten stets voller Ehrfurcht, aber unerschütterlich fest", so der Erzherzog.

Nun kam auch die Gebirgsfront ins Wanken. Die Italiener überrannten die Stellungen im Monte-Grappa-Massiv, gewannen die Höhen bei Asiago, Sasso Rosso, das Melettamassiv, den Monte Sisemol und drangen in das Val di Nos sowie in das Suganatal vor. Trient wurde am 3. November erobert.

Im Küstenabschnitt der Adria wurde das im Kriegsjahr 1917 verlorengegangene Gebiet bis zum Tagliamento besetzt. Udine, die Hauptstadt des Friaul, erlebte den Einzug italienischer Truppen. Am 3. November 1918 zogen die Italiener auch in die Hafenstadt Triest ein, die sie während der zwölf blutigen Isonzoschlachten nie einnehmen konnten. An der gesamten Front eroberten die Italiener nunmehr 450.000 Gefangene und 7.000 Geschütze.[48]

„Grausig ist die Hast, die Unerbittlichkeit dieses Wettlaufes mit dem Tode", notierte Fritz Weber.

„Vorwärts, nur vorwärts! Wer nicht weiter kann, ist verloren. Wer zusammenbricht, wird vernichtet. Wer taumelt, wird in den Graben gestoßen. Wer fällt, stürzt ins Jenseits, über seinen Hilferuf hinweg, über knirschende Knochen rast das Stampfwerk kotiger Stiefel, Pferdehufe, malmender Räder.

Peitschenriemen klatschen auf Pferderücken. Aus Fuhrwerken starren Bajonette. Eine Hand greift an den Wagenholm, will sich festklammern, den versagenden Beinen helfen. Der eisenbeschlagene Kolben belehrt ihren Träger über den Kampf auf Leben und Tod. Wage keiner, seine Last auch noch an unsere Gäule zu hängen! Da gilt kein Schrei um Erbarmen, keine Drohung, nur Gewalt schafft Raum und Rettung. Flüche gellen hinter den Glücklichen her.

Das Gewehr auf der Schulter – Mordwaffe gegen den Nächstbesten, der es wagt, sich in den Weg zu stellen. Das Restchen Zwieback im Brotsack – ein ängstlich gehütetes Geheimnis vor den anderen, die es nicht mehr besaßen. Die letzte Fleischkonserve – im Gehen aufgeschnitten und hinuntergeschlungen, eh der Zugriff des

Stärkeren sie raubte. Vorwärts, nur vorwärts! Nicht ein Volk wogte da zurück, wehrte sich verzweifelt gegen den Untergang: neun Völker, alle bewaffnet, alle auf den gleichen Straßen gehetzt, spien einander Hass und Verbitterung entgegen.

Und hinter ihnen der Feind, gierig nach Beute und Gefangenen. Seine Schrapnells gellten über den Köpfen der Flüchtenden, rissen sie reihenweise zu Boden, seine Granaten schlugen auf den trümmerbesäten Straßenkreuzungen ein, krachten in die Dörfer, Flugzeuge stießen aus dem Nebel, dröhnten dicht über zerspritzende Kolonnen hin, und durch den Donnergang der Motoren bellten Maschinengewehre, sausten Bomben, schmetterten in die angsterstarrten Haufen. Nie noch gab es in der Weltgeschichte einen ähnlichen Zusammenbruch."[49]

Überdimensionaler Alpinihut an der Karnischen Dolomitenstraße.

5. Der Untergang der Habsburger Donaumonarchie

Das Auseinanderbrechen der Donaumonarchie ist eng verknüpft mit der Auflösung der traditionsreichen k. u. k. Armee. An jenem Tage saß Kaiser Karl I. bereits allein und ohne Dienerschaft im Wiener Schloss Schönbrunn. Prinz Ludwig zu Windisch-Grätz notierte später über einen Besuch beim Monarchen am 29. Oktober 1918:[50]

„Der Kaiser war allein. Er war wirklich schon allein. Schönbrunn lag tot, die Wachen zerstoben, die Diener pflichtvergessen, die weiten Prunksäle menschenleer. Die Pracht um ihn hatte ihren Sinn verloren, die Stadt zu seinen Füßen hatte sich entfesselt, sein Thron wankte, von seinen drei Stützen, der Generalität, dem Klerus, dem Adel, verlassen – er war allein … Mir fiel eine Szene ein: Reichenau, Villa Wartholz, am 17. August, Kaisers Geburtstag, die Theresienritter an der Marschalltafel, Conrad von Hötzendorf hielt eine prächtige Rede, feierte die Herrschaftstugenden des jungen Monarchen, die Ritter sprangen von ihren Sitzen auf, und während sie ewige Treue schworen, fiel die Kapelle ein. ‚Gott erhalte …' ertönte es feierlich und ‚Österreich wird ewig stehen' … Der Kaiser empfing mich in seinem Arbeitszimmer, dem sogenannten Gobelinsaal, in dem der Schreibtisch steht, den einst Napoleon benützt hatte. Darauf stand das Telefon, durch das Karl I. so viele Gespräche geführt, so viele tiefgreifende, schicksalsschwere Staatsakte angeordnet hatte …

‚Ach, wissen Sie, Windisch-Grätz, uns wird schon nichts geschehen, von morgen an bezieht das Zöglingsbataillon der Theresianischen Militärakademie aus Wiener Neustadt die Wache. Und dass die Dienerschaft ausgerissen ist, begreife ich.

Immer ist die Angst der treibende Faktor des Gehabens der meisten Menschen, und die allgemeine Panik ist nun einmal da. Was ich weniger verstehe, ist: das vollkommene Versagen der Generalität, des Adels und des Klerus – das heißt all jener, die ja die Nutznießer des alten Regimes waren. Ich selbst war ja ein Gegner dieses Systems, aber alle die guten Leute, die von einer völkerverbindenden sozialen Politik, die ich verfolge, nichts wissen wollten, werden sehr bald erfahren, dass die Vorrechte, die sie genossen haben, verlorengehen und die einzige Rettung für sie gewesen wäre, sich ehrlich meinen Bemühungen anzuschließen.'

Es war spät geworden, und ein Unteroffizier brachte aus einer Gastwirtschaft in Hietzing ein bescheidenes Mahl, da die Hofküche nicht mehr funktionierte."

Bereits ein halbes Jahr vor dem militärischen Zusammenbruch begann sich das Staatsgefüge der Donaumonarchie in die Einzelstaaten aufzulösen. Der Historiker J. R. von Salis schreibt darüber zusammenfassend in seiner Weltgeschichte der Neuesten Zeit:[51]

„Am 14. Juli 1918 hatten die Tschechen in Prag, am 13. August die Jugoslawen in Laibach (Ljubljana) Nationalräte ins Leben gerufen, um ‚die Übernahme aller

Rechte der staatlichen Souveränität' vorzubereiten. Beide handelten von den ersten Oktobertagen an wie selbstständige Regierungen. Am 7. Oktober proklamierten die Polen in Warschau die Auferstehung Polens als selbstständigen Staat unter Einschluss der bisher österreichischen und preußischen Gebiete und mit einem Zugang zum Meer. Die Deutsch-Österreicher der alten Kronländer beanspruchten daraufhin für sie ebenfalls das Recht zur staatliehen Selbstbestimmung. Die Christlich-Sozialen wünschten zwar noch ,die Umwandlung Österreichs in eine Föderation freier nationaler Gemeinwesen' und die Beibehaltung der Monarchie, aber der Führer des linken Flügels der Sozialdemokraten Otto Bauer sagte sich von der österreichischen Reichsidee bereits los. In Ungarn hielten – mit Ausnahme des Grafen Michael Karolyi – die Führer des Magyarentums, die ,mit grenzenloser Naivität über die allgemeinen Zusammenhänge hinwegsahen' (Hantsch), an der Idee der Einheit des bisherigen ungarischen Königreiches fest."

Am 28. und 29. Oktober 1918 erfolgte – beschleunigt durch Kaiser Karls berühmtes, jedoch kontraproduktives „Kaiserliches Manifest" vom 16. Oktober 1918, nach dem Österreich „dem Willen der Völker gemäß" in einen „Bundesstaat" umzuwandeln sei, „in dem jeder Volksstamm auf seinem Siedlungsgebiet sein eigenes staatliches Gemeinwesen bilden könnte" – das ruhmlose Ende der Habsburger Doppelmonarchie: In Prag wurde am 28. Oktober eine unabhängige Tschechoslowakische Republik, in Agram (Zagreb) ein südslawischer, in Krakau ein polnischer und in Budapest ein ungarischer Nationalstaat ausgerufen. Damit war jede militärische Ordnung sowohl in der k. u. k. Armee als auch an der Front aufgelöst.

„In Schönbrunn herrschte Klarheit über den Abfall der Slawen schon seit dem 30. Oktober. Dem Südslawischen Staate hatte der Kaiser an diesem Tage wirklich die Reichsflotte als Geschenk dargebracht: der letzte Ausweg vor einer Revolte, die durch depravierte Matrosen die Schiffe an den Feind liefern wollte. Admiral von Horthy hatte den Ausweg dem Kaiser vorgeschlagen [...] So konnte wenigstens eingebildete Hoffnung bestehen, dass sie in irgendeiner Form oder mit irgendwelchen Anteilen den Nachfolgestaaten und damit auch dem Hause Habsburg verblieb."[52]

Am 28. Oktober 1918 musste das Armeeoberkommando in Baden schweren Herzens einsehen, dass die Front mit den noch verbliebenen deutsch-österreichischen Truppen nicht mehr zusammengehalten werden konnte. In Trient erhielt General von Weber daher die telegraphische Anweisung, unverzüglich einen Waffenstillstand mit den Italienern auszuhandeln.

Das italienische Oberkommando verhandelte zwar – aber hinhaltend mit dem Hintergedanken, der in Auflösung befindlichen k. u. k. Armee noch einige wuchtige militärische Schläge zu versetzen, die es ihr unmöglich machen sollte, nochmals als bewaffnete Macht in Erscheinung zu treten. Denn die altehrwürdige k. u. k. Armee war jahrzehntelang ein gefährlicher Gegner, sodass die italienische Heeresleitung es wohl als eine große Pflichtverletzung angesehen hätte, wenn sie die Gunst der Stunde nicht dazu genützt hätte, zu versuchen, diesen Gegner ein für alle Mal auszuschalten.

Am 1. November 1918 wurde der österreichischen Waffenstillstandskommission in der Villa Giusti bei Abano Terme der Entwurf der italienischen Waffenstillstandsbedingungen übergeben. Diese beinhalteten, dass ganz Istrien, Dalmatien und Südtirol bis zum Brenner von österreichischen Truppen zu räumen seien. Im Schloss Schönbrunn versammelte Kaiser Karl I., der immer noch den Oberbefehl über die k. u. k. Armee innehatte, seine Berater um sich. Er lebte immer noch fern der Realität in dem Irrglauben, er könne seine Stellung als Staatsoberhaupt an der Spitze eines künftigen Bundesstaates halten und unternahm daher den Versuch, die Verantwortung für die Annahme der italienischen Waffenstillstandsbedingungen mit den neu gebildeten Nationalräten der aus der Taufe gehobenen Nationalstaaten zu teilen.

Deren Vertreter verweigerten jedoch entschlossen eine Mitverantwortung mit dem Kaiserhaus Habsburg. Sie hätten, so ihre Begründung, mit dem alten Österreich-Ungarn nichts zu tun. Die Habsburger Monarchie zeichne ganz allein verantwortlich für den Krieg. Im Übrigen habe man sie auch nicht gefragt, als es vielleicht noch möglich gewesen wäre, den militärpolitischen Vorgängen eine andere Richtung zu geben, um, als es noch möglich gewesen wäre, einen ehrenvollen Frieden einzuleiten.

An jenem 1. November 1918 wurde die politische als auch die militärische Führung des Deutschen Reiches durch die niederschmetternde Nachricht aufgeschreckt, dass die verbündete k. u. k. Doppelmonarchie einen Sonderfrieden mit dem Kriegsgegner Italien abschließen werde, und dass die Truppen der k. u. k. Armee aus Italien zum Brenner zurückströmten. Dem Gegner stand damit der Einmarsch nach Süddeutschland offen. Nun war Eile geboten.

Am 2. November 1918 traf um 12.00 Uhr mittags eine längere Depesche der österreichischen Waffenstillstandskommission im Armeeoberkommando in Baden ein. Darin wurde mitgeteilt, dass der Vizechef des italienischen Generalstabes, Generalleutnant Badoglio, gegenüber dem General von Weber erklärt hatte, dass die Details des Waffenstillstandes, unter anderem auch die Stunde des Inkrafttretens, noch nicht endgültig festgesetzt seien. Diese Depesche ist insofern von besonderer Bedeutung, weil sie der Beweis dafür ist, dass der Oberbefehlshaber der k. u. k. Armee, also Kaiser Karl I., keineswegs in dem Glauben gewesen sein konnte, dass der Waffenstillstand mit der Annahme der italienischen Bedingungen automatisch in Kraft trat.[53]

Das Armeeoberkommando in Baden drängte zwischenzeitlich Kaiser Karl I. zur Eile und zu einer grundsätzlichen Entscheidung. Die Meldungen von der Front besagten nämlich, dass die militärische Katastrophe für die k. u. k. Armee unmittelbar bevorstand, weil Hunderttausende, halbverhungerte Soldaten durch das Etschtal Richtung Brenner marschierten, dass das Band der Disziplin und des kameradschaftlichen Verhaltens zwischen den Offizieren und Mannschaften endgültig zerschnit-

An Meine getreuen österreichischen Völker!

Seitdem Ich den Thron bestiegen habe, ist es Mein unentwegtes Bestreben, allen Meinen Völkern den ersehnten Frieden zu erringen, sowie den Völkern Oesterreichs die Bahnen zu weisen, auf denen sie die Kraft ihres Volkstums, unbehindert durch Hemmnisse und Reibungen, zur segensreichen Entfaltung bringen und für ihre geistige und wirtschaftliche Wohlfahrt erfolgreich verwerten können.

Das furchtbare Ringen des Weltkrieges hat das Friedenswerk bisher gehemmt. Heldenmut und Treue, opferwilliges Ertragen von Not und Entbehrungen haben in dieser schweren Zeit das Vaterland ruhmvoll verteidigt. Die harten Opfer des Krieges mußten uns den ehrenvollen Frieden sichern, an dessen Schwelle wir heute, mit Gottes Hilfe, stehen.

Nunmehr muß ohne Säumnis der Neuaufbau des Vaterlandes auf seinen natürlichen und daher zuverlässigsten Grundlagen in Angriff genommen werden. Die Wünsche der österreichischen Völker sind hiebei sorgfältig miteinander in Einklang zu bringen und der Erfüllung zuzuführen. Ich bin entschlossen, dieses Werk unter freier Mitwirkung Meiner Völker im Geiste jener Grundsätze durchzuführen, die sich die verbündeten Monarchen in Ihrem Friedensanbote zu eigen gemacht haben. Oesterreich soll, dem Willen seiner Völker gemäß, zu einem Bundesstaate werden, indem jeder Volksstamm auf seinem Siedlungsgebiete sein eigenes staatliches Gemeinwesen bildet. Der Vereinigung der polnischen Gebiete Oesterreichs mit dem unabhängigen polnischen Staate wird hiedurch in keiner Weise vorgegriffen. Die Stadt Triest samt ihrem Gebiete erhält den Wünschen ihrer Bevölkerung entsprechend, eine Sonderstellung.

Diese Neugestaltung, durch die die Integrität der Länder der ungarischen heiligen Krone in keiner Weise berührt wird, soll jedem nationalen Einzelstaate seine Selbständigkeit gewährleisten; sie wird aber auch gemeinsame Interessen wirksam schützen und überall dort zur Geltung bringen, wo die Gemeinsamkeit ein Lebensbedürfnis der einzelnen Staatswesen ist. Insbesondere wird die Vereinigung aller Kräfte geboten sein, um die großen Aufgaben, die sich aus den Rückwirkungen des Krieges ergeben, nach Recht und Billigkeit erfolgreich zu lösen.

Bis diese Umgestaltung auf gesetzlichem Wege vollendet ist, bleiben die bestehenden Einrichtungen zur Wahrung der allgemeinen Interessen unverändert aufrecht. Meine Regierung ist beauftragt, zum Neuaufbaue Oesterreichs ohne Verzug alle Arbeiten vorzubereiten. An die Völker, auf deren Selbstbestimmung das neue Reich sich gründen wird, ergeht Mein Ruf, an dem großen Werke durch Nationalräte mitzuwirken, die – gebildet aus den Reichsratsabgeordneten jeder Nation – die Interessen der Völker zueinander, sowie im Verkehre mit Meiner Regierung zur Geltung bringen sollen.

So möge unser Vaterland gefestigt durch die Eintracht der Nationen, die es umschließt, als Bund freier Völker aus den Stürmen des Krieges hervorgehen. Der Segen des Allmächtigen sei über Unserer Arbeit, damit das große Friedenswerk, das Wir errichten, das Glück aller Meiner Völker bedeute.

Wien, am 16. Oktober 1918.

Karl m. p.

Hussarek m. p.

„An meine getreuen österreichischen Völker!" – Kaiser Karl I. wendet sich in einer aufmunternden Botschaft an sein Volk.

ten sei, dass Plünderungen stattfanden und nur noch die deutsch-österreichischen Truppenteile der „Alten Armee“ notgedrungen die Front hielten. Ein rascher Abschluss des Waffenstillstandes sei auch deshalb ein Gebot der Stunde, wenn verhindert werden soll, dass ein Großteil der Armee vom Bolschewismus angesteckt wird.

In der Nacht vom 2. auf den 3. November 1918 zog sich Kaiser Karl I. mit seinem Kronrat zur Beratung zurück. Stunde um Stunde verrann, bis man sich um 01.00 Uhr morgens des 3. Novembers zur Annahme der italienischen Waffenstillstandsbedingungen endlich durchgerungen hatte. Dann geschah etwas Unfassbares: Um 02.00 Uhr früh wurde dem Heeresgruppenkommando Tirol telefonisch übermittelt:

„Die Waffenstillstandsbedingungen der Entente wurden angenommen. Alle Feindseligkeiten zu Lande und in der Luft sind sofort einzustellen. Die Details der Waffenstillstandsbedingungen werden bekannt gegeben werden.“

Nun begannen auf der langgezogen Front zwischen dem Silfserjoch im Westen bis zur Adria im Südosten die Feldtelefone heiß zu laufen, und zwar von den Kommandos der Heeresgruppen zu den Armeen und von diesen zu den Korps, den Divisionen und Brigaden, den Regimentern, Bataillonen und Kompanien: „Feuer einstellen! Waffenstillstand!“, lauteten die Befehle.

In der Nacht erreichte die Tiroler Kaiserjäger die telefonische Nachricht: „Wir haben die Waffenstillstandsbedingungen der Entente angenommen. Die Feindseligkeiten sind sofort und überall einzustellen. Dem Feind ist dies durch Parlamentäre mitzuteilen. Im Übrigen bleibt alles in der gegenwärtigen Stellung.“[54]

Die Kaiserjäger blieben aber nicht in ihren Stellungen, wo es ohnehin nichts mehr zu verteidigen gab. „Niemand, weder der Divisionskommandant, noch die Offiziere und kein einziger Jäger ahnt, dass die entscheidende Bestimmung des Waffenstillstandsvertrages unverständlicherweise nicht verlautbart wurde. Diese besagt nämlich, dass die Italiener den Zeitpunkt für das Inkrafttreten der Waffenruhe nicht für den 3. November, sondern erst nach vierundzwanzig Stunden, für den 4. November, 15.00 Uhr, festgelegt haben. Was in der Folge bedeuten wird, dass alle österreichisch-ungarischen Soldaten, die sich noch am 4. November um 15.00 Uhr, hinter den Vorausabteilungen der alliierten Truppen befinden, als Kriegsgefangene anzusehen sind.“[55]

Kaiser Karl I. hatte nicht nur einseitig die vorzeitige Niederlegung der Waffen seiner Armee angeordnet, sondern auch im vollen Bewusstsein des italienischen Zeitpunktes des Waffenstillstandes dessen Annahme verfügt. Was steckte dahinter? Die einzige plausible Erklärung ist die, dass man in Wien nicht zu Unrecht eine österreichische bolschewistische Revolution nach russischem Vorbild befürchtete. Denn das Land war ausgeblutet. In Wien, Graz, Salzburg, Linz und Innsbruck hungerten die kriegsmüden Menschen, sodass sich radikale kommunistische Strömungen breitmachten. Vor diesem Hintergrund musste die Heimkehr einer geschlagenen Armee mit Hunderttausenden von hungernden und gedemütigten Soldaten, denen auch in der Heimat keine Nahrung geboten werden konnte, für revolutionäre Umtriebe sorgen.

Kaiser Karl I. hegte zu dieser Zeit immer noch die Hoffnung, an der Spitze des Staates bleiben oder zumindest eine seiner Kronen, sei es die ungarische oder böhmische retten zu können. Vieles spricht daher dafür, dass man in Wien die deutsch-österreichischen Regimenter der k. u. k. Armee, die sich als letzte aus der Front lösten, bewusst opferte und lieber in die italienische Kriegsgefangenschaft schickte, als sie als bewaffneten Arm von paramilitärischen Formationen gegen die alte zusammengebrochene Ordnung aufmarschieren zu lassen.

Die italienischen Truppen überholten nun mit ihrer Kavallerie die heimwärts ziehenden tapferen Kaiserjäger und Kaiserschützen, die Standschützen und die anderen deutschen alpenländischen Gebirgsformationen. Zu diesem Zeitpunkt berief das Armeeoberkommando in Baden seine höheren Stäbe aus der Front nach Hause, während man die Fronttruppe erst spät und zögerlich mit Abmarschbefehlen ausstattete, um auf diese Weise so viele Soldaten wie irgendwie möglich in die italienische Kriegsgefangenschaft fallen zu lassen.

„Jetzt schlug die Abschiedsstunde dieses Heeres zwischen Bränden und Verbrechen. In Gräueln verlöschten Macht, Soltatenzucht der Väter und selbst die Menschlichkeit. Apokalyptische Scharen hetzten an kaiserlichen Offizieren vorbei, deren Verzweiflung die eigene Kugel suchte. Vom Kampfplatz der Geschichte traten die aufgelösten Heere fort. Die österreichisch-ungarische Armee war tot.“[56]

Eine Meldung des Oberkommandos der 11. k. u. k. Armee lautete: „Große Teile der Armee wurden von vormarschierenden Ententetruppen überholt. Das Heeresgruppenkommando hat befohlen, dass mit Rücksicht auf die trostlose Verpflegungslage alles, was gefangen, bei der Entente zu belassen ist.“

Das Armeeoberkommando verfügte: „Es muss alles gemacht werden, dass die Truppen südlich des Brenners stehen bleiben und von der Entente verpflegt werden. Selbst Gefangennahme ist ein milderes Los als Verhungern und Verheerung von ganz Nordtirol.“

Eine unrühmliche Rolle spielte bei diesem letzten Akt der untergehenden Donaumonarchie auch die Tiroler Nationalversammlung unter dem Landeshauptmann Josef Schraffl als Vorläufer des später gewählten Nordtiroler Landtages. Dieses provisorische Landesparlament intervenierte nämlich am Vormittag des 4. Novembers 1918 via Schweiz bei den Mächten der Entente und forderte, dass diese die südlich von Bozen stehenden österreichischen Truppen an ihrer Rückkehr in die Heimat hindern und für ihre Verpflegung sorgen sollten. Der Generalstabschef der Heeresgruppe Tirol, Feldmarschallleutnant Baron Willerding, schloss sich mit einem Schreiben diesem Ersuchen an.[57] Am 4. November 1918 schnappte um 15.00 Uhr die Falle der

Italiener endgültig zu. Ihre Kavallerie und gepanzerte Autos hatten vierundzwanzig Stunden lang ununterbrochen apathisch lagernde Truppenteile, müde dahinziehende Marschkolonnen und Elendzüge von Halbverhungerten und Kranken der einstigen k. u. k. Armee überholt.

Erst diese Agonie verhalf den Italienern zum schmeichelhaften „Sieg von Vittorio Veneto", wie Mussolini ihn später nannte, nachdem die Italiener nach Abschluss des Waffenstillstandes am Nachmittag des 3. Novembers 1918 noch sechsunddreißig Stunden weiter „kämpften". Unter diesen unrühmlichen Umständen wurden noch 350.000 bis 480.000 zurückmarschierende Österreicher gefangen genommen und eine Unmenge an Kriegsmaterial „erbeutet", unter ihnen fast alle Tiroler Truppen, von denen 30.000 Mann aus der Kriegsgefangenschaft nicht wieder heimkehrten. Sie starben in den italienischen Lagern an Hunger und Entbehrungen, sie kamen beim Straßenbau in Albanien sowie an Malaria und Entkräftung ums Leben.

Italien brauchte diesen ruhmlosen „Sieg von Vittorio Veneto", um das Menschenopfer der italienischen Jugend rechtfertigen zu können und schließlich war dieser „ordinäre Sieg" vonnöten, um die Einverleibung Südtirols etwas mehr rechtfertigen zu können. So trafen sich bei dieser angeblichen Schlacht bei der Stadt Vittorio Veneto in der venezianischen Tiefebene, die so nie stattgefunden hat, alle Interessen der Kontrahenten:

„Die des treulosen Kaisers Karl, die der Pfeffersäcke in Innsbruck, die der italienischen Imperialisten. [...] Südtirol war dem Feinde preisgegeben. General Pecori-Giraldi rückte mit 100.000 Mann in das Land ein. Ein militärischer Widerstand wie in Kärnten war sicherlich ausgeschlossen. Die Tiroler beschäftigten sich in der nächsten Zeit mit der Herstellung von Denkschriften, die ihnen nichts helfen sollten."[58]

Der Vormarsch der italienischen Truppen zum Brenner sorgte sowohl in der Reichshauptstadt als auch in München für Nervosität. Daher wandte sich am 4. November 1918 Graf Lerchenfeld von Berin aus an den König Ludwig III. von Bayern, indem er betonte:

„Im Hinblick auf die Deutschland von Süden drohende Gefahr würden die zu ergreifenden Sicherungsmaßregeln für die Bahnpunkte Passau und über Salzburg zwischen den berufenen Stellen erwogen, insbesondere auch die Frage, wieweit der Schutz vorgeschoben werden solle (etwa bis Innsbruck)."[59]

Kronprinz Rupprecht von Bayern war der Ansicht, „einen Grenzschutz gegen Italien können wir nur durchführen, indem wir bis mindestens zum Brenner hin vorrücken."[60] Am 5. November schrieb Graf Lerchenfeld an den Staatsminister Dandler:[61]

„Wie ich heute früh schon telefonisch gemeldet habe, war es nicht zutreffend, dass das Kriegskabinett Bedenken gegen den Einmarsch der deutschen Truppen nach Tirol erhoben hat. Es waren aber Zweifel bei der Obersten Heeresleitung entstanden, ob der

Innsbrucker Nachrichten

Unabhängige demokratische Tageszeitung — mit der illustrierten Monatsschrift „Hochland“.

Nummer 231 — Samstag, den 9. Oktober 1920 — 67. Jahrgang

Das Titelblatt der Innsbrucker Nachrichten vom 9. Oktober 1920 betont die tiefe innere Verbundenheit der Deutschtiroler mit den Deutschen.

Einmarsch, nachdem der Tiroler Nationalrat sein Ersuchen um Schutz zurückgezogen hatte, noch völkerrechtlich zulässig erscheine.

Diese Bedenken wurden aber alsbald behoben. Einmal kann sich Deutschland auf das ursprüngliche Nachsuchen der Tiroler beziehen, andererseits liegt der Abschluss des Sonderfriedens Österreich-Ungarns mit der Entente inzwischen vor, und endlich verlieren die Tiroler durch das Nachsuchen bei der Entente um Einmarsch das Recht, uns den Einmarsch zu unserer Verteidigung zu versagen.

Ich habe heute früh gleich mit dem Reichskanzler, den Obersten Haften und Winterfeld und Staatssekretär Solf konferiert. Oberst Haften hat sich sofort in Verbindung mit Generalmajor Heye im Großen Hauptquartier gesetzt und festgestellt, dass die Truppen im Marsch sind und noch hoffen, die österreichische Schutzstellung [am Brenner] zu erreichen. Es sind auch Befehle ergangen, an der bedrohten Brennerstrecke die nötigen Sprengungen vorzunehmen."

General der Artillerie Konrad Krafft von Dellmensingen, der mit der militärischen Führung dieses Unternehmens beauftragt worden war, hatte in einem Aufruf an die Tiroler Bevölkerung zwar erklärt, „wir kommen als Freunde", aber er vergaß auch nicht hinzuzufügen, dass seine Truppen „bei Behinderung" angewiesen seien, „sich mit Waffengewalt den Wag zu bahnen." Das war gewiss alles andere als diplomatisch formuliert, denn mit dieser unverblümten Drohung wurde dem Wunsche nach einem Anschluss Tirols an Deutschland alles andere als gedient. Dennoch klammerte sich die k. u. k. Armee, die bis zuletzt die Südtiroler Front hielt, an diesen einen Hoffnungsschimmer: „Deutschland! Lauten doch die Meldungen, die bis an die Front gelangen, dahingehend, dass Deutschland an seiner Südgrenze eine neue Armee aufstellt und die Front bis an die deutsche Sprachgrenze Tirols vorschieben will. Alle deutschösterreichischen Truppen sollen in diese neue deutsche Südarmee eingeteilt werden. Wer in Tirol", so Anton Graf Bossi Fedrigotti, „soll da verzagen? Nein – die Tiroler werden als erste wieder die Maschinengewehre in Stellung bringen und zu kämpfen beginnen. Der Kampf, der jetzt beginnt, wird erst recht ein Ringen um deutschen Volksboden werden. Es wird ein neuer Feldzug um Tirol, der alle Deutschen in Tirol an dieser neuen Front vereinen wird."[62]

Dass die weitere Entwicklung dann einen anderen Weg einschlug, lag gewiss darin, dass diese letzten Operationen der deutschen Obersten Heeresleitung von den inzwischen in Norddeutschland beginnenden und sehr schnell um sich greifenden Unruhen und Aufständen überschattet wurden.

So wurden die deutschen Truppen, die an die Tiroler Pässe geworfen worden waren – unter anderem Teile der Ersatzabteilung Immenstadt der bayerischen Bataillone des Jägerregiments 3, die als Grenzschutz am Fernpass den Feind erwarteten, zu einer Gefechtsberührung mit den die Stadt Innsbruck besetzenden Italienern kam

Tiroler Volk!

Das Bayrische Kriegsministerium in München hat dem Präsidenten des Tiroler Nationalrates am 5. November ¾ 11 Uhr nachts folgende Depesche übermittelt:

Die Waffenstillstands-Bedingungen zwischen Oesterreich und der Entente zwingen uns, zur Sicherung unserer Landesgrenzen Truppen nach Nordtirol zu schicken.

Gleichzeitig sollen diese Truppen mithelfen, um den Abfluß aufgelöster Teile des österreichischen Heeres nach Osten zu ordnen und das Land vor Zuchtlosigkeit zu schützen.

Unsere Vorhuten überschreiten am 5. November die Grenze. Stärkere Kräfte werden folgen.

Wir kommen als Freunde und erwarten, daß unseren Bewegungen keine Hindernisse von seiten des deutsch-österreichischen Nationalrates und der österreichischen Kommandobehörden in den Weg gelegt werden.

Sollte das trotzdem der Fall sein, so sind unsere Truppen angewiesen, sich mit Waffengewalt den Weg zu bahnen.

Der kommandierende General:

Kraft von Dellmensingen.

General der Artillerie Kraft von Dellmensingen drohte in einem eher undiplomatischen Aufruf an das Tiroler Volk mit Waffengewalt, sofern dem Wunsch, Tirol an Deutschland nicht anzuschließen, nicht nachgekommen werde.

es jedoch nicht mehr – am 9. November 1918 zurückbefohlen und trafen dann am 14. November am Alpennordrand bei Murnau, Tölz und Rosenheim ein, wo sie anschließend demobilisiert wurden.

Damit hatte sich auch die letzte Illusion der an der Südtiroler Front ausharrenden k. u. k. sowie k. k. Truppen wie eine Fata Morgana verflüchtigt. „Wohl niemals“, resümierte der Tiroler Patriot Graf Bossi Fedrigotti, „ist ein Volk in der Geschichte schwerer enttäuscht und in seiner letzten Hoffnung bitterer betrogen worden, als das deutsche Volk Österreichs im November 1918 und mit ihm die Tiroler.“[63]

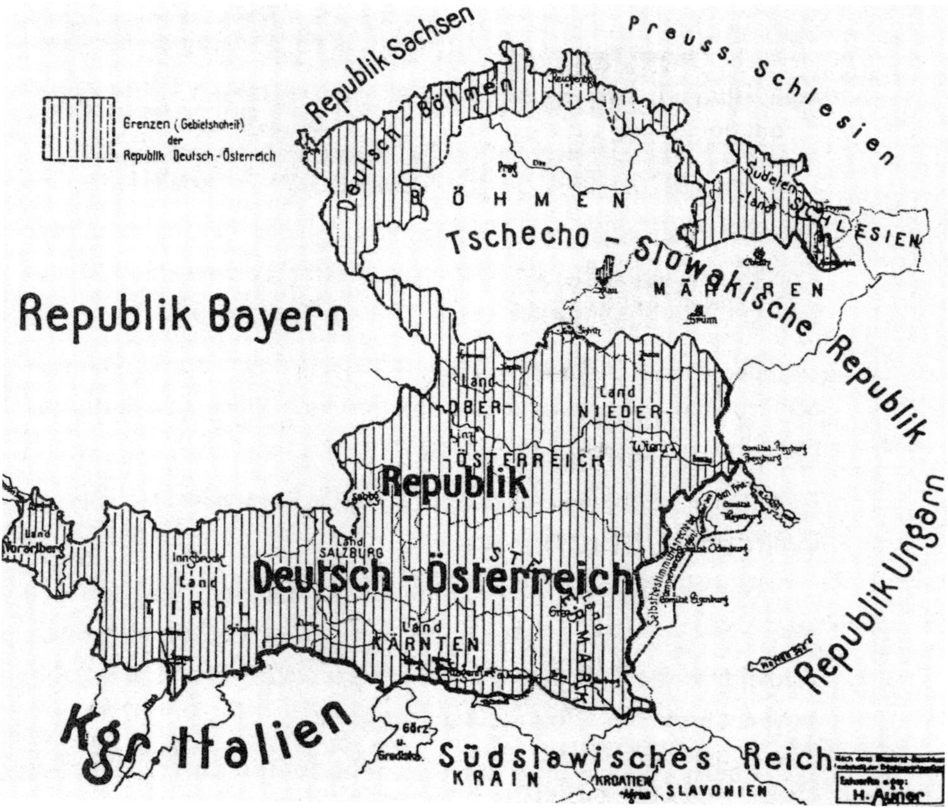

Die Republik Deutsch-Österreich nach dem Ersten Weltkrieg.

Fast widerstandslos wurden Venetien und große Teile Kärntens und der Steiermark besetzt. Neben Südtirol wurden bekanntlich auch Unterkärnten und die Untersteiermark leichtfertig verspielt. Am 11. November 1918 verzichtete Kaiser Karl I. „auf jeden Anteil an den Staatsgeschäften“, enthob die letzte k. u. k. Regierung ihres

Amtes und begab sich mit seiner Familie nach Schloss Eckartsau am Marchfeld. Zuvor hatte Feldmarschall Svetozar von Boroević de Bojna wiederholt an seinen Kaiser telegraphiert, dass er mit vollkommen einsatzbereiten und disziplinierten Truppen Kärnten erreicht habe, um sie geschlossen gegen den Mob der Straße und die meuternden Horden der zentralen Heeresversorgungsdienststelle nach Wien zu führen, um so die öffentliche Ordnung wieder herzustellen.

Aber der Monarch hatte bereits eine andere Entscheidung getroffen, die sein ehemaliger Generalstabschef in keinster Weise befürwortete. Denn, so Conrad von Hötzendorf, „am allerwenigsten hat ein Regent das Recht, alles vom lieben Gott zu erwarten, wie Kaiser Karl in seiner Weiberumgebung sagte: ‚Tue nur, was Du für gut findest, der liebe Gott wird Dir schon das Richtige eingeben.' Im Vertrauen auf diese Eingebung fällt dann jedes eigene Denken, Wirken und Sorgen, jedes Hören auf berufene Funktionäre, jedes Eingehen auf folgenschwere Fragen weg und es geschieht eine Dummheit nach der anderen. Kommt dazu noch, dass Schmeichler und Augendiener, wie es bei Kaiser Karl geschehen ist, einem charakterschwachen jungen Herrscher sagen: Du bist viel klüger und verstehst alles besser als alle anderen, Du kannst alles und darfst alles, dann ist die größte Gefahr für den Staat geschaffen. Pflichtbewusstsein gegenüber der Allgemeinheit, gegenüber allen Mitbürgern, muss den Staatsmann anspornen und leiten, nicht aber Gottvertrauen, das alles nur von oben erwartet, oder gar jene Bigotterie, die alles mit ein paar Gebeten, Messen oder Opferkerzen abgetan vermeint."[64]

Nach den Wahlen zur konstituierenden Nationalversammlung in Wien sah sich Kaiser Karl I. vor die Alternative gestellt: Internierung in Österreich oder Exil in der Schweiz. Ohne formell abzudanken ging er im März 1919 in die Schweiz, wobei er im Manifest von Feldkirch seine Rücktrittserklärung zurückzog. Im März und Oktober 1921 versuchte er von der Schweiz aus durch ungenügend vorbereitete und deshalb zum Scheitern verurteilte Putschversuche die Herrschaft in Ungarn zurückzugewinnen.

Daraufhin wurde der letzte Monarch Österreich-Ungarns auf ein britisches Schiff gebracht und von den Alliierten auf die Atlantikinsel Madeira verbannt, wo er am 1. April 1922 in Quinta do Monte verstarb.

Am 12. November 1918 riefen die Österreicher die Republik aus und erklärten wenig später „Deutsch-Österreich", zu dem auch die Länder Deutsch-Böhmen und das Sudetenland gehörten, per Gesetz zum Bestandteil der Deutschen Republik. Bei der Unterzeichnung der Friedensverträge zwischen Deutsch-Österreich und den Staaten der Entente in St. Germain-en-Laye wurde dem neuen österreichischen Bundesstaat am 10. September 1919 jedoch entgegen dem vom US-Präsidenten Wilson propagierten Selbstbestimmungsrecht der Völker untersagt, den Namen „Deutsch-Österreich" zu führen und den von der Wiener Nationalversammlung beschlossenen Anschluss an das Reich zu vollziehen. Spätestens mit dem Zusammenbruch der k. u. k. Donaumonarchie nahm insbesondere in Österreich der Wunsch immer mehr Gestalt an, sich mit dem Deutschen Reich wirtschaftlich und politisch zusammenzuschließen. In der Tragödie der Oktober- und Novembertage 1918 gewann diese Anschlussidee ein scharfes Profil, das den Siegermächten des Ersten Weltkrieges schon wieder Furcht einflößte, denn sie sahen im Herzen Europas damit den Vorläufer eines Dritten Reiches entstehen. Stattdessen diktierten die Staatenlenker der Siegermächte Clemenceau, Lloyd George und Wilson den Deutschen in Berlin und Wien einen Friedensvertrag, der jede Form eines Zusammenschlusses verbot.[65]

Dennoch dauerten die Kämpfe um das Selbstbestimmungsrecht beiderseits der rot-weiß-roten Grenzpfähle auch nach dem Abschluss des Friedensvertrages von St. Germain-en-Laye unvermindert an, sodass sich Hitler nach seinem Einmarsch in Österreich im Frühjahr 1938 nicht als Okkupant, sondern als legitimer Vollstrecker der „Anschlussidee“ betrachtete.

Genau wie in Deutschland verstand man auch im besiegten Österreich den von den Siegern am 10. September 1919 diktierten Friedensvertrag von St. Germain-en-Laye als eine schwere Demütigung, denn die ehemalige k. u. k. Doppelmonarchie Österreich-Ungarn wurde in zahlreiche Nationalstaaten zerschlagen. Aus dem großen Kaiserreich wurde ein Freistaat mit nur fünfeinhalb Millionen Österreichern, die bekanntlich den damals heiß ersehnten Anschluss an das Deutsche Reich nicht vollziehen durften.[66] Die politischen Bestimmungen wurden im III. Teil des Vertragswerkes für die ehemalige Donaumonarchie folgendermaßen geregt:[67]

„Die 1918 herbeigeführte Trennung Ungarns von Österreich wird aufrecht erhalten. Böhmen, Mähren, Österreichisch-Schlesien (ohne Teschen) und der nördliche Teil von Ungarn mit Preßburg, Schemnitz, Kremnitz, Kaschau und Munkacs bis zum Quellgebiet der Theis (das heißt siebzehn Komitate von Nordungarn = 62.000 km^2) werden zu einer neuen Republik, der Tschechoslowakei (CSR) vereinigt.

Südtirol bis zum Brenner mit Bozen und Meran (fast eine Viertel Millionen Deutsche neben 47.000 Italienern) fällt an Italien, das außerdem noch durch das Küstenland mit Triest, Istrien, Teilen von Kärnten und Krain, Dalmatien und die dalmatinischen Inseln vergrößert wird (nicht jedoch durch Fiume). Südoststeiermark (mit Marburg, Pettau und Cilli, Teile von Kärnten), dazu Krain, Kroatien, Slowenien, Bosnien mit der Herzegowina und den ungarischen Komitaten Bacs-Bodrog und Torontal mit Maria-Theresiopel und Zenta (die Grenze verläuft südlich von Fünfkirchen und Szegedin und westlich von Arad und Großwardein) werden mit dem Königreich Jugoslawien vereinigt. Auch Fiume soll den Jugoslawen zufallen (wird aber später zum Freistaat erhoben und schließlich 1924 Italien einverleibt). Siebenbürgen samt der Bukowina und dem Banat (mit Temesvar) nebst Arad wird zu Rumänien

Die Österreichisch-Ungarische Monarchie 1867–1918.

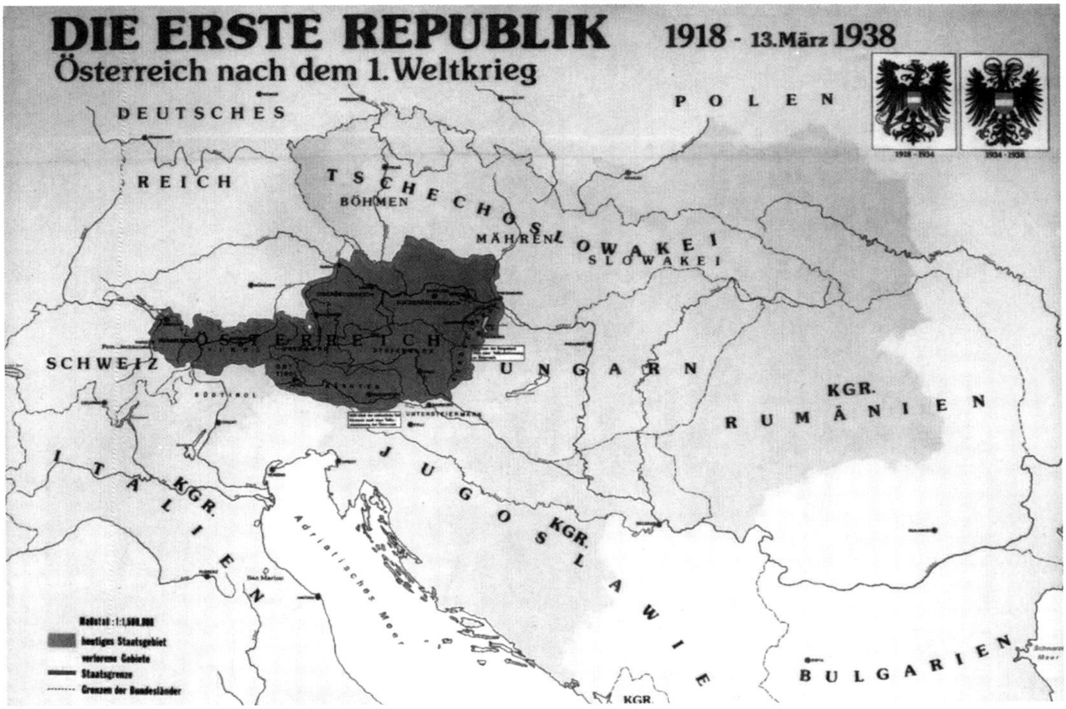

Die Erste Republik Österreich nach dem Ersten Weltkrieg von 1918 bis zum 13. März 1938.

geschlagen, das von Russland auch noch Bessarabien und von Bulgarien Silistra erhält. Außerdem wird die neue rumänische Grenze auf Kosten Ungarns über Siebenbürgen hinaus auf 230 Kilometer Länge etwa sechzig Kilometer nach Westen vorgeschoben, sodass zum Beispiel noch Großwardein von Ungarn abgetrennt wird und dieser Staat, der an Rumänien ein Gebiet von ungefähr 100.000 Quadratkilometern abtritt, nach Verlust von gegen 60.000 Quadratkilometern an Jugoslawien von 325.000 Quadratkilometern mit 22 Millionen Einwohnern auf 93.000 Quadratkilometern mit acht Millionen Einwohnern beschränkt wird. Galizien wird mit Polen vereinigt.

Deutsch-Österreich (Ober- und Niederösterreich, Salzburg, Tirol, Vorarlberg, Kärnten, Steiermark und das Burgenland außer Ödenburg) soll nach dem Muster der Schweiz einen Bundesstaat bilden, dem jedoch der Anschluss an das deutsche Reich untersagt ist (Artikel 88). Auch Österreich und Ungarn unterliegen Rüstungsbeschränkungen."

Das Karl-Truppenkreuz ist eine von Kaiser Karl I. gestiftete militärische Auszeichnung. Es erinnert in seinem Aussehen an das Armeekreuz von 1813/1814.

Epilog

Woran scheiterte am Ende alles? Wohl an der Unzulänglichkeit und Unfähigkeit zahlreicher Hauptakteure, die zutiefst im Menschlichen, allzu Menschlichen lag: Der Kaiser von Österreich-Ungarn, der Kaiser des Deutschen Reiches, die höchsten Militärs, Minister und Hofbeamten! Ein Jeder schaute nur auf den Vorteil seines eigenen Landes, dem er treu zu dienen glaubte und keiner traute dem anderen über den Weg, wachte fast eifersüchtig über engstirnige Kompetenzen und hielt wie ein trotziges Kind an seinen Vorteilen fest. Es gab in diesem Schicksalskampf zweier Kaiserreiche im Herzen des Alten Kontinents kein gemeinsames Oberstes Kommando, das alle militärischen Kräfte sinnvoll für einen Sieg oder, als dieser nicht mehr möglich war, für einen fairen und vernünftigen Frieden zusammenwirken ließ. Der einfache Frontsoldat hat mehr als seine verdammte Pflicht und Schuldigkeit getan und fühlte sich nach all den vergeblichen hohen Blutopfern im Stich gelassen.

„Wir alle trugen das Truppenkreuz, eine Auszeichnung, auf welcher die Inschrift zu lesen stand Grati princeps et patria – Der dankbare Fürst und das Vaterland", erinnerte sich Fritz Weber voller Bitterkeit.

„Diese Inschrift war klug gewählt, denn die wenigsten verstanden sie. Wohl aber verstanden alle die Wirklichkeit, die uns umgab: Der Kaiser hatte uns des Eides entbunden und war geflüchtet. Das Vaterland erwartete uns. Und wie es uns erwartete, soll nicht verschwiegen werden.

Es schickte uns Gendarmerie entgegen, die uns eindringlich nahelegte, nicht in den Ortschaften zu nächtigen. Es eskortierte uns mit Arbeiter- und Bürgerwehren durch die Straßen und trug nur Sorge, uns der Dankbarkeit der nächsten Gemeinde zu überantworten.

Mit Mühe gelang es uns, die Kranken in Spitälern unterzubringen. In einem Dorfe gab es ein ‚Heimkehrerfest'. Meine Leute wollten dabei sein, endlich einmal wieder bei Wein und Mädels wissen, dass der Krieg zu Ende war und ein neues Leben begonnen hatte. Sie schleppten sich mit Mehlsäcken ab, mit denen sie ihre Zeche bezahlen wollten. Nach einer halben Stunde kamen sie zurück. Man hatte sie hinausgeworfen und tätlich angegriffen, weil sie krankheitsverdächtig waren. Mit Mühe gelang es mir, sie von der Absicht, Rache zu nehmen, abzubringen und das Mehl wiederzubekommen.

Wir marschierten wie in Feindesland, Karabiner über den Rücken, noch immer kartätschtempierte Schrapnells in den Geschützrohren. Am ersten Tag im neuen Vaterland hatten wir Feldzeichen an die Helme gesteckt und die Räder der Haubitzen mit Tannenreisig umwunden. Die Ironie dieses Schmuckes ging den Männern, die sich Mühe damit gemacht hatten, sofort ein: Über Nacht verschwand das Reisig wieder, und wir zogen weiter durch das dankbare Vaterland, weiter auf unserem faulenden Sattelzeug, in unseren stinkenden Monturen.

Groß und klein stand an den Wegen. Die von unten her, die mit den ausgehungerten, verhärmten Gesichtern schweigend, neugierig, oft auch voll unverhohlenem Hass, die anderen, denen auch der Krieg nichts anhaben konnte, voll heuchlerischer Teilnahme. Wussten wir doch, dass sie ein liebenswürdiges Sprüchlein für diese Geschäftsstörung eines vierjährigen, unerhörten Ringens um Sein und Nichtsein erfunden hatten: Die Helden tot, die Gescheiten im Hinterland, die Trottel an der Front. Einer von den Gescheiten steht mit seiner Dame an der Straße und starrt uns an. Der Marsch stockt, weil die braven Bürger Angst um eine Holzbrücke haben, über die wir marschieren sollen. Der Herr interessiert sich für Menschen, die statt der Mäntel Pferdekotzen um den Leib geschnallt haben und aus unverständlichen Gründen im Novembernebel umherziehen. [...]

Ich schließe die Augen. Und da sehe ich sie alle wieder, alle meine Kameraden in diesen zweiundvierzig Monaten, die länger währten als eine Ewigkeit. Ich sehe sie marschieren und kämpfen und fallen, Mann für Mann, den in gläubiger Treue, jenen in verbissenem Trotz, den voll rasendem Entsetzen vor dem dunklen Tor zum Jenseits, jenen in demütig schweigender Gefasstheit. Ich sehe die Gipfel rauchen und das Leben hingeschüttet auf den Hängen, erstickt, verbrannt von der Glut der anheulenden Granaten, zerstückt, zermalmt von heißem Eisen. Ich höre die Maschinengewehre knattern und das Gebrodel des Infanteriefeuers, das heisere Hurra der Stürmenden, den gellenden Aufschrei der Getroffenen. [...]

Nein, es gab keinen Dank des Vaterlandes, keinen feierlichen Empfang und wie das alles so schön aus Liedern säuselt. [...]

Es kam aber anders. Am neunzehnten Marschtag waren wir in Wien, übergaben unsere Geschütze und Pferde und erhielten eine Bergeprämie, achtzig Kronen pro Kopf. Die mitgebrachten Lebensmittel teilten wir uns brüderlich, wie wir zusammengestanden hatten auf diesem Rückweg aus der Hölle.

Und dann schüttelte ich zum letzten Male meinen Kameraden die Hände. Diese harten Hände, mit denen sie dreieinhalb Jahre lang rastlos für ihr Vaterland gekämpft und gewerkt hatten.

Erschöpft und blass, mit flatternden Lippen standen sie vor mir. Jedes dieser Augenpaare hatte das Golgatha der Menschheit gesehen. Und jeder dieser Männer war mir ein Freund auf Lebenszeit und ein Sinnbild für den tragischen Zusammenbruch eines Volkes, das sein hartes Geschick nicht verdient hatte."[1]

„Wenn auch der Zusammenbruch Deutschlands eine welthistorische Katastrophe ersten Ranges war, so war der Zerfall der Habsburgischen Monarchie hinsichtlich

Das Canzone del Grappa ist ein populäres Lied des Ersten Weltkriegs, das im Jahre 1918 durch den General Emilio de Bono komponiert wurde.

der historischen Bedeutung ein weit größeres Unglück", konstatierte der ehemalige Chef des Generalstabes der k. u. k. Armee, dessen Gestalt sich in widersprüchlichen Konturen in der Militärgeschichte Österreich-Ungarns widerspiegelt. „Mit ihm brach ein System zusammen, das durch siebenhundert Jahre wesentlich bestimmend für die politische und kulturelle Entwicklung Europas eintrat, dessen hohe westliche Kultur es gegen die Anstürme des Ostens und das Eindringen östlicher Sitten und Gepflogenheiten schützte, während es andererseits die auf tiefem Niveau stehenden Ostvölker allmählich zu moderner Kultur, aber auch zu politischer Reife erhob. Damit aber legte sie unbewusst den Keim zu ihrem Zerfall. Mit der politischen Reife erwachte der nationale Sinn dieser Völker und damit ihr Drang, sich in selbstständigen Staatswesen national auszuleben.

Während Deutschland, wenn auch weitgehend geschwächt, aus dem Kriege hervorging, so blieb es doch ein einheitliches nationales Reich wie früher. Österreich-Ungarn aber zerfiel in unabhängige kleine Staaten, die national voneinander völlig getrennt sind, sich nach ihrer Art und ihrem inneren Drange zu entwickeln streben und damit Mitteleuropa ein ganz verändertes Bild gegeben haben. Wie diese Neugestaltung ausreifen, ob sie sich zum Segen der einzelnen Völker gestalten (entwickeln) wird, vermag wohl erst die Zukunft zu entscheiden."[2]

An seinem Lebensabend schaute Feldmarschall Conrad von Hötzendorf – nach dem im Dritten Reich der Neubau der Oberammergauer Kasernenanlage benannt wurde, in dem der Autor dieses Werkes zwischen 1975 und 1987 die dortige Bibliothek aufgebaut und geleitet hat – in einem Anflug zwischen Melancholie und Resignation wehmutsvoll zurück, als er anmerkte:

„Die kurze Spanne Zeit, die ein Menschenleben umfasst, und die Rücksichtslosigkeit, mit der der Wellengang über dieses ephemere Dasein hinwegschreitet, stellen die Bedeutung eines Einzelwesens derart nieder, dass zwecklos erscheint, sich mit einem solchen zu befassen. Da sich aber die Forscher der Wissenschaft selbst mit dem Geringfügigsten wie etwa den Unterschieden bei Käfern und Schmetterlingen oder den Fresswerkzeugen der Schnecke befassen, so ist man immerhin berechtigt, das doch bedeutendste Lebewesen dieser Erde zum Gegenstand des Studiums und der Forschung zu machen. Aber man wird dabei nie aus den Augen verlieren dürfen, dass man nicht Dinge für wichtig hinstellen kann, die es schließlich doch nicht sind."[3]

Dem ist nichts hinzuzufügen. Oder doch? Denn in der Zweiten Republik Österreichs sorgten selbsternannte Vergangenheitsbewältiger dafür, dass Conrads Ehrengrab auf dem Hietzinger Friedhof aberkannt wurde. Ihr Vorwurf lautete, mögliche Kriegsverbrechen seiner Soldaten in Serbien und die Planung eines Angriffskrieges.

Dagegen erinnern bis auf den heutigen Tag immer noch auf dem einstigen Frontverlauf der Karnischen und Julischen Alpen sowie am Isonzo und an der Piave, auf dem Karstplateau und im Monte-Grappa-Massiv Kavernen, Schützengräben und Brustwehren an das mörderische Kampfgetümmel während des Gebirgskrieges und der zwölf Isonzoschlachten.

Mussolini verewigte die Gefallenen des Ersten Weltkrieges in den annektierten Gebieten Südtirols in monumentalen Totenburgen des Faschismus im Pustertal und am Reschen sowie am Brenner, obwohl dort nie gekämpft wurde, sodass die Gebeine von weit her geholt wurden, um die Rechtmäßigkeit der Annexion zu untermauern.

Der Autor im Sommer 2017 an der Quelle des Piave am Monte Peralba in den Karnischen Alpen.

Auf dem Monte-Grappa-Massiv wurde versucht, mit Beinhäusern für 23.000 tote italienische Soldaten der Trauer um die gefallenen Söhne des Landes einen faschistischen Ausdruck zu verleihen, um damit an die pseudosakralen Monumente des Römischen Kaiserreiches anzuknüpfen. Der mit Kriegerdenkmälern bestückte Monte Grappa ist mit seinen Galerien, Kavernen und Tunneln ein sehenswertes Freilichtmuseum des Gebirgskrieges an der Piavefront.

Am Kamm des Gipfels liegt der österreichisch-ungarische Soldatenfriedhof, in dessen nördlichem Teil die Gefallenen der ungarischen Reichshälfte zur letzten Ruhe gebettet wurden, während die Toten der österreichischen Reichshälfte im südlichen Teil ruhen. Insgesamt wurden hier 10.295 Gefallene der untergegangenen k. u. k. Armee bestattet. Auf dem Kamm des Tombarückens wurde eine Gedächtniskapelle zum Gedenken an die hier gefallenen Franzosen und Italiener errichtet.

In den Gesängen des italienischen Volkes lebt der Monte Grappa bis jetzt fort: „Monte Grappa tu sei la mia Patria, sei la Stella del nostro destin …“ – „Monte Grappa, du bist mein Vaterland, du bist das Gestirn, welches unser künftiges Schicksal erhellt …“

Doch damit nicht genug des Patriotismus zur Erinnerung an den Ersten Weltkrieg. Denn die Italiener feiern auch den Rückzug der k. u. k. Armee an der Piave als einen großen Sieg. Von da an lebt er in der Vorstellung des italienischen Volkes als „Il Fiume Santo“, als der „Heilige Fluss“ weiter. Und der „Inno“, die Hymne, die ihn verherrlicht und unsterblich macht, wird allen nachfolgenden Generationen seine „patriotische“ Tat in Erinnerung rufen: „II Piave mormoro, non passa lo straniero!“ – „Der Piave murmelte, der Feind wird mich nicht überschreiten!“[4]

Das Refugium „Sorgenti del Piave“.

Anmerkungen

Vierter Teil: Kriegsjahr 1917

1 Krafft von Dellmensingen, Konrad: Tagebuch.
2 Jünger: Ernst: Der Krieg als inneres Erlebnis.
3 Information für die Truppe. 1988, H. 1, S. 59.
4 Einhart: Deutsche Geschichte. 15. neubearbeitete Auflage. Leipzig 1934. S. 430.
5 The congressional record 1900–1941. S. 1045.
6 Balck, Hermann: Ordnung im Chaos. Erinnerungen 1893–1948. 2. durchgesehene und vermehrte Auflage. Osnabrück 1931. S. 117.
7 Der Weltkrieg. 1914 bis 1918. Im Auftrage des Oberkommandos des Heeres bearbeitet und herausgegeben von der Kriegsgeschichtlichen Forschungsanstalt des Heeres. Berlin 1942. Bd. 13, S. 146.
8 Ebenda, S. 146.
9 Bossi Fedrigotti: Heimkehr in den Untergang. S. 355 f.
10 Ludendorff: Meine Kriegserinnerungen. S. 256.
11 Demmerle, Eva: Kaiser Karl I. „Selig, die Frieden suchen …" Wien 2004.
12 Griesser-Pecarr, Tamara: Die Mission Sixtus. Österreichs Friedensversuch im Ersten Weltkrieg. Wien, München 1988.
13 Conrad von Hötzendorf: Private Aufzeichnungen. S. 73.
14 Kaiser Karl. Persönliche Aufzeichnungen, Zeugnisse und Dokumente. Hrsg. von Erich Feigl. Wien 1984.
15 Profil. 27. September 2004. S. 22 ff.
16 Mann, Golo: Deutsche Geschichte des 19. und 20. Jahrhunderts. Frankfurt a. M. 1958. S. 633.
17 Wilhelm II.: Ereignisse und Gestalten aus den Jahren 1878–1918. Leipzig, Berlin 1922. S. 225.
18 Härtle, Heinrich: Amerikas Krieg gegen Deutschland. Wilson gegen Wilhelm II. – Roosevelt gegen Hitler. Göttingen 1968. S. 101.
19 Stegemann: Geschichte des Krieges. Bd. 4, S. 429.
20 Czant, Hermann: Alpinismus und Armee. Verschiedene Ausgaben.
21 Oberbayerisches Volksblatt. 18./19. Mai 1977. S. 3.
22 Wagner: Der Erste Weltkrieg. S. 266.
23 Stegemann: Geschichte des Krieges. Bd. 4, S. 430 f.
24 Simic: Auf den Spuren der Isonzofront. S. 156.

[25] Ebenda, S. 156.
[26] Der Weltkrieg. 1914 bis 1918. Bd. 13, S. 208.
[27] Stegemann: Geschichte des Krieges. Bd. 4, S. 431.
[28] Der Weltkrieg. 1914 bis 1918. Bd. 13, S. 209.
[29] Stegemann: Geschichte des Krieges. Bd. 4, S. 433.
[30] Schaumann: Unterwegs zwischen Save und Soča. S. 73.
[31] Rendulic: Soldat in stürzenden Reichen. S. 94 f.
[32] Illustrierte Geschichte des Weltkrieges. Allgemeine Kriegszeitung. Bd. VII, S. 235 ff.
[33] Triska, Jan F.: Im Krieg am Isonzo. Aus dem Tagebuch eines Frontsoldaten. Klagenfurt, Ljubljana, Wien 2000. S. 78.
[34] Ebenda, S. 15.
[35] Ein Krieg – zwei Schützengräben. Österreich – Italien und der Erste Weltkrieg in den Dolomiten 1915–1918. Hrsg. Brigitte Mazohl-Wallnig, Hermann J. W. Kuprian u. a. Bozen 2005. S. 281.
[36] Pust: Die steinerne Front. S. 164.
[37] Franzel, Emil: Geschichte des deutschen Volkes. München 1974. S. 807
[38] Ebenda, S. 808.
[39] Krafft von Dellmensingen: Der Durchbruch am Isonzo. T. 1, S. 161.
[40] Burtscher, Guido: Das Deutsche Alpenkorps unter der Führung des Generals Konrad Krafft von Dellmensingen. Bregenz 1939. S. 36.
[41] Ebenda, S. 36 ff.
[42] Ebenda, S. 39.
[43] Ebenda, S. 39.
[44] Maser, Werner: Hindenburg. Eine politische Biographie. Rastatt 1989.
[45] Vogel, Walther: Die Befreiung Siebenbürgens und die Schlachten bei Targu Jiu und am Argesch. Oldenburg i. Gr. 1918. S. 34.
[46] Krafft von Dellmensingen: Der Durchbruch am Isonzo. Teil I: Die Schlacht von Tolmein und Flitsch. (24. bis 27. Oktober 1917). Berlin 1926.
[47] Ludendorff: Meine Kriegserinnerungen. S. 388.
[48] Krafft von Dellmensingen: Der Durchbruch am Isonzo. T. 2, S. 237.
[49] Schaumann: Unterwegs zwischen Save und Soča. S. 140.
[50] Simic: Auf den Spuren der Isonzofront. S. 107.
[51] Krafft von Dellmensingen: Der Durchbruch am Isonzo. T. 1, S. 30 f.
[52] Weber, Fritz: Der Alpenkrieg. Salzburg 1996. S. 131 f.
[53] Weber, Fritz: Isonzo 1917. S. 106 f.
[54] Stegemann: Geschichte des Krieges. Bd. 4, S. 438 ff.
[55] Steinböck, Erwin: Die Kämpfe um den Plöckenpass 1915/17. 2. Aufl. Wien 1978. S. 20.
[56] Weber: Der Alpenkrieg. S. 288.

[57] Ebenda, S. 288 ff.
[58] Ebenda. S. 292.
[59] Balck: Ordnung im Chaos. S. 118.
[60] Die Geschichte der Württembergischen Gebirgsschützen. Bearbeitet von Theodor Sproesser unter Mitarbeit von Hans Autenrieth u. a. Stuttgart 1933. S. 261.
[61] Ebenda, S. 262.
[62] Ebenda, S. 262 f.
[63] Ebenda, S. 263.
[64] Der Weltkrieg. 1914 bis 1918. Bd. 13, S. 229.
[65] Breitenacher, Martin: Das Alpenkorps, 1914–1918. Berlin 1939. S. 176.
[66] Krafft von Dellmensingen: Der Durchbruch am Isonzo. T. 1, S. 197 ff.
[67] Ebenda, T. 1, S. 52 ff.
[68] Trost, Ernst: Das blieb vom Doppeladler. Auf den Spuren der versunkenen Donaumonarchie. 5. Aufl. Wien, München 1966. S. 353.
[69] Krafft von Dellmensingen: Der Durchbruch am Isonzo. T. 1, S. 83.
[70] Lichem: Der Einsame Krieg. S. 60.
[71] Krafft von Dellmensingen: Der Durchbruch am Isonzo. T. 1, S. 85.
[72] Schaumann: Unterwegs zwischen Save und Soča. S. 20.
[73] Krauß, Alfred: Die Ursachen unserer Niederlage. Erinnerungen und Urteile aus dem Weltkrieg. 2. durchgesehene Auflage. München 1921.
[74] Krauß, Alfred: Theorie und Praxis in der Kriegskunst. München 1936.
[75] Krafft von Dellmensingen: Der Durchbruch am Isonzo. T. 1, S. 171.
[76] Ebenda, T. 1, S. 57.
[77] Ebenda, T. 1, S. 58.
[78] Die „Leiber" im Weltkrieg. Erinnerungen aus den Kämpfen des Bayerischen Infanterieleibregiments seit Anfang des Krieges bis Sommer 1918. Geschrieben von Angehörigen des Regiments. München 1918. S. 247 ff.
[79] Kaltenegger, Roland: Generalfeldmarschall Ferdinand Schörner. Teil 1 und 2. Würzburg 2014.
[80] Krafft von Dellmensingen: Der Durchbruch am Isonzo. T. 1, S. 64 ff.
[81] Wagner: Der Erste Weltkrieg. S. 281.
[82] Kaltenegger: Generalfeldmarschall Ferdinand Schörner, T. 1, S. 99.
[83] Hahn: Leiber Stürmer. S. 69.
[84] Rommel, Erwin: Infanterie greift an. Erlebnis und Erfahrung. 2. Aufl. Potsdam 1937. S. 236.
[85] Die Geschichte der Württembergischen Gebirgsschützen. S. 275 f.
[86] Ebenda, S. 276.
[87] Kaltenegger: Deutsche Gebirgstruppen im Ersten Weltkrieg. S. 271 ff.
[88] Krafft von Dellmensingen: Der Durchbruch am Isonzo. T. 2, S. 291 f.

[89] Irving, David: Rommel. Eine Biographie. Augsburg 1990. S. 26.
[90] Die Geschichte der Württembergischen Gebirgsschützen. S. 281.
[91] Ebenda, S. 282.
[92] Rommel: Infanterie greift an. S. 262 f.
[93] Die Geschichte der Württembergischen Gebirgsschützen. S. 282 ff.
[94] Young, Desmond: Rommel. 3. Aufl. London, Glasgow 1956. S. 35.
[95] Young, Desmond: Rommel. Wiesbaden 1950. A. a. O.
[96] Die Geschichte der Württembergischen Gebirgsschützen. S. 280.
[97] Kaltenegger: Generalfeldmarschall Ferdinand Schörner. T. 1, S. 104 ff.
[98] Die Geschichte der Württembergischen Gebirgsschützen. S. 286.
[99] Ebenda, S. 285.
[100] Hebert, Günther: Das Alpenkorps. Aufbau, Organisation und Einsatz einer Gebirgstruppe im Ersten Weltkrieg. Boppard am Rhein 1988. S. 152.
[101] Krafft von Dellmensingen: Der Durchbruch am Isonzo. T. 1, S. 75 f.
[102] Ebenda, T. 1, S. 77 f.
[103] Das Jägerregiment Nr. 3. Nach den amtlichen Kriegstagebüchern und Berichten von Mitkämpfern bearbeitet von Ralf von Rango. Oldenburg i. O., Berlin 1929, S. 293.
[104] Krafft von Dellmensingen: Der Durchbruch am Isonzo. T. 1, S. 86 ff.
[105] Ebenda. T. 1, S. 107.
[106] Ebenda. T. 1, S. 108 ff.
[107] Balck: Ordnung im Chaos. S. 107.
[108] Krafft von Dellmensingen: Der Durchbruch am Isonzo. T. 1, S. 128.
[109] Killian, Hans: Wir stürmten durchs Friaul. Neckargemünd. O. J.
[110] Krafft von Dellmensingen: Der Durchbruch am Isonzo. T. 1, S. 133 ff.
[111] Der Weltkrieg. 1914 bis 1918. Bd. 13, S. 250.
[112] Stegemann: Geschichte des Krieges. Bd. 4, S. 449 f.
[113] Der Weltkrieg. 1914 bis 1918. S. 250.
[114] Ebenda, S. 251.
[115] Ebenda, S. 251.
[116] Ebenda, S. 251.
[117] Ebenda, S. 251.
[118] Ebenda, S. 251.
[119] Krafft von Dellmensigen: Der Durchbruch am Isonzo. T. 1, S. 175.
[120] Der Romanführer. Bd. XI, S. 140.
[121] Hemingway, Ernest: In einem andern Land. 191.–205. Tsd. Reinbek bei Hamburg 1962. S. 7 ff.
[122] Ebenda, a. a. O.
[123] Hemingway, Ernest: Über den Fluss und in die Wälder. Reinbek bei Hamburg 1961. S. 25 f.

124 Krafft von Dellmensingen: Der Durchbruch am Isonzo. T. 1, S. 163 ff.
125 Ebenda, T. 2, S. 129.
126 Ebenda, T. 2, S. 24.
127 Ebenda, T. 2, S. 60.
128 Die „Leiber“ im Weltkrieg. S. 250 ff.
129 Die Geschichte der Württembergischen Gebirgsschützen. S. 289.
130 Weber: Der Alpenkrieg. S. 158 ff.
131 Breitenacher: Das Alpenkorps. S. 188.
132 Balck: Ordnung im Chaos. S. 108.
133 Die Bayern im Großen Kriege 1914–1918. Aufgrund der Kriegsakten dargestellt. Herausgegeben vom Bayerischen Kriegsarchiv. München 1923. S. 456.
134 Der Weltkrieg. 1914 bis 1918. S. 260.
135 Ebenda, S. 276 f.
136 Ebenda, S. 277.
137 Ebenda, S. 277.
138 Die Geschichte der Württembergischen Gebirgsschützen. S. 290.
139 Krafft von Dellmensingen: Der Durchbruch am Isonzo. T. 2, S. 63.
140 Die Geschichte der Württembergischen Gebirgsschützen. S. 291.
141 Ebenda. S. 292.
142 Foch, Ferdinand: Meine Kriegserinnerungen. 1914–18. Leipzig 1931. S. 237 f.
143 Die Geschichte der Württembergischen Gebirgsschützen. S. 293.
144 Krafft von Dellmensingen: Der Durchbruch am Isonzo. T. 2, S. 174 ff.
145 Balck: Ordnung im Chaos. S. 109 f.
146 Der Weltkrieg. 1914 bis 1918. Bd. 13, S. 289.
147 Krafft von Dellmensingen: Der Durchbruch am Isonzo. T. 2, S. 191 ff.
148 Das Bayernbuch vom Weltkrieg. 1914–1918. Ein Volksbuch. Bearbeitet von Konrad Krafft von Dellmensingen und Friedrich Franz Feeser unter amtlicher Mitwirkung des Bayerischen Kriegsarchivs. Bd. 1–2. Stuttgart 1930. Bd. 1, S. 126.
149 Ircher: Das k. k. Steierische Freiwillige Schützenbaon im Felde. Graz 1918. S. 61 ff.
150 Militärwissenschaftliche und technische Mitteilungen. Sept.–Okt. 1927, S. 502.
151 Wagner: Der Erste Weltkrieg. S. 284 f.
152 Stegemann: Geschichte des Krieges. Bd. 4, S. 457.
153 Krafft von Dellmensingen: Der Durchbruch am Isonzo. T. 2, S. 229.
154 Foch: Meine Kriegserinnerungen S. 241.
155 Balck: Ordnung im Chaos. A. a. O.
156 Ebenda, a. a. O.
157 Ebenda, a. a. O.
158 Ebenda, S. 113 ff.
159 Breitenacher: Das Alpenkorps. S. 192 f.

160 Die „Leiber“ im Weltkrieg. S. 271 f.
161 Kaltenegger: Generalfeldmarschall Ferdinand Schörner. T. 1, S. 91 ff.
162 Das Jäger-Regiment Nr. 3. S. 311.
163 Die Bayern im Großen Kriege 1914–1918. S. 455.
164 Das Jäger-Regiment Nr. 3. S. 324.
165 Kaltenegger: Deutsche Gebirgstruppen im Ersten Weltkrieg. S. 305 ff.
166 Krafft von Dellmensingen: Der Durchbruch am Isonzo. T. 2, S. 243 ff.
167 Festschrift 300 Jahre k. u. k. Infanterieregiment Graf von Khevenhüller Nr. 7. Klagenfurt, Wien 1991. S. 33.
168 Ircher: Das k. k. Steierische Freiwillige Schützenbaon im Felde. S. 78 f.
169 Rommel: Infanterie greift an. S. 324 ff.
170 Stegemann: Geschichte des Krieges. Bd. 4, S. 456.
171 Die Geschichte der Württembergischen Gebirgsschützen. A. a. O.
172 Ebenda, S. 329.
173 Ebenda, S. 330.
174 Ebenda, S. 331.
175 Ebenda, S. 331.
176 Ebenda, S. 332.
177 Ebenda, S. 332.
178 Ebenda, S. 332.
179 Ebenda, S. 333.
180 Ebenda, S. 334.
181 Ebenda, S. 334.
182 Ebenda, S. 335.
183 Ebenda, S. 337.
184 Ebenda, S. 338.
185 Schittenhelm, Helmut: Wir zogen nach Friaul. Erlebnisse einer Kriegskameradschaft zwischen Isonzo und Piave. 16.–20. Tsd. Stuttgart [um] 1925. S. 103.
186 Stegemann: Geschichte des Krieges. Bd. 4, S. 460 f.
187 Weber: Der Alpenkrieg. S. 168 ff.
188 Lichem, Heinz von: Rommel 1917. Der „Wüstenfuchs“ als Gebirgssoldat. München 1975. S. 228.
189 Balck: Ordnung im Chaos. S. 116.
190 Vgl. hierzu auch die abschließenden Betrachtungen des Generals der Artillerie Konrad Krafft von Dellmensingen im Teil 2 seines Werkes „Der Durchbruch am Isonzo“ S. 252 ff.
191 Der Weltkrieg. 1914 bis 1918. Bd. 13, S. 306.
192 Ebenda, S. 306.
193 Ebenda, S. 306 f.

[194] Ebenda, S. 307.
[195] Ebenda, S. 307 f.
[196] Stegemann: Geschichte des Krieges. Bd. 4, S. 454 f.
[197] Herzfeld, Hans: Die moderne Welt. 1789–1945. 2. Teil: Weltmächte und Weltkrieg. Die Geschichte unserer Epoche 1890–1945. 5. ergänzte Aufl. Braunschweig 1976. S. 132 f.
[198] Krafft von Dellmensingen: Der Durchbruch am Isonzo. T. 2, S. 275 ff.
[199] Prezzolini, Giovanni: Vittorio Veneto. Quaderni delle Voce. Roma 1920. Serie III, Nr. 43, S. 32 ff.
[200] Krauß: Die Ursachen unserer Niederlage. S. 220.
[201] Ebenda, S. XII.
[202] Ludendorff: Meine Kriegserinnerungen. S. 401.
[203] Hindenburg: Aus meinem Leben. S. 263.
[204] Krafft von Dellmensingen: Der Durchbruch am Isonzo. T. 2, S. 270.
[205] Die Geschichte der Württembergischen Gebirgsschützen. S. 346.
[206] Ebenda, S. 349 ff.

Fünfter Teil: Kriegsjahr 1918

[1] Toland, John: Gebe Gott, dass es nicht zu spät ist. 1918 – Entscheidungsjahr des Ersten Weltkriegs. München, Gütersloh 1932.
[2] Schüddekopf, Otto-Ernst: Der Erste Weltkrieg. Gütersoh 1977. S. 222.
[3] Zuckmayer: Als wär's ein Stück von mir. S. 249 f.
[4] Weizsäcker, Ernst von: Erinnerungen. Hrsg. von Richard von Weizsäcker. 1.–15. Tsd. München, Leipzig, Freiburg i. Br. 1950. S. 47.
[5] Venohr, Wolfgang: Ludendorff. Legende und Wirklichkeit. Berlin, Frankfurt/Main 1993. S. 15.
[6] Ritter, Gerhard: Staatskunst und Kriegshandwerk. Das Problem des „Militarismus" in Deutschland. Bd. 1–4. München 1964–1973. Bd. 4, S. 428 f.
[7] Hindenburg: Aus meinem Leben. S. 389.
[8] Ebenda, S. 403.
[9] Uhle-Wettler, Franz: Erich Ludendorff und seine Zeit. Soldat, Stratege, Revolutionär. Eine Neubewertung. 2. Aufl. Berg 1995. S. 405.
[10] Wilhelm II.: Ereignisse und Gestalten. S. 243.
[11] Balck: Ordnung im Chaos. S. 335.
[12] Ploetz, Karl: Auszug aus der Geschichte. 25. Aufl. Bd. 1–2. Würzburg 1956. Bd. 2, S. 974 ff.

[13] Ebenda, Bd. 2, S. 980.
[14] Mayr-Harting, Anton: Der Untergang. Österreich-Ungarn 1848–1922. Wien 1988.
[15] Herzfeld, Hans: Der Erste Weltkrieg. München 1968. A. a. O.
[16] Der Erste Weltkrieg. 1914–1918. Zusammengestellt von Peter Koerner. Bd. 1–3. München 1968. Bd. 3, S. 56.
[17] Ebenda. Bd. 3, S. 56 f.
[18] Österreich-Ungarns letzter Krieg 1914–1918. Bd. 7, S. 41 f.
[19] Ebenda, S. 48 ff.
[20] Ebenda, S. 43.
[21] Rauchensteiner, Manfried: Der Tod des Doppeladlers. Österreich-Ungarn und der Erste Weltkrieg. Graz, Wien, Köln 1993. S. 550 f.
[22] Pallasch. H. 46, S. 114.
[23] Rauchensteiner: Der Tod des Doppeladlers. S. 566 f.
[24] Pust: Die steinerne Front. S. 283 f.
[25] Bossi Fedrigotti: Kaiserjäger. A. a. O.
[26] Ebenda, S. 449 ff.
[27] Ebenda. S. 480.
[28] Triska: Im Krieg am Isonzo. S. 157.
[29] Weber: Der Alpenkrieg. S. 184 f.
[30] Der Erste Weltkrieg. 1914–1918. Bd. 3, S. 84.
[31] Schachinger: Die Bosniaken kommen! S. 215.
[32] Weber: Der Alpenkrieg. S. 195 f.
[33] Ebenda, S. 213 ff.
[34] Schubert, Peter: Piave – 1918. Österreich-Ungarns letzte Schlacht. Hermagor 2000.
[35] Der Erste Weltkrieg. 1914–1918. Bd. 3, S. 84.
[36] Ebenda, Bd. 3, S. 84.
[37] Ebenda, Bd. 3. S. 84.
[38] Ebenda, Bd. 3, S. 85.
[39] Pallasch. H. 46, S. 130.
[40] Österreich-Ungarns letzter Krieg 1914–1918. Bd. 7, S. 359.
[41] Pallasch. H. 46, S. 130.
[42] Triska: Im Krieg am Isonzo. S. 163 f.
[43] Zeman, Zbynek A.: Der Zusammenbruch des Habsburgerreiches. München 1963.
[44] Deutsches Soldatenjahrbuch 1999. S. 278 f.
[45] Lukas: Nach 14 Jahren an der Alpenfront. S. 44 f.
[46] Weber: Der Alpenkrieg. S. 275.
[47] Europäische Wehrkunde. 1978, H. 12, S. 639 f.
[48] Der Erste Weltkrieg. 1914–1918. Bd. 3, S. 86.
[49] Weber: Der Alpenkrieg. S. 287.

[50] Der Erste Weltkrieg. 1914–1918. Bd. 3, S. 106 f.
[51] Salis, J. R.: von: Weltgeschichte der Neuesten Zeit Bd. II. Zürich 1955.
[52] Nowak, Karl Friedrich: Chaos. München 1923. S. 53.
[53] Springenschmid, Karl: Schicksal Südtirol. 2. Aufl. Graz, Stuttgart 1971. S. 147 ff.
[54] Bossi Fedrigotti: Kaiserjäger. S. 495.
[55] Ebenda, S. 495.
[56] Nowak: Chaos. S. 180.
[57] Schober, Richard: Die Tiroler Frage auf der Friedenskonferenz von St. Germain. Innsbruck 1982. S. 148 ff.
[58] Der Tiroler. 10. Jg. H. 2/3, S. 5.
[59] Domarus, Max: Bayern 1805–1933. Stationen der Staatspolitik. Nach Dokumenten im Bayerischen Hauptstaatsarchiv. Würzburg 1979. S. 183.
[60] Rupprecht von Bayern: Mein Kriegstagebuch. Hrsg. von Eugen von Frauenholz. Bd. 1–3. München 1929. Bd. 2, S. 468.
[61] Domarus: Bayern 1805–1933. S. 183.
[62] Bossi Fedrigotti: Tirol bleibt Tirol. S. 237 f.
[63] Ebenda. S. 238.
[64] Conrad von Hötzendorf: Private Aufzeichnungen. S. 192.
[65] Preradovich, Nikolaus von: Großdeutschland 1938. Traum – Wirklichkeit – Tragödie. Leoni am Starnberger See 1987.
[66] Ermacora, Felix: Der unbewältigte Friede. St. Germain und die Folgen. Wien, München 1989.
[67] Konferenzen und Verträge. Vertrags-Ploetz. Ein Handbuch geschichtlich bedeutender Zusammenkünfte und Vereinbarungen. Teil II, Bd. 4 A: Neueste Zeit 1914–1959. 2., erweiterte Aufl. Bearb. von Helmuth K. G. Rönnefarth und Heinrich Euler. Würzburg 1959. S. 48 f.

Epilog

[1] Weber: Der Alpenkrieg. S. 336 ff.
[2] Conrad von Hötzendorf: Private Aufzeichnungen. S. 69.
[3] Ebenda, S. 125.
[4] Bossi Fedrigotti: Kaiserjäger. S. 471.

Übersichtskarte zu

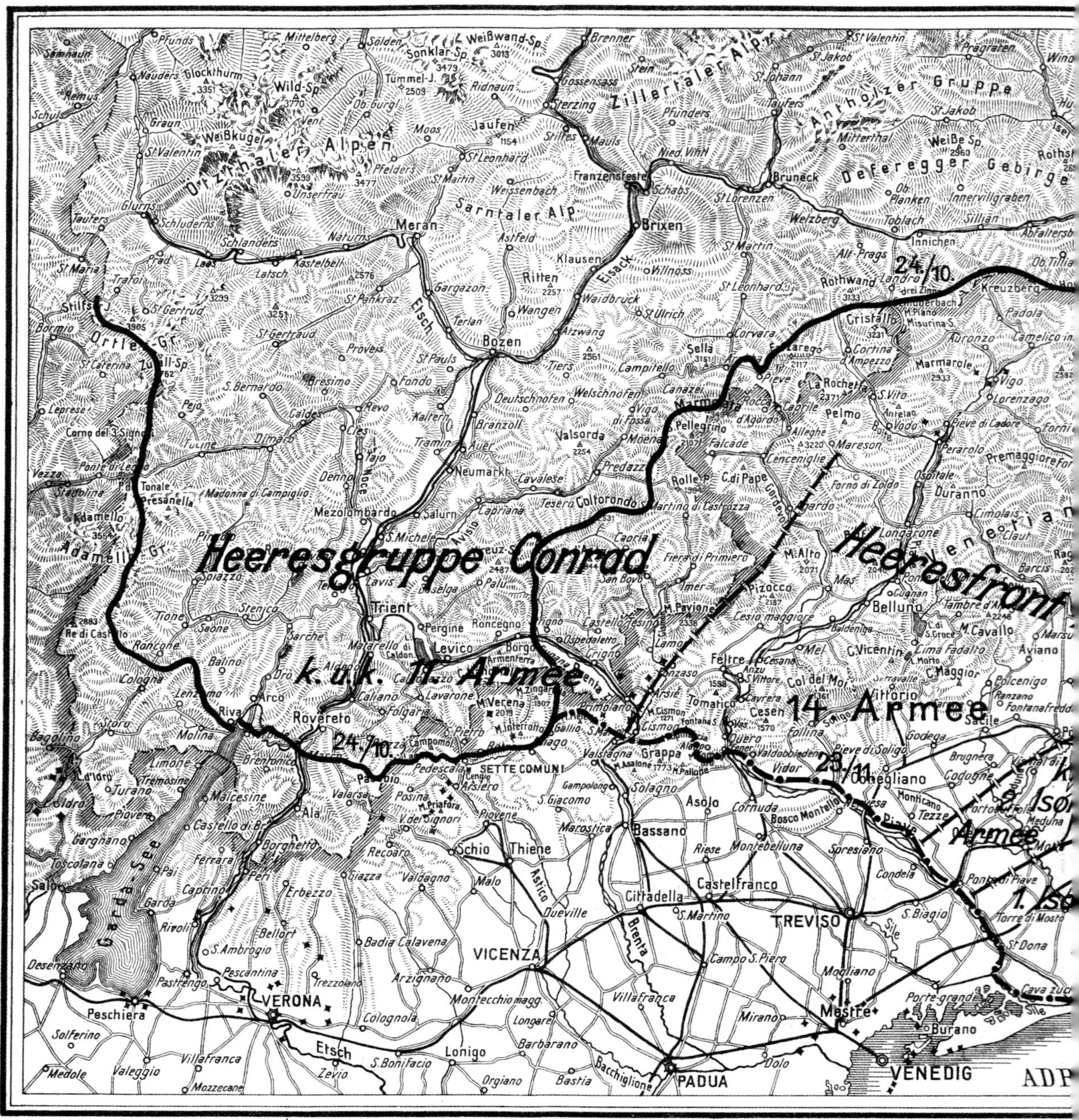

„Schlachten des Weltkrieges" Band 12b

Deutsche Verbände sind in stehender, ö